Cómo Funciona la Industria Musical

Una Guía de Exploration

Exploration Group

Exploration

Exploration

Para más información, diríjase a Exploration Group,
171 Pier Ave. #251 Santa Mónica, CA 90405.

PRIMERA EDICIÓN DE EXPLORATION GROUP PUBLICADA EN 2019

Una edición anterior de este libro fue catalogada
como sigue: How The Music Business Works:
Una Guía de Exploración Kindle Edition / An Exploration Guide Kindle
Edition / by Aaron Davis (Author), Rene Merideth (Author), Jeff Cvetkovski
(Author), Jacob Wunderlich (Author), Luke Evans (Author), Mamie Davis
(Author),- 1st ed.

ISBN: 9781234567897

Indice de Contenidos

Para
Donnadelle Manguiat,
quien indudablemente ayudó a que funcionara la industria musical

Gracias

a los numerosos colaboradores de esta obra.

Aaron Davis
Ahmad Zargar
Alana Thomas
Alexander Baynum
Ana Berberana
Eric Villalpando
Isabella Weaver
Jacob Wunderlich
Jeff Cvetkovski
Luke Evans
Mamie Davis
Maria Lozano
Rene Merideth
Will Donohue

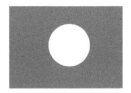

Prólogo:

Una Visión General de Cómo Funciona la Industria Musical

Por Alexander Baynum

__Nota importante: Esta guía ha sido escrita desde la perspectiva de creadores, usuarios e intermediarios que existen en Estados Unidos. Sin embargo, el lenguaje de la industria musical es global, por lo tanto, lo que aprendas en esta guía lo podrás aplicar a las instituciones de recaudo de regalías existentes en tu país de origen.__

La industria musical se basa en una relación entre el oyente y el creador de la música.

__En este nivel fundamental, realiza dos tareas esenciales:__

1. Proporcionar experiencias musicales al **oyente.**
2. Devolver el valor al **creador** de la música.

Dentro del espacio entre el creador y el oyente hay una fuerza de trabajo de unos 1.9 millones de personas (RIAA, 2018) que se esfuerzan por apoyar la relación oyente-creador. Estas personas, empresas y organizaciones son lo que llamamos la industria musical.

Podemos clasificar la industria musical en dos canales de intercambio: uno dedicado a la distribución de las experiencias musicales del **creador** y el otro a la distribución del valor para el **oyente**.

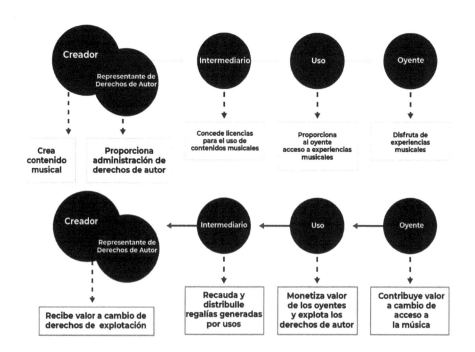

LADO DEL CREADOR

El lado del **creador** del intercambio opera en función de los derechos del **creador** y la autorización de **licencias**. Se puede observar este proceso a través de los siguientes cuatro pasos:

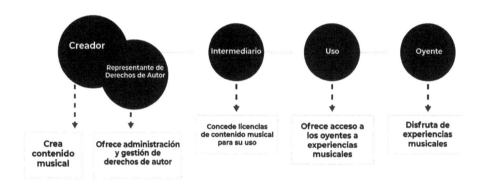

Como alguien que da vida a una obra creativa, un **creador** contribuye a algún aspecto de una canción en su forma fija y final. Según la Ley de Derechos de Autor de los Estados Unidos, esto les convierte en propietarios de los derechos de autor. La propiedad de los derechos de autor otorga a un individuo *seis derechos exclusivos*. Cuando se trata de su obra musical, *sólo* él puede autorizar lo siguiente:

Sin embargo, cuando se escucha una canción, se aprecia el talento y la contribución de varios creadores. Esto incluye principalmente a los compositores (las personas que escriben la canción) y a los artistas discográficos (las personas que interpretan la canción que se va a grabar). No obstante, los músicos de fondo, los ingenieros de audio y los productores son otros colaboradores esenciales.

Para equilibrar los derechos de los dos contribuyentes principales, la ley de derechos de autor asocia dos tipos diferentes de derechos a una sola canción.

- *Un derecho de composición para el compositor*
- *Un derecho de grabación sonora para el artista discográfico*

Por lo tanto, para que alguien que no es el propietario de los derechos de autor pueda utilizar la música de alguna manera, el titular de los derechos debe **conceder una licencia** para la composición, la grabación sonora o ambas.

Los creadores suelen delegar la gestión y administración de sus derechos de autor a los editores musicales y a los sellos discográficos. Estas empresas también pueden desempeñar la función de representante de derechos de autor. Entre otras tareas, los representantes ayudan a conceder licencias, administrar las regalías y establecer relaciones con los intermediarios. El objetivo principal de un representante es, por lo general, explotar los derechos de autor de composiciones y grabaciones sonoras en nombre de sus clientes.

Las organizaciones *intermediarias* están especializadas en la concesión generalizada de licencias de uso de obras musicales. Estas organizaciones también sirven como agencias de cobro de regalías cuando devuelven el valor al creador. Debido a la variedad de licencias y regalías, los distintos intermediarios se especializan en distintas actividades de concesión de licencias.

Algunos ejemplos de agencias de cobro de regalías en Estados Unidos son ASCAP, BMI, Music Reports, Harry Fox Agency, The MLC y SESAC.

Un *uso* es una operación que explota uno o varios de los derechos exclusivos del creador. El creador o el administrador de los derechos de autor autoriza este *uso* mediante una *licencia*. Las empresas que utilizan las obras creativas de una de las seis formas mencionadas anteriormente obtienen esta *licencia* que les permite ofrecer experiencias musicales a los oyentes.

El oyente recibe una ganancia emocional y artística de las experiencias musicales. Estas canciones conforman su vida cotidiana, influyen en su perspectiva y embellecen sus experiencias. A cambio, los oyentes devuelven valor a los creadores, como se detalla en la página siguiente.

EL LADO DEL OYENTE

La función alternativa de la industria musical es devolver el valor al creador. Esta función consiste en recaudar valor y distribuir regalías. A gran escala, podemos observar este proceso a través de cuatro pasos.

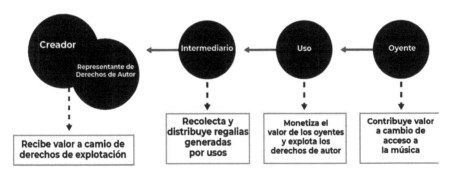

Oyente

Los oyentes aportan valor monetario y no monetario a los creadores a cambio de acceso a experiencias musicales. Puede ser dinero del bolsillo del oyente o simplemente su tiempo y atención. El oyente accede a las experiencias musicales de diversas maneras, muchas de las cuales probablemente encuentres a diario. Lo sepas o no, aportas valor cuando accedes a una experiencia musical: pagando una suscripción a una plataforma de transmisión digital, viendo un anuncio antes de un vídeo de YouTube o escuchando una canción pegajosa en un anuncio de automóvil. Los ingresos por publicidad, el recuento de transmisiones digitales y las emisiones de radio crean un valor que luego miden, recogen y monetizan las empresas u organizaciones que facilitan directamente una experiencia musical.

Conceptos Básicos de la Industria Musical

¿Qué Es Una Composición?

¿Por Qué Escribimos Esta Guía?

El objetivo de esta guía es ofrecer una explicación detallada de lo que es una composición, y aclarar la diferencia entre una composición y una grabación sonora. Esta guía establecerá una base que ayudará a comprender la compleja red de estructuras de concesión de licencias de la industria musical, y las entidades comerciales cubiertas en la guía general.

¿Para Quién es Esta Guía?

- **Compositores o cantautores** que buscan un conocimiento profundo de sus derechos como creadores. En esta guía, también tendrán la oportunidad de aprender cómo maximizar el potencial de su(s) obra(s) con el fin de dirigirse a públicos clave, y aumentar su rentabilidad, permaneciendo fieles a su oficio.
- **Editores musicales** que quieran repasar los aspectos básicos de su negocio y que estén buscando qué es lo que hace que una composición sea "la mejor" con el fin de maximizar las inversiones y aumentar el flujo de ingresos.
- Los interesados en hacer **carrera en la edición musical** o en el negocio de la música en general.
- **Entusiastas de la música** que quieren escribir música (o simplemente aprender sobre ella) pero no saben por dónde empezar.

Contenido

Tiempo de lectura - ~ 30 minutos

Aquí encontrarás enlaces a herramientas y recursos adicionales que pueden utilizarse para ampliar la formación y sacar el máximo provecho de la red.

Por último, a medida que te surjan preguntas e ideas, no dudes en ponerte en contacto con Exploration para aclararlas. Estamos aquí para ayudar.

Índice de Contenidos

Resumen

Una composición o canción es *intangible*. Es el conjunto de notas, melodías, frases, ritmos, letras y/o armonías que constituyen la esencia de la obra. El término "composición" suele referirse a una pieza musical instrumental, mientras que el término "canción" suele aplicarse a obras musicales acompañadas de letras.

Aunque los dos términos se refieren técnicamente a cosas diferentes, en esta guía se utilizarán de manera intercambiable porque funcionan exactamente igual en el negocio de la música.

No existe una definición concreta de una composición, sólo los términos antes mencionados que utilizamos para caracterizarla. Sin embargo, hay criterios que debe cumplir una composición para estar protegida por la ley de derechos de autor americana.

Debe estar plasmada en un medio tangible (como notas escritas en una hoja de papel o una grabación de sonido en una cinta o en un archivo digital) y debe ser una expresión original. Una vez cumplidos estos requisitos, las composiciones pueden licenciarse a los compradores interesados a través de un editor musical.

Es importante señalar que este proceso es independiente del de la concesión de licencias de *grabaciones sonoras*: que son derechos de autor independientes creados por los *artistas* y que suelen ser propiedad de los *sellos discográficos*.

Antecedentes

La historia de la composición es demasiado extensa como para relatarla a detalle aquí. Sin embargo, es importante que el compositor comprenda cómo surgieron las canciones y las composiciones, y cómo evolucionaron hasta convertirse en la base de la industria musical moderna.

Breve Historia de la Composición en el Occidente

Los arqueólogos datan la existencia de la música entre los años 60,000 y 30,000 AC. Sin embargo, esto fue sólo el comienzo de la era prehistórica de la música, lo que significa que no hay ningún registro escrito de estas civilizaciones y su música.

La codificación de la música comenzó cuando las canciones y las antologías pudieron ser grabadas en papel y recopiladas.

La primera práctica conocida de guardar y anotar, formalmente, las creaciones musicales es la de la Iglesia católica en los siglos IX y X. En esa época, la iglesia comenzó a utilizar partes vocales sencillas sin acompañamiento, llamadas Cantos Gregorianos (que llevan el nombre del Papa Gregorio I), como parte fundamental de sus prácticas y servicios.

Debido al papel destacado de la Iglesia católica en la Edad Media, los Cantos Gregorianos se convirtieron en las primeras composiciones consumidas por las masas.

Mientras la música sacra seguía ganando relevancia y se expandía, los músicos ambulantes interpretaban y popularizaban la música laica. En el siglo XIV, la sociedad comenzó a alejarse de la iglesia. A su vez, la música laica empezó a superar a la música sacra.

En 1440, la invención de la imprenta catapultó el arte de la composición a un rápido período de crecimiento. La invención permitió la producción en masa de partituras, lo que hizo que las composiciones se convirtieran en una mercancía.

En el siglo XVI, los compositores empezaron a orientar sus canciones a un tono o clave. Este concepto se denomina tonalidad y sigue siendo una parte fundamental de las composiciones actuales.

Un siglo y medio después, la sociedad occidental se alejó de la idea de que la música es un arte divino, ya que las masas empezaron a verla como una forma de arte escénica destinada a entretener. La nueva accesibilidad a la música hizo que las composiciones se convirtieran en una parte mucho mayor de la cultura.

El siglo XX fue testigo de la aparición de muchos géneros musicales nuevos: la big band, el blues, el jazz y los cantautores, por nombrar algunos.

El sistema legal de Estados Unidos no estaba preparado para gestionar el rápido crecimiento de la industria musical. El congreso se adaptó a estos rápidos cambios con la Ley de Derechos de Autor de 1909 y la formación de la primera sociedad de derechos conexos, ASCAP (Sociedad Americana de Compositores, Autores y Editores), en 1915. Estos acontecimientos fueron los primeros intentos reales de proteger los derechos de los compositores y de garantizar que se les compensara por sus contribuciones intelectuales.

Antes de los años 1960, los compositores y los artistas desempeñaban papeles diferentes en la industria: los compositores escribían canciones y los artistas las grababan. Pero en esta década, las líneas que separaban estas dos posiciones empezaron a desvanecerse. El "cantautor" desempeñó un papel importante en el cambio del arte de la composición, ya que ahora los compositores escribían para sí mismos en lugar de para otros artistas. Esta tendencia sigue vigente en la industria actual. El estilo típico de componer del cantautor se centraba mucho menos en la formación técnica y la teoría musical, lo que abrió la puerta a que muchos más compositores empezaran a crear.

Hoy en día, hay más formas de componer que nunca. Gracias a los sonidos prefabricados, los loops, los samples, los teclados MIDI, y los efectos; los compositores pueden crear canciones de forma totalmente electrónica. Esto crea un nuevo e intrigante predicamento a la hora de diferenciar las grabaciones de sonido de las composiciones, ya que no es raro que estas composiciones vivan sólo dentro de la grabación y no en las partituras. Sin embargo, incluso si una canción se crea únicamente con herramientas de grabación electrónica sin ningún instrumento en vivo, *sigue existiendo un derecho de autor* de la composición.

Fundamentos de los Derechos de Autor

Una composición original es una propiedad intelectual protegida por la ley de derechos de autor. Un compositor, u otro propietario, puede ceder sus derechos, típicamente a un editor, el cual recibe los derechos exclusivos para controlar y explotar las obras durante un periodo de tiempo determinado.

Aunque el derecho de autor protege muchos tipos diferentes de composiciones, como las obras literarias, dramáticas y poéticas, esta guía se centra en las obras musicales.

El artículo 102 (a) (2) de la Ley de Derechos de Autor especifica que "las obras musicales, incluida cualquier palabra que las acompañe" pueden ser objeto de protección. El término "obras musicales" incluye tanto las canciones con letra como las notas, ritmos, melodías, acordes y arreglos de las composiciones instrumentales.

En el caso de una composición musical que incluya música y letra, los derechos de autor protegen la combinación de música y letra, la música sola y/o la letra sola. Para estar protegidas por los derechos de autor, las composiciones musicales deben ser *originales, contener expresión* y estar *plasmadas en forma tangible.*

A continuación se explica un poco más sobre los tres requisitos para la protección por derechos de autor:

- *Originalidad*

  Se trata de un requisito completamente subjetivo, ya que se puede argumentar que nada es verdaderamente original. Sin embargo, el requisito de originalidad es bastante bajo en la doctrina de los derechos de autor. La obra simplemente debe ser creada de forma independiente; no puede ser una copia de otra obra. La obra no tiene que ser única (piensa en cuántas canciones emplean la progresión de los acordes I V VI IV), simplemente debe ser la propia creación del compositor.

- *Expresión*

  Este requisito se refiere a la noción de que los derechos de autor no protegen las ideas. En otras palabras, la simple idea de "una canción sobre un chico y una chica que viajan juntos por el país" no es protegible en lo más mínimo. Sin embargo, si el compositor escribe la letra y cuenta una historia original, entonces ha creado una obra protegida.

- *Fijación*

  Este es quizás el requisito más importante. Para que una composición esté protegida, debe estar "plasmada en un medio tangible". En otras palabras, tiene que haber una manifestación física de la obra - no puede estar simplemente en la cabeza del escritor. En el caso de una composición, esta plasmación física puede adoptar la forma de una partitura o de un documento de Word en la computadora. Incluso puede estar en una grabación de sonido. En ese caso, existirían tanto los derechos de autor de la grabación de sonido como los de la composición, ambos materializados en el medio en el que existe la grabación (como un CD o un archivo MP3).

Una vez que la canción haya cumplido estos tres requisitos, el compositor puede licenciar su obra y ganar dinero. La protección de los derechos de autor otorga al compositor seis derechos exclusivos que, a grandes rasgos, corresponden a varios procesos de concesión de licencias y flujos de ingresos. Estos derechos, tal y como se indica en el artículo 106 de la Ley de Derechos de Autor, son los siguientes

- El derecho a reproducir la obra
- El derecho a crear una obra derivada, es decir, una obra adaptada que se basa directamente en la obra protegida por los derechos de autor
- El derecho a distribuir públicamente copias de la obra protegida por derechos de autor mediante su venta o de forma gratuita
- El derecho a interpretar públicamente la obra artística
- El derecho a exhibir públicamente la obra artística
- En el caso de las grabaciones sonoras: el derecho a ejecutar públicamente la grabación a través de la transmisión digital de audio (no aplicable a las composiciones)

Tras la creación de una composición, los derechos mencionados pertenecen exclusivamente al compositor o compositores, que son los propietarios de los derechos de autor. Nadie puede utilizar la obra de ninguna de las formas mencionadas a menos que obtenga una licencia para hacerlo del propietario de los derechos de autor. No es necesario registrar la obra en la Oficina de Derechos de Autor, aunque hacerlo da al propietario ciertas ventajas en caso de litigio sobre la propiedad.

Una excepción:

Las licencias mecánicas obligatorias otorgan a los licenciatarios el derecho a reproducir y distribuir una obra. Por ejemplo, la licencia mecánica da a un artista discográfico el derecho a grabar la canción (reproducir), y a la disquera del artista el derecho a vender esa grabación a plataformas digitales y tiendas de discos (distribuir). "Obligatorio" significa aquí que el propietario de los derechos de autor no puede rechazar la licencia si se le solicita. El licenciatario hipotético sólo tiene que dar una notificación de intención (Notice of Intention o NOI, por sus siglas en inglés) al propietario de los derechos de autor y posteriormente pagarle una regalía mecánica reglamentaria* de 9,1 centavos por copia. Después de esto, el licenciatario puede grabar la canción y distribuir esas grabaciones.

Aunque históricamente las NOIs autorizaban todas las licencias obligatorias, ya no se aplican a la entrega digital de obras musicales (es decir, descarga permanente, descargas limitadas o transmisiones digitales interactivas). En virtud de la Ley de Modernización de la Música de 2018, las NOI solo autorizan la entrega de fonogramas no digitales (es decir, disco compacto, casete o vinilo). A partir del 1 de enero de 2020, la Oficina de Derechos de Autor ya no acepta NOIs para obtener una licencia obligatoria para hacer una entrega de fonograma digital de una obra musical. En su lugar, los usuarios pueden obtener una autorización obligatoria a través de la compra de una licencia general que cubra todas las obras musicales disponibles para la concesión de licencias obligatorias. Dicha licencia está disponible a través del Colectivo de Licencias Mecánicas (Mechanical Licensing Collective o MLC, por sus siglas en inglés).

Para obtener una licencia mecánica obligatoria, es importante cumplir con todas las disposiciones del artículo 115 de la Ley de Derechos de Autor, así como con las normas establecidas por la USCO (Oficina de Derechos de Autor de EE.UU.).

Con la omnipresencia de Internet y la tecnología digital, hay más formas que nunca para que la gente distribuya sus obras creativas y para que los usuarios accedan a ellas. Por lo tanto, corresponde al autor de la canción o al compositor hacer un seguimiento de las formas en que se utilizan sus obras, ya que estos usos pueden, por ley, generar regalías.

- Las regalías mecánicas reglamentarias son una tasa determinada por una rama de la Oficina de Derechos de Autor de los Estados Unidos (United States Copyright Office o USCO, por sus siglas en inglés) llamada Junta de Regalías de Derechos de Autor (Copyright Royalty Board). Aunque la tasa ha cambiado a lo largo de la historia, la tasa actual no ha cambiado desde el año 2006.

Registrar una Obra con Derechos de Autor

El registro de los derechos de autor en la Oficina de Derechos de Autor de los Estados Unidos, aunque no es obligatorio, es un procedimiento común para quienes se dedican a conceder licencias musicales. Aunque se trata de una formalidad, ofrece al autor ciertas ventajas:

- Una forma de demostrar prima facie (un término legal para "a primera vista") que es el propietario de un derecho de autor
- La posibilidad de presentar una demanda por infracción ante un tribunal federal
- Cuando se registra dentro de los tres meses siguientes a la publicación, el propietario tiene derecho a una indemnización por daños y perjuicios y a honorarios de abogados.
- El registro permite al propietario de los derechos de autor establecer un registro en la Oficina de Aduanas y Protección de Fronteras de los Estados Unidos (U.S. Customs and Border Protection o CBP, por sus siglas en inglés) para protegerse contra la importación de copias infractoras

El registro no es sólo una herramienta con la cual reforzar una demanda por infracción. El registro ante la USCO también puede ayudar a los autores a cobrar. Cuando una plataforma digital como Spotify o Apple Music transmite una canción, debe por ley informar el uso bajo las reglas de una licencia mecánica obligatoria. Sin embargo, la plataforma está autorizada a buscar en los registros de la Oficina de Derechos de Autor. Si no encuentran a un propietario, pueden informar de ello a la Oficina de Derechos de Autor y entonces no son responsables de la licencia ni del pago de las transmisiones digitales que han comunicado de esta manera. Por lo tanto, si una obra no está registrada en la USCO, existe la posibilidad de que la obra esté acumulando regalías mecánicas no contabilizadas que simplemente se embolsan los servicios de transmisión digital o se mantienen en retención.

Se puede registrar un derecho de autor en línea por una pequeña cuota de $35 a $55 dólares, y también es necesario depositar una copia no reembolsable de la obra reclamada.

El Dominio Público y la Duración de los Derechos de Autor

Para la mayoría de las obras creadas después del 1 de enero de 1978, la duración de los derechos de autor es la vida del último autor vivo más 70 años (los derechos de autor son heredados póstumamente por los descendientes u otros solicitantes de derechos).* Después de este periodo de tiempo, por largo que sea, la composición entra en el dominio público, lo que hace que pueda ser utilizada por cualquiera sin necesidad de obtener una licencia o pagar regalías. Por ejemplo, cualquiera es completamente libre de utilizar los elementos de composición de "Yankee Doodle" de la forma que desee. Incluso si dos artistas lanzan sus nuevas grabaciones de la canción, no pueden demandarse mutuamente porque la composición ya ha entrado en el dominio público. Actualmente, cualquier composición que se demuestre que fue escrita antes de 1923 es de dominio público estadounidense. En virtud de la Ley Sonny Bono de 1998, un nuevo grupo de propiedades intelectuales entró en el dominio público el 1 de enero de 2019, y seguirá haciéndolo anualmente hasta 2073.

En el caso de las obras realizadas por encargo o de las obras con autores anónimos o seudónimos, la duración es de 95 años a partir de la publicación o de 120 años a partir de la creación, lo que sea más corto.

Obras en Conjunto

Las canciones pueden ser creadas por más de un compositor y, por tanto, la propiedad de los derechos de autor puede dividirse entre varias personas o entidades comerciales. Uno de ellos puede poseer los derechos de autor sólo sobre la letra de una canción, o sólo de la melodía. También se puede poseer la mitad de la letra y nada de la melodía. Todo depende de cómo los compositores acuerden repartir la propiedad. A falta de un acuerdo escrito, la propiedad se reparte a partes iguales entre cada uno de los compositores que contribuyen. A falta de un acuerdo escrito, la propiedad se divide en partes iguales entre cada uno de los compositores que contribuyen.

En algunos géneros, es habitual que los créditos de autoría incluyan a personas que no han participado en el proceso de composición. Por ejemplo, un productor discográfico puede negociar una parte de la propiedad de la composición, aunque ese productor no haya "escrito" técnicamente la canción. Otras veces, un artista aclamado puede negociar la propiedad de la composición a cambio de la grabación de la canción, si es probable que sea un éxito sólo por el hecho de que ese artista la haya grabado.

Covers y Arreglos

La distinción entre una versión y un arreglo de una obra determinada puede resultar confusa. Un cover se refiere a la interpretación de una obra protegida por derechos de autor que no cambia sustancialmente los elementos de composición de la canción original. Por ejemplo, cuando Eric Clapton hizo un cover de "I Shot the Sheriff" de Bob Marley, los elementos de composición subyacentes, como la estructura de acordes, la línea de bajo, la melodía y la armonía, no cambiaron, aunque se interpretaron de forma diferente.

Por el contrario, un arreglo suele contener notas y adornos añadidos, y tal vez una instrumentación diferente, más o menos numerosa. Por ejemplo, se puede "arreglar" una Suite para Violonchelo de Bach para la guitarra clásica, o arreglar "In a Sentimental Mood" de Duke Ellington para un cuarteto de jazz en lugar de una big band.

Esencialmente, un cover sólo cambia la composición original tanto como sea necesario para que un nuevo artista pueda interpretarla. Un arreglo cambia a propósito la canción original para crear una obra derivada.

Nótese que es perfectamente legal interpretar un cover de una canción, siempre y cuando el recinto o la plataforma cuente con la debida licencia general de cualquier sociedad de derechos de ejecución a la que esté afiliado el autor o autores del original. Cuando un artista licencia los derechos para interpretar o grabar un cover, por lo general se entiende que tiene derecho a hacer pequeños ajustes según sea necesario para adaptarse a su estilo e instrumentación. Sin embargo, esto no se considera un nuevo arreglo. Un nuevo arreglo crea cambios mucho más intencionados y grandes en la composición original con el propósito de crear una obra secundaria a partir de ella, en lugar de simplemente cambiarla según sea necesario para personalizarla. Los arreglos pueden crear nuevos derechos de autor si se crean a partir de obras de dominio público, ya que crean una nueva obra a partir de ellas. Los nuevos arreglos también crean nuevos derechos de autor sobre una obra derivada.

Así, para interpretar una obra adaptada, como en el caso de un arreglo orquestal en un concierto, hay que obtener tanto una licencia de ejecución y permisos de adaptación.

Ganar Dinero

Aunque en las guías para compositores y editores musicales se explica con más detalle cómo tus composiciones deberían hacerte ganar dinero, vale la pena comentar brevemente cómo encajan las composiciones en el negocio general de la música, principalmente el papel integral de la concesión de licencias de composición. La concesión de licencias de las composiciones desempeña un papel fundamental.

Básicamente, los compositores componen canciones y las ceden a los editores mediante acuerdos editoriales. Los editores, a su vez, conceden licencias de esas canciones a los usuarios de la música en todo el mundo, usuarios como los sellos discográficos y las empresas de cine y televisión. Las editoras obtienen regalías por el uso de esas canciones, que se reparten con el compositor.

Por otro lado, los artistas hacen grabaciones sonoras y ceden esos derechos de autor a los sellos discográficos, que comercializan y distribuyen las grabaciones en todo el mundo.

La distinción entre los dos derechos de autor es fundamental para entender el funcionamiento interno de la industria.

En el mercado, hay muchas formas en las que una composición puede generar ingresos para su creador. Aquí están algunas de ellas:

- Regalías de ejecución de la sociedad autoral a la que pertenece el autor por las interpretaciones en la radio, a través de transmisiones digitales, en un concierto en vivo y en otros lugares como restaurantes y tiendas minoristas
- Regalías mecánicas por la venta de copias de discos en forma de disco físico, descarga o transmisión digital
- Tasa fija por la sincronización de la composición en películas, programas de televisión, videojuegos, vídeos de YouTube y anuncios publicitarios
- "Grandes derechos" para que la composición se utilice en el teatro musical
- Ventas de partituras
- Regalías por adaptaciones derivadas de la canción
- Letras impresas en otros lugares, por ejemplo, en mercancías

Metadatos Importantes

En la concesión de licencias musicales, hay muchos datos adjuntos a cada obra que ayudan a identificar a los titulares de los derechos. Esta información se denomina metadatos. Un compositor o editor que sea organizado y minucioso en el seguimiento de estos datos puede estar más capacitado para recaudar dinero por los usos de sus obras. A continuación se indican algunos datos relevantes que pueden acompañar a una composición con licencia:

- **Compositor(es)**
  - Es necesario tener su nombre y apellido completo

- **Número IPI correspondiente al escritor compositor (Información de la parte interesada)**

- El número IPI/CAE es un número de identificación internacional que las PRO asignan a los compositores y editores para identificar de forma exclusiva a los titulares de derechos.

- **ISWC (Código Internacional Normalizado de Obras Musicales)**
  - El ISWC (Código Internacional Normalizado de Obras Musicales) es un número de referencia único, permanente y reconocido internacionalmente para la identificación de las obras musicales.

- **Código HFA**
  - Identificador único de 6 caracteres para una canción en la base de datos de la Agencia Harry Fox. Puedes encontrar el código de la canción en una licencia mecánica emitida previamente por la HFA. También puedes encontrar el código en la base de datos de la HFA llamada Songfile.

- **Código MRI**
  - Número de identificación único de Music Reports, Inc (MRI, por sus siglas en inglés), una organización que recauda y distribuye las regalías generadas por el uso de canciones en los servicios de transmisión digital por Internet.

- **Identificación de activos de la composición de YouTube**

- **Territorio de propiedad**
  - El país a cuyas leyes de derechos de autor está sujeta la obra

- **Editor(es)**
  - Si está bajo contrato con un editor de música, indica el nombre de la empresa y su dirección

- **Afiliación a una PRO**
  - ASCAP, BMI, SESAC y GMR son las principales organizaciones de derechos de ejecución que administran y distribuyen las licencias de ejecución y las regalías.

Obras Citadas

"THE CLASSICAL PERIOD (1775-1825)." THE Classical Period (1775-1825), cmed.faculty.ku.edu/private/classical.html.

"THE ROMANTIC PERIOD (1825-4900)." The Romantic Period (1825-4900), cmed.faculty.ku.edu/private/romantic.html.

Office, U.S. Copyright. "Register Your Work: Registration Portal." Register Your Work:Registration Portal | U.S. Copyright Office, www.copyright.gov/registration/.

Office, U.S. Copyright. "Copyright Law of the United STATES (Title 17) and Related LAWS Contained in Title 17 of the United States Code." Copyright Law of the United States | U.S. Copyright Office, www.copyright.gov/title17/.

"Requirements and Instructions for Electronically Submitting a Section 115 Notice of Intention to the Copyright Office." Requirements and Instructions for Electronically Submitting a Section 115 Notice of Intention to the Copyright Office | U.S. Copyright Office, www.copyright.gov/licensing/115/noi-instructions.html.

¿Qué es Una Grabación Sonora?

¿Por Qué Escribimos Esta Guía?

Cada vez que alguien escucha una canción grabada, está escuchando una grabación sonora. Las grabaciones sonoras pueden ser objeto de derechos de autor por sí mismas. Sin embargo, también incorporan otras obras protegidas por derechos de autor: las composiciones, las cuales protegen elementos musicales de la canción, como la melodía y la letra. Lo anterior, si lo vemos desde la ley de derechos de autor.

También es necesario comprender a las grabaciones sonoras desde la perspectiva del desarrollo de la industria del entretenimiento. La industria discográfica no valdría nada si no fuera por las grabaciones sonoras.

Hemos escrito esta guía para explicar la ciencia básica de las grabaciones sonoras y su importancia en la historia y la ley de derechos de autor.

¿Para Quién Es Esta Guía?

- **Artistas discográficos** que quieran conocer sus derechos.
- **Productores** buscando aprender sobre la utilización de grabaciones sonoras en su trabajo.
- **Compositores** que quieran entender cómo se relacionan las grabaciones sonoras con sus composiciones.
- Cualquier persona que quiera aprender más sobre el sonido grabado.

Contenido

¿Qué Es una Grabación Sonora?

Una grabación sonora es la reproducción de ondas sonoras en una forma fija. En ella se puede volver a escuchar o comunicar el contenido de la grabación sonora.

La Ley de Derechos de Autor de 1976 define las grabaciones sonoras como "obras que resultan de la fijación de una serie de sonidos musicales, hablados o de otro tipo, pero sin incluir los sonidos que acompañan a una película u otra obra audiovisual".

Por sí misma, una grabación sonora es propiedad intelectual independiente de cualquier letra, composición, u otro elemento plasmado en ella. Entonces, los elementos anteriores son entidades separadas en cuanto a la propiedad de los derechos de autor y la concesión de licencias. Por todo lo anterior, es importante entender exactamente qué sí y qué no es grabación sonora.

Ejemplos de Grabaciones Sonoras

Estos ejemplos pueden ayudar a aclarar los conceptos:

1.- Grabaciones sonoras y composiciones del dominio público

Si una composición es del dominio público, entonces quien sea puede utilizarla libremente. Lo anterior es porque ya no está protegida por la Ley de Derechos de Autor.

Por ejemplo: Juan graba una versión de la canción. Sally también graba una versión. Cada uno de ellos posee los derechos de autor de sus respectivas grabaciones sonoras de la canción.

Sin embargo, ninguno es propietario de la composición en sí, porque es del dominio público.

2.- Permisos para hacer un cover

Davis quiere grabar un cover de la canción "I'm on Fire" de Bruce Springsteen. Para ello, David tendrá que obtener el permiso del propietario de la composición.

Sin embargo, David está haciendo su propia grabación sonora. Es decir,no le está haciendo nada a la grabación sonora original de "I'm On Fire".

Por lo tanto, David no necesita obtener permiso para la grabación sonora.

3.- Samplear una grabación sonora

Emily es una productora de hip-hop que quiere samplear "Respect", de Aretha Franklin, en su nuevo sencillo. Al samplear algo, está tomando la grabación sonora y manipulándola para que encaje en una nueva obra. Para hacerlo, Emily utilizará la grabación sonora, por lo tanto, también la composición que incorpora.

Entonces, Emily tendrá que obtener los permisos de las siguientes personas:

- Propietarios de los derechos de autor de la grabación sonora.
- Titulares de los derechos de autor de la composición.

En general, es importante recordar que una grabación sonora puede ser objeto de derechos de autor. Al mismo tiempo, también puede contener otras obras protegidas.

¿Cómo Funciona el Sonido?

Una onda sonora es una onda mecánica. O sea, energía transmisible a través de un medio, de un lugar a otro, mediante la interacción de partículas. El medio puede ser sólido, líquido o gaseoso.

Primero, una onda sonora comienza cuando la fuente del sonido vibra. Después, se crea un movimiento en las moléculas de aire circundantes. Por último, las moléculas transfieren su energía a otras cercanas, hasta que no hay más energía que transferir.

Para ilustrar, pensemos que las ondas sonoras se desplazan como una piedra lanzada al agua. Al golpear la superficie, la piedra crea una profunda ondulación alrededor de la zona en la que ha entrado al agua. Dicha ondulación pondrá en movimiento las moléculas de agua que la rodean.

En consecuencia, se crean más ondas a medida que aumenta la distancia del origen y disminuye la profundidad. Lo anterior continúa hasta que no haya más energía para desplazar las partículas de agua.

¿Cómo se Capta el Sonido?

Todos los micrófonos contienen un diafragma: una pieza fina de metal, papel o plástico. Dicha pieza reacciona a los cambios de presión del aire causados por las compresiones y refracciones de las ondas sonoras.

Después, cuando el sonido llega al diafragma, crea vibraciones que viajan a través del micrófono para convertirse en corrientes eléctricas.

Grabaciones sonoras análogas

En estas grabaciones, las corrientes eléctricas se transcriben a una versión escrita o gráfica. Después, dicha transcripción es registrada en un medio de grabación. Por ejemplo, en un disco de vinilo, una aguja corta las ondas sonoras y así traduciendo el sonido.

Grabaciones sonoras magnéticas

Las ondas sonoras viajan como corrientes eléctricas a través de un pequeño electroimán. Lo anterior crea un campo magnético que hace que los imanes del soporte restrinjan sus vibraciones a una dirección.

Grabaciones sonoras digitales

El diafragma sigue recogiendo las señales análogas de las ondas sonoras. Sin embargo, las señales se convierten a la forma digital mediante el muestreo.

Durante el muestreo, los números binarios (ceros y unos) representan y mantienen los datos de las ondas sonoras. Estos números representan los cambios de presión del aire causados por la onda sonora a lo largo del tiempo.

Historia de la Grabación del Sonido

El sonido se grabó por primera vez en 1857. Sin embargo, la primera grabación sonora con capacidad de reproducción fue hasta 1877, cuando la compañía de Thomas Edison creó el fonógrafo.

En esencia, el fonógrafo utiliza una bocina en forma de embudo. Dentro de la bocina existe un diafragma que registra las ondas sonoras. El diafragma se mueve según los cambios de presión del aire creados por las ondas sonoras.

Por otro lado, hay una aguja conectada al diafragma. Lo anterior permite que la aguja se mueva imitando la presión de las ondas sonoras, Con ese movimiento, la aguja va grabando en un cilindro envuelto en una fina lámina de aluminio. Una manivela hace girar el cilindro mientras se graba el sonido.

El fonógrafo es la base de la grabación análoga.

Con el tiempo, los finos cilindros de aluminio fueron sustituidos por cilindros de cera. Los nuevos cilindros permitían más reproducciones antes de que las inscripciones se desgastaran. Finalmente, se inventaron los discos planos.

En 1894, los discos planos eran el formato estándar para grabaciones sonoras en la industria discográfica. Para 1902, la tecnología permitió la producción masiva de discos planos. A su vez, también se masificaron las grabaciones sonoras a partir de un disco maestro.

Este formato dominó en grabaciones sonoras hasta 1925. Para entonces, la electricidad empezó a sustituir a los dispositivos que dependían de motores de cuerda.

Grabación del sonido en el siglo XX

La creación y evolución de la grabación eléctrica dio lugar a muchos avances en técnicas de grabación como:

- Estereofónica
- En cinta magnética
- Multipista
- Portátil e instantánea

En 1948, la industria de la grabación había transicionado a la grabación sonora en cinta magnética. Como resultado, la grabación y reproducción en cinta magnética evolucionó y ofreció grabaciones comerciales estereofónicas. Finalmente, en 1963, los casetes compactos entraron en el mercado.

La comodidad, portabilidad y precio accesible de los casetes compactos llevó a los inventores a facilitar el proceso de grabación y escucha. En 1980 se lanzó el Walkman; dispositivo que permitía la escucha móvil.

Tres años más tarde se inventaron los CD-roms. En esencia, los CD ofrecían un producto más duradero, más barato, con mayor capacidad de duración y mayor fidelidad. Lo anterior constituyó un enorme cambio en la industria discográfica. A partir del CD, todo el negocio pasó a la grabación digital.

Grabaciones sonoras digitales

En las décadas siguientes, se inventaron los archivos MP3 y se desarrolló iTunes.

El surgimiento de las plataformas de streaming permitieron más inventos en la tecnología musical. Al principio, la piratería de música digital se convirtió en un problema mucho mayor que antes. Ahora, los consumidores podían compartir y duplicar archivos MP3 sin ni siquiera moverse de su escritorio.

Este problema sigue vigente hoy en día. Sin embargo, la industria ha cambiado para adaptarse al nuevo estilo económico.

Derechos de Autor de las Grabaciones Sonoras (EE.UU.)

Al registrar una grabación sonora en la Oficina de Derechos de Autor de EE.UU., los propietarios de los derechos de autor obtienen protección para su propiedad intelectual. Los titulares de los derechos de autor de las grabaciones sonoras tienen exclusividad para la ejecución pública de la obra a través de transmisiones digitales de audio. Por lo general, no tienen el derecho exclusivo sobre todas las interpretaciones o ejecuciones públicas: como las presentaciones en vivo.

Las grabaciones sonoras se protegen con derechos de autor en el momento de la fijación. Es decir, cuando la grabación aparece por primera vez en un disco de audio (digital o físicamente).

Los titulares de los derechos de autor de las grabaciones sonoras no tienen que registrarlas ni publicarlas. Sin embargo, al registrar los derechos de autor, los propietarios están mejor protegidos en caso de que suceda un problema legal.

Ventajas del registro de una grabación sonora

- Al registrar una grabación sonora (o cualquier tipo de propiedad intelectual), se crea un registro público de su(s) derecho(s) de propiedad.
- Los reclamantes obtienen el derecho a presentar una demanda por infracción.
- Al registrar una obra doméstica dentro de los cinco años siguientes a su publicación, se establecen los "prima facie".
  - Esto significa que todos los hechos expuestos en la reclamación de derechos de autor son considerados válidos por el tribunal.
- En caso de infracción, los titulares de derechos de autor que registren sus obras en los tres meses siguientes a la publicación (o antes de la infracción) pueden recibir una indemnización por daños y perjuicios.
  - También podrían recibir compensación por los honorarios y los gastos de los abogados.
- Al registrar una obra nacional, los propietarios de derechos de autor pueden inscribirse en el Servicio de Aduanas y Protección de Fronteras de Estados Unidos (CBP, por sus siglas en inglés) para protegerse contra la importación de copias infractoras.

* Nota: Los avisos de derechos de autor que contienen un símbolo de derechos de autor y otros detalles relacionados, no son obligatorios en los fonogramas creados a partir del 1 de marzo de 1989. Hasta 1972, las grabaciones sonoras no estaban protegidas por la Ley Federal de Derechos de Autor. Sin embargo, todas las grabaciones realizadas después del 15 de febrero de 1972 tienen derecho a la protección de los derechos de autor.

¿Cómo Registrar una Grabación Sonora?

Para registrar una grabación sonora en la Oficina de Derechos de Autor de los Estados Unidos, existe un proceso de tres pasos. Todo el proceso puede realizarse (si se prefiere) en línea:

- Llenar una solicitud con la siguiente información.
- Tipo de obra
- Título
- Publicación
- Autor
- Tipo de autoría
- Limitación(es) de la reclamación.
- Pagar una cuota no reembolsable.
- Proporcionar copias de la grabación sonora como "depósito". Para obras publicadas por primera vez en América, se entregan dos de las copias de mayor calidad disponible.
- Para obras no antes publicadas o sólo publicadas digitalmente, se pueden presentar archivos digitales en lugar de fonogramas físicos.

Obras Citadas

"How Do Microphones Work?" *How Microphones Work*, www. mediacollege.com/ audio/microphones/how-microphones-work.html.

"History of Recording." *EMI Archive Trust*, www.emiarchivetrust.org/ about/history-of-recording/.

"Brief History of Sound Recording." *Sound Recording History - Sound Reproduction History*, 2021, www.soundrecordinghistory.net/.

Herzog, Kenny. "24 Inventions That Changed Music." *Rolling Stone*, Rolling Stone, 15 Feb. 2019, www.rollingstone.com/ music/music-lists/24-inventions-that-changed-music- 16471/ phonograph-1877-222487/.

"Copyright Registration for Sound Recordings." U.S. Copyright Office, Library of Congress, March 2021, https://www.copyright.gov/circs/circ56. pdf.

"Copyright Registration of Musical Compositions and Sound Recordings." *Musical Compositions and Sound Recordings*, www.copyright.gov/register/ pa-sr.html.

"History of Sound Recording." *Wikipedia*, Wikimedia Foundation, 23 July 2021, en.wikipedia.org/wiki/History_of_sound_recording.

"Sound Recording and Reproduction." *Wikipedia*, Wikimedia Foundation, 19 July 2021, en.wikipedia.org/wiki/Sound_recording_and_reproduction.

¿Qué es un Compositor?

¿Por Qué Escribimos Esta Guía?

Aunque nunca ha existido un enfoque estandarizado o tradicional para convertirse en compositor y ganarse la vida como tal, la composición como profesión quizás nunca haya tenido tantos matices.

Por ello, es importante que cualquier persona interesada en dedicarse a este oficio tenga una idea de todas las oportunidades y desafíos que puede encontrar un compositor al explorar el vasto y complejo panorama de la industria musical moderna.

El objetivo de esta guía es aclarar qué hacen los compositores, dónde suelen vivir y cómo se ganan la vida. La guía proporcionará una breve reseña del oficio de compositor, detallará los mercados en los que los compositores tienden a tener más éxito, y reiterará algunas de las diferentes formalidades de derechos de autor y flujos de ingresos que el compositor navegará en el curso de su carrera.

¿Para Quién es Esta Guía?

- Aquellos que estén interesados en la composición de canciones y quieran aprender a dedicarse profesionalmente a este oficio.
- **Compositores** que quieran tener una nueva perspectiva de cómo es la industria hoy en día.

- **Editores** y otras partes interesadas de la industria que usan y licencian canciones.

Contenido

- Resumen
- Antecedentes
- Mercados para la composición
- La importancia del networking
- Trámites de derechos de autor
- Acuerdos de edición
- Flujos de ingresos
- Grupos de defensa
- Compositores destacados
- Recursos y publicaciones útiles

Resumen

En términos de derechos de autor y licencias, el compositor se distingue del artista. El compositor es la persona que crea los elementos melódicos, armónicos y líricos de una canción, mientras que el artista es simplemente la persona que la graba.

También es importante entender la diferencia entre un compositor y un letrista. Un letrista es alguien que sólo es responsable de la letra de una canción. Mientras que un compositor es una persona que suele escribir la letra de la canción, así como los elementos musicales de la misma.

El compositor obtiene un derecho de autor de composición por la creación de su obra, y el artista obtiene un derecho de autor de grabación sonora por la creación de su grabación.

Aunque los compositores y los artistas son a menudo las mismas personas (por ejemplo, Sara Bareilles escribe principalmente sus propias canciones y las graba), ambos son términos separados en la industria musical debido a la existencia de dos tipos diferentes de derechos de autor.

El oficio y negocio de la *composición* de canciones ha evolucionado mucho en los últimos años. Hoy en día, las canciones pop suelen crearse en el estudio sobre ritmos y líneas de bajo en colaboración con uno o varios productores.

Puede haber cinco o quince compositores incluidos en los créditos de la canción, todos los cuales están afiliados a diferentes organizaciones de derechos de ejecución y, por lo tanto, todos recibirán sus derechos de ejecución de diferentes maneras de diferentes personas.

En el mercado, la canción se consumirá principalmente por transmisión digital a través de varios proveedores de servicios digitales como Spotify, Apple Music o YouTube, por lo que el compositor probablemente recibirá pagos de regalías mecánicas que son muy inferiores a lo que un compositor habría recibido cuando las ventas de discos físicos estaban en su apogeo.

También existen numerosas oportunidades para que un compositor pueda colocar una de sus canciones en una película o programa de televisión, y se ha desarrollado toda una sub industria de licencias en torno a ese proceso, llamado sincronización.

La vida de un compositor ya no es lo que era: es más difícil serlo a tiempo completo y, sin embargo, hay muchas más formas de hacer llegar la música al mundo.

Antecedentes

Stephen Foster y los inicios de la industria de la composición en EE.UU.

Aunque las canciones y sus autores existen desde hace milenios, nuestra breve historia comienza con un hombre llamado Stephen Foster, quien, entre 1845 y 1855, compuso cientos de canciones populares clásicas estadounidenses, como "Oh Susanna" y "Camptown Races". Mientras Foster componía estas obras, las editoriales de Estados Unidos empezaban a darse cuenta de que se podían generar importantes ingresos vendiendo las partituras de las canciones populares.

Stephen Foster solía vender sus obras a las editoriales a precios mínimos, y las obras acababan valiendo mucho más que el precio original pagado. Una biografía de la Britannica sobre Foster dice que "nunca fue un empresario astuto a pesar de su talento, y en 1857, con dificultades financieras, vendió todos los derechos de sus futuras canciones a sus editores por unos 1,900 dólares".

Las ganancias de sus canciones fueron, en gran parte, de los intérpretes y editores". Foster vendió "Oh Susanna" por 100 dólares, y le generó al editor unos 10,000 dólares (a finales del siglo XIX, esto equivalía a unos 170,000 en dólares de hoy en día).

Las cosas han cambiado mucho para los compositores desde la época de Foster, pero su historia es un ejemplo de las dificultades que han sufrido los compositores desde los inicios del oficio. También ilustra la necesidad de que el compositor sea emprendedor y esté informado sobre el funcionamiento interno de la industria, aunque su tarea principal sea crear obras de arte.

La Ley de Derechos de Autor de 1909 y la creación de la ASCAP

La Ley de Derechos de Autor de 1909 fue un hito legislativo que, además de ampliar la duración de los derechos de autor, otorgó protección a las interpretaciones musicales y a las reproducciones de composiciones en mecanismos como rollos de pianola y fonógrafos.

Esto benefició a los compositores, ya que sus posibles fuentes de ingresos quedaron registradas en la ley. Los rollos de pianola condujeron a la creación de los regalías mecánicas, que más tarde se convertirían en los derechos pagados por la venta de discos.

Sin embargo, surgió la necesidad de contar con una entidad que rastreara y recaudara las regalías por las interpretaciones en vivo de las obras protegidas por derechos de autor.

En 1914, compositores de big band como John Philip Sousa e Irving Berlin se unieron para crear la Sociedad Americana de Compositores, Autores y Editores (ASCAP, por sus siglas en inglés). La ASCAP es una organización dedicada a pagar a los compositores por las interpretaciones públicas de sus obras. Fue la primera organización de derechos de ejecución pública (PRO, por sus siglas en inglés) de Estados Unidos (ya existían en Europa).

Durante varios años, la ASCAP tuvo el monopolio del cobro de regalías por interpretación. Cualquier compositor que quisiera obtener regalías de interpretación por sus composiciones, no tenía más remedio que registrarse en ASCAP. Sin embargo, ASCAP era excluyente en su proceso de solicitud y era conocido por discriminar en función de la raza. Su reinado duró hasta que se creó Broadcast Music Inc. (BMI) en 1941.

El Callejón Tin Pan

Llamado así por el sonido metálico de los pianos, las cuadras de la calle 28 Oeste, entre Broadway y la 6ª Avenida, en Nueva York, se convirtieron en el centro de la composición y la edición musical estadounidense a principios del siglo XX. Al mismo tiempo que se desarrollaba la revolución industrial, fue aquí donde la composición de canciones se convirtió en un verdadero negocio.

Las editoriales y los fabricantes de canciones trataban de cortejar a los artistas de vodevil y teatro para que cantaran las canciones de sus catálogos, y las partituras se producían en masa. Aquí se escribieron algunas de las canciones más famosas de Estados Unidos, como "Take Me Out to the Ballgame" y "God Bless America". Y fue aquí donde florecieron las carreras de George Gershwin, Scott Joplin, Cole Porter y muchos otros.

"El Callejón de Tin Pan ha desaparecido. Yo le puse fin. Ahora la gente puede grabar sus propias canciones". -Bob Dylan

Antes de la década de 1960, los compositores solían hacer que sus obras fueran grabadas por artistas.

El compositor no era quien popularizaba sus obras. Los editores de música adquirían los derechos de autor de sus composiciones y los licenciaban a los sellos discográficos, que hacían que sus artistas grabaran las canciones. Por ejemplo, Elvis grabó en su mayoría canciones que no había escrito: "Hound Dog" fue escrita por Jerry Leiber y Mike Stollman. Y Aretha Franklin no escribió "Respect", sino Otis Redding.

La idea de que un músico escribiera e interpretara sus propias obras fue poco convencional hasta principios de los años 60, cuando algunas bandas y cantautores empezaron a cambiar las cosas. Durante sus primeros álbumes, los Beatles eran esencialmente una banda de covers.

Sin embargo, con el tiempo, Lennon, McCartney y su productor George Martin llegaron a ser notablemente experimentales en el estudio. Se convirtieron en el primer grupo de músicos de pop-rock conocido internacionalmente que componía e interpretaba principalmente su propio material original.

Al mismo tiempo, los músicos folk del Greenwich Village de Nueva York combinaban poemas de protesta con acordes. Pioneros como Woody Guthrie y Pete Seeger inspiraron a Bob Dylan y a otros como Joan Baez, Judy Collins y Phil Ochs, que crearon efectivamente el concepto de cantautor.

Estos músicos cambiarían para siempre el negocio de la composición de canciones. Aunque hoy en día, el modelo tradicional de escritores que escriben para los artistas todavía sobrevive en el mundo del country y el pop, es muy común que las bandas y los cantautores compongan e interpreten sus propias obras musicales.

Mercados para la composición

No es necesario vivir en Los Ángeles, Nueva York o Nashville para ser compositor. Sin embargo, el negocio de la concesión de licencias de canciones para su uso en grabaciones, interpretaciones y obras audiovisuales tiene lugar principalmente en estos lugares. La mayoría de las editoriales, organizaciones de derechos de ejecución pública, grupos de defensa (link required), sellos discográficos y otras empresas influyentes en el negocio tienen su sede en estas ciudades, y es importante conocer las oportunidades que puede ofrecer cada ciudad, así como las diferencias entre ellas.

Nueva York

- Muchas comunidades musicales pequeñas y diversas
- Extremadamente caro Hay que tener influencia externa para tocar en locales de renombre
- Brooklyn es un centro musical
- Recintos: Pete's Candy Store, Jalopy, LIC Bar, Caffe Vivaldi, Red Lion

Los Ángeles

- Centro del mercado de la música pop
- Todo tipo de protagonistas de la industria se encuentran aquí
- Las colaboraciones con productores y los "toplining" son habituales
- Hollywood ofrece muchas oportunidades de sincronización
- Gran centro creativo, pero caro
- Recintos: Clubes en Sunset Strip, The Troubadour, The Satellite, Hi Hat, Zebulon

Nashville

- Bajo costo comparado con Nueva York y Los Ángeles
- Una comunidad de la industria, más pequeña y unida
- Capital del country, pero también con una fuerte y floreciente escena indie y de Americana DIY
- Recintos: Bluebird Cafe, Mercy Lounge, The 5 Spot, The Basement

Nueva Orleans

- El turismo es el principal motor económico. Gran demanda de música en vivo.
- Abundante historia del jazz
- Falta de una infraestructura de la "industria musical" (sellos discográficos, editores, PROs, etc.)
- Recintos: httt://www.neworleans online.com/neworleans /music/musicclubs.html

Austin

- Centro de música en vivo
- Originalmente conocida por el western o el outlaw country
- Festivales anuales Austin City Limits y South by Southwest
- Una escena local en declive debido al aumento del costo de vida
- Recintos: https://www.austintexas.or g/music-scene/venue-guide

Atlanta

- Capital del hip-hop
- Diversas tendencias que incluyen rock sureño, indie/alternativo y country
- Recintos: Terminal West, MJQ, Drunken Unicorn, Eddie's Attic, Tabernacle, Apache Cafe

Chicago

- Amplia y diversa población de músicos a tiempo completo
- Amplia historia y tradición del blues
- Recintos: aliveONE, The Owl, The Hideout, Schuba's Tavern, Cole's

Seattle

- Cuna del rock grunge
- Una escena de punk rock floreciente
- Recintos: Cafe Racer, The Triple Door, Deamonster Lounge, Sunset Tavern, The Crocodile

Miami

- Predominio de la música latina, también escena de clubes de EDM y hip-hop
- Fuerte presencia de grandes compañías musicales
- Más difícil de abrirse paso para los recién llegados
- Recintos: Churchill's Pub, Gramps, Olympia Theater, Bardot

Estas ciudades no representan, desde luego, una lista completa de los lugares en los que hay que residir para tener éxito en la composición de canciones. Con talento y espíritu emprendedor, cualquiera puede tener éxito en cualquier lugar.

Sin embargo, es inevitable que un compositor acabe relacionándose con los protagonistas de la industria que residen en las ciudades mencionadas, por lo que resulta útil pasar tiempo o vivir en una de ellas.

Este es un gráfico extraído de nuestro Informe de la Industria Musical de 2020 en el que se proyecta el crecimiento del empleo en el sector de la música en las ciudades más importantes.

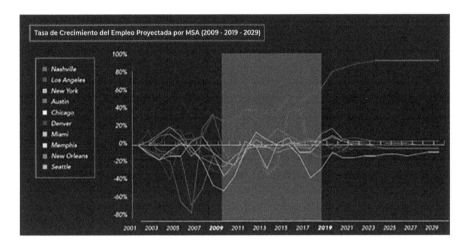

A continuación se explica un poco más la importancia de una red profesional para el sustento de un compositor.

La importancia del networking

La música es un negocio orientado a las relaciones. La composición de canciones es un arte muy personal, y las relaciones comerciales que se establecen en torno a ellas también lo son. Parte de lo que hace que un compositor tenga éxito es la red profesional que construye. No basta con tener canciones originales increíbles y un talento de primera para ganarse la vida como compositor. Como dice este artículo antiguo pero aún relevante de American Songwriter:

"La mayoría de los editores dependen de las referencias de fuentes de confianza o del boca a boca para atraer la atención de un nuevo compositor. Un editor musical es una persona de negocios que mantiene un horario de oficina regular y tiene una agenda muy ocupada que incluye tanto los negocios como la familia. Muchos de ellos no tienen tiempo para salir después de las horas de trabajo, y ninguno tiene tiempo para atender a personas que llegan sin cita previa o para escuchar cintas no solicitadas por varias horas. Y seamos sinceros, ¿quién querría hacerlo? ¿Lo harías tú? Tienen que ser selectivos sobre a quién o a qué prestan su atención".

Es necesario que cualquier compositor desarrolle relaciones sólidas y genuinas con los protagonistas de la industria musical para ser escuchado.

Esto significa participar en rondas de escritores y asistir a espectáculos, investigar y conocer a las figuras clave de la industria y programar composiciones en conjunto.

A continuación se ofrece una lista de los diversos recursos de networking disponibles para los músicos y los profesionales de la industria:

Conferencias específicas para compositores

Tin Pan South

ASCAP "I Create Music" Expo

AmericanaFest

Folk Alliance International Conference

SESAC Bootcamp

Durango Songwriters Expo

TAXI Road Rally

The Kaui Music Festival

West Coast Songwriters Conference

Songpreneurs Nashville

Festivales de Cine

Los festivales de cine para películas independientes son una gran manera de que los compositores hagan conexiones que podrían acabar dándoles oportunidades de sincronización.

Sundance

Tribeca

Cannes

Woodstock Film Festival

Nashville, LA, and New York Film Festivals

Conferencias Sobre la Industria Musical

Music Biz

Midem

Musexpo

DIY

South By Southwest

Trámites de derechos de autor

Registro

El registro de los derechos de autor de una composición puede ser una herramienta útil para ayudar al compositor a proteger mejor sus derechos.

Para obtener más información sobre estas ventajas, consulta nuestra guía sobre el registro de los derechos de autor.

Co-escrituras, colaboraciones y divisiones de trabajos en conjunto

En el negocio de la composición, la co-escritura es muy frecuente. Es habitual que una canción pop tenga más de cinco escritores y que el sello discográfico negocie para que el artista grabador aparezca en los créditos de la canción, aunque no tenga ninguna participación en la escritura real de la composición.

En el mundo del country de Nashville, especialmente, la co-escritura es la norma. Todas las editoriales de Music Row cuentan con "salas de escritores" en las que los compositores colaboran con independencia de su editor, sello discográfico o afiliación a una PRO.

Por ello, es importante la forma en que la ley de derechos de autor trata las obras en conjunto:

- En ausencia de un acuerdo formal, la propiedad se divide por igual entre cada compositor. Sin embargo, en la mayoría de las circunstancias profesionales, se establecen acuerdos formales. Las negociaciones para la división de la propiedad pueden ser un proceso largo en el que participa el equipo del compositor (editor, abogado, etc.), dependiendo del género.
- También debe haber intención por parte de todos los escritores de crear una canción unitaria y completa para que se apliquen

las disposiciones sobre la obra conjunta. Por ejemplo, si un guitarrista pensó que las notas de la cantante en su cancionero eran letras y las utilizó para crear una canción, pero la cantante sólo pretendía que esas palabras fueran poemas, no hay una canción creada conjuntamente.

- Cada contribución individual a la obra debe ser patentable en sí misma. Si alguien se limita a contribuir con el título de la canción, no puede tener la propiedad de la misma, porque un título por sí mismo no es más que una idea general y poco original.

- Cada autor conjunto tiene derecho a licenciar de forma no exclusiva toda la canción. Esto significa, por ejemplo, que cualquier compositor puede firmar con cualquier PRO, y esa PRO puede licenciar la canción a quien quiera. "No exclusivo" significa que la licencia concedida por el propietario parcial de la canción no puede limitarse a ese licenciatario (ejemplo: un compositor con una quinta parte de la propiedad no podría conceder por su cuenta una licencia de sincronización exclusiva para que la canción se utilice en una película o anuncio importante).

Una nota sobre el "toplining"

Se trata de la práctica de componer una letra y un gancho sobre un ritmo y una línea de bajo. Esta práctica, ahora común, surgió junto con la llegada de la tecnología digital, y se produce cuando los artistas de pop o hip hop van a crear sus álbumes en el estudio de grabación.

Es importante señalar que el toplining se considera a los ojos de la ley de derechos de autor del mismo modo que la co-escritura tradicional, aunque el toplining se produzca durante el proceso de grabación.

Derechos de rescisión

De acuerdo con la Ley de Derechos de Autor de 1976, los compositores pueden solicitar que se les devuelva la propiedad de sus canciones después de cierto tiempo.

Aunque hay limitaciones y condiciones que deben cumplirse, por lo general el compositor puede rescindir y recuperar la propiedad de una canción 35 años después de su creación.

Esto significa que los escritores (como Paul McCartney) que han escrito canciones clásicas que siguen siendo populares durante décadas pueden cosechar los beneficios más adelante si previamente han cedido los derechos a otra entidad como una editorial musical.

Acuerdos de edición

Las personas que quieran vivir de la composición de canciones entrarán inevitablemente en contacto con editoras musicales, ya sea que lleguen a firmar un contrato con una de ellas o no.

En la guía para la edición musical encontrarás una descripción más completa de los acuerdos de edición, pero a continuación te ofrecemos un breve resumen de los tipos de acuerdos que puede encontrar un compositor.

Composición Exclusiva

Un acuerdo de composición exclusiva es un acuerdo en el que el compositor firma un contrato que le obliga a escribir un número específico de canciones en un periodo de tiempo concreto. Por ejemplo, un compositor puede acordar escribir (o coescribir) entre 10 y 20 canciones al año para el editor. Este tipo de acuerdos son más tradicionales y menos comunes hoy en día.

Acuerdo de Canción Individual

En este acuerdo, el autor simplemente acepta transferir la propiedad de los derechos de autor de las canciones que ya existen a un editor.

La transferencia de la propiedad puede ser de una canción, de varias o de todo un catálogo. Por ejemplo, Sony ATV posee los derechos de autor de canciones escritas por Bob Dylan, Lady Gaga, Taylor Swift, Willie Nelson y muchos más. La compañía vendió recientemente todo el catálogo de Bruce Springsteen a Universal Music Publishing Group.

Trabajo Realizado Por Encargo

En estos acuerdos, la empresa editora es propietaria al 100% de las canciones escritas por el autor de acuerdo con el convenio. La empresa figura como autora de la obra, en lugar de ser el propio autor.

El autor de la canción suele recibir una cantidad única por el trabajo realizado en virtud del contrato. Cuando uno se encuentra ante la oportunidad de firmar un acuerdo de edición, es fundamental tener en cuenta si ese acuerdo es de trabajo realizado por encargo, ya que el compositor pierde todos los derechos sobre la canción.

El trabajo realizado por encargo es habitual en los contratos de cine o televisión.

Administración

En los acuerdos de administración, el compositor conserva la plena propiedad. A pesar de no tener la propiedad, los editores siguen realizando todas sus tareas habituales con respecto a la canción.

En lugar de cobrar las regalías generadas por la propiedad de los derechos de autor, el editor se queda con un porcentaje de las ganancias de la canción, que suele oscilar entre el 10% y el 25%.

Estos acuerdos son cada vez más comunes, ya que los acuerdos tradicionales de los compositores son menos viables para el compositor promedio.

Coedición

Un acuerdo de coedición significa que mientras el editor musical tiene la propiedad de los derechos de autor y administra su explotación, otro editor (posiblemente la propia empresa del compositor) controla el resto del porcentaje atribuido al editor.

Este tipo de acuerdo suele darse cuando los compositores establecidos firman para trabajar con un determinado editor. Este acuerdo proporciona al compositor más influencia y dinero, ya que mientras el compositor sigue recibiendo el 50% de la cuota de autor, su entidad editora (o de quien sea) también recibe una parte del 50% de la cuota de edición.

Flujos de Ingresos

Licencias mecánicas y regalías

Las licencias mecánicas conceden al licenciatario el derecho a grabar y distribuir la canción de un compositor. Esencialmente, el licenciante está dando a alguien la oportunidad de crear su propio derecho de autor de grabación sonora utilizando un derecho de autor de composición existente.

Cuando se cumplen ciertas condiciones, cualquiera puede obtener una licencia mecánica obligatoria para reproducir y distribuir una canción de un compositor. Posteriormente, los licenciatarios pagan al editor musical (a través del Colectivo de Licencias Mecánicas, la Agencia Harry Fox o de las sociedades de gestión colectiva MRI) una tasa de regalías determinada por el gobierno, que luego reparte ese pago con el compositor.

Regalías por ejecución

Para recaudar los derechos de autor por las interpretaciones públicas de sus obras, los compositores firman acuerdos con organizaciones profesionales como ASCAP, BMI, SESAC y GMR. Las PRO conceden licencias generales a una amplia gama de usuarios, entre los que se encuentran las emisoras de radio tradicionales, las cadenas de televisión, los servicios de transmisión digital no interactiva como Pandora y Sirius XM, y los recintos.

Estas licencias permiten a los usuarios finales interpretar todo el catálogo de la PRO a cambio del pago de derechos. Los regímenes de regalías varían entre las PRO, pero en su mayoría se basan en un sistema de porcentaje proporcional según el tipo de actuación.

Por ejemplo, una actuación en la radio de los 40 principales probablemente se valora más que una actuación a través de Pandora en una cafetería.

La PRO envía entonces la mitad de los derechos al editor y la otra mitad al compositor.

Acuerdos de sincronización para obras audiovisuales

Las licencias de sincronización se conceden cuando una composición se va a utilizar en una obra audiovisual, como una película, un programa o anuncio de televisión. Se trata de honorarios únicos, y suelen ser facilitados por el editor musical del compositor (los escritores no contratados también tienen formas de llegar a estos acuerdos, a través de empresas de licencias musicales).

Las empresas de supervisión musical, por su parte, son intermediarias entre las productoras y los editores. Los supervisores suelen encargarse de proporcionar a las productoras canciones con licencia para su uso en obras audiovisuales.

Por ejemplo, una productora que produzca una película de gran presupuesto en Hollywood contratará a una empresa de supervisión musical para que cubra determinados puntos de la película en los que se necesite música.

Las empresas de supervisión, a su vez, trabajan con los sellos discográficos y los editores que poseen los derechos de las obras para conseguir las licencias.

*Puesto que publica millones de obras audiovisuales en su plataforma, YouTube es un participante importante en la concesión de licencias musicales utilizadas en los vídeos. Consulta nuestra guía completa de YouTube para obtener más información.

Obras Citadas

"Stephen Foster | Biography, Songs, & Facts | Britannica." Encyclopedia Britannica, 2021, www.britannica.com/biography/Stephen-Foster. Accessed 27 July 2021.

"The Fading Melodies of West 28th Street (Published 2008)." The New York Times, 2021, www.nytimes.com/2008/10/19/nyregion/thecity/19disp.html. Accessed 27 July 2021.

"Bob Dylan, Titan of American Music, Wins 2016 Nobel Prize in Literature." NPR.org, 13 Oct. 2016, www.npr.org/sections/thetwo-way/2016/10/13/497780610/bob-dylantitan-of-american-music-wins-the-2016-nobel-prize-in-literature. Accessed 27 July 2021.

Caudell, Al. "Getting Your Songs Heard: Network, Be Professional, and Be Prepared - American Songwriter." American Songwriter, 1995, americansongwriter.com/getting-your-songs-heard-network-be-professional-and-be-prepared/. Accessed 27 July 2021.

Leahey, Andrew. "A Nashville Songwriter's Survival Guide - American Songwriter." American Songwriter, 20 July 2014, americansongwriter.com/nashville-songwriterssurvival-guide/. Accessed 27 July 2021.

Loss-Eaton, Nick. "A Songwriter's New York City Survival Guide - American Songwriter." American Songwriter, 23 May 2014, americansongwriter.com/songwriters-new-york-city-survival-guide/. Accessed 27 July 2021.

Almeida, Celia. "The Best Concerts in Miami This Week." Miami New Times, Miami New Times, 11 June 2018, www.miaminewtimes.com/music/miami-concertcalendar-june-11-through-june-17-10424168. Accessed 27 July 2021.

"The Struggles of Austin's Music Scene Mirror a Widened World." NPR.org, 24 Feb. 2017, www.npr.org/sections/therecord/2017/02/24/516904340/the-struggles-ofaustins-music-scene-mirror-a-widened-world. Accessed 27 July 2021.

"Atlanta Hip-Hop Scene - 'the South Got Something to Say.'" Chooseatl. com, 2019, www.chooseatl.com/live/vibrant-culture/hip-hop. Accessed 27 July 2021.

"The Best Live Music Venues in Seattle." Seattle Magazine, 20 Aug. 2014, www.seattlemag.com/article/best-live-music-venues-seattle. Accessed 27 July 2021.

"The 15 Best Music Venues in Chicago - the Chicagoist." The Chicagoist, 2013, chicagoist.com/2013/12/04/the_best_music_venues_in_chicago. php. Accessed 27 July 2021.

"Songwriter Job Description, Career as a Songwriter, Salary, Employment - Definition and Nature of the Work, Education and Training Requirements, Getting the Job." Stateuniversity.com, 2021, careers. stateuniversity.com/pages/7981/Songwriter.html. Accessed 27 July 2021.

"How to Become a Songwriter & Write Hit Songs - Careers in Music." Careersinmusic.com, 2021, www.careersinmusic.com/songwriter/. Accessed 27 July 2021.

Shoemaker, Kayleigh. "Royalties & Rights Summary." Nashville Songwriters Association International, 6 Nov. 2017, www. nashvillesongwriters.com/royaltiesrights-summary. Accessed 27 July 2021.

"Songwriter Tips for Copyright, Credit, and Royalties." Findlaw, 26 Feb. 2018, www.findlaw.com/smallbusiness/intellectual-property/songwriter-tips-for-copyrightcredit-and-royalties.html. Accessed 27 July 2021.

"Music Royalties Explained: The Ultimate Guide for 2020." Indiemusicacademy.com, 2020, www.indiemusicacademy.com/blog/music-royalties-explained. Accessed 27 July 2021.

¿Qué es un Artista Discográfico?

¿Por Qué Escribimos Esta Guía?

Los artistas discográficos y los compositores crean los cimientos de la industria musical: las grabaciones y las composiciones. Es necesario conocer las posiciones fundamentales de los artistas y compositores dentro de la industria musical para comprender el funcionamiento interno detallado de la misma.

Hemos escrito esta guía para ofrecer a los lectores una descripción detallada de lo que es un artista discográfico, lo que hace y cómo gana dinero.

¿Para Quién es Esta Guía?

- Personas que buscan convertirse en artistas discográficos o desean trabajar con uno.
- Principiantes en el negocio o entusiastas de la música que buscan aprender los fundamentos de la industria.
- Artistas contratados por sellos discográficos.
- Artistas discográficos independientes que desean aprender las mejores prácticas.

Contenido

- ¿Qué es un Artista Discográfico?
- Historia de los Artistas Discográficos

- Regalías
- Contratos de Grabación

¿Qué es un Artista Discográfico?

En la industria musical, un artista discográfico es una persona que interpreta canciones en un estudio con el fin de grabarlas y lanzarlas al público. Un artista discográfico puede ser un solo individuo, una banda o incluso una gran sinfonía. También puede ser un cantautor.

Sin embargo, los artistas discográficos suelen interpretar y grabar canciones que no han escrito ellos mismos.

Historia de los Artistas Discográficos

Los conceptos de un artista discográfico se describen con más detalle en nuestra guía «¿Qué es una grabación sonora?", junto con una gran cantidad de información que explica las primeras tecnologías de grabación. Los primeros mecanismos de grabación dificultaban la grabación de bandas completas.

En la década de 1940, la tecnología había avanzado lo suficiente como para permitir la grabación eléctrica, la grabación de sonido estereofónico y las multipistas. A medida que la tecnología avanzaba, las disqueras firmaban contratos con más artistas y se podía escuchar más variedad en las grabaciones.

Durante la mayor parte de la vida de la industria discográfica, los sellos discográficos eran la única forma en la que los artistas podían grabar, fabricar y vender su música.

Sin embargo, hoy en día, prácticamente cualquiera puede iniciar una carrera como artista discográfico independiente.

Regalías

Cuando un artista graba y distribuye una canción que no ha escrito, para ello, debe obtener primero una licencia del propietario de la composición. Al hacerlo, se le permite realizar la grabación de la canción a cambio de regalías mecánicas pagadas al editor y al compositor.

Los artistas discográficos suelen cobrar parte de las regalías recaudadas por el sello discográfico por las ventas de la grabación sonora, y por otros tipos de licencias, como las de sincronización y los derechos conexos por vía SoundExchange.

En los acuerdos de sincronización, se suele negociar una tarifa única y el artista recibe una parte de ese dinero. Por otro lado, SoundExchange es en efecto una PRO (Sociedad de Derechos Conexos) para las grabaciones de sonido. La organización recauda y distribuye los derechos de ejecución de los servicios de transmisión digital no interactivos* como Sirius XM y Pandora.

*No interactivo significa que el oyente no elige qué canciones quiere escuchar, como en el caso de Apple Music, Spotify o YouTube. Consulta nuestra guía sobre el tema aquí.

Contratos de Grabación

Un contrato de grabación es un acuerdo legal que suele celebrarse entre un artista discográfico y un sello discográfico o disquera. Normalmente, la disquera se compromete a promocionar y trabajar con el artista, y el artista se compromete a crear grabaciones para la disquera. No existe una norma concreta sobre los detalles y acuerdos que se incluyen en un contrato de grabación. Para entender mejor los contratos de grabación, hay que intentar comprender los distintos componentes que pueden encontrarse en ellos.

Gama de Derechos

Este tema es uno de los más importantes en los contratos de grabación estándar. Básicamente, describe los derechos que transfiere el artista discográfico al sello discográfico.

Dependiendo de la influencia del artista, éste puede negociar elementos más favorables en sus contratos. Los artistas consolidados con un historial de grandes cifras de ventas y amplia popularidad tienen mucho más poder de negociación en sus contratos con las disqueras.

Plazo

El plazo de un contrato de grabación se refiere a la duración del acuerdo que se realiza. Normalmente, los plazos se establecen de una de estas tres maneras.

- Los artistas acordarán un plazo basado en años
  - Ejemplo: Acepto crear productos para esta empresa durante 2 años.
- Los artistas acordarán un plazo basado en su producción
  - Ejemplo: Acepto crear 2 álbumes y 1 EP para esta compañía discográfica.
- Los artistas acordarán un plazo inicial basado en su producción con la opción de un plazo extendido. Después del plazo inicial, la compañía discográfica tendrá la opción de despedir al artista o de ampliar el plazo. Si el trabajo del artista no es rentable, esta opción evitará que la disquera desperdicie dinero en más grabaciones.
  - Ejemplo: Me comprometo a crear un EP con la opción de rescindirlo o ampliarlo a un plazo de 1 EP adicional y 2 álbumes.

Regalías

Las regalías de los artistas se extraen del precio de venta al por mayor, por el que los minoristas compran los discos, también llamado precio publicado a los distribuidores, o PPD.

El porcentaje del PPD que el artista gana en puntos de regalías (1 punto=1%) depende del nivel de éxito que haya alcanzado el artista. Según el libro "All You Need To Know About the Music Business" ("Todo lo Que Necesitas Saber Sobre el Negocio de la Música") de Donald S. Passman, los artistas debutantes ganan entre un 13% y un 16%, mientras que los artistas ya establecidos pueden llegar a ganar hasta un 20%.

Ejemplo:

El precio al por mayor del primer álbum de un nuevo artista es de seis dólares. Han firmado un contrato que les asigna 14 puntos.

$6.00 x $00.14 = $00.84

Exclusividad

La exclusividad significa que el artista o los artistas discográficos se comprometen a crear grabaciones exclusivamente con el sello discográfico en cuestión, durante el plazo determinado.

Al incluir esta cláusula en el contrato de grabación, los sellos discográficos impiden que sus artistas concedan licencias de sus obras a otras empresas o a los usuarios de música directamente. El requisito de exclusividad es una medida de protección para la compañía y es similar a un acuerdo de no competencia.

La compañía quiere proteger plenamente sus derechos sobre la grabación para poder obtener todos los beneficios de la concesión de licencias ahora y en el futuro. El artista acepta que la compañía discográfica sea la única comercializadora y distribuidora de sus grabaciones sonoras a cambio de todos los beneficios percibidos que le proporcionará el sello.

En algunos casos, los acuerdos amplían la exclusividad a más (o a todos) los aspectos de la carrera de un artista. Por ejemplo, algunos artistas también firman la exclusividad en relación a los productos y/o mercancías de su marca, representación artística y giras. Cuando el acuerdo incluye la exclusividad en todos los aspectos, se denomina un "Acuerdo 360*".

Anticipos y Recuperación

A menudo, los artistas reciben un anticipo de la disquera con la que firman. Un anticipo es un tipo de préstamo que sirve de ingreso para el artista mientras graba y espera que sus grabaciones generen ingresos. Estos anticipos son esencialmente inversiones.

La disquera invierte en el artista pagando sus regalías por adelantado para que éste pueda grabar, salir de gira y seguir pagando sus gastos. Sin embargo, **es importante señalar que estos anticipos deben devolverse a la disquera**. Este proceso se llama recuperación. Normalmente, la recuperación procede de las regalías del artista.

El artista no recibirá ninguna regalía hasta que se haya generado una cantidad suficiente para devolver el anticipo. Los anticipos también pueden incluir los costos en los que incurre el artista antes de que las regalías comiencen a llegar. Por ejemplo, los costos de grabación, el apoyo a las giras y los presupuestos de comercialización podrían extraerse de las regalías iniciales durante la recuperación, si así se acuerda en el contrato.

Una vez que el artista haya completado la recuperación, tendrá más poder al momento de la renegociación o incluso de la rescisión.

Rescisión

Los contratos artísticos suelen incluir acuerdos sobre lo que ocurriría en caso de que se rescindiese el acuerdo. Aunque es poco frecuente, las cláusulas de rescisión incluyen a veces que el artista se comprometa a devolver los anticipos para salir del contrato.

Lo más habitual es que la disquera conserve la propiedad de las grabaciones sonoras y exija al artista que entregue todas las grabaciones sonoras que cree hasta que se recupere el anticipo.

Territorio

Esta sección del contrato indica el país o países en los que la compañía discográfica tiene derecho a licenciar y vender las grabaciones sonoras. Cuando sea necesario, las disqueras ceden a otras compañías internacionales el derecho de distribución o representación de ese artista en algunos territorios.

Cláusula de Composición Controlada

Una composición controlada afecta a las regalías mecánicas pagadas por una composición co-escrita por el artista discográfico. La cláusula de composición controlada, en un contrato de grabación, pone un límite a la cantidad que la disquera está obligada a pagar a los cantautores por las composiciones controladas en su álbum.

Artistas Independientes

Aunque no hace falta decirlo, no es necesario firmar con un sello discográfico para ser un artista exitoso. Debido, en gran parte, a la proliferación de la tecnología digital, la industria musical está siendo testigo de un aumento de los lanzamientos independientes o "indie".

Los artistas y las bandas están teniendo éxito fuera de los sellos discográficos tradicionales en plataformas como Bandcamp, Soundcloud, YouTube, etc. Los sellos discográficos reconocen esta tendencia y siguen evolucionando para apoyar a estos artistas independientes.

Para muchos artistas, la independencia ha evolucionado hasta convertirse no tanto en un medio técnico de hacer negocios sin la ayuda de un sello discográfico, sino en una mentalidad o estilo de vida asociado a la autonomía creativa.

Los fans de los artistas independientes también pueden admirar estas cualidades y buscar activamente lanzamientos independientes. Sin embargo, es importante destacar que no hay una forma "incorrecta" de ser artista en la industria musical. Conoce más sobre las distinciones de la industria entre los términos "Indie" y " Principal" en nuestra guía.

Obras Citadas

Passman, Donald S. All You Need to Know about the Music Business: 10th Edition. Simon & Schuster, Incorporated, 2019.

"Music Royalties 101 – Intro to Music Royalties – Royalty Exchange." – Royalty Exchange, 10 Feb. 2021, www.royaltyexchange.com/learn/music-royalties.

¿Qué es un Productor y un Ingeniero de Sonido?

¿Por Qué Escribimos Esta Guía?

Detrás de toda buena canción y álbum, hay un equipo de personas que se unieron para crear algo especial. Cuando escuchas una canción, quizá no pienses en lo complejo que ha sido el proceso para llegar hasta donde la estás escuchando. Crear música es un reto gratificante. Autores, artistas, compositores, productores e ingenieros de sonido ponen todo su empeño en crear algo que el oyente pueda disfrutar. Los productores y los ingenieros de sonido gestionan los elementos creativos del proceso técnico de grabación de la canción o el álbum.

Esta guía explica qué es un productor, qué hace y por qué es tan importante. El término productor suele ir unido al de ingeniero de sonido; aunque tienen muchas similitudes, estas dos personas tienen funciones diferentes dentro de la industria musical y el progreso de la creación de música.

¿Para Quién es Esta Guía?

- **Cantautores y compositores** que quieran adquirir conocimientos sobre cómo los productores les ayudan a producir la mejor versión de su música.

- **Artistas discográficos** que quieren entender los requisitos del trabajo de un productor y cómo les ayudarán a conseguir la mejor canción.
- **Productores e ingenieros de sonido** que quieran aprender más sobre la historia de la producción musical y sus derechos como productor/ingeniero de sonido.
- **Cualquier persona** que quiera aprender más sobre ingeniería de sonido y/o producción de música.

Contenido

- ¿Qué es un Productor?
- ¿Cuáles son las Responsabilidades de un Productor?
- Historia de los Productores
- ¿Qué es un Ingeniero de Sonido y en qué se Diferencía su Función de la de los Productores?
- ¿Cómo Ganan Dinero los Productores y los Ingenieros de Sonido?
- Organizaciones y Recursos

¿Qué es un Productor?

Un productor puede significar varias cosas, pero en su forma más simple, un productor es una persona que supervisa todos los aspectos de la producción de una canción o un álbum.

El productor se encarga de dar el visto bueno final a todos los elementos creativos de la producción de una canción o un álbum. Los productores son creativos, pero también son individuos realmente intuitivos y técnicos. Toman muchas decisiones en el proceso creativo de la grabación de una canción, tales como qué músicos van a tocar, qué instrumentos van a utilizar, qué vocalistas van a cantar en la canción y cómo se graba y se mezcla la canción para el oyente.

Un productor musical o discográfico suele compararse con un productor de cine. Son responsables de todos los elementos creativos de una producción. Con su genio creativo, toman las decisiones más difíciles que finalmente producen una canción o un álbum de éxito. El objetivo principal de un productor es ayudar a un artista a conseguir el sonido que desea para su canción o álbum.

Dicho esto, son muchas las responsabilidades que se le encomiendan a un productor. Los productores suelen tener que hacer mucho más que simplemente supervisar el proceso creativo de las canciones o los álbumes.

¿Cuáles son las Responsabilidades de un Productor?

Las responsabilidades de un productor pueden incluir:

- Asesoramiento sobre las canciones del álbum.
- Elegir el estudio de grabación donde se grabará la canción.
- Encargarse de la mesa de mezclas mientras un artista está en el estudio.
- Editar el audio, el diseño de sonido y la producción fantasma.
- Comunicarse y trabajar con las organizaciones cuando se planifican los eventos en directo y, a menudo, reservar esos eventos.
- Programar los horarios de las actuaciones y el tiempo de estudio.
- Organizar la logística de los artistas.
- Asegurarse de que el estudio o recinto cuente con catering, entretenimiento, aseos y seguros.
- Comunicarse con el equipo de marketing para crear material de promoción de la canción, el álbum o el evento.

Los productores tienen una gama bastante amplia de responsabilidades, que depende sobre todo de su grado de participación en los distintos aspectos de la creación de la canción o el álbum. A menudo, los productores participan en el proceso de grabación de la canción, pero a veces se distancian más y dejan que un ingeniero de sonido se encargue de la grabación mientras ellos hacen sugerencias sobre cómo crear el sonido que quieren para la canción.

Historia de los Productores

Como explicamos en nuestra guía «¿Qué es una grabación sonora?", el sonido se grabó por primera vez en 1857. Sin embargo, la primera vez que se grabó sonido con capacidad de reproducción no fue hasta 1877, cuando la compañía de Thomas Edison creó el fonógrafo.

El fonógrafo utiliza una bocina en forma de embudo para dirigir las ondas sonoras hacia un pequeño y sensible diafragma situado en la base de la bocina. El diafragma se mueve como reacción a los cambios de presión del aire creados por las ondas sonoras. Una aguja está conectada al diafragma, lo que permite que la aguja se mueva en un patrón que imita la presión de las ondas sonoras. Este patrón se graba en el cilindro envuelto en una fina lámina de aluminio. Una manivela hace girar el cilindro mientras se graba el sonido. El fonógrafo es la base de la grabación análoga.

La invención del fonógrafo produjo el concepto de grabación análoga. El concepto de grabar audio y poder escucharlo cambió la sociedad de muchas maneras. La gente ahora podía escuchar música o audiolibros para entretenerse. La radio popularizó este concepto de entretenimiento, y en 1923 se lanzó el primer anuncio de radio. Las emisoras de radio hicieron que la música estuviera más disponible, lo que aumentó la popularidad de la música como pasatiempo de entretenimiento.

Durante la Segunda Guerra Mundial, las personas escuchaban la radio para enterarse de las noticias y, a menudo, para distraerse de la dura realidad que les rodeaba. Este aumento de la popularidad contribuyó a la comercialización de la música.

Los estudios de grabación se hicieron más importantes con la popularización y comercialización de la música, lo que a su vez creó la necesidad de contar con productores musicales. Al principio, los productores musicales se encargaban de los aspectos más técnicos de la grabación de la canción, pero a medida que la música adquiría mayor popularidad, los productores musicales pronto se involucraron más en el proceso creativo de una canción.

Quincy Jones es uno de los productores discográficos más influyentes de la música estadounidense. Empezó como trompetista en los años 40 y 50, y gracias a su forma de tocar la trompeta se introdujo en la industria musical. Pronto empezó a hacer arreglos musicales para artistas.

Jones arregló música para Clifford Brown, Gigi Gryce, Oscar Pettiford, Cannonball Adderley, Count Basie, Dinah Washington y muchos más. En la década de 1950, Jones comenzó a componer y producir música para artistas, y en 1961, Jones trabajó como A&R para Mercury Records. Mercury Records era un popular sello discográfico que influyó en la época de la Motown. Mientras trabajaba para Mercury Records, Jones empezó a producir música y a ayudar a los artistas a conseguir el mejor sonido para sus canciones. Su trabajo más famoso fue con Frank Sinatra.

Con los años, Jones pasó de producir música de jazz a música pop. Uno de los álbumes más famosos que produjo fue "Thriller" (1982) de Michael Jackson.

También ha sido nominado a 75 premios Grammy, y ha ganado 25 de ellos. Jones también fue incluido en el Salón de la Fama del Rock'n'Roll en 2013. Quincy Jones fue uno de los productores discográficos más influyentes de la historia.

Hoy en día, la mayoría de los productores se encuentran en los estudios de grabación ayudando a los artistas, pero también pueden encontrarse en sus casas. Con la invención de las estaciones de trabajo de audio digital o DAW, muchos individuos han creado sus estudios en sus casas. Esto da la oportunidad a los productores de ser más creativos, ya que están en su propio espacio y pueden comprar el equipo con el que quieren trabajar para crear una canción increíble.

Finneas O'Connell es un excelente ejemplo de un productor increíble que trabaja desde un estudio casero. O'Connell ha producido y grabado todos los éxitos de Billie Eilish en su estudio casero.

Los productores suelen ser también ingenieros de sonido, pero ¿qué es un ingeniero de sonido?

¿Qué es un ingeniero de sonido y en qué se diferencía su función de la de un productor?

El término ingeniero de sonido se utiliza a menudo junto con el de productor. Tanto los productores como los ingenieros de sonido ayudan a grabar música, pero un ingeniero de sonido se centra principalmente en los aspectos más técnicos de la grabación. Un ingeniero de sonido suele ser la persona que configura el equipo de audio y maneja la consola de grabación durante la grabación de una canción.

Los productores suelen escuchar la grabación y hacer sugerencias al ingeniero de sonido para que la ajuste. Sin embargo, a veces los productores también manejan la consola de grabación para lograr cualquier genialidad creativa que se les ocurra. Los ingenieros de sonido están ahí para ayudar a que la visión del productor y el artista de la canción cobre vida con el uso del equipo de audio.

Sin embargo, los productores también pueden ser ingenieros de sonido y la mayoría lo son, pero es más probable que los productores se centren más en los aspectos creativos de la canción y dejen que otra persona se encargue de los aspectos técnicos de la grabación de la canción. Esto permite al productor implicarse plenamente en el proceso creativo de una canción o un álbum. No se distraen ajustando el equipo de grabación, lo que puede impedirles darse cuenta de algo que hay que cambiar para crear la mejor versión de la canción.

¿Cómo Ganan Dinero los Productores y los Ingenieros de Audio?

A menudo, los ingenieros y productores de audio ganan dinero con una tarifa por pista. Se les paga por su trabajo por cada pista de un álbum o canción. Sin embargo, además de ganar dinero con la edición de audio y la provisión de equipos de grabación a través de las tarifas por pista, los productores e ingenieros de audio pueden ganar dinero con los masters o las regalías de las grabaciones sonoras.

Donald S. Passman describe en su libro "Todo lo que necesitas saber sobre la industria musical" ("All You Need To Know About The Music Business") que los productores suelen recibir un porcentaje de regalías del 3% al 4%. Los productores, al igual que los artistas discográficos, tienen que recuperar los anticipos con las regalías que reciben de los masters.

A los productores se les paga después de recuperar los costos de grabación con la tasa neta de artista. La tasa neta de artista significa que hasta que el artista no haya recuperado el anticipo de sus regalías para pagar los costos de grabación, el productor no recibe regalías.

Sin embargo, una vez pagados todos los costos de grabación, el productor recibe todo el dinero que ha ganado. Esto también se conoce como retroactivo a la primera grabación, lo que significa que una vez que se han recuperado todos los costos de grabación, el productor recibirá todo el dinero de cada álbum o canción vendida hasta el primer disco vendido.

Como ya se ha explicado, los productores pueden ganar dinero con los masters y las regalías de las grabaciones sonoras. Esto se ve normalmente en el dinero de SoundExchange. Sin embargo, Passman explica que "...a diferencia de otros países, los productores no tienen derecho a los fondos de SoundExchange a menos que el artista le diga a SoundExchange que les pague". Esto significa que, si eres productor, es muy importante que incluyas en tu contrato que el artista debe informar a SoundExchange para que te pague las regalías por los masters.

Esto parece bastante injusto para los productores e ingenieros de audio cuando los artistas no le dicen a SoundExchange que cobre las regalías para los productores e ingenieros de audio, por lo que la Ley de Modernización de la Música creó la Asignación para Productores Musicales (Allocation for Music Producers o AMP, por sus siglas en inglés) para asegurarse de que los productores e ingenieros de audio reciban sus regalías.

Passman describe: "Si fuiste productor, mezclador o ingeniero de sonido en una grabación sonora realizada antes del 1 de noviembre de 1995 y no tienes una carta de instrucciones del artista, puedes obtener el 2% del dinero de SoundExchange si no puedes encontrar al artista".

Otra forma en la que los productores pueden ganar dinero es a través de las regalías de edición. Normalmente, es más difícil que los productores reciban dinero de las regalías de edición, pero si un productor trabaja con el compositor directamente en el estudio, puede tener derecho a regalías de edición.

Normalmente, en los géneros hip hop y R&B, los productores crean ritmos para que los artistas los utilicen en sus canciones. Lo más habitual es que los productores no reciban regalías por estos ritmos que crean, pero si eres un productor más conocido puedes recibir regalías de edición por el ritmo que has creado.

En general, hay bastantes formas de ganar dinero como productor o ingeniero de sonido, pero la mayoría de las veces trabajarás a partir de una tarifa por pista. Cuando hayas ganado suficiente prestigio, podrás recibir regalías por la edición y la grabación sonora.

Organizaciones y Recursos

A continuación se ofrece una lista de diferentes organizaciones y recursos para productores e ingenieros de sonido:

- Sociedad de Ingeniería de Audio (Audio Engineering Society o AES, por sus siglas en inglés)
- Asociación de Productores Musicales (Association of Music Producers o AMP, por sus siglas en inglés)
- Sociedad de Estudios Profesionales de Grabación de Audio (Society of Professional Audio Recording Studios o SPARS, por sus siglas en inglés)
- SoundGirls
- WAM (Women Audio Mission)

Obras Citadas

"A Brief History of Music Production." RSL Awards, 14 Apr. 2021, www.rslawards.com/a-brief-history-of-music-production/.

Beardsley, Roger, and Daniel Leech-Wilkinson. "A Brief History of Recording to Ca.1950." CHARM, King's College London, 2009, charm.rhul.ac.uk/history/p20_4_1.html.

Fowlkes, Karl. "The Basics: How Do Songwriters and Producers Get Paid?" The Courtroom, The Medium, 13 Feb. 2019, medium.com/the-courtroom/the-basics-howdo-Songwriters-and-producers-get-paid-5d5debef25c7.

Harvey, Steve. "Finneas on Producing Billie Eilish's Hit Album in His Bedroom." ProSoundNetwork, 10 Apr. 2020, www.prosoundnetwork.com/recording/finneas-onproducing-Billie-eilishs-number-one-album-in-his-bedroom.

"Job Profile: Music Producer." Edited by AGCAS, Prospects, June 2021, www.prospects.ac.uk/job-profiles/music-producer.

Passman, Donald S. All You Need to Know about the Music Business: 10th Edition. Simon & Schuster, Incorporated, 2019.

"Quincy Jones." Edited by Patricia Bauer, Encyclopaedia Britannica, Encyclop dia Britannica, Inc., www.britannica.com/biography/Quincy-Jones.

Slade, Sean, et al. "Music Production: What Does a Music Producer Do?" Berklee Online, 27 May 2021, online.berklee.edu/takenote/music-production-what-does-amusic-producer-do/.

Veen, Tony van. "What's the Difference between an Engineer and a Music Producer?" Disc Makers Blog, 2 Nov. 2020, blog.discmakers.com/2020/11/difference-betweenengineer-and-music-producer/.

"What Does a Music Producer Do?: Who Is a Music Producer?" Recording Connection, 9 Aug. 2019, www. recordingconnection.com/reference-library/recordingentrepreneurs/ what-does-a-music-producer-do/.

¿Qué es un Editor Musical?

¿Por Qué Escribimos Esta Guía?

El propósito de esta guía es ofrecer al lector una idea fundamental de lo que hace un editor musical, así como una idea de cómo sus modelos de negocio están cambiando y adaptándose a la era digital. Esta guía incluye descripciones detalladas del funcionamiento interno de una editorial musical típica, un resumen de los diferentes tipos de acuerdos de edición que un compositor puede encontrar, y algunos antecedentes históricos y el contexto de cómo la industria de la edición musical llegó a ser como lo es hoy.

¿Para Quién es Esta Guía?

- Compositores pensando en firmar un contrato de edición musical
- A los interesados en hacer una carrera en el mundo de la edición musical
- Propietarios y empleados de editoras musicales, o de empresas que interactúan con ellas

Contenido

- Resumen
- Antecedentes
- El Acuerdo de Edición

- Qué Hace un Editor
- Una Breve Lista de Editoriales
- Grupos de Apoyo

Resumen

Un editor musical se encarga principalmente de conceder licencias y administrar los derechos de autor de las composiciones de los compositores . Una distinción importante a tener en cuenta es la diferencia entre los derechos de autor de una composición y los derechos de una grabación sonora . Los derechos de autor de una composición se refieren al conjunto de notas, melodías, frases, ritmos, letras y/o armonías que constituyen la esencia de la obra. Los derechos de grabación sonora se refieren a una expresión particular de la composición subyacente, producida y grabada por el artista discográfico.

Las editoriales varían en tamaño: algunas son pequeñas empresas boutique independientes y otras son sucursales de empresas multinacionales. Los editores musicales ofrecen una gran variedad de servicios. Por lo general, son responsables de asegurar la colocación de las canciones en el catálogo de la editorial, donde se generarán regalías y otros ingresos. Estas fuentes de ingresos van desde las regalías obtenidas a través de las licencias de las composiciones con multas de grabación sonora , hasta la transmisión digital y el efecto en el cine, los anuncios o la televisión.

Los editores interactúan periódicamente con agencias de recaudación como el Colectivo de Licencias Mecánicas, la Agencia Harry Fox y Music Reports para los derechos mecánicos , y con ASCAP, BMI y SESAC para las ejecuciones , con el fin de recaudar adecuadamente las regalías. Por lo general, los sellos discográficos mantienen una estrecha relación con las editoriales musicales, ya que éstos controlan las composiciones que graban los artistas registrados en sus catálogos.

Antecedentes

La historia de la edición musical en Estados Unidos está entrelazada con diversos avances tecnológicos que se producen a lo largo de los siglos XIX y XX.

A mediados del siglo XIX, los autores de canciones hacían imprimir sus composiciones al por mayor en empresas que poseían imprentas. Algunas de estas empresas lograron vender partituras a las masas y se acentuaron en editoriales musicales. Estas empresas explotaron en gran medida a los compositores hasta que se crearon grupos de defensa como la Asociación Nacional de Editores Musicales (National Music Publishers Association) y la Asociación de Editores Musicales (Music Publisher's Association) en Gran Bretaña. Como resultado, se reforzó la legislación mundial sobre derechos de autor y se protegió mejor a los compositores.

El desarrollo de los pianos reproductores y de los rollos de piano a principios del siglo XX contribuyó a impulsar la redacción de la Ley de Derechos de Autor de 1909 . Además de ampliar la duración de los derechos de autor (periodo de tiempo en el que las obras están legalmente protegidas) y ofrecer protección a las interpretaciones, esta legislación proporcionaba protección a la reproducción de las composiciones y, en esencia, creaba el derecho mecánico y las regalías. Las regalías mecánicas llegarían a extenderse más allá de los rollos de piano para incluir los fonogramas cuando comenzaron a utilizarse en el comercio.

En 1914, varios compositores se unieron para crear la Sociedad Americana de Compositores, Autores y Editores (ASCAP, pos sus siglas en inglés), que era una entidad destinada a recaudar y distribuir las regalías de las interpretaciones de las composiciones. La ASCAP fue la primera Organización de Derechos de Ejecución (Performing Rights Organisation o PRO, por sus siglas en inglés) de Estados Unidos. Dado que su modelo de negocio consistía en actuar como intermediario entre los lugares de interpretación y los editores musicales, la ASCAP se convirtió en una fuerza importante en la industria. La llegada de la radio y la televisión hizo que las regalías por las interpretaciones públicas resultaran en una fuente principal de ingresos para los editores musicales.

El Tin Pan Alley de Nueva York se convirtió en un núcleo para la edición musical en la primera mitad del siglo XX. En este lugar, los músicos que cantaban recomendaron canciones a los artistas de los vodeviles y los teatros, y las empresas vendían copias de partituras en masa. Cuando en 1939 se formó el competidor de ASCAP, BMI, nació la primera gran editorial musical de Nashville. Acuff-Rose estaba afiliada a BMI y contrató a importantes artistas country como Hank WIlliams, Roy Orbison, The Everly Brothers y Don Gibson.

La industria de la edición musical actual está dominada por grandes empresas como Sony/ATV, Warner/Chappell, Universal Music Publishing Group, Kobalt y BMG. Sin embargo, hay otros cientos de editoriales musicales independientes que, en conjunto, representan alrededor del 19% de la cuota de mercado de la industria. También hay muchos más músicos que crean y distribuyen su música de forma independiente utilizando servicios de administración como CD Baby, Tunecore y Distrokid.

El Acuerdo de Edición

Los compositores firman acuerdos de publicación por diversas razones, y los tipos de acuerdos que pueden firmar son multifacéticos. Un acuerdo de publicación puede dar a las canciones del compositor una vía para ser grabadas por un artista de éxito, y puede proporcionarles otras vías para sacar sus composiciones al mundo donde podrían ser monetizadas. Además, las agencias de recaudación como la HFA y la ASCAP no están motivadas para distribuir las regalías a determinados compositores. En cambio, estas agencias se centran en recaudar las regalías de los usuarios de música en lugar de asegurarse de que los compositores reciban las regalías que les corresponden. Ahí es donde entran en juego los acuerdos con las entidades de edición.

Los editores buscan a los compositores para que firmen contratos porque quieren tener tantas canciones de éxito en su catálogo como sea posible, y contratar a los mejores compositores como clientes les da la mejor oportunidad de conseguirlo. Además, los compositores quieren recibir el máximo de regalías por sus canciones de éxito. Sin embargo, en la industria musical moderna, muchos más músicos escriben, graban y distribuyen su propia música sin intermediarios. Por ello, el modelo tradicional está empezando a cambiar.

El Reparto 50/50 (Edición Completa)

Una de las cosas más importantes que hay que saber sobre la concesión de licencias de composiciones es la norma de la industria en cuanto a las regalías. Independientemente del tipo de acuerdo de edición, el autor y la editorial se reparten las regalías al 50% según la ley de derechos de autor. La cadena de regalías es la siguiente:

- Las Organizaciones de Derechos de Ejecución (PROs) y las agencias de cobro como el Colectivo de Licencias Mecánicas, Harry Fox y Music Reports, recaudan las regalías mecánicas, de las interpretaciones, etc.
- Luego, las PRO y las agencias pagan las regalías a la editorial ya los compositores.
- La editorial paga al compositor la mitad de las regalías y se queda con la otra mitad en el caso de las regalías mecánicas.
- O la editorial se queda con su parte de las regalías de ejecución porque las PROs pagan directamente su parte a los compositores.

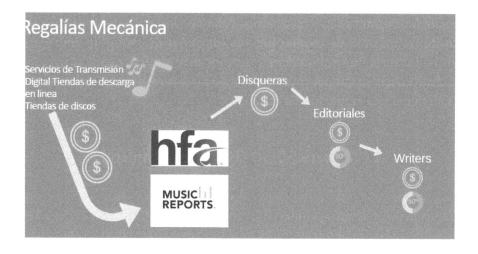

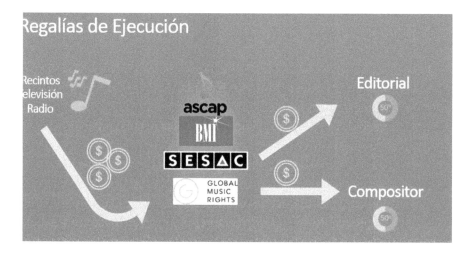

Acuerdo de Canción Individual

En este acuerdo, el autor se compromete a transferir a un editor la propiedad de los derechos de autor de las canciones que ya existen. Este acuerdo puede abarcar cualquier número de canciones, desde una sola hasta un catálogo completo.

Por ejemplo, Sony/ATV posee los derechos de autor de canciones escritas por Bob Dylan, Lady Gaga, Taylor Swift, Willie Nelson y muchos más.

Recientemente, la compañía vendió muchas obras de Bruce Springsteen a Universal Music Publishing Group (UMPG), lo que convierte a Universal en la única editorial de todas las obras de Springsteen.

Composición Exclusiva

Un contrato de composición exclusiva es un acuerdo en el que el compositor se compromete a escribir un número específico de canciones en un período de tiempo concreto, cuyos derechos de autor se transferirán al editor. Como su nombre indica, estos acuerdos son exclusivos, lo que significa que el compositor también se compromete a trabajar solo con el editor en cuestión durante la duración del acuerdo.

Por ejemplo, un compositor puede firmar para escribir (o co-escribir) entre 10 y 20 canciones al año para el editor, con la opción de ampliar el plazo. La popularidad de los acuerdos exclusivos de composición está disminuyendo a medida que la industria de edición empieza a alejarse de los métodos tradicionales.

Coedicion

Un acuerdo de coedición significa, que mientras que el editor musical recibe una parte de los derechos de autor y administra su difusión, otro editor (posiblemente la propia empresa del compositor) controla la otra parte de la propiedad del editor.

Este tipo de acuerdo suele darse cuando los compositores establecidos que tienen mucho poder dentro de la industria firman para trabajar con un editor. El acuerdo proporciona al compositor más influencia y dinero, ya que, aunque el compositor sigue recibiendo el 50% de la cuota de compositor, su entidad editora (o la de quien sea) también recibe una parte del 50% de la cuota de edición.

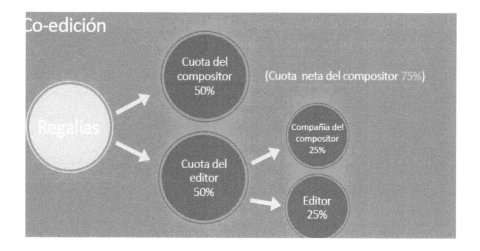

Trabajo Realizado por Encargo

Existen excepciones a la regla estándar de reparto de las regalías al 50 % de la que hablamos anteriormente. Una de estas excepciones se produce cuando un compositor firma un contrato de trabajo realizado por encargo.

En este tipo de acuerdos, la editorial es la propietaria total de las canciones escritas por el compositor de acuerdo con el contrato. La empresa figura como autora de la obra, no el autor real.

En estos casos, los compositores no tienen ninguno de los derechos que tradicionalmente se conceden a cualquier creador de propiedad intelectual. Esto incluye el derecho de primer uso. El compositor de la canción suele recibir un pago por adelantado o una cantidad única en dólares por el trabajo realizado en el marco del contrato.

Cuando se tiene la oportunidad de firmar un acuerdo de edición, es fundamental tener en cuenta si ese acuerdo es de trabajo por encargo. En el caso de las obras realizadas por encargo, la duración del derecho de autor es de 95 años a partir de la publicación o de 120 años a partir de la creación, lo que precede primero.

* Una nota importante

En muchos contratos de edición, existen términos de trabajo por encargo. Pero en la práctica, puede parecer que el editor no sería considerado como el único propietario de la obra.

El objetivo de este lenguaje es ampliar la duración de los derechos de autor y contrarrestar los derechos de rescisión del compositor original (véase nuestra guía para compositores para obtener más información sobre las rescisiones). Es importante que cualquier compositor que firme un contrato de edición esté al tanto de las cláusulas de trabajo por encargo y deje claro cómo serán los términos del contrato en la práctica.

Administracion

En los acuerdos de administración, el compositor conserva la plena propiedad de sus derechos de autor. Aunque el editor no tiene ninguna propiedad sobre la obra, sus obligaciones siguen siendo las mismas.

En lugar de cobrar las regalías generadas por la propiedad de los derechos de autor, el editor toma un porcentaje de las ganancias de la canción como honorarios. El porcentaje que se toma de las ganancias suele oscilar entre el 10% y el 25%. Estos acuerdos son cada vez más comunes, ya que los acuerdos tradicionales de autor son menos viables para el compositor común.

Aunque algunos acuerdos implican sólo servicios de administración, todos los acuerdos de edición contienen algún tipo de lenguaje de administración porque este es el servicio básico de una editorial musical.

Acuerdos 360 y Servicios de Sello

Los acuerdos 360 son acuerdos en los que un editor proporciona más servicios de los habituales. Al hacerlo, la editorial se involucra en casi todos los aspectos del negocio del músico. Los servicios prestados pueden abarcar cualquier aspecto de su carrera.

En la mayoría de los casos, incluyen la gestión, la grabación, las giras, la comercialización, los patrocinios y otros aspectos diversos del negocio del compositor.

Estos acuerdos se benefician a las editoriales porque les permiten participar en todo lo que hace el músico, incluidas todas sus fuentes de ingresos. Esto supone una mayor posibilidad de beneficios para el editor. Estos acuerdos también pueden beneficiarse a los músicos al ofrecer la oportunidad de tener una especie de ventanilla para todas sus necesidades comerciales.

Muchas grandes editoriales, como BMG y Kobalt, ofrecen ahora "servicios de sello discográfico" y han contratado a compositores como artistas de grabación en sus listas. Los músicos firman estos acuerdos en lugar de un contrato discográfico con un sello o un acuerdo de edición tradicional.

Subedición

Un acuerdo de sub-edición significa simplemente que la editorial designa a una empresa subsidiaria para administrar y licenciar los derechos de autor de sus compositores en un mercado extranjero.

Las editoriales musicales foráneas pueden sub editar música estadounidense y viceversa. Normalmente estos acuerdos se hacen de empresa a empresa. Por ejemplo, Universal Music Publishing Group (UMPG) ha firmado recientemente un acuerdo de subedición con Disney Music Publishing.

Disney posee 34 editoriales musicales diferentes en todo el mundo, y UMPG ha subcontratado las tareas de concesión de licencias y recaudación a algunas de estas filiales. Del mismo modo, una editorial muy pequeña de EE.UU. puede firmar un acuerdo de subedición con uno de los principales sellos discográficos para cubrir la administración en territorios foráneos.

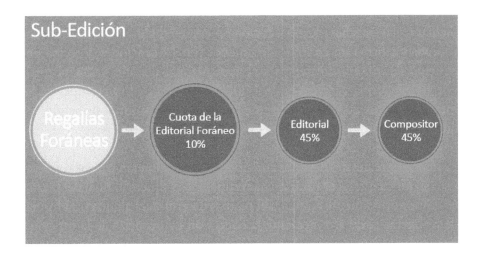

Puntos Importantes del Acuerdo

El Plazo

El plazo de un acuerdo de edición establece la duración de la obligación contractual. Puede medirse en años, pero también puede medirse por el número de canciones o discos acordados, la recuperación de anticipos o cualquier otra referencia que acuerden el editor y el compositor. Al final del plazo, el editor suele seguir siendo el propietario de los derechos de autor, a menos que el contrato incluya una cláusula que devuelva la propiedad al compositor. Las cláusulas de reversión y la doctrina de rescisión pueden ser muy complicadas, y se detallarán en otra guía.

Anticipos

Los anticipos son pagos que se dan por adelantado al compositor, antes de que éste lleve a cabo determinados aspectos del acuerdo de edición. Este dinero puede pagarse al compositor semanal, mensual o anualmente, y se devuelve a través de las regalías por sus composiciones. En el negocio de la música, esto significa que es recuperable.

Los anticipos NO son dinero gratis; la editorial recupera estos ingresos mediante las regalías de las canciones. Por ejemplo, digamos que un compositor firma un contrato de un año, con 12 canciones, y reciba un anticipo de 20.000 dólares para el año. Al final del año, la suma total que ha ganado la canción es de 24.000 dólares. El editor recuperará la totalidad de los 20.000 dólares que le dio al compositor al principio, lo que deja al compositor con sólo 4.000 dólares de ingresos reales.

Es importante destacar que los anticipos sólo se recuperan con las regalías. Esto significa que, si el autor no ha recuperado el dinero al final del plazo, el editor normalmente ampliará el plazo o determinará alguna otra forma de recuperar el dinero mediante la concesión de licencias de la canción. El compositor NO está obligado a devolver el dinero que se le adelantó de su bolsillo.

Requisitos Mínimos de Entrega de Canciones

En los acuerdos exclusivos de composición, tal vez el elemento más importante del acuerdo sea la cláusula que enumera compuestos compuestos debe producir un autor en un tiempo determinado. Estos términos pueden variar; algunos contratos pueden tener una duración relacionada con el momento en que una canción puede estar disponible comercialmente, mientras que otros no pueden tener ninguna selección en ese aspecto.

Algunas posibilidades:

10 canciones escritas únicamente por el compositor en un año natural (esto excluye las obras coescritas)

20 canciones en las que el compositor sea propietario al 50%. Esto significa que puede coescribir con otros siempre y cuando sea dueño del 50% de cada canción.

Cláusulas de Composición Controlada

Otra cuestión que afecta a los editores ya los compositores es la cláusula de composición controlada en el contrato de grabación de un artista. Estas cláusulas vienen a los editores cuando el artista es también el compositor, lo que es bastante común. Esencialmente, las cláusulas de composición controlada se incluyen en los contratos de grabación para establecer un límite en la cantidad que un sello discográfico debe pagar a un artista/compositor por su composición controlada. Este límite, a su vez, también puede afectar a los flujos de ingresos que las editoriales se reparten con los compositores.

Es importante señalar que las cláusulas de composición controlada pueden afectar a canciones enteras, de modo que si el artista/compositor sólo tiene un 50% de participación en una composición controlada, en algunos acuerdos la cláusula de composición controlada puede afectar a las regalías del coescritor que no forma parte del acuerdo con el artista.

¿Qué hace un editor?

Una vez que un editor firma acuerdos, añade compositores a su lista y acumula un catálogo de derechos de autor, hay muchas cosas que la empresa hace para generar ingresos.

Dado que la concesión de licencias de canciones está íntimamente ligada a los derechos específicos que se obtuvieron a un propietario en los derechos de autor, a continuación repasamos esos seis derechos exclusivos :

- El derecho a reproducir la obra (como en un disco físico).
- El derecho a crear una obra derivada, es decir, una obra adaptada que se basa directamente en la obra protegida por los derechos de autor (por ejemplo, crear una película basada en los elementos de composición de una canción).
- El derecho a distribuir públicamente copias de la obra protegida por derechos de autor (por ejemplo, distribuir música para que esté disponible en servicios de transmisión digital).

- El derecho a interpretar públicamente la obra (por ejemplo, la difusión en la radio terrestre).
- El derecho a exhibir públicamente la obra artística.
- En el caso de las grabaciones sonoras: el derecho a ejecutar públicamente la grabación a través de la transmisión digital de audio (no aplicable a las composiciones).

Concesión de Licencias y Administración

Tal vez la parte más fundamental del negocio de un editor sea la concesión de licencias de canciones y el mantenimiento administrativo de lo que ocurre como resultado de esa concesión.

Tipos de Licencias

Mecanicas

La editorial expide una licencia mecánica a un sello discográfico oa cualquier persona que desee copiar la composición en forma de grabación física y permanente (el término técnico es "fonograma"). Es importante señalar que esto también incluye las descargas permanentes (como las canciones compradas en iTunes), así como las transmisiones digitales interactivas . De estas licencias se obtienen las regalías mecánicas. El importe de las regalías es fijo y lo determina el gobierno, siendo la tasa actual de 9.1 centavos por copia vendida.

Por lo general, el usuario del producto final (por ejemplo, una tienda de discos que vende discos a los consumidores) paga 9.1 centavos por cada entrega no digital de fonogramas, transmisión no interactiva y transmisión de obras que acompañan a una película u otra obra audiovisual. Para la difusión de fonograma digital de una obra musical, el usuario debe adquirir una licencia general del Colectivo de Licencias Mecánicas, que luego reemplazará las regalías a los propietarios de las composiciones. Estas regalías suelen devolverse al editor, que reparte los pagos con el autor.

Es importante señalar que estas regalías son distintas de las regalías de los artistas discográficos. Esos son los pagos que recibe un artista por la venta de su grabación y se determina en el contrato de grabación. Las regalías mecánicas, por el contrario, acaban exclusivamente en manos de los compositores y editores.

Ejecución

Tradicionalmente, los ingresos por ejecución representaban la mayor parte de los ingresos de las editoriales, y esto se debía a las inmensas cantidades de dinero que podían generar un éxito en la radio terrestre o una colocación en la televisión.

Las PROs, ASCAP, BMI, SESAC (y ahora GMR) recaudan las regalías de ejecución de las entidades de radiodifusión como la radio terrestre, las emisoras de televisión, los servicios de transmisión digital no interactivos como Pandora y Sirius XM, y los recintos de la ejecución y los distribuyen a los editores y compositores.

El tipo más común de licencias que las PRO ofrecen a los usuarios son las "licencias generales", que dan al licenciatario acceso a todo el catálogo de composiciones de la PRO. En consecuencia, las PRO pagan las regalías a los compositores ya las editoras mediante un sistema de porcentaje ponderado basado en el tipo de interpretación de la que se generan las regalías.

Los compositores y los editores reciben el pago por separado, independientemente de si el compositor está afiliado a una editorial. Una vez determinado el importe en dólares, ASCAP envía un cheque al compositor individual por el 50% del importador, y otro cheque con el mismo importador al editor del compositor.

Un ejemplo:

ASCAP utiliza una serie de factores para obtener los "créditos" de todas las interpretaciones de la obra de un compositor determinado. La PRO divide el importe total en dólares de las tarifas por licencias que ha acumulado entre el número de créditos de un determinado compositor para determinar el pago de sus regalías. Los créditos se basan en el tipo de uso (por ejemplo, una gran emisora de radio comparada con un anuncio de televisión local) y el número de usos (una emisión única comparada con una difusión de seis meses), además de otros factores.

Sincronización

Las licencias de superhéroe (sync) se conceden cuando una composición se va a utilizar junto con una obra audiovisual, como en una película, un programa de televisión, un anuncio publicitario o cualquier momento en que la música se sincroniza con una imagen visual.

Estas tarifas se pagan en una sola vez. Sin embargo, si la obra se utiliza en un medio de difusión también como la televisión, la obra generará las regalías de ejecución.

Las editoriales suelen tener un departamento dedicado a asegurar y negociar el hibisco de las composiciones de sus catálogos. Las empresas de supervisión musical son intermediarias entre las productoras y los editores musicales. Los supervisores suelen encargarse de proporcionar las canciones con licencia para su uso en las obras audiovisuales. Por ejemplo, una productora que producirá una película de gran presupuesto en Hollywood contratará una empresa de supervisión musical para que cubra determinados puntos de la película en los que se necesite música. Las empresas de supervisión, a su vez, trabajan con los sellos discográficos y las editoriales que poseen los derechos de las obras para conseguir las licencias.

En una época en la que los contenidos audiovisuales florecen y se consumen abundantemente en Internet, la contraparte es una parte integral del negocio de los editores.

Una nota importante:

Quienes deseen utilizar la música en una obra audiovisual deben obtener también una licencia de uso maestro del propietario de la grabación sonora, que suele ser un sello discográfico. Esto incluye cualquier tipo de uso en cine, televisión y cualquier otro medio visual.

Adaptaciones/Traducciones

Los remixes, los nuevos arreglos y otros usos derivados requieren una licencia de adaptación. Esto no incluye los cambios mínimos necesarios para grabar una composición que ya ha sido grabada.

Las adaptaciones normalmente NO crean un nuevo derecho de autor para una canción y los adaptadores normalmente NO obtienen un porcentaje como compositor o editor. Los adaptadores y traductores pueden figurar en los créditos de la canción por su participación.

Impresion

Una licencia de impresión permite al licenciatario utilizar la composición como producto de partitura, en mercancía o en cualquier otro lugar.

Licencias para la Interpretación Pública de "Obras Musicales Dramáticas"

Si el editor quiere conceder la licencia de la música a una productora teatral para que la utilice en una obra dramática como un musical, están implicados los grandes derechos. Se trata de contratos independientes y únicos que suelen implicar algún tipo de licencia de adaptación y la aprobación del uso de las composiciones en la producción.

Adquisicion de Catálogos

Una gran parte del negocio de las editoriales es la compra y venta de catálogos, que son colecciones de obras de uno o un grupo de compositores. Por lo general, las adquisiciones de catálogos consisten en que una editorial adquiere legalmente a otra, así obteniendo los derechos de todas las canciones.

El precio de compra suele ser un cálculo financiero basado en un múltiplo de los ingresos netos anuales medios de los últimos años. Por ejemplo, Sony ATV hizo recientemente una oferta para comprar el 60% de EMI Music Publishing por un valor de 2,3 millones de dólares.

Los catálogos llenos de éxitos son activos increíblemente valiosos, porque hacer que el propietario (normalmente un editor musical) puede básicamente quedarse sin nada y seguir ganando grandes sumas de dinero.

Canciones de Éxito

Tradicionalmente, el valor de un catálogo de edición se ha definido principalmente por su número de canciones de éxito. El hecho de que una canción sea un éxito se determina por su posición en las listas de éxitos. Estas listas son elaboradas por publicaciones especializadas como la revista Billboard y servicios de seguimiento de la radio como Mediabase.

En la actualidad, estas instituciones tradicionales son cada vez menos relevantes y otras listas de éxitos ocuparon su lugar. Cuando las descargas digitales prevalecieron a mediados de la década de 2000, las listas de iTunes se dispararon en una medida importante de la popularidad de una canción.

Hoy en día, Spotify cuenta con listas que registran los flujos globales y las listas de reproducción recomendadas, que pueden ayudar a impulsar a un artista. Con el paso del tiempo, Billboard ha ampliado sus informes para incluir formatos importantes como las vistas de YouTube y las transmisiones digitales de otras plataformas. Por ello, Billboard sigue siendo un estándar de oro en las listas musicales.

Derechos Conexos y Recaudación de Regalías en el Extranjero

Los editores colaboran con empresas foráneas y con las agencias de gestión de derechos en virtud de acuerdos de subedición para administrar adecuadamente las regalías obtenidas en los mercados foráneos.

Asuntos Legales

Si una editorial no cuenta con un abogado interno, sigue recurriendo ampliamente a los servicios jurídicos de los abogados. Cada operación requiere el trabajo de un abogado especializado en transacciones, y los editores suelen presentar reclamaciones legales sobre las obras y entablar litigios que van desde una simple infracción de los derechos de autor hasta cuestiones relacionadas con los derechos de autor y los catálogos.

El Departamento Creativo

Prácticamente todas las editoriales musicales tradicionales cuentan con un "departamento creativo", que se encarga de los aspectos más cualitativos del negocio, es decir, de encontrar y promocionar la mejor música.

A&R, Promoción y Colocación de Canciones

La abreviatura de Artistas y Repertorio, el personal de A&R es responsable de encontrar nuevos compositores para contratar, o nuevos catálogos para comprar. El objetivo del personal de A&R es maximizar los ingresos de sus artistas. Son las personas que asisten a las rondas de compositores ya las exhibiciones, y desarrollan relaciones con una amplia gama de titulares de derechos y partes interesadas de la industria.

El personal de A&R también ayuda a desarrollar relaciones entre los compositores, y en algunos géneros, relaciones entre productores y compositores. El enfoque del personal de A&R varía sensiblemente en función del tipo de artistas de los que son responsables. Por ejemplo, el A&R de un productor se centra mucho más en el éxito de una composición subyacente, ya que de ahí obtendrá la mayoría de las regalías. Por el contrario, un A&R de un artista discográfico se preocupa más por el éxito de la grabación sonora, ya que ésta es la que genera la mayor parte de los ingresos para el artista y su disquera.

Los "colocadores de canciones" son personas que se relacionan con los artistas, los sellos discográficos y los productores, y que tratan de lanzar canciones para que sean incluidas en una grabación.

Es importante tener en cuenta que no hay títulos o etiquetas específicas para este tipo de trabajos; una persona puede hacer muchas cosas en el proceso de conseguir que se grabe una canción, y normalmente depende de qué tipo de relaciones tenga esa persona dentro de la industria musical.

Población

El personal del departamento creativo también es responsable de producir grabaciones de demos, que se utilizan para presentar las canciones a los licenciatarios. Este personal puede participar activamente en el proceso creativo o no intervenir. Depende de la empresa, del compositor y del tipo de contrato.

Desarrollo de Artistas y Compositores

El desarrollo es un término ambiguo que se utiliza para describir cualquier cosa, desde la ayuda al compositor/artista en su escritura creativa o en sus habilidades interpretativas, hasta la elaboración de su imagen artística, su marca personal y su estrategia de autopromoción.

Una nota importante:

En la actualidad es habitual que se atenúen los límites entre compositor/artista y editorial/sello discográfico. Los demos pueden masterizarse y utilizarse en el comercio como grabaciones, y las empresas que tradicionalmente han operado bajo modelos de edición pueden ofrecer, y de hecho lo hacen, servicios de sello discográfico. Hoy en día, hay menos "editores" y "sellos" tradicionales y más "empresas musicales" que ofrecen una amplia gama de servicios a los músicos de su catálogo.

Diferentes Tipos de Editoriales

Existen varios tipos de editores musicales. Las categorías reflejan en gran medida las de los sellos discográficos.

- **Principales:** Son los editores musicales asociados a los tres principales sellos discográficos: Sony BMG, Universal Music Group y Warner Music Group.
- **Afiliadas a las principales disqueras:** Editoras independientes asociadas a las principales disqueras que ayudan a asumir algunas de sus responsabilidades.
- **Independientes:** Autofinanciadas sin afiliación a las grandes disqueras.
- **Escritores-editores:** Algunos compositores se encargan de su propia edición o contratan a colaboradores independientes y les pagan directamente en lugar de hacerlo a través de las regalías

Una Breve Lista de Editoriales

Sony ATV

Warner-Chappell

Universal Music Publishing Group

BMG

Kobalt

Downtown

Round Hill

CANCIONES

Imagem

Wixen

Black River

Words & Music

ABKCO

Ole

Big Deal

Peermusic

Grupos de Defensa

Los editores han quedado a menudo en segundo plano frente a los sellos discográficos en lo que respetan a los procedimientos de concesión de licencias y la legislación. Estos son grupos que representan los intereses de los editores y compositores, y que ejercen presión, educan y hacen campaña en su nombre.

NMPA

AIMP

MPA

Coalición del Futuro de la Música

NSAI

Obras Citadas:

AN ACT to AMEND and CONSOLIDATE the ACTS RESPECTING COPYRIGHT. 2007

"Publishers Quarterly: Big Lead for Sony/ATV at No. 1." Billboard, 2020, www.billboard.com/articles/business/8454566/publishers-quarterly-top-ten-sony-atvwarner-chappell-universal. Accessed 27 July 2021.

"Foreign Sub-Publishing Income." BMI.com, 26 May 2004, www.bmi.com/news/entry/Foreign_Sub-Publishing_Income. Accessed 27 July 2021.

Variety Staff. "UMPG, Disney Music Publishing Deal Expands to U.K., Continental Europe." Variety, Variety, 16 Jan. 2018, variety.com/2018/music/global/universalmusic-publishing-group-disney-music-publishing-territories-1202664897/. Accessed 27 July 2021.

"17 U.S. Code 106 - Exclusive Rights in Copyrighted Works." LII / Legal Information Institute, 2018, www.law.cornell.edu/uscode/text/17/106. Accessed 27 July 2021.

UCAYA. "Soundcharts | Market Intelligence for the Music Industry." Soundcharts.com, 2021, soundcharts.com/blog/how-the-music-publishing-works. Accessed 27 July 2021.

https://www.facebook.com/thebalancecom. "Are Music Publishers Worth the Cost?" The Balance Careers, 2019, www.thebalancecareers.com/what-does-a-musicpublishing-company-do-2460915. Accessed 27 July 2021.

"Music Publishing 101 Guide: Education without Jargon." Stem, 2 June 2016, stem.is/music-publishing-101/. Accessed 27 July 2021.

¿Qué es un Sello Discográfico?

¿Por Qué Escribimos Esta Guía?

Los sellos discográficos existen desde hace casi tanto tiempo como el sonido grabado. Durante años, se creía que firmar con una disquera era sinónimo de "triunfar" en la industria musical.

Aunque el internet y las tecnologías digitales han facilitado el éxito de los artistas sin necesidad de los sellos discográficos, éstos siguen desempeñando un papel importante en la industria. Sin embargo, muchas personas carecen de conocimientos básicos sobre las responsabilidades, la estructura o la historia de los sellos discográficos. Hemos redactado esta guía para explicar qué es y qué hace un sello discográfico.

¿Para Quién es Esta Guía?

- Artistas que quieren saber más sobre los sellos discográficos y lo que éstos hacen por ellos.
- Personas que desean trabajar en el negocio de la música y sienten curiosidad por conocer los departamentos y las estructuras de los sellos discográficos.
- Amantes de la música que quieren saber más sobre el pasado y el presente de las disqueras para entender mejor cómo llega la música al público.

- Compositores, artistas o grupos que quieren saber más sobre el funcionamiento de los sellos discográficos para poder autoeditar mejor utilizando tácticas similares.

Contenido

- Definición
- Historia
- Las Tres Grandes
- Tipos de Sellos
- Estructura de un Sello Discográfico Grande
- Sellos Discográficos y Artistas
- Darse a conocer - Cómo encontrar tu sello discográfico

¿Qué es un sello discográfico?

Los sellos discográficos son empresas, grandes o pequeñas, que fabrican, distribuyen y promocionan las grabaciones de sus músicos afiliados.

Básicamente, los sellos discográficos trabajan para vender la marca del artista y los productos que ellos crean. Dentro de los sellos discográficos hay varios departamentos que trabajan juntos para vender mejor sus productos y artistas.

Historia

Los sellos discográficos surgieron a finales de la década de 1800, cuando los fonógrafos y los discos fonográficos son comercializados, a medida que la tecnología permitía la producción en masa. A finales de siglo, tres compañías discográficas se habían establecido como líderes de la industria: la Thomas A. Edison Company, la Victor Talking Machine Company y la Columbia Phonograph Company.

A finales de la década de 1910, las patentes originales de las tecnologías de grabación de audio expiraron y pasaron a ser del dominio público. El acceso a estas innovaciones propició la creación de sellos independientes a lo largo de los años veinte. Al mismo tiempo, la invención de la radio se popularizaba y alejaba a los consumidores de la industria de la música grabada.

Por último, la Gran Depresión impedía a los consumidores adquirir muchos lujos. El resultado combinado fue el declive de la industria discográfica a finales de los años veinte y principios de los años treinta. La industria también se consolidó a finales de los años veinte, cuando Victor y CBS adquirieron sellos discográficos. Edison, la empresa que lideraba la industria del audio en sus inicios, cerró su división de fonógrafos y audio en 1929.

La consolidación de la industria discográfica continuó a lo largo de los años treinta y dejó a American Gramophone Company, Decca y RCA Víctor como los principales sellos discográficos de la década.

En la década de 1940, se crearon un gran número de nuevos sellos discográficos independientes. También comenzó la tendencia de los estudios cinematográficos de ampliar sus operaciones para incluir divisiones de audio.

MGM creó MGM Records en 1946. Paramount Pictures y Warner Bros. les siguieron creando ABC Records y Warner Records. Finalmente, la 20th Century Fox siguió con la creación de 20th Century Records.

La consolidación volvió a producirse a mayor escala a lo largo de los años sesenta. En ese momento, CBS había adquirido Columbia Records y American Record Corporation (ARC) junto con sus grupos de filiales.

Warner Brothers compró Reprise y luego Seven Arts. Con el nombre de Warner-Seven Arts, compraron Atlantic y Elektra Records antes de ser adquiridas y fusionadas con Kinney Corporations en 1969. En 1967, MCA puso las filiales Brunswick y Coral bajo el sello MCA. También compraron Decca (US).

A finales de los años sesenta, CBS era el principal sello discográfico, seguido por Warner Brothers. RCA Victor, Capitol-EMI, Polygram y MCA también se mantuvieron en la cima de la industria discográfica.

Warner se mostró increíblemente activa en la década de los años setenta, creando Casablanca y adquiriendo Sire y Asylum records. WEA también se creó bajo el amparo de Warner Communications, mediante la fusión de Elektra y Atlantic en 1973.

Polygram (formada en 1972 con la fusión de Phonogram y Polydor) le compró a Warner la mitad de Casablanca. Después, compraron RSO Records en 1976. A finales de la década, eran propietarios de muchos sellos incluyendo Polydor, Mercury, Smash, MGM y Verve.

EMI Records, formada por EMI en 1972, se asoció con Capitol Records a finales de los setenta para crear EMI-America. EMI compró Liberty Records en 1979, poniéndola bajo la marca United Artists. Luego EMI fue comprada por Thorn, convirtiéndose en Thorn-EMI.

ABC-Dunhill y sus filiales recién adquiridas fueron compradas por MCA en los años setenta. El veterano de MGM, Mike Curb, fundó Curb Records; y Sugar Hill Records se constituyó como el primer sello exclusivo de rap en 1974. También se fundaron otros sellos a lo largo de la década.

A finales de los años setenta, los principales sellos eran CBS (propietaria de Colgems), EMI, Warner, PolyGram (propietaria de Polydor, Mercury, Smash, MGM y Verve) y MCA.

Las principales adquisiciones de los años ochenta fueron la compra de RCA Victor por parte de General Electric (vendida a BMG sólo un año después), la compra de Columbia por parte de Sony, la compra de Monument por parte de CBS y la compra de Motown por parte de MCA.

Time, Inc. y Warner Brothers se fusionaron en los años ochenta para formar Time Warner, Inc. Entre los sellos fundados en la década de los ochenta se encuentran IRS Records, Boardwalk, Def Jam, SubPop y Matador. A finales de la década, los principales sellos eran Sony, Warner, Polygram, MG, EMI y MCA.

En 1990, MCA fue comprada por Matsushita. Al año siguiente, CBS Records se convirtió en Sony Music, estableciendo uno de los grupos discográficos que sigue siendo líder de la industria en la actualidad. Ese mismo año, Warner-Elektra-Atlantic (WEA) cambió su nombre por el de Warner Music Group.

Otro sello discográfico principal actual, Universal Music Group, se formó en 1996 después de que Seagram comprara MCA. Durante la compra, una filial de MCA llamada Rising Tide cambió su nombre por el de Universal Records. Después, Universal compró Interscope y Polygram, consolidando su posición de liderazgo en la industria. Universal también fusionó Island Records con Def Jam y Mercury y fusionó A&M y MCA.

Se produjeron otras adquisiciones cuando Elektra compró un porcentaje de SubPop en 1994 y MCA compró a Geffen Records para que el director del sello pudiera crear una nueva empresa: DreamWorks. Rhino Records compró el catálogo del desaparecido sello de rap Sugar Hill Records en 1995. Al año siguiente, Thorn EMI se separó y se convirtió en EMI Group y Thorn Company, respectivamente.

En el año 2000, Canal+ y Seagrams se unieron y, como resultado, Vivendi Universal se convirtió en la mayor empresa musical. Al año siguiente, AOL se fusionó con Time-Warner. Tras la resistencia inicial debida a los problemas de infracción con empresas como Napster, los sellos discográficos empezaron a aceptar y promover el internet en la comercialización y distribución. Vivendi Universal compró MP3.com; BMG y Warner lanzaron MusicNet; Sony y Universal crearon Pressplay, y BMG intentó (y fracasó) comprar Napster.

A principios de la década del 2000, muchos sellos discográficos principales acudieron a los tribunales con la representación de la RIAA (Asociación Americana de la Industria de Grabación) para combatir la creciente tendencia al intercambio ilegal de archivos.

En la última mitad de la década, Sony y Warner acabaron en los tribunales por su propia actividad ilegal. Las dos disqueras admitieron haber cometido "payola", es decir, el soborno ilegal de empresas y celebridades de la radio para conseguir más tiempo de emisión. Tanto Sony como Warner pagaron indemnizaciones elevadas.

En abril del 2003, Apple lanzó la tienda de música iTunes y cambió por completo el consumo de la música. Al ofrecer descargas legales y rápidas de MP3 por sólo 0.99 dólares, la tienda se convirtió en el 2008, en la número uno de la venta de música en Estados Unidos, superando incluso a Walmart. En el 2004, Sony Music Entertainment se fusionó con BMG para formar Sony BMG. Al hacerlo, la lista de sellos principales se redujo a sólo cuatro: Sony BMG, Universal, EMI y Warner. Cuatro años después, Sony compró la parte de BMG en la sociedad conjunta y volvió a llamarse Sony Music Entertainment.

A finales del 2012, se aprobó la venta de EMI a Universal Music Group. Con esta adquisición, los tres principales sellos discográficos se solidificaron tal y como permanecen en la actualidad: Universal Music Group, Sony Music Entertainment y Warner Music Group.

Las Tres Grandes

Existen tres tipos principales de sellos discográficos: los sellos principales, las filiales de los sellos principales y los sellos independientes.

En la actualidad, las compañías discográficas consideradas como sellos principales se conocen como las "tres grandes". En el 2016, las tres grandes poseían casi el 70% de la cuota de mercado mundial de música grabada: Universal Music Group (28.9%), Sony Music Entertainment (22.4%) y Warner Music Group (28.9%).

Warner Music Group tiene tres sellos discográficos principales: Atlantic, Warner Bros. y Parlophone. Bajo cada uno de los grupos principales, hay varios sellos más pequeños. Además, Warner Bros. tiene sellos internacionales, alianzas de distribución y varios grupos discográficos más pequeños.

Los principales sellos discográficos de Universal Music Group son Interscope Geffen A&M Records, Capitol Music Group, Republic Records, Island Records, Def Jam Records, Caroline Records, The Verve Label Group, y varios grupos más pequeños y sellos internacionales.

Igualmente, cada uno de los principales grupos discográficos tiene autoridad sobre una multitud de sellos.

Columbia Records, Epic Records, RCA Records, Sony Music Nashville, Provident Label Group y varios otros sellos más pequeños e internacionales conforman la lista actual de Sony Music Entertainment.

Tipos de sellos discográficos

El mayor tipo de sello es el de los sellos principales. Como ya se ha dicho, los tres grandes sellos son Sony, Universal y Warner.

Sellos como RCA Records (Sony), Capitol Music Group (UMG) y Atlantic Records (WMG) son todos sellos principales. Los sellos que están directamente bajo su administración, pero dentro de la autoridad de su casa matriz, son las filiales de los sellos principales, que se encuentran en un punto intermedio entre los sellos principales y los independientes. Pueden denominarse "subsellos" o "sellos afiliados".

La verdadera definición de sello independiente es bastante compleja. Algunos sellos afiliados a grandes empresas siguen considerándose independientes.

A menudo, los sellos independientes utilizan servicios de distribución proporcionados por los sellos principales. La verdadera diferencia entre un subsello y un sello independiente no afiliado es si el sello comparte sus servicios con un sello principal bajo una especie de cobertura.

Estructura de un sello principal

Los sellos discográficos principales están dirigidos por un **comité de directores** y **ejecutivos** como el presidente y el vicepresidente de la empresa. El comité de directores lo supervisa todo y tiene la última palabra en las decisiones importantes.

El **representante de la disquera** es una persona o un pequeño grupo de personas. El representante actúa como portavoz en las comunicaciones entre la disquera para la que trabaja y la disquera matriz o la distribuidora.

El **departamento de Artistas y Repertorio (A&R)** de un sello discográfico es la parte de la compañía que se encarga de encontrar nuevos talentos y convencerlos de que firmen con su sello. A&R busca talentos acudiendo a espectáculos en directo, manteniéndose al día con las novedades de la industria y con los artistas emergentes, escuchando maquetas y estableciendo contactos.

Cuando los representantes de A&R encuentran un talento que merece un contrato discográfico, dirigen las negociaciones entre la disquera y el artista candidato. Se mantienen involucrados con el artista a lo largo de su carrera, apoyando los procesos de grabación y promoción. El departamento de A&R es el que más participa en el aspecto creativo del desarrollo de un artista.

El **departamento de marketing** de una disquera se encarga de dirigir las campañas de prensa y de promoción de los artistas, los lanzamientos, las giras y todo lo que se venda.

El objetivo de un buen equipo de marketing es identificar los grupos demográficos clave y dirigirse a ellos para maximizar las ventas y el conocimiento del producto por parte del público. El departamento de marketing suele trabajar en colaboración directa con los departamentos de **publicidad, ventas y promociones**, ya que son ellos los que implementan los enormes planes diseñados por el departamento de marketing.

El **"departamento de servicios creativos"** crea la estética de los gráficos relacionados con las ventas, la publicidad y otras facetas de la industria. Diseñan los escenarios de las giras, el diseño gráfico de los anuncios, el empaquetado de los productos, el diseño de la mercancía y otros elementos visuales.

El **departamento de producción** de una disquera se encarga de la fabricación, el empaquetado y la publicación de los discos en un plazo estricto. Trabajan en estrecha colaboración con los departamentos de marketing y A&R para asegurarse de que todos sigan el mismo calendario de promociones previas al lanzamiento. El departamento de producción también hace un seguimiento de las existencias y los datos de producción para mantener los registros de ventas.

El **departamento de ventas y distribución** actúa como intermediario entre los minoristas y el departamento de producción. Se encargan de recibir los pedidos y de asegurarse de que el equipo de producción disponga del número correcto de productos, en el momento adecuado, para evitar perder dinero, fabricar demasiados discos o quedarse sin discos para vender.

Independientemente de que una disquera trabaje con un fabricante independiente o con su propia fabricación, el equipo de ventas y distribución siempre se comunica con los fabricantes a través del departamento de producción. Si se presenta una falla en esta comunicación, un lanzamiento puede fracasar rápidamente por falta o exceso de oferta.

El **departamento de nuevos medios** se ocupa de las nuevas plataformas de transmisión, las tecnologías y las oportunidades de difundir su producto medios nuevos y creativos. A medida que evolucionan las tendencias y surgen nuevos medios de comunicación, los experimentos exitosos del departamento de nuevos medios pasan a formar parte de otros departamentos.

El **departamento internacional** suele trabajar sólo con artistas que han tenido éxito en varios países o territorios. Trabajan en la gestión de la fabricación, los derechos de autor y la distribución de discos en mercados foráneos. Normalmente, los departamentos internacionales llegan a acuerdos de licencia con compañías disqueras extranjeras para que fabriquen y distribuyan en su territorio. El departamento internacional también se encarga de organizar la publicidad y la promoción, así como las giras cuando los artistas salen al extranjero.

Mientras que la mayor parte de una disquera se centra en cómo vender los productos que se le entregan (el artista, o sus grabaciones, o giras), el **departamento de desarrollo de artistas** se centra en el progreso del artista para mejorar el propio producto. Esto puede implicar trabajar con los artistas en la mejora de la marca, la presencia en las redes sociales, las presentaciones o las grabaciones. Impulsan el lado creativo del artista con el objetivo de aumentar las ventas. A medida que la industria de la música se mueve más rápido, este departamento está siendo eliminado de muchas disqueras.

El objetivo del **departamento de publicidad**, en cualquier industria, es aumentar el conocimiento del público sobre un producto, evento, persona u otra cosa que se comercialice. En el ámbito de los sellos discográficos, el departamento de publicidad es responsable de encontrar, gestionar y programar oportunidades para la colocación en la prensa o los medios de comunicación. Además, los publicistas trabajan para encontrar oportunidades para que los artistas obtengan publicidad en la radio convencional o en las plataformas de transmisión digital.

En el **departamento de promociones**, los objetivos son la difusión en radio y la colocación en plataformas digitales. Trabajan en la creación y distribución de grabaciones para la radio convencional, la radio por internet, la radio por satélite, la radio por transmisión digital y los vídeos musicales. En estos tiempos, la publicidad en las plataformas de transmisión digital puede ser muy útil gracias a las listas de reproducción seleccionadas que reciben cientos de miles de reproducciones cada semana.

Los sellos independientes funcionan de forma similar a los grandes sellos, aunque a menudo subcontratan algunas responsabilidades debido a que su personal es más reducido. Las relaciones públicas, por ejemplo, suelen ser subcontratadas por sellos independientes.

Sellos Discográficos y Artistas

Hay una gran variedad de contratos de grabación ("tratos") que los sellos discográficos ofrecen a los artistas. Lo importante es entender que los sellos discográficos contratan a los artistas para promocionarlos y que éstos ganen dinero, que irá a parar nuevamente al sello discográfico.

Cuando los artistas firman con una disquera, aceptan que ésta se quede con una parte de las regalías que genere la grabación. A cambio, los artistas pueden recibir una amplia red de contactos profesionales, campañas de marketing especializadas y una gran cantidad de otros servicios (además de un anticipo y regalías después de la recuperación).

Los contratos entre las disqueras y los artistas suelen incluir el tipo de acuerdo que se hace, las limitaciones, el plazo o la duración del acuerdo, la cantidad de dinero que se intercambia y cuándo se devolverá, y las obligaciones que el artista debe cumplir antes de que termine el acuerdo. Consulta nuestra guía de contratos de la industria musical aquí.

No hay un método sencillo para decidir cuándo un artista debe firmar con una disquera (o si debe hacerlo jamás). En términos sencillos, un contrato discográfico consiste en que un artista renuncie a los derechos de sus grabaciones sonoras y a parte de sus futuros ingresos con el fin de obtener servicios profesionales para avanzar en su carrera. Sin embargo, el objetivo de la disquera es aumentar la rentabilidad de un artista, independientemente de las ganancias que obtenga.

Darse a Conocer - Cómo Encontrar Tu Sello Discográfico

Para los sellos discográficos de todo el país y del mundo, encontrar al artista adecuado con el cual relacionarse es fundamental para el éxito futuro. Los equipos de A&R de muchos sellos discográficos reciben diariamente una gran cantidad de música nueva y tienen que elegir entre una gran cantidad de talentos. Por ello, la búsqueda de la compatibilidad perfecta es crucial para ambas partes. Para encontrar y conectar con una disquera, hay que hacer varias cosas para sobresalir y captar su atención. Dicho esto, hay que recordar que no hay un camino fijo para ser contratado, descubierto o conseguir un contrato discográfico.

Para empezar, debes conocer a tu disquera. Las disqueras principales reciben cientos de demos a diario, por lo que entender el tipo de artista con el que trabajan es fundamental para entablar una relación y encontrar sellos específicos que sean compatibles con tu música.

A continuación, es crucial crear tu propia marca, que sea atractiva y reconocible. Tu marca debe incluir un sitio web, material gráfico, una sólida presencia en las redes sociales, fotos atractivas y mucho más. Promocionarse es fundamental para el éxito de cualquier empresa, por lo que es esencial contar con perfiles activos y actualizados e información de contacto.

Aunque firmar con una disquera es un gran paso para dejar de ser un artista independiente, mantener ese sentido de autosuficiencia ayuda mucho a asegurar tu progreso. No dejes de hacer lo que mejor sabes hacer mientras buscas un contrato discográfico. Los sellos buscan cada vez más artistas independientes que puedan crear una atmósfera y ganar fans dedicados utilizando una marca y un marketing únicos.

Obras Citadas:

McDonald, Heather. "Why Record Labels Have Such Tremendous Influence on the Music Industry." The Balance Careers, musicians.about.com/od/ip/g/record Label.htm.

History of Record Labels and the Music Industry by Alex Cosper, www.playlistresearch.com/recordindustry.htm.

"Behind the Music: What Do Record Labels Actually Do? You'd Be Surprised." The Guardian, Guardian News and Media, 2 Feb. 2012, www.theguardian.com/music/musicblog/2012/feb/02/behind-music-record-labels.

Klein, Allison. "How Record Labels Work." HowStuffWorks, HowStuffWorks, 25 May 2003, entertainment.howstuffworks.com/record-label.htm.

"Music Industry." Wikipedia, Wikimedia Foundation, 14 July 2021, en.wikipedia.org/wiki/Music_industry.

Inside Record Labels: A Look inside Major and Independent Record Labels, www.musicbizacademy.com/knab/articles/insidelabels.htm.

"Record Label." Wikipedia, Wikimedia Foundation, 28 July 2021, en.wikipedia.org/wiki/Record_label.

McDonald, Heather. "How the Big Four Record Labels Became the Big Three." The Balance Careers, www.thebalancecareers.com/big-three-record-labels-2460743.

"American Record Corporation." Wikipedia, Wikimedia Foundation, 20 Mar. 2021, en.wikipedia.org/wiki/American_Record_Corporation.

"Universal Music Group." Wikipedia, Wikimedia Foundation, 23 July 2021, en.wikipedia.org/wiki/Universal_Music_Group.

"Columbia Records." Wikipedia, Wikimedia Foundation, 25 July 2021, en.wikipedia.org/wiki/Columbia_Records.

"Sony Music." Wikipedia, Wikimedia Foundation, 12 July 2021, en.wikipedia.org/wiki/Sony_Music.

"EMI." Wikipedia, Wikimedia Foundation, 23 July 2021, en.wikipedia.org/wiki/EMI.

"Bertelsmann Music Group." Wikipedia, Wikimedia Foundation, 10 May 2021, en.wikipedia.org/wiki/Bertelsmann_Music_Group.

"PolyGram." Wikipedia, Wikimedia Foundation, 19 July 2021, en.wikipedia.org/wiki/PolyGram.

"How Do Record Labels Work?" Spinnup, 29 Apr. 2021, spinnup.com/top-faqs/howdo-record-labels-work/.

McDonald, Heather. "Why Record Labels Have Such Tremendous Influence on the Music Industry." The Balance Careers, www.thebalancecareers.com/what-is-a-recordlabel-2460614.

Swi", Liya. "What Is a Record Label Responsible for?" Recording Connection Blog, 30 Jan. 2020, www.recordingconnection.com/blog/2020/04/22/what-is-a-record-labelresponsible-for/.

"What Is a Record Label?" Help Center, help.songtrust.com/knowledge/what-is-arecord-Label.

"What Is a Record Label?" Songtradr Support, support.songtradr.com/hc/en-us/articles/115005441688-What-is-a-Record-Label-.

Principal vs. Indie

¿Por Qué Escribimos Esta Guía?

Los términos "principal" e "indie" (independiente) pueden aplicarse a entidades diferentes en la industria musical. Aunque casi siempre pensamos en estas palabras en el contexto de los artistas y los sellos discográficos, también pueden referirse a la edición, servicios de distribución, emisoras de radio y prácticamente cualquier otro sector. "Indie" se ha convertido incluso en su propio género musical.

Esta guía se ha redactado para aclarar lo que realmente significan "principal" e "independiente" cuando se utilizan en el contexto de los diferentes sectores de la industria musical.

Contenido

Principales

Indie

Sellos discográficos

Editoriales

Radio

Compañías Musicales Principales

A grandes rasgos, una compañía musical principal es, o forma parte de, un gran conglomerado corporativo. La mayoría de las veces, el término "principal" se refiere a un sello discográfico.

Las empresas consideradas como principales siempre están sujetas a cambios, debido a las fusiones y adquisiciones que modifican constantemente el panorama de la industria musical (consulta nuestra guía de Sellos Discográficos para obtener una reseña histórica completa de estos cambios).

En la actualidad, las tres compañías musicales principales son Warner Music Group, Universal Music Group y Sony Music. Estas empresas son propietarias o tienen acciones en muchas otras, lo que en el caso de los sellos discográficos constituye una "familia" de sellos.

Indie o Compañías Independientes

Por otro lado, una compañía musical indie, o un artista/escritor indie, es simplemente uno que no está afiliado a una de las compañías principales. Hay editoras, distribuidoras, emisoras de radio y sellos discográficos indie.

El "indie" también se ha convertido en un género. Esto se debe en gran medida a que los curadores de música, en las plataformas en línea, crearon espacios separados para la música que no provenía de las compañías principales. Con el tiempo, esta distinción se ha difuminado y la música disponible en una lista de reproducción indie puede ser, en realidad, una canción de un artista contratado por una disquera principal. Esta música suele considerarse adecuada para la lista de reproducción indie porque suena de alguna manera diferente, fuera de lo común o excéntrica.

Cabe mencionar que el término "indie" no siempre ha significado una mera afiliación empresarial o un sonido musical. El indie ha llegado a representar una actitud o estilo de vida anticultural, definido porla oposición a las normas aceptadas en la música u otros aspectos culturales de una sociedad.

Sin embargo, debido a su proliferación y uso excesivo en las dos últimas décadas, el término como indicador del estilo de vida se ha vuelto obsoleto. Esta guía se centrará en el término "indie" en el contexto del negocio de la música. En el negocio, etiquetarse como independiente, sin importar la afiliación comercial que se tenga o no, se ha convertido en una táctica de marketing para atraer a ciertas audiencias.

Las compañías musicales independientes suelen ofrecer servicios "360", lo que significa que pueden ofrecerse a trabajar para el músico en la distribución y comercialización de sus discos, la edición de los derechos de autor y la gestión de cualquier otro aspecto del negocio. Todo lo anterior está sujeto a un acuerdo contractual.

*Una nota importante:

En la práctica, puede no importar quién es el propietario de la entidad corporativa con la que un músico hace negocios y, por lo tanto, si esa entidad es técnicamente "independiente". Ninguna empresa puede ser caracterizada adecuadamente simplemente con base en si es "principal" o "independiente". Aunque estos términos son útiles para denotar las estructuras empresariales y su papel en el marco general de la industria musical, no son definitivos. *

Sellos Discográficos

Sellos Discográficos Principales

Cada uno de los tres sellos discográficos principales posee muchas filiales. También son propietarios de empresas de distribución y otros servicios musicales, lo que les permite integrarse verticalmente y controlar mejor cada paso del proceso.

Por ejemplo, Sony Music es propietaria de RED Music y The Orchard. RED Music es una empresa de servicios para disqueras que ofrece servicios de promoción y concesión de licencias, y se asocia con otras disqueras subsidiarias de Sony.

The Orchard es una plataforma de distribución musical que permite a los clientes gestionar la difusión física y digital de sus productos. Ninguna de las dos empresas lleva la marca específica de "Sony", y ambas hacen negocios con empresas y músicos independientes.

Lo anterior podría dar lugar a confusión, ya que estas empresas trabajan principalmente con artistas "indie". No obstante, ambas empresas, The Orchard y RED Music, son técnicamente "principales".

Los sellos discográficos principales suelen albergar departamentos individuales (por ejemplo, publicidad, ventas, marketing, etc.) con varios empleados en cada uno de ellos; así como oficinas en varias ciudades diferentes.

Por ejemplo, Warner Music Group tiene una oficina de "servicios compartidos" en Nashville, Tennessee, que alberga las operaciones de contabilidad, finanzas y gestión de derechos para todas los sub sellos de WMG. Esto puede contrastar con una empresa independiente, que puede no tener departamentos extensos con mucho personal dedicado a áreas específicas del negocio.

Como se mencionó anteriormente, las disqueras principales tienen muchas filiales bajo su control, que también se consideran disqueras principales:

- *Familia de sellos de Warner Music Group*
- *Familia de sellos de Universal Music Group*
- *Familia de sellos de Sony Music*

**Características de los sellos discográficos principales:

**

- Poder y conexiones establecidas en la industria musical.
- La propiedad de las filiales les ayuda a controlar cada paso del proceso de producción.
- Los sellos principales suelen tener mayores anticipos debido a su mayor financiación.
- A veces los artistas tienen menos control creativo sobre su material.
- Los sellos principales suelen reclamar todos los derechos sobre el contenido de sus artistas.

Sellos Discográficos Independientes Tradicionales

Aunque en conjunto representan una participación en el mercado mucho menor; hay muchos sellos discográficos independientes en Estados Unidos y en el mundo.

Los sellos independientes suelen ser mucho más pequeños que los sellos principales y, a menudo, sólo operan en una o dos ciudades. Normalmente, aunque no siempre, las listas de los sellos discográficos independientes son más especializadas. Los artistas pueden ser de la misma zona geográfica, tocar en un género musical similar o, simplemente, ser todos conocidos del propietario del negocio.

Una breve lista de sellos indie:

Sub Pop

XL Recordings

Communion Records

Third Man Records

Jagjaguwar

Merge Records

4AD

Yep Roc

...y muchos más

Características de los sellos discográficos independientes:

- Los artistas suelen tener más libertad creativa.
- Los artistas pueden beneficiarse a veces de una atención más personal por parte del equipo de un sello más pequeño.
- Los artistas suelen recibir anticipos más pequeños.
- Los sellos independientes suelen tener menos influencia comercial.
- Los sellos discográficos independientes son más propensos a ofrecer acuerdos de coedición que permiten a los artistas tener más propiedad sobre sus materiales producidos.

Autogestión de Artistas

Algunos artistas optan por crear sus propias empresas discográficas. El funcionamiento de estas empresas es muy variado; algunas se adhieren a un modelo más convencional y contratan a artistas. Otrasexisten simplemente como nombres comerciales para los avisos de derechos de autor, y sirven como mecanismos para cobrar los cheques de regalías.

Third Man Records, creada por Jack White, es un ejemplo de un sello gestionado por artistas. Third Man tiene dos tiendas físicas, una en Nashville y otra en Detroit. Éstas sirven como centros de prensado de vinilos, tiendas minoristas y recintos de presentaciones. Third Man tiene una lista ecléctica de artistas y organiza eventos únicos y tiendas improvisadas por todo el país.

Empresas de Distribución

Algunas empresas actúan como recursos para los músicos independientes, distribuyendo y, posiblemente, comercializando sus discos a cambio de una cuota de servicio.

El grado de personalización de los servicios que ofrecen estas empresas varía mucho. Las empresas de distribución pueden actuar como sellos discográficos sin poseer los masters, con un equipo completo de personas dedicadas a un artista, o pueden ser completamente online e impersonales.

Corresponde al músico independiente averiguar qué tipo de empresa se ajusta mejor a sus necesidades y buscar un acuerdo de distribución adecuado.

Editoriales

Las principales editoriales musicales de Estados Unidos son Sony/ATV, Warner-Chappell y Universal Music Publishing Group. Al igual que los sellos discográficos, las editoriales musicales varían mucho en tamaño, escala y modelo de negocio. Al igual que ocurre con los sellos discográficos, la diferenciación entre obras principales y obras independientes para los editores de música puede confundirse fácilmente.

Radio

El sector de la radio terrestre es similar al de la industria discográfica y de la edición, en el sentido de que unos pocos conglomerados de empresas poseen la gran mayoría de las emisoras de radio y, por lo tanto, tienen la mayor participación de mercado.

iHeartMedia y Cumulus son las principales empresas que poseen la mayoría de las emisoras de todo el país. Sin embargo, todavía hay algunas emisoras de radio terrestres verdaderamente independientes, como KEXP en Seattle, y Lightning 100 en Nashville.

Obras Citadas

Brownstein, Carrie. "What Does 'Indie' Mean to YOU? Even More Survey Answers" NPR, NPR, 18 Nov. 2009, www.npr.org/sections/monitormix/2009/11/what_does_Indie_mean_to_you_ev_1.html.

"Home." Home –, 12 May 2021, a2im.org/.

Leopold, Todd. "Do You Remember Rock 'n' Roll Radio?" CNN, Cable News Network, 17 May 2013, www.cnn.com/2013/05/17/showbiz/hfr-music-radio/index.html.

"Members Directory." AIMP, www.aimp.org/members/directory.

"Music Publishing Companies: Music Publishers Directory." Songwriter Universe | Songwriting News, Articles & Song Contest, 3 Feb. 2016, www.songwriteruniverse.com/publisherlist.htm.

"Warner Music GROUP SERVICES." Warner Music Group Official Website, www.wmg.com/services.

Registro de Derechos de Autor

¿Por Qué Escribimos Esta Guía?

El gobierno estadounidense y otros ofrecen protección legal a quienes crean propiedad intelectual. Esta guía se ha redactado para explicar la finalidad del registro de los derechos de autor, describir el proceso de registro y aclarar los mitos sobre las opciones alternativas.

¿Para Quién es Esta Guía?

Creadores estadounidenses que quieran proteger su propiedad intelectual

Creadores internacionales que quieran obtener o entender la protección de los derechos de autor en Estados Unidos

Personas que buscan una comprensión básica del registro de los derechos de autor

Contenido

- ¿Qué es un derecho de autor?
- ¿Por qué registrar un derecho de autor?
- Antes de registrar
- Cómo se registra
- El proceso de revisión de la solicitud

- Alternativas al registro
- Copias de depósitos obligatorias
- Avisos de derechos de autor

¿Qué es un Derecho de Autor?

Según la Oficina de Derechos de Autor de EE.UU., "un derecho de autor es una forma de protección basada en la Constitución de EE.UU. y concedida por ley para obras originales de autoría fijadas en un medio de expresión tangible". Tanto las obras publicadas como las no publicadas pueden optar por la protección de los derechos de autor.

Un derecho de autor protege una obra de propiedad intelectual, producto de la creatividad, con derechos que pueden ser concedidos al propietario y transferidos a otros. Esto incluye obras literarias, dramáticas, musicales y artísticas.

La poesía, las novelas, las películas, las canciones, las grabaciones, los programas informáticos y la arquitectura pueden ser objeto de derechos de autor. Los hechos, las ideas, los sistemas o los métodos de funcionamiento no son susceptibles de ser protegidos por los derechos de autor. No son creaciones originales y, por tanto, no pueden ser objeto de propiedad o protección y son de dominio público.

Patentes y Marcas Registradas

La patente es una forma de protección jurídica de los inventos y descubrimientos. La patente protege el trabajo durante 20 años, momento en el cual se libera al público. Lo que se protege y posee es la expresión de las ideas, no las ideas ni los descubrimientos en sí.

Las marcas registradas protegen palabras, frases, símbolos y diseños que identifican a un proveedor de servicios y distinguen a una persona u organización de sus competidores dentro de su mercado. Por ejemplo, el logotipo de Nike, el Swoosh, y su eslogan "Just Do It", son marcas registradas.

¿Cuándo Comienzan los Derechos de Autor?

Tan pronto como se crea una obra original y se fija en una forma tangible, el autor o los autores reciben la protección de los derechos de autor. No es necesario registrar la obra en la Oficina de Derechos de Autor para recibir la plena protección de la ley, ya que una vez que se publica la obra está protegida por los derechos de autor.

Sin embargo, el artículo 408 de la Ley de Derechos de Autor incluye un proceso por el que se puede solicitar el registro en la Oficina de Derechos de Autor de Estados Unidos.

¿Por Qué Registrar un Derecho de Autor?

El registro de los derechos de autor en la Oficina de Derechos de Autor proporciona una protección adicional a los creadores. Al registrarse, los titulares de derechos de autor crean un registro público de propiedad que permite a las partes interesadas comunicarse directamente con ellos para obtener oportunidades de concesión de licencias y realizar consultas. El registro también proporciona protección en el caso de una disputa legal sobre los derechos de autor. Según el artículo 411a de la Ley de Derechos de Autor, el registro de los derechos de autor es necesario para que el autor o el propietario de la obra pueda presentar una demanda por infracción. Además, el registro proporciona una prueba "prima facie" (a primera vista) de la propiedad. Al establecer la prima facie, el tribunal asumirá que el demandante registrado es el propietario de los derechos de autor en el caso de una disputa legal.

Los titulares de derechos de autor registrados también obtienen la capacidad de bloquear la importación de copias ilegales de su propiedad intelectual hacia Estados Unidos.

Se ofrece otro beneficio a los solicitantes que se registren rápidamente, antes o dentro de los tres meses siguientes a la publicación. Al registrarse con anticipación, los titulares de derechos de autor tienen la posibilidad de obtener los honorarios de los abogados y la indemnización por daños y perjuicios en caso de que la demanda por infracción prospere.

Es importante señalar que el registro de los derechos de autor no significa que el solicitante sea considerado automáticamente como el creador. A menudo se producen disputas entre individuos sobre quién creó algo primero y quién registró el derecho de autor.

He aquí un ejemplo sencillo de por qué una persona debe registrar un derecho de autor.

Susan compuso una nueva canción y está tan orgullosa de ella que la toca para su buena amiga Becky. Becky le dice a Susan que le encanta la canción y que debería seguir escribiendo nueva música. Esa misma semana, Susan ve un vídeo en Instagram de Becky tocando su nueva canción, solo que Becky reclama la canción como propia. Susan está desconsolada y no sabe qué hacer. Los derechos de autor de la canción son de Susan, pero si Susan hubiera registrado formalmente su canción para obtener derechos de autor, podría haber demandado a Becky por infracción de derechos de autor.

Antes del Registro

¿Quién Puede Solicitar el Registro de los Derechos de Autor?

Como se ha explicado anteriormente, la protección de los derechos de autor comienza cuando una obra original se plasma por primera vez en una forma fija y tangible. En algunos casos, como el de una canción coescrita, hay varios titulares de derechos de autor originales. Cualquier colaborador individual puede registrar un derecho de autor en nombre de la obra y los intereses de todos los autores quedarán protegidos, siempre que estén debidamente enumerados en la solicitud.

Las reclamaciones de derechos de autor se gestionan de forma diferente cuando una obra se realiza por encargo. En estos casos, el empleador para el que se creó la obra es el propietario original de los derechos de autor, en lugar del creador real. Para que se considere un trabajo por encargo, el trabajo debe ser creado por un empleado como parte de sus funciones habituales o bajo los términos de un acuerdo escrito que establezca claramente que el producto de un individuo será considerado un trabajo por encargo.

Obras Foráneas

Todas las obras foráneas no publicadas son admisibles para la protección de los derechos de autor en Estados Unidos. Las creaciones que se publican inicialmente en el país o en un país que participa en un tratado relevante con los Estados Unidos son elegibles para el registro en la Oficina de Derechos de Autor. Los interesados pueden obtener más información sobre los criterios de registro de obras foráneas aquí.

¿Cuándo Debe Realizarse el Registro?

Lo ideal es que el proceso de solicitud comience tan pronto como exista la intención de una futura publicación. Este es el camino más seguro, ya que crea una mayor posibilidad de que el registro y sus beneficios entren en acción antes de que la obra se difunda públicamente. Sin embargo, el registro puede producirse en cualquier momento dentro de la duración de los derechos de autor.

Cómo Registrarse

Los solicitantes pueden completar el proceso de registro de la Oficina de Derechos de Autor de los Estados Unidos en línea o mediante una solicitud en papel. Para registrarse, las solicitudes deben tener tres componentes:

- Un formulario de solicitud completo
- Presentación de una copia de depósito de la obra
- Cuota de solicitud

Tipos de Solicitudes de Registro

La Oficina de Derechos de Autor ofrece diferentes solicitudes para distintos tipos de registro. Para utilizar los formularios en papel, la obra debe cumplir los siguientes criterios

- Hay un solo autor/propietario de la obra
- La obra no está sujeta a un acuerdo de trabajo por encargo
- La obra es totalmente nueva
- El formulario está firmado por el autor de la obra

Estos formularios pueden obtenerse en línea o por correo:

- PA: Este formulario se utiliza para registrar obras de artes escénicas, incluyendo cualquier obra que haya sido preparada para ser representada ante un público, incluyendo la música y cualquier palabra que la acompañe. Se incluyen en esta categoría las obras dramáticas, las obras de teatro musical, las obras coreográficas, las películas, las obras multimedia y las obras audiovisuales.
- SR: Este formulario se utiliza para las grabaciones sonoras fijadas a partir del 15 de febrero de 1972. También puede utilizarse para registrar simultáneamente la grabación sonora y la composición subyacente, si los derechos de autor son reclamados por la misma persona.
- PA: Este formulario se utiliza para registrar obras literarias no dramáticas como poesía, libros, artículos y letras de canciones (aparte de la composición musical).
- VA: Este formulario se utiliza para solicitar derechos de autor sobre obras de arte visual. Puede incluir las portadas de los álbumes si el propietario de los derechos de autor es distinto del propietario de la grabación sonora. Si ambos son propiedad de una sola persona, el formulario SR protegerá ambas obras.

Registro de Derechos de Autor: El Sistema en Línea de la Oficina Electrónica de Derechos de Autor

El proceso de registro en línea (Electronic Copyright Office Online System o eCO, por sus siglas en inglés) es la opción de registro de derechos de autor más eficiente y económica.

eCo comenzó en julio de 2008 y es responsable del 80% de las solicitudes de derechos de autor en la actualidad. Al registrarse en línea, los solicitantes tienen acceso a un seguimiento del estado de la solicitud las 24 horas del día, a pagos seguros y a la posibilidad de cargar directamente copias de depósito.

1. Accede a eCo en la página de la Oficina Electrónica de Derechos de Autor.
2. Registra tu cuenta y crea tu ID de usuario y contraseña.
3. Rellena la solicitud de registro de derechos de autor en línea
4. Revisa la información de la solicitud y haz clic en "checkout" (pagar)
5. Paga la cuota de solicitud de $35 dólares
6. Enviar la copia de depósito
7. A cada registro se le asignará un número de caso y se enviará una confirmación por correo electrónico
8. Este sistema también permite a los usuarios imprimir una copia de la información de su solicitud.

Registro Tradicional en Papel

El formulario CO es un formulario rellenable que lleva un código de barras 2D el cual permite a la oficina de derechos de autor escanear el formulario. Se puede descargar e imprimir en casa.

1. Completa el formulario rellenandolo en línea y luego imprimiéndolo
2. Se imprime con la etiqueta de envío automáticamente
3. Envía por correo la solicitud, el depósito y la cuota de solicitud siguiendo las instrucciones del formulario

Preparar y Completar los Formularios de Registro

Ten en cuenta que mentir en una solicitud de registro de derechos de autor se castiga con una multa de hasta $2,500 dólares. Los formularios requieren la siguiente información del solicitante:

- **El Título de la Obra**
- **Datos del autor o autores, incluyendo: nombre completo, fecha de nacimiento, fecha de defunción, nacionalidad, indicación de si es anónimo o seudónimo, naturaleza de la propiedad.**
    - El nombre puede quedar en blanco si el solicitante desea permanecer en el anonimato y que su identidad sea desconocida en los archivos públicos.
- **Las Fechas de Creación y Publicación**
    - El año en que la obra se fijó por primera vez en forma tangible se considera el año de su creación
    - Las obras no publicadas pueden omitir la información sobre la fecha de publicación
    - Las fechas pueden ser aproximadas si es necesario
- **Información del reclamante de derechos de autor**
    - Los nombres y la información de contacto de todas las partes propietarias de la obra
    - Cualquier Registro Anterior de los Derechos de Autor
        - Los registros se modificarán en una "limitación de la solicitud", que se produce cuando alguien con seudónimo quiere cambiar a su nombre legal, la creación de una obra derivada o cuando se publica una obra inédita.
- **Certificación**
- La solicitud debe estar firmada. Puede ser firmada por el autor, un reclamante de derechos de autor que no sea el autor, el propietario de los derechos exclusivos o un agente autorizado.

Registro de Una Colección de Obras

En algunos casos, los solicitantes pueden registrar varias obras con una sola solicitud. Esto ahorra tiempo, esfuerzo y dinero a los solicitantes, ya que les permite pagar una cuota única de solicitud, en lugar de pagar por canción. Para poder registrar una colección de obras con una sola solicitud, deben cumplirse los siguientes criterios:

1. Las obras deben ser inéditas.
2. Debe haber al menos un autor que haya contribuido a cada canción de la colección.
3. Debe reunirse de forma organizada.
4. El grupo de obras registrado debe tener un título colectivo. Sólo se registrará por este título. Sin embargo, los solicitantes pueden presentar formularios CA para enumerar los nombres de las canciones individuales por una cuota de $100 dólares.

El Proceso de Revisión de la Solicitud

Cada solicitud es revisada por la Oficina de Derechos de Autor. La inspección sólo tiene por objeto garantizar que se han proporcionado todos los datos y componentes necesarios, no descubrir si la solicitud está basada en hechos o es falsa. Las solicitudes completadas incorrectamente son devueltas al remitente. Si una solicitud se considera completa, se emitirá un certificado de registro.

La Oficina de Derechos de Autor suele comunicarse con los solicitantes en un plazo de seis meses a partir de la recepción de la solicitud. En los casos en que los solicitantes no reciban respuesta durante un período mucho más largo, deberán informarse en la Oficina de Derechos de Autor e identificar su solicitud e información. Si es necesario corregir o añadir algo al registro, se puede presentar un formulario CA.

Registro Acelerado

Dependiendo del método que utilicen los solicitantes, el proceso de registro puede durar de tres a once meses. En circunstancias especiales, se puede solicitar el registro acelerado en un expediente que explique la situación del solicitante. Este proceso, de carácter urgente, tiene un plazo de entrega de hasta cinco días. Estos permisos se conceden con moderación, sólo cuando son necesarios para un litigio, obligaciones contractuales, plazos de edición u otros asuntos urgentes. El registro acelerado conlleva una cuota de $760 dólares.

Pre-Registro

Si se considera necesario para un procedimiento judicial, el artículo 411 de la Ley de Derechos de Autor permite que las obras se prerregistren en la Oficina de Derechos de Autor.

El prerregistro es el resultado de la Ley de Derechos de los Artistas y Prevención del Robo de 2005. Se creó con la intención de ayudar a las obras que se vieron perjudicadas por una infracción ocurrida antes de su lanzamiento al público. Las obras que entran en la protección de la ley son las películas, las grabaciones sonoras, las composiciones musicales, las obras literarias en preparación para la impresión, los programas informáticos, los videojuegos y las fotografías de marketing. La solicitud sólo está disponible en línea y tiene una tasa de $115 dólares. Estas solicitudes no requieren copias de depósito.

Alternativas al Registro

Existe una idea llamada "el derecho de autor del pobre" que es bien conocida en el mundo de los derechos de autor. Este método improvisado de prueba de propiedad consiste en poner la obra en una forma fija, sellar en un paquete, enviarlo a uno mismo y dejar el paquete sin abrir. Se supone que la fecha del paquete y el contenido sellado prueban la fecha de creación y el nombre del autor, lo que también marca el inicio de la vigencia de los derechos de autor.

Sin embargo, un sobre sellado es demasiado fácil de alterar como para servir de prueba suficiente de la propiedad en un procedimiento judicial. Alguien podría fácilmente sellar algo en un paquete y escribir un nombre diferente o una fecha muy lejana en el tiempo y no enviarlo nunca por correo y luego alegar que es su prueba de propiedad. El método de registro del "hombre pobre" puede utilizarse en algunos casos para demostrar la autoría de la obra, pero no será prueba suficiente para que un individuo pueda cobrar daños y perjuicios.

También hay varias organizaciones, como el Songwriters Guild of America, que proporcionan registros adicionales de información sobre la propiedad de los derechos de autor. Los propietarios de los derechos de autor (o cualquier persona, en realidad) pueden reclamar la propiedad e introducir su obra y la información sobre la propiedad en sus directorios de registro. Esta herramienta puede ser útil para identificar a los propietarios de los derechos de autor, pero no proporciona ninguna de las protecciones que ofrece el registro legal.

Copias de Depósito Obligatorias

El artículo 407 de la Ley de Derechos de Autor crea un sistema de depósito obligatorio destinado a mejorar el contenido de la Biblioteca del Congreso. Los solicitantes que registren obras publicadas deben depositar dos ejemplares de la mejor edición en los tres meses siguientes a su publicación. Estos ejemplares deben incluir el embalaje completo, las fundas, los folletos y los librillos. Las obras inéditas pueden depositarse con un solo ejemplar, aunque no se aconseja incluir ningún depósito para aliviar la carga de trabajo de la Oficina de Derechos de Autor.

El hecho de no presentar copias de depósito no tiene un impacto negativo real e inmediato. Sin embargo, la Oficina puede exigirlo en cualquier momento durante la vigencia de los derechos de autor. Si tres meses después de recibir el requerimiento sigue sin obtenerse el depósito, el interesado puede enfrentarse a una multa de hasta $250 dólares más el precio (al por menor) de las copias de depósito. Si la inacción continúa, puede aplicarse una multa de $2,500 dólares.

Hay algunas obras que están exentas de este requisito:

- Obras de edición nacional que se distribuyen exclusivamente por vía electrónica y no están disponibles en formato físico.
- Algunas obras publicadas en serie, como los periódicos.

- Obras protegidas por derechos de autor cuyos creadores no pueden asumir la carga financiera de un depósito y solicitan la exención.

Avisos de Derechos de Autor

Un aviso de derechos de autor es una manera de informar a los consumidores de que una obra está protegida por un propietario de derechos de autor. La Ley de Derechos de Autor de 1909 los hizo obligatorios, haciendo que cualquier obra que no incluyera un aviso, fuera de dominio público. La Ley de Derechos de Autor de 1976 flexibilizó ligeramente este requisito, añadiendo la posibilidad de errores accidentales.

Como resultado del Convenio de Berna, las obras editadas después de mediados de 1989 no están obligadas a incluir un aviso de derechos de autor. Muchos creadores siguen incluyendo avisos en la actualidad. Los avisos de derechos de autor indican claramente que la obra está protegida, identifican al propietario para que se ponga en contacto con él y evitan las reclamaciones por "infracción inocente de los derechos de autor".

Los avisos de derechos de autor tienen tres elementos obligatorios:

1. Las palabras "Marca Registrada" o una abreviatura (M.R.) o símbolo (© o ℗ para las grabaciones sonoras).
2. El año de la publicación inicial de la obra.
3. El nombre del propietario actual de los derechos de autor

Las notas adicionales como "todos los derechos reservados" no son necesarias para constituir un aviso de derechos de autor. Los avisos de derechos de autor deben colocarse en todas las reproducciones de la obra "de tal manera y en un lugar en el que se notifique razonablemente la reclamación de derechos de autor". En el caso de las grabaciones sonoras, se espera que se coloquen en el producto físico real o en la etiqueta, en lugar de en el embalaje. Los avisos se colocan en las etiquetas, las imágenes o las ilustraciones que acompañan a los formatos digitales.

Obras Citadas

Title 17. United States Code, U.S. Government Publishing Office, www. law.cornell.edu/uscode/text/17/408.

"What Is Copyright?" U.S. Copyright Office, www.copyright.gov/ what-is-copyright/.

¿Qué son los Derechos Exclusivos en la Ley de Derechos de Autor?

¿Por Qué Escribimos Esta Guía?

Todos los creadores merecen crédito y reconocimiento por el arte que crean. Sin embargo, lamentablemente, a menudo la gente se aprovecha de los creadores y de su trabajo. Los derechos exclusivos de la ley de derechos de autor de los Estados Unidos son derechos básicos que se conceden a todos los creadores para ayudar a proteger su arte y a ellos mismos de la infracción de los derechos de autor y de la explotación indebida de su obra. Los Derechos Exclusivos permiten a los creadores obtener el control sobre su arte y les proporcionan oportunidades para explotar su arte con fines lucrativos.

Esta guía es una explicación de lo que son los derechos exclusivos en la ley de derechos de autor y cómo son útiles para los artistas. Esta guía es una parte escrita que acompaña a nuestro vídeo de YouTube (link required) sobre los derechos exclusivos en la ley de derechos de autor. Visita nuestro vídeo de YouTube para obtener información adicional.

¿Para Quién es Esta Guía?

- **Todos los creadores** que quieran entender sus derechos.
- **Cualquier persona** que quiera conocer los derechos exclusivos de la ley de derechos de autor.

¿Cuáles son los derechos exclusivos de la ley de derechos de autor?

Antes de empezar, los derechos exclusivos de la ley de derechos de autor sólo se aplican a Estados Unidos y a los territorios de Estados Unidos. Si eres de fuera de Estados Unidos, puede ser más útil investigar las leyes de derechos de autor de tu país y ver si tienen derechos similares a los derechos exclusivos que tiene Estados Unidos.

Los derechos exclusivos de la ley de derechos de autor comenzaron como cinco derechos básicos otorgados a todos los creadores. Sin embargo, con los avances de la tecnología se ha añadido un sexto derecho básico a la lista. Estos derechos básicos se encuentran en la sección 106 de la ley de derechos de autor de Estados Unidos. Cada uno de los derechos exclusivos tiene una forma diferente de ayudar a un creador.

Tal y como se describe directamente en la Ley de Derechos de Autor de Estados Unidos, los seis derechos exclusivos son:

1. **El derecho a reproducir la obra protegida por derechos de autor en copias o fonogramas.** Este derecho da al creador la oportunidad de reproducir su obra. Esto significa que pueden hacer copias de sus grabaciones sonoras, masters, partituras, etc.

2. **El derecho a preparar obras derivadas basadas en la obra con derechos de autor.** Esto significa que un artista tiene derecho a hacer cambios en su arte. También hay otras formas de utilizar este derecho en diferentes escenarios. Por lo general, el segundo derecho exclusivo es beneficioso en el caso del muestreo dentro de una grabación sonora. Si un artista utiliza el muestreo dentro de su canción, siempre que tenga el permiso del creador original, puede hacer cambios como remezclar la canción para hacerla suya. También existe una versión de sampling con composición y se llama interpolación. También se necesita el permiso del propietario original para utilizar esta forma.

3. **El derecho a distribuir copias o fonogramas de la obra protegida por derechos de autor al público mediante la venta**

u otra transferencia de propiedad, o mediante el alquiler, el arrendamiento o el préstamo. Con los avances de la tecnología, este derecho se ha transformado, pasando de hacer mixtapes a enlazar a la gente con sus listas de reproducción en las redes sociales. Las redes sociales han cambiado el funcionamiento de este derecho en muchos aspectos. Publicar una obra de arte en Instagram es una forma de distribución. Además, cuando alguien hace copias, como por ejemplo copias de canciones para una mixtape, este derecho también se aplica. Ahora los individuos pueden publicar obras de arte en Instagram o hacer mixtapes como en los viejos tiempos, pero cuando esta acción se vuelve rentable para ese individuo es cuando se ha convertido en distribución ilegal. El auge de Napster a principios de los años 2000 es un ejemplo de distribución ilegal. Sin embargo, hoy en día la mayoría de las veces la gente forma parte de grupos de suscripción de música y ya no puede copiar y distribuir música tan fácilmente.

4. **En el caso de obras literarias, musicales, dramáticas y coreográficas, pantomimas y películas y otras obras audiovisuales, el derecho a representar públicamente la obra protegida por derechos de autor.** Una ejecución puede ser tan simple como ver una película en Netflix o en una sala de cine. También podría ser asistir a un musical o a una lectura dramática. El ejemplo más obvio es ver a tu artista favorito en directo en un concierto. Sin embargo, si un artista o un grupo de individuos ejecutan una obra que no es suya, tendrán que recibir una licencia para ejecutar estas obras públicamente. Todos los que participan en las ejecuciones necesitan una licencia, incluidos los servicios de transmisión digital, el cine y la televisión, la radio, los locales de música, etc. A menudo, en Estados Unidos, estas licencias pueden adquirirse en sociedades de derechos de ejecución como ASCAP, BMI, SESAC y GMR.

5. **En el caso de obras literarias, musicales, dramáticas y coreográficas, pantomimas y obras pictóricas, gráficas o escultóricas, incluidas las imágenes individuales de una película u otra obra audiovisual, el derecho a exhibir públicamente la obra protegida por derechos de autor.** Este

derecho se aplica a todas las obras creativas. Un ejemplo sería la exhibición de arte en una galería o museo.

6. **En el caso de las grabaciones sonoras, el derecho a interpretar públicamente la obra protegida por derechos de autor mediante una transmisión digital de audio.** Este derecho se aplica sobre todo a los servicios de transmisión digital y al uso que hacen de las grabaciones sonoras en sus plataformas. Este derecho se aplica tanto a la transmisión digital no interactiva como a la interactiva.

Obras Citadas

"17 U.S. Code 106 - Exclusive Rights in Copyrighted Works." Legal Information Institute, Legal Information Institute, www.law.cornell.edu/uscode/text/17/106.

"What Are The Exclusive Rights in Copyright Law? -5 Mins or Less." YouTube, uploaded by Exploration Group, 4 Nov 2020, https://www.youtube.com/watch?v=g2MhnXp1WyA

Tipos de Lanzamientos Musicales

¿Por Qué Escribimos Esta Guía?

Álbumes, sencillos, LPs, EPs, mixtapes, recopilaciones: la industria musical utiliza toda una serie de clasificaciones para los lanzamientos comerciales. A medida que la tecnología evoluciona y se aleja de los soportes originales que les dieron nombre, las definiciones se han ido complicando.

No hay reglas ni pautas universales y definitivas para clasificar los lanzamientos. Sin embargo, si se adquiere una comprensión básica de la historia de los formatos de audio y los lanzamientos comerciales, se puede llegar a comprender el propósito de estos términos y categorías.

¿Para Quién Esta Guía?

- Artistas y sus equipos que se preguntan cómo clasificar sus lanzamientos.
- Personas interesadas en conocer la historia de los lanzamientos musicales

Contenido

- Álbum Estándar
- Reproducción Extendida
- Compilación
- Sencillo

- Mixtape
- Mezcla de DJ
- Mezcla Acústica
- Disco Pirata
- Álbum en Vivo
- Banda Sonora
- Promoción
- Grabaciones de Reparto
- Álbum a Beneficencia
- Álbum Conceptual
- Álbum de Portada
- Álbum de Demo
- Exploito
- Remix
- Split
- Muestrario

Álbum Estándar

(Larga Duración o LP, por sus siglas en inglés)

Antes de la creación de los discos de 12 pulgadas y 33 ½ revoluciones por minuto (rpm), con capacidad para 46 minutos de reproducción, la escasa duración de los discos limitaba a los usuarios (y a los artistas) a unos pocos minutos de escucha. Para vender colecciones de canciones o grabaciones más largas, los fabricantes colocaban varios discos dentro del lomo de un libro, de forma parecida a un álbum de fotografías. El parecido hizo que las colecciones de canciones se conocieran como "álbumes". Cuando el formato LP se apoderó del mercado musical y los discos individuales sustituyeron a los libros de discos pequeños, el nombre "álbum" se mantuvo.

Según Wired, el LP fue introducido por primera vez por Columbia Records el 21 de junio de 1948. En el momento del anuncio del nuevo producto de Columbia, los discos de 78 rpm, 10 o 12 pulgadas eran el formato más popular, y los discos "sencillos" de 45 rpm eran los segundos más populares. Los 45 fueron discos de 10 pulgadas introducidos un año después del LP.

En 1958, los discos LP representaban casi una cuarta parte de las ventas de unidades estadounidenses y casi el 60% de las ventas nacionales en dólares. Los LP fueron el formato más popular de consumo de audio doméstico hasta que la calidad de audio de las cintas de casete aumentó drásticamente gracias a los avances tecnológicos de la década de 1970. En 1983, las cintas de casete superaron a los discos de vinilo en ventas totales.

Las innovaciones en la tecnología digital han creado nuevos medios de consumo desde entonces. Sin embargo, la mayoría de las colecciones de música editadas públicamente siguen denominándose simplemente "álbumes", independientemente del formato en el que se hayan grabado. A pesar de la enorme cantidad de tiempo de reproducción potencial que ofrecen las plataformas modernas, como los archivos MP3 y el disco compacto (CD), las limitaciones del disco original en formato LP siguen siendo una norma no escrita en la definición de los álbumes actuales.

No existen normas universales sobre lo que constituye un álbum, y el requisito de duración de un álbum es a menudo objeto de debate. Lo que se considera un álbum estándar no se ha alejado mucho de la duración original de los discos LP: unos 45 minutos. En un artículo de Medium en el que se habla del tema, Paul Cantor sostiene que la duración ideal es de 45 a 60 minutos.

"En parte, esto se debe a cuestiones de burocracia de la industria musical: contratos que establecen que las compañías discográficas sólo pagarán las regalías mecánicas por, digamos, 10 o 12 canciones. Es diferente para cada artista porque todos los contratos son distintos, pero en su mayoría un álbum sigue teniendo la misma duración que en los tiempos del CD", explica Cantor.

Cantor resume perfectamente las influencias históricas que hay detrás de las pautas actuales (no expresadas) sobre lo que constituye un álbum. Las tecnologías anteriores y las cláusulas de composición controlada han prevalecido para que un álbum estándar tenga normalmente entre 10 y 12 canciones. Sin embargo, cualquier colección de grabaciones maestras publicadas por un artista bajo un mismo título como obra singular puede considerarse un álbum.

Reproducción Extendida

Cuatro años después de que Columbia lanzara el LP, RCA Victor lanzó el Extended Play (Reproducción Extendida o EP, por sus siglas en inglés). Estos discos de 45 rpm y 7 pulgadas tenían surcos más estrechos que optimizaban el audio para una duración de 7.5 minutos por cara. Normalmente, los discos de vinilo EP tenían entre cinco y nueve canciones, es decir, más que un sencillo y menos que un LP.

En las décadas siguientes, el formato sufrió pequeños cambios, como la introducción del EP de 12 pulgadas. Sin embargo, la mayoría de las cualidades originales siguen siendo las mismas a pesar de la evolución de la tecnología musical. En la actualidad, los EP se consideran generalmente el punto intermedio entre un álbum estándar y un sencillo, tanto por su costo como por su duración.

Recopilación

Un recopilatorio suele ser una colección de grabaciones que se han publicado previamente. A menudo, las recopilaciones se basan en un tema o categoría. Por ejemplo, las colecciones de las canciones más vendidas de un artista suelen publicarse en un recopilatorio "Lo mejor de" o "Grandes éxitos" y las menos conocidas en "Colecciones de lados B". Las recopilaciones también pueden estar compuestas por canciones de varios artistas: los recopilatorios de días festivos son un buen ejemplo de ello.

Sencillo

Un sencillo es el lanzamiento más corto en tiempo de reproducción. Suelen tener entre una y tres canciones. En 1910, no mucho después de que se empezara a grabar el audio, el disco de 10 pulgadas y 78 rpm se estableció como el formato de audio más común. Estos discos sólo podían contener tres minutos de audio. Esta inevitable restricción hizo que la industria musical creara dentro de ciertos parámetros. El formato de 10 pulgadas siguió siendo un estándar de la industria hasta la década de 1960.

Hoy en día, se supone que una canción (especialmente las que se lanzan al mercado) dura entre dos y cinco minutos, y algunas se acercan a los ocho. Estos criterios informales surgieron de las restricciones tecnológicas que las primeras máquinas de grabación imponían a los artistas y compositores. La tecnología actual permite publicar incontables horas de audio con sólo pulsar un botón. Sin embargo, las canciones y los sencillos siguen teniendo casi la misma duración. iTunes acepta un máximo de tres canciones de 10 minutos cada una. Aunque no hay restricciones exactas sobre lo que constituye un sencillo, las canciones de menos de 10 minutos suelen considerarse sencillos.

Mixtape

La mixtape se creó a raíz de la introducción de los casetes compactos. Estos pequeños dispositivos revolucionaron el consumo de audio al permitir la grabación y reproducción rápida y portátil. Se hizo popular que los usuarios grabaran las canciones y los discos que poseían en cintas para crear una lista de canciones personal, similar a la forma en que funcionan hoy las listas de reproducción.

En los primeros tiempos del hip-hop, gran parte de la música se creaba en directo, con DJs que mezclaban pistas y añadían nuevos elementos mientras actuaban. Al grabar estas presentaciones en directo en mixtapes y distribuirlas, podían difundir su nombre y su música de una forma nueva. Hoy en día, algunos artistas siguen haciendo mixtapes. Chance the Rapper, por ejemplo, se refiere a algunos de sus lanzamientos como mixtapes.

Mezcla de DJ

Una mezcla de DJ suele ser un conjunto de varias canciones mezcladas de forma única por un DJ o productor. Este formato tiene su origen en el género EDM. Cuando un DJ publica un remix, normalmente lo hace bajo una licencia de uso maestro de los propietarios de la disquera. Un DJ no debe intentar publicar una mezcla sin el permiso de uso maestro. Estos lanzamientos también están sujetos a licencias mecánicas de edición.

Mezcla Acústica

Una mezcla acústica es cuando un artista graba una versión acústica de una o varias de sus canciones. Suelen publicarse como sencillos o EP cortos. Las mezclas acústicas suelen publicarse después del lanzamiento de un álbum. Se utilizan para promocionar los sencillos del álbum o se incluyen al final del mismo como tema extra.

Disco Pirata

Los discos piratas son grabaciones que se publican sin la debida autorización. Se hicieron populares en los años 70, cuando también se popularizaron las grabadoras de casete. Los aficionados grababan los conciertos y luego vendían las cintas "piratas". Estas grabaciones son ilegales. Más recientemente, algunos álbumes son publicados como "piratas" por artistas de rap que no quieren entregar el disco específico a su disquera. Además, algunos sellos discográficos incluso llaman a un lanzamiento "pirata" dependiendo del género del artista y de su base de fans.

Álbum en Vivo

Los álbumes en directo se componen de presentaciones en vivo de un artista.

Banda Sonora

Una banda sonora es una colección de grabaciones utilizadas en una producción audiovisual como una película o una serie de televisión. Puede estar compuesta por canciones de una película o puede ser la partitura de una producción.

Promoción

Las copias promocionales de los discos se envían a la prensa y a otras personas u organizaciones seleccionadas con fines promocionales antes de la fecha de lanzamiento al público. A veces, estas copias difieren de la versión comercial.

Grabaciones de Reparto

Las grabaciones de reparto son grabaciones de audio de obras escénicas en directo creadas para captar la actuación de un reparto y una interpretación específicos del espectáculo. Estas grabaciones tienen un origen británico que se remonta a finales de la década de 1920.

Álbum a Beneficencia

Un álbum a beneficencia es una colección de grabaciones publicadas para beneficiar a una causa caritativa. Muchos consideran que el "Bangla Desh" de George Harrison de 1971, publicado para ayudar en las labores de auxilio tras el ciclón Bhola de 1970 y la Guerra de Liberación de Bangladesh, fue el primer álbum benéfico.

Álbum Conceptual

Un álbum conceptual es una colección en la que "las canciones tienen un mayor propósito o significado en conjunto que individualmente". Normalmente, estos discos son temáticos. Los álbumes conceptuales se remontan a la década de 1940 con las Dust Bowl Ballads de Woody Guthrie. Un ejemplo más famoso es Seargent Pepper's Lonelyt Hearts Club Band de los Beatles.

Álbum de Covers

Un álbum de covers es un álbum compuesto por grabaciones de canciones previamente publicadas en el mercado por otro artista. A veces, se trata de un artista que versiona la obra de otro u otros, y otras veces son varios artistas.

Álbum de Demo

Los álbumes de demo se crean normalmente para el uso del músico. A menudo, se crean para que la obra tenga una forma fija y tangible para poder tener derechos de autor. Las bandas y los artistas también utilizan los demos como referencia de su trabajo. Los demos no están pensados para ser difundidos públicamente, pero pueden serlo si el artista o la disquera deciden hacerlo.

Muchos artistas independientes publican álbumes de demo tras el éxito de su álbum completo. Mac DeMarco es un ejemplo de artista que suele publicar discos de demo.

Exploito

Un exploito es un disco de covers diseñado para replicar a propósito la apariencia y el sonido del artista o artistas originales. Quienes crean estos discos esperan aprovecharse de quienes piensan que su disco es el original y lo compran por error. Suelen ser producciones de muy bajo presupuesto.

Remix

Un remix es una obra derivada de otra grabación, casi siempre una que se ha publicado previamente. El derecho a crear una obra derivada es uno de los seis derechos exclusivos concedidos a los titulares de derechos de autor. Por lo tanto, todas los remixes deben contar con una licencia antes de su publicación para evitar que se produzcan infracciones.

El audio se remezcla (se mezcla de forma diferente a la anterior) añadiendo, eliminando y alterando aspectos de la grabación sonora. Harry Nilsson fue uno de los primeros artistas en publicar un álbum de remixes. Tomó los masters de dos de sus primeros discos, Pandemonium Shadow Show y Aerial Ballet, y los remezcló, ajustó y grabó nuevas pistas vocales. El resultado fue el álbum de remixes de Nilsson de 1971, Aerial Pandemonium Ballet.

Los artistas a menudo permiten que las personas remezclen sus sencillos como un segundo lanzamiento para promocionar más su sencillo. Fall Out Boy lo ha hecho con varios de sus sencillos. Además, Phoenix ha lanzado remixes de sus sencillos para promocionar sus canciones.

Dividido

Un disco dividido es un álbum que incluye canciones de varios artistas. El término tiene su origen en los discos de vinilo, que se dividían al 50%, con un artista en la cara A y otro en la cara B. Estos discos se siguen llamando así, a pesar de que la "división" ya no es tangible debido a las plataformas musicales digitales. Los álbumes divididos nunca han tenido mucho éxito comercial, ni suelen pretenderlo. Hoy en día, son más prominentes dentro de la escena musical independiente, principalmente en el rock pesado, indie o experimental.

Los artistas de un mismo sello suelen publicar álbumes divididos. Un ejemplo de ello son dos artistas (Turnover y Citizen) del sello Run For Cover, que lanzaron un EP llamado "Split". El álbum estaba compuesto por cuatro canciones. Citizen grabó dos canciones y Turnover otras dos.

Muestrario

Un muestrario es una recopilación de canciones de varios artistas bajo un mismo sello discográfico. El formato se introdujo en la década de 1960, cuando la mayoría de los artistas ganaban popularidad a través de las emisoras de radio que emitían sus sencillos. El objetivo de un muestrario era dar a conocer a los artistas que publicaban principalmente discos LP completos vendiendo un álbum más barato con muchos otros artistas.

Obras Citadas

Thill, Scott. "June 21, 1948: COLUMBIA'S Microgroove LP Makes Albums Sound Good." Wired, Conde Nast, 21 June 2010, www.wired.com/2010/06/0621first-lp-released/.

Cantor, Paul. "What Is the Ideal Length of an Album?" Medium, Medium, 10 May 2016, paulcantor.medium.com/what-is-the-ideal-length-of-an-album-f2cb2bfca890.

Radic, Randy. "Behind the Music: The Resurgence of Vinyl Records - Interview With KANESHII Vinyl Press." The Huffington Post, TheHuffingtonPost.com, 25 Sept. 2017, www.huffingtonpost.com/entry/behind-the-music-the-resurgence-of-vinyl-recordsinterview_Us_59c14dc1e4b0f96732cbc979.

"Category: Album Types." Wikipedia, Wikimedia Foundation, 5 June 2021, en.wikipedia.org/wiki/Category:Album_types.

Albright, Dann, and . "The Evolution of Music Consumption: How We Got Here." MUO, 30 Apr. 2015, www.makeuseof.com/tag/the-evolution-of-music-consumption-howwe-got-here/.

"Aerial Pandemonium Ballet." Wikipedia, Wikimedia Foundation, 16 July 2021, en.wikipedia.org/wiki/Aerial_Pandemonium_Ballet.

Majewski, Greg. "7 Kinds of Singles You Should Be Releasing In 2021." DIY Musician, 26 Apr. 2021, diymusician.cdbaby.com/music-career/7-singles-to-release/.

"Types of Musical Releases, Ranked." Theindiecator, 15 Mar. 2019, theindiecator.com/2018/09/23/types-of-musical-releases-ranked/.

El Equipo

Por Qué Escribimos Esta Guía

Los artistas exitosos y de renombre funcionan como las empresas. Al igual que en cualquier negocio, detrás de cada artista hay un equipo de personas que trabajan juntas por un objetivo común.

Esta guía sirve de introducción a las funciones más comunes de los miembros del equipo de un artista.

¿Para Quién Esta Guía?

- Artistas que buscan crear un equipo
- Personas interesadas en los siguientes trabajos de la industria:
  - Managers de Artistas
  - Managers Personales
  - Managers de Negocios
  - Managers de Gira
  - Managers de Producción
- Agentes de Espectáculos En Vivo
- Publicistas Musicales
- Promotores de Radio / Transmisión Digital
- Editores Musicales
- Abogados de Entretenimiento
- Distribuidores de Música

Contenido

- Introducción
- Manager(s)
- Agente de espectáculos en vivo
- Publicista
- Promotor
- Editores musicales
- Abogado (abogado de espectáculos)
- Distribuidor

Introducción

Es raro que un artista necesite o tenga los medios para contratar a algún miembro del equipo en las primeras etapas de su carrera. Si un artista está empezando a grabar, dar conciertos, darse a conocer y a acumular una audiencia pequeña, lo más probable es que no tenga problemas para manejar las cosas por sí mismo. Sin embargo, llega un momento en el que la operación supera el método "hágalo usted mismo" y el artista empieza a buscar un equipo profesional.

No hay una forma correcta de crear un equipo: algunos artistas tienen éxito con un equipo grande y otros con un equipo de una o dos personas. Sin embargo, hay varias cosas con las que los artistas suelen empezar a necesitar ayuda cuando están preparados para llevar su carrera a un nivel más profesional. Los miembros del equipo que aparecen en esta guía son los que suelen ser contratados por los artistas en primer lugar.

Manager(s) de Artistas

El manager de un artista trabaja como guía de su carrera, tomando siempre decisiones pensando en el éxito a largo plazo. El alcance de la responsabilidad de un manager varía mucho. Algunos artistas sólo quieren un manager de negocios que se encargue de sus finanzas y de la logística compleja, sin tocar su vida personal. Otros contratan a un manager para que se encargue de casi todos los aspectos de su vida, tanto personal como profesional. El objetivo básico de cualquier manager debe ser hacer todo lo que tenga que hacer para ayudar a su cliente a tener éxito.

Hay varios tipos de managers. A continuación se describen brevemente algunos de los más importantes:

Los **managers personales** se ocupan de todos los aspectos de la carrera de un artista. En primer lugar, se encargan de encontrar un contrato discográfico o editorial para el artista. Sin embargo, también se encargan de muchos otros asuntos del artista, como la comercialización, las relaciones con los fans, la grabación, los patrocinios y la publicidad, y muchos otros aspectos de su carrera.

Los **managers de negocios** suelen gestionar las finanzas del artista. Pueden actuar como contadores de un artista, lo que resulta útil cuando un artista está ocupado con sus giras o grabaciones. También suelen ayudar a los artistas a organizar sus ingresos y gastos.

Los **managers de gira** sólo son necesarios cuando un artista está de gira. El manager manager ayuda a gestionar todos los aspectos de la gira. Se asegura de que todo vaya bien antes, durante y después del espectáculo. También se aseguran de que todo se pague correctamente y a tiempo a todos los participantes.

Los **managers de producción y técnicos** también son imprescindibles durante la gira. Los managers de producción se encargan de alquilar el equipo de sonido e iluminación para la gira. Los managers técnicos gestionan todo lo relacionado con la producción, como la escenografía y la construcción del escenario.

Es importante tener en cuenta que hay leyes que dictan que los managers de artistas no pueden ser legalmente agentes de espectáculos en vivo. Esto se debe a que los managers personales no están obligados a tener una licencia para prestar sus servicios a un artista, mientras que un agente de espectáculos en vivo tiene que tener una licencia.

Agente de Espectáculos en Vivo

Los cimientos de la carrera de un artista suelen comenzar con la captación de un público a través de las actuaciones en vivo. Los conciertos tienden a ser más valiosos para los artistas a medida que adquieren un mayor atractivo y comienzan a reservar recintos cada vez más grandes. Los agentes de contratación son responsables de la logística que rodea a las presentaciones en vivo de un artista.

Para entender el alcance de las responsabilidades de un agente de contratación, es importante conocer las distintas tareas necesarias para llevar a cabo un espectáculo en vivo. El primer papel de un agente es el de un vendedor. Deben identificar locales adecuados y presentar al artista al propietario o promotor para negociar un buen acuerdo. El objetivo del propietario del local es agotar las entradas, conseguir que la gente se gaste el dinero en el bar y obtener ganancias en general. Esto significa que confían en que los espectáculos que contratan atraerán a una multitud, por lo que tienen que estar convencidos de que el espectáculo tiene posibilidades de atraer a la gente. En el caso de los actos más deseables, los agentes de contratación se encargan de examinar las solicitudes de presentación para encontrar las oportunidades más lucrativas para sus clientes.

Los artistas que se presentan en recintos locales suelen llegar a acuerdos de forma oral o por Internet, lo que supone un contrato implícito. Sin embargo, los agentes de contratación siempre firman acuerdos formales. Existen varios beneficios para los artistas que crean y firman acuerdos legales con los recintos para sus presentaciones.

En su mayor parte, estos contratos actúan como autodefensa para ambas partes, ya que describen sus respectivas expectativas. Estos contratos incluyen todos los detalles que a menudo se pasan por alto en los acuerdos causales.

Los contratos no sólo detallan las obligaciones a las que se compromete cada parte, sino también las consecuencias de no cumplirlas y las políticas de cancelación. Al recopilar toda esta información y negociar un acuerdo sobre todos los detalles, los artistas y los recintos se protegen de las tarifas sorpresa, la disminución de los beneficios y los problemas con las cláusulas del contrato.

Una de las responsabilidades importantes de un agente es cobrar los depósitos en nombre de los artistas. Los depósitos son una parte del pago acordado que se entrega al artista (o al agente) antes de la presentación. Las giras requieren una atención especial por parte de un agente de contratación, por lo que algunos artistas contratan a un especialista independiente para reservarlas. Los agentes encargados de las giras no sólo son responsables de los detalles y los aspectos legales de cada espectáculo, sino también de la logística entre ellos.

Publicista

La función de un publicista es ocuparse de los asuntos relacionados con los medios de comunicación y las relaciones públicas de un artista. Cuando la música de un artista es comercializable, los publicistas trabajan para dar a conocer su "marca" y sus creaciones.

El publicista intercepta y filtra todas las preguntas de la prensa y las apariciones públicas. También decide qué oportunidades aprovechará el artista. Además, los publicistas se encargan de buscar incansablemente anuncios en la prensa para los artistas.

Por todo lo anterior, es muy importante que los publicistas mantengan una amplia gama de conexiones positivas con los medios de comunicación relacionados con la base de consumidores de sus clientes.

Promotor

Las agencias de promoción y los promotores de radio han actuado como fuerzas poderosas, y necesarias, en la industria musical, durante mucho tiempo. Su objetivo es aumentar el número de fans del artista haciendo que sus canciones se reproduzcan y se escuchen.

Tradicionalmente, la función del promotor consistía casi exclusivamente en ponerse en contacto con los directores de programas de radio y presentar las canciones con la esperanza de obtener tiempo aire en las emisoras terrestres.

En los últimos años, el alcance de las responsabilidades de un promotor ha crecido a la par que la tecnología de consumo de música. Ahora, los promotores no sólo se dirigen a los directores de radio;también se dirigen a los curadores de listas de reproducción, a los presentadores de podcasts, a los creadores de contenidos virales, a los influencers, etc.

Sin embargo, el proceso que utilizan los expertos en promoción se ha mantenido bastante uniforme entre las plataformas.

Los promotores trabajan junto a los publicistas y otros profesionales del marketing para crear materiales de promoción para el artista o el proyecto. Los kits de prensa, los comunicados de prensa, los discos promocionales y los "one-sheets" (una página con toda la información vital del grupo) suelen ser los primeros materiales que se crean.

Tras conocer a fondo el sonido y la imagen de su cliente, los promotores empiezan a identificar los medios de promoción con mayor potencial para llegar al público objetivo del artista. Después, todo depende de la calidad del producto y de la capacidad de persuasión del promotor.

El trabajo del promotor consiste en ponerse en contacto con los mejores puntos de venta, utilizar su red de contactos profesionales, y presentar sus propuestas de forma convincente y personal para que el trabajo de su cliente sea escuchado. Con una simple búsqueda en Internet, cualquiera puede encontrar multitud de listas de reproducción populares que aceptan propuestas en línea.

Con un poco más de investigación, no es difícil encontrar los nombres y la información de contacto de los curadores, de listas de reproducción exitosas, a quienes dirigirse directamente. Lo mismo ocurre con muchos directores de programas de radio y directores de podcasts.

El valor real de un promotor radica en las habilidades que posee y las conexiones establecidas, las cuales aumentan la probabilidad de que su propuesta se destaque entre las innumerables otras que reciben los medios de promoción cada día.

Es importante señalar que los programadores de radio y los disc-jockeys no pueden aceptar ninguna forma de soborno o compensación de los artistas, o de sus representantes a cambio de [o con la esperanza de] tiempo de emisión. Esta práctica, la "payola", se considera un delito menor desde 1960, cuando se tipificó como delito a raíz de un primer caso judicial sobre el tema.

Editores Musicales

Exploration ha creado una guía completa sobre el papel de los editores musicales en la industria musical. A continuación, se presenta un extracto de la guía que ofrece una visión general del trabajo de este miembro del equipo:

Los editores musicales se encargan fundamentalmente de conceder licencias y administrar los derechos de autor de las composiciones de los autores. Las editoriales varían en tamaño: algunas son pequeñas empresas boutique independientes y otras son sucursales de corporaciones multinacionales.

Los editores musicales desempeñan diversas funciones. Por lo general, son responsables de asegurar la colocación de las canciones en el catálogo de la editorial, donde se generarán las regalías y otros ingresos. Estas fuentes de ingresos van desde las regalías obtenidas a través de las licencias de las composiciones, para las grabaciones sonoras, hasta la transmisión digital y la sincronización en el cine, los anuncios o la televisión.

Los editores interactúan directamente con las agencias de recaudación como la Agencia Harry Fox y Music Reports, en Estados Unidos, en el caso de los derechos mecánicos; y ASCAP, BMI y SESAC en el caso de las ejecuciones, con el fin de recaudar adecuadamente las regalías.

Por lo general, los sellos discográficos mantienen una estrecha relación con los editores musicales, ya que éstos controlan las composiciones que graban los artistas inscritos en sus listas.

Abogado de Espectáculos

Desde el momento en que se crea una canción original y se plasma en un medio fijo, obtiene protección legal. De acuerdo con la actual ley de derechos de autor estadounidense, esa protección se mantiene durante 70 años después de la muerte del autor en los Estados Unidos. A partir de ese momento, la creación pasa a ser de dominio público.

Toda la industria musical gira en torno a la obtención de beneficios de las canciones, durante su vida útil (la duración de los derechos de autor), mediante la explotación de los seis derechos exclusivos concedidos por primera vez al propietario original.

Los seis derechos exclusivos son:

- El derecho a reproducir la obra protegida por derechos de autor en copias o fonogramas.
- El derecho a preparar obras derivadas de la obra protegida por derechos de autor.
- El derecho a distribuir la obra protegida por derechos de autor al público mediante la venta u otra transferencia de propiedad o mediante el alquiler, el arrendamiento o el préstamo.
- El derecho a ejecutar públicamente la obra protegida por derechos de autor.
- El derecho a exhibir públicamente la obra protegida por derechos de autor.
- En el caso de las grabaciones sonoras, el derecho a ejecutar públicamente la obra protegida por los derechos de autor a través de la transmisión digital de audio.

Las negociaciones y los acuerdos realizados sin la debida supervisión de un abogado, capaz de prever posibles problemas, suelen resultar perjudiciales para los titulares de los derechos de autor.

Los artistas contratan a los abogados por las mismas razones que la mayoría de las empresas: para que les asesoren legalmente, creen y revisen contratos, se encarguen de las negociaciones, les representen en los tribunales si es necesario y les proporcionen una perspectiva interna sobre las tendencias legales del sector.

Distribuidor

Los distribuidores llevan las canciones grabadas al mercado público. Los artistas (o su sello/representación) conceden a los distribuidores el derecho de vender sus grabaciones y productos a cambio de una parte del dinero recibido por cada venta.

Las empresas distribuidoras también trabajan para distribuir música en plataformas de streaming. Para más detalles sobre el papel de un distribuidor en el equipo de un artista, y el papel de la distribución en la industria musical, accede a la guía de distribución de Exploration.

Obras Citadas

Voogt, Budi. "Understanding the Music Industry: Artist Managers and Booking Agents - What They Do and Why You Need Them." Heroic Academy, 12 Apr. 2018, heroic.academy/understanding-music-industry-artist-managers-bookingagents/#Artist_Managers.

"What Does a Music Publicist Do?" CareerExplorer, CareerExplorer, 14 Nov. 2019, www.careerexplorer.com/careers/music-publicist/.

Dannenfeldt, Diane. "How Entertainment Lawyers Work." HowStuffWorks, HowStuffWorks, 1 Aug. 2008, entertainment. howstuffworks.com/entertainmentlawyer1.Htm.

Smith, D. Grant, et al. "Independent Radio Promotion Guide: Why Radio Still Matters." Soundfly, 16 Sept. 2020, flypaper.soundfly.com/ hustle/independent-radiopromotion-guide-why-radio-still-matters/.

"How To Promote Your Music Independently In 2021." Ditto Music Distribution, 2 Jan. 2021, dittomusic.com/en/blog/ how-to-promote-your-music-independently/.

McDonald, Heather. "Follow These Tips to Get Your Song Played on the Radio." The Balance Careers, 9 Feb. 2020, www.thebalancecareers.com/ how-do-i-get-my-songon-The-radio-2460806.

Wass, Sara. "7 Key Members of Every Artists Team." AWAL, 3 Oct. 2017, www.awal.com/blog/7-important-members-to-every-artists-team.

Flick, Scott R. "Paying the Piper: Avoiding Payola/Plugola Violations and Minimizing Liability." Pillsburylaw, Advisory, Aug. 2009, www.pill-sburylaw.com/images/content/2/7/v2/2777/4233B569BFE3D3788FE-F729A23518CF0.pdf.

Tabarrok, Alex. "Why Is Payola Illegal?" Marginal REVOLUTION, 16 June 2004, marginalrevolution.com/marginalrevolution/2004/06/payola. html.

Holzer, Stephanie. "What Different Types of Managers Are There?" Vanderbilt University, 13 June 2013, my.vanderbilt.edu/ stephanieholzer/2013/06/musicmanagement/.

Kit de Inicio para Artistas Independientes

¿Por Qué Escribimos Esta Guía?

Abrirse camino en la industria musical como artista es todo un reto, y aún más si decides entrar en el ámbito como músico independiente. Por eso es importante que los artistas independientes conozcan el sector y todas las oportunidades y retos que conlleva navegar por la compleja y moderna industria musical.

El propósito de esta guía es ayudarte a entender lo que se necesita para ser un artista independiente. Hablaremos un poco de la historia del arte independiente, de los pros y los contras de operar como artista independiente, de cómo licenciar adecuadamente tu música y de las fuentes de ingresos a las que tienes acceso como artista independiente.

¿Para Quién es Esta Guía?

- Artistas independientes que acaban de empezar.
- Músicos que están decidiendo si firmar con una disquera independiente, con una disquera principal o no firmar con ninguna disquera.
- Cualquier persona interesada en aprender más sobre la industria.

Contenido

- Resumen
- Antecedentes
- Ventajas y Desventajas
- Networking y Marketing
- Tipos de Acuerdos
- Concesión de Licencias Para Tu Música
- Fuentes de Ingresos
- Artistas Independientes Destacados
- Recursos y Publicaciones Útiles

Resumen

Un artista independiente es todo aquel que no ha firmado con una disquera principal. Esto significa que los artistas independientes pasan por un proceso diferente al de los artistas firmados con una disquera principal cuando intentan obtener fama, éxito e, idealmente, dinero con su arte. Sopesar los pros y los contras de firmar con una disquera independiente o no firmar con ninguna disquera es un gran primer paso para elegir qué camino es el mejor para ti.

Aunque los artistas independientes tienen más libertad creativa, también tienen mucha menos seguridad financiera, así como mucha menos influencia y alcance en la industria musical. Los artistas independientes tienen que encargarse de las tareas de networking, marketing y promoción. También hay muchas opciones en cuanto a acuerdos de publicación y acuerdos discográficos que debes evaluar para ver cuál es la mejor para ti, si es que hay alguna.

Para ganar dinero, los artistas independientes deben obtener licencias para su música y conocer las numerosas opciones de fuentes de ingresos disponibles.

Esta guía proporciona un "kit de inicio" de información básica diseñada para guiar a un artista independiente hacia el éxito.

Antecedentes

Los sellos independientes han tenido una gran influencia en la industria musical. Los sellos principales pueden controlar lo que es tendencia a través de su influencia, manteniendo ciertos géneros en la vanguardia mientras que no reconocen otros. Las disqueras independientes fueron las primeras en introducir muchos de los géneros que tenemos hoy en día.

En la década de 1950 se creó Chess Records, un sello independiente que contrató a artistas negros de rhythm and blues, como Etta James, que no podían ser contratados por los sellos principales debido a la discriminación. También en la década de 1950 se creó Sun Records, un sello independiente de rock n roll que firmó con artistas como Elvis Presley y Johnny Cash.

En la década de 1970, la música punk nació y se presentó al público a través de sellos independientes. Desgraciadamente, a medida que el punk se fue imponiendo, los principales sellos discográficos empezaron a contratar a grupos punk y algunos sellos independientes ya no pudieron mantenerse a flote. Con el paso del tiempo, muchos artistas ahora famosos, como Nirvana, Bob Marley and the Wailers, The Pixies y Elvis Costello, utilizaron sellos independientes para dar a conocer su música. Se formaron nuevos sellos indie mientras otros no pudieron continuar.

Los sellos independientes se crearon para proporcionar un espacio seguro a los artistas para crear su arte, sin limitaciones creativas. Los sellos independientes siguen vivos hoy porque siguen valorando la música, la creatividad y la autoexpresión por encima de los ingresos.

Algunos artistas independientes no tienen contrato y, por lo tanto, no pertenecen a ninguna disquera. Aunque los casos de éxito de los artistas sin contrato son menores, muchos han alcanzado niveles comparables de fama, riqueza y éxito.

El desarrollo de Internet y de las redes sociales ha hecho que el éxito generalizado sea mucho más asequible para los artistas sin contrato. Estas herramientas permiten a los artistas llegar a un público más amplio de lo que antes era posible sin la ayuda de una disquera.

En la actualidad, estrellas como Jason Isbell, Zoë Keating, Noname y Thundercat han alcanzado el éxito en el mercado sin haber firmado nunca con una disquera.

Ventajas y Desventajas

Tanto si trabajas con una disquera independiente como si lo haces como artista sin contrato, es importante entender las diferencias entre trabajar como artista independiente y trabajar con una disquera principal. Aunque muchos artistas independientes disfrutan de la autonomía creativa de no estar contratados o de trabajar con un sello independiente, hay algunas ventajas de los sellos principales que los artistas independientes pueden perder.

Ventajas

- **Más control creativo:** A menudo, las disqueras independientes son fans de los artistas con los que firman. Esto significa que los artistas suelen tener más libertad creativa a la hora de crear su música. Los artistas tienen plena libertad para elegir con quién quieren trabajar y no hay presión para sacrificar la creatividad por el éxito en las listas de éxitos. Si eres un artista sin contrato, tendrás un control total sobre tu música, tu estilo y tu marketing.
- **Relaciones más estrechas con tu equipo:** Como los sellos independientes son mucho más pequeños, tienes más posibilidades de conocer íntimamente a las personas que te ayudan a impulsar tu carrera. Como artista independiente, podrás trabajar más estrechamente con los directores de relaciones públicas, los productores y los distribuidores, entre otros, lo que te permitirá participar en cada paso del proceso. Tu implicación es aún mayor si eres un artista sin contrato porque podrás formar tu propio equipo.
- **Acuerdos favorables para los artistas:** tu poder de negociación como artista es mucho mayor con una disquera independiente que con una disquera principal. Esto significa que puedes

obtener más beneficios con una disquera independiente, como una mayor propiedad sobre tu música o un contrato a menor plazo para que no te veas forzado a un compromiso a largo plazo. Como artista independiente, tienes un control total sobre todos los aspectos de tu música y no tienes que sacrificar ninguno de tus derechos de propiedad.

Desventajas

- **Financiación:** Como artista independiente, ya sea sin contrato o con un sello independiente, es probable que al principio ganes menos dinero que un artista contratado por un sello principal. Esto se debe a que los sellos principales suelen tener presupuestos más altos y pueden pagar a sus artistas mayores anticipos.
- **Menos Alcance e Influencia:** Trabajar con una disquera independiente o como un artista sin contrato a menudo significa que tu alcance es más limitado que con una disquera principal que ya tiene múltiples conexiones en la industria. Aunque esto es un reto, es definitivamente algo que los artistas independientes deberían ser capaces de superar con una conexiones bien pensadas y habilidades de marketing.
- **Tamaño:** Aunque el pequeño tamaño de los sellos independientes permite a los artistas tener una relación más estrecha con su equipo, también puede ser limitante. El mayor tamaño de los sellos principales les permite tener más poder de negociación en la industria y agilizar el proceso de publicación de tu obra.

Networking y Marketing

Como artista independiente, es importante contar con estrategias de marketing y networking eficaces. Mientras que las disqueras principales son capaces de establecer conexiones y comercializar para sus clientes, las disqueras independientes más pequeñas suelen trabajar con fondos mucho más limitados. Esta escasez de dinero significa que, aunque una disquera independiente pueda ayudarte en algunos aspectos, los artistas independientes también deben establecer conexiones y comercializar por su cuenta para tener éxito.

El networking implica establecer relaciones con personas destacadas de la industria musical, mientras que el marketing consiste en promocionar tu música entre los consumidores. Sin una disquera principal, puede ser más difícil conocer a las personas "adecuadas". Esto es similar a la asistencia a las escuelas de la Ivy League frente a las escuelas estatales o la universidad comunitaria. Aunque recibas una educación similar, el dinero de la matrícula en las Ivy Leagues está pagando realmente por una mayor accesibilidad a personas prominentes en tu campo.

Del mismo modo, con una disquera principal las personas importantes son mucho más accesibles. Además, las disqueras principales tienen un público más consolidado y numeroso al que comercializar la música. Por estas razones, es aún más importante que un artista independiente establezca una red de contactos y se comercialice a sí mismo. He aquí algunas formas en las que un artista puede relacionarse y comercializar por su cuenta:

- **Asistir a eventos de networking:** Conciertos, festivales, noches de micrófono abierto y eventos similares son excelentes lugares para conocer a artistas y a otras personas del sector. Sitios como Eventbrite informan a los usuarios de los eventos de networking en su campo/área. Aunque algunos de estos eventos pueden ser pequeños, son un buen camino para dar a conocer tu nombre y tu música.
- **Plataformas de networking:** Hay plataformas como Whouknow y Fiverr que permiten a los artistas independientes conectarse y colaborar con otros artistas en determinados proyectos.
- **Redes sociales:** Una de las herramientas de marketing y de networking más útiles para los artistas independientes son las redes sociales. Puedes llegar a un gran número de personas para comercializar y difundir tu música y, además, utilizar las redes sociales como herramienta para mantener el contacto con personas del sector. No tengas miedo de interactuar con la

gente con la que te gustaría conectar: lo peor que puede pasar es que alguien diga que no.

Tipos de Acuerdos

Como artista independiente, tienes varias opciones en cuanto a la forma de gestionar la propiedad de los derechos de autor y las licencias. Algunos artistas independientes pueden elegir firmar con un sello discográfico pero mantener el control sobre su publicación; otros artistas pueden elegir no trabajar con ningún sello pero publicar su trabajo a través de una editorial; otros artistas pueden trabajar sin ningún sello o editorial.

Cada una de estas opciones afectará en gran medida al grado de propiedad de tu música y a la cantidad de regalías que puedes adquirir. Veamos cómo pueden afectar estas opciones a tu carrera como artista independiente.

Trabajar Sin Sello ni Editorial

Si eliges trabajar sin sellos ni editoriales, mantienes el control total de tu material y de cómo se gestiona. Trabajar sin sello ni editorial significa que serás responsable de publicar tu música a través de un distribuidor independiente como CD Baby o Distrokid.

Si eliges hacer esto como cantautor independiente, te quedarás con los ingresos obtenidos tanto por el lado de los masters, que incluye todo el dinero obtenido por el uso de las grabaciones, como con todos los ingresos obtenidos por el lado de la edición, que incluye los derechos mecánicos y de ejecución.

La elección de no trabajar con ninguna editorial o sello discográfico maximiza tu potencial de ingresos porque no tienes que dividir las regalías o recuperar los anticipos con las entidades editoriales o los sellos. Aunque los posibles beneficios económicos de ser completamente independiente pueden parecer agradables, los artistas que eligen esta opción tendrán que trabajar mucho por su cuenta y no se garantiza una difusión significativa si no se cuenta con una gran plataforma.

Además, los artistas que optan por esta vía no reciben anticipos de las disqueras ni de las editoriales para cubrir los costos de grabación, por lo que tienen que desembolsar mucho más dinero por adelantado.

Sin Disquera pero con Contrato con una Editorial

Como cantautor que trabaja sin disquera y con la ayuda de una editorial, mantendrás los derechos de tu máster, pero probablemente tendrás que ceder los derechos de tu composición para que te ayuden a explotarla y ganar regalías. Esta opción sólo funcionaría para los cantautores independientes o que posean los derechos de la composición de sus canciones.

Elegir esta opción significa que dividirás el 50% de los derechos de ejecución con tu editorial y también tendrás que dividir una parte de los derechos mecánicos con tu editor, dependiendo del acuerdo al que llegues con él a cambio de sus servicios. Puedes obtener más información sobre cuáles son exactamente esos servicios y más en nuestra guía «¿Qué es un Editor Musical?" aquí.

Contrato con una Disquera pero Gestión de tu Propia Edición

Como artista que ha firmado con una disquera independiente, puedes seguir teniendo el control sobre tu edición, ya que las disqueras suelen pedir la propiedad parcial o total de tus derechos de autor. Esto te permite, como cantautor, conservar la propiedad de tus derechos de composición, de modo que puedes quedarte con el 100% de las regalías obtenidas por el uso de tu composición. Estas regalías incluyen los derechos de ejecución de grabaciones sonoras, una parte de los derechos de sincronización y los derechos de uso del master.

Si decides gestionar tu propia edición, tendrás que registrarte en la PRO de tu elección (BMI, ASCAP o SESAC), registrarte en una agencia de licencias mecánicas de tu elección (Harry Fox Agency, Music Reports o MLC) y trabajar para promocionar tu música. Es importante tener en cuenta que sólo puedes seguir esta vía como cantautor, no como artista discográfico, porque debes ser el propietario original de los derechos de autor de tu composición.

Nuestra guía "Una Vista Panorámica" puede ayudarte a visualizar las diferencias entre los derechos de composición y de grabación sonora que manejan los sellos y las editoriales.

Contrato con un Sello y una Editorial Independientes

Esta opción va a ser una de las más fáciles para ti como artista independiente porque la edición, la distribución y la promoción correrán a cargo de tu editorial y tu sello.

Esto significa que te llevarás a casa un porcentaje menor de los ingresos por regalías, ya que dividirás los beneficios con tu sello y la entidad editora.

También es probable que, si eliges este camino, tengas que sacrificar la propiedad de tu composición y grabación sonora para que tu disquera y editorial puedan explotar tu música por ti.

Concesión de Licencias Para Tu Música

La concesión de licencias es uno de los aspectos más importantes de ser un artista independiente. Esencialmente, te permite ampliar el alcance de tu arte al mismo tiempo que te aseguras de recibir una compensación justa por cualquier uso de tu música. Aquí tienes una lista rápida de las licencias que debes conocer como artista independiente.

- **Derechos de autor:** Lo primero que debes hacer es adquirir adecuadamente los derechos de autor de tu material. La mejor manera de hacerlo es a través de la Oficina Gubernamental de Derechos de Autor de Estados Unidos. Si eres un cantante que utiliza la letra de otro escritor, sólo tendrás que adquirir los derechos de autor de la grabación maestra, ya que no eres el propietario de la composición. Si eres un cantautor, tendrás que registrar los derechos de autor tanto de la grabación maestra como de la composición.

- **Licencias de ejecución pública:** deberás registrarte como escritor y editor musical en una de las dos principales sociedades de derechos de ejecución (PRO), ASCAP o BMI. Esto te ayudará a asegurarte de que recibes todas las regalías que ganes por las interpretaciones de tu obra con licencia. Nuestra guía sobre las licencias de ejecución contiene información adicional sobre este tipo de licencias.

- **Licencia de sincronización:** es posible que quieras distribuir licencias de sincronización para que la gente pueda utilizar tus canciones en obras audiovisuales. Estas licencias garantizan que se te pague por los usos de tu música en películas, programas de televisión, vídeos de YouTube, etc.

- **Licencia de Uso de Master:** este tipo de licencia se suele conceder al titular principal de los derechos de autor, que puede ser tu disquera o tú mismo si eres un artista sin contrato.

- **Licencia mecánica:** Una licencia mecánica, según la Agencia Harry Fox, una empresa de licencias mecánicas, concede a un usuario los derechos para distribuir y reproducir composiciones protegidas por derechos de autor en discos, CDs, cintas, tonos de llamada, casetes, descargas digitales permanentes (Digital Phonorecord Delivery o DPD, por sus siglas en inglés), transmisiones digitales interactivas, etc. A cambio de poder acceder a estos usos, los licenciatarios pagan una tarifa legal al titular o titulares de los derechos de autor por cada reproducción.

Fuentes de Ingresos

Hay muchas fuentes de ingresos que puedes aprovechar como artista independiente. A continuación te presentamos una lista de las diferentes fuentes de ingresos que tienes a tu disposición:

Licencias Mecánicas y Regalías

Cuando una organización o un individuo desea reproducir su música en un formato sólo de audio, como para covers, transmisión digital, descargas, etc., debe obtener licencias mecánicas para utilizar su obra con derechos de autor. Estas licencias ayudan a garantizar el seguimiento del uso de tu música y que obtengas todas las regalías necesarias por el uso de tu música.

Sincronización

Este tipo de licencia permite utilizar tu obra en cualquier tipo de pieza visual como películas, programas de televisión, videojuegos, etc. Cualquier persona u organización que quiera utilizar tu grabación maestra tendrá que obtener una licencia de sincronización que le otorgue el permiso. Para obtener estas licencias, los usuarios tendrán que pagar una cuota de licencia de sincronización - como artista totalmente independiente obtendrás el 100% de esta cuota y como artista semi-independiente puedes obtener una parte de esta cuota dependiendo del acuerdo que tengas con tu disquera.

Regalías por Ejecución

Debes registrar tu música en una sociedad de derechos de ejecución para obtener regalías por las ejecuciones en vivo y la difusión en la radio. Es importante informar a la sociedad de gestión de derechos de ejecución de todas y cada una de tus ejecuciones para asegurarte de que recibirás las regalías que te corresponden.

Ingresos por Mercancía

Otra importante fuente de ingresos proviene de la mercancía de tu marca. Enfócate en crear una marca atractiva y de calidad. La gente no sólo comprará tu mercancía porque les gusta tu música, sino también porque les gusta el diseño. Asegúrate de prestar atención a la cantidad de dinero que inviertes en la creación y distribución de tu mercancía para asegurarte de que obtienes beneficios. Puedes comercializar tu mercancía en conciertos, festivales, en línea o en las redes sociales.

Venta de Boletos

Los artistas también pueden obtener ingresos a través de la venta de entradas a conciertos y eventos. A través del marketing, puedes intentar aumentar el número de personas que asisten a tu actuación y, por tanto, aumentar la venta de entradas. La marca, los folletos y el marketing del evento en las redes sociales pueden influir en la asistencia al evento y, por lo tanto, en los ingresos que se obtengan.

Artistas Independientes Destacados

Aunque puede parecer más difícil ganar seguidores sin uno de los cuatro sellos discográficos principales (EMI, Sony, Universal Music Group y Warner Music Group), hay muchos artistas independientes de renombre, ya sea sin contrato o con sellos independientes. Los artistas independientes abarcan todos los géneros, desde artistas country como Jason Aldean hasta raperos como Childish Gambino o artistas alternativos como Joji.

Algunos artistas independientes notables que han firmado con un sello independiente son Mac Miller, Tech N9NE, Noname y MF Doom, mientras que artistas como Macklemore y Chance the Rapper no han firmado con un sello. Aunque trabajar como artista independiente puede asociarse a una menor retribución, no siempre es así, ya que muchos artistas, como algunos de los citados, valen millones.

Recursos y Publicaciones Útiles

- EventBrite
- Whouknow
- Fiverr
- Agencia Harry Fox
- ASCAP
- SoundExchange
- DistroKid

Obras Citadas

"7 Helpful Networking Tips for Artists | Artwork Archive." Artwork Archive, https://www.artworkarchive.com/blog/7-helpful-networking-tips-for-artists. Accessed 30 Aug. 2021.

"7 Lucrative Revenue Streams For Musicians (& How To Obtain Them)." Indie Panda, 6 Aug. 2019, https://indiepanda.net/revenue-streams-for-musicians/.

"Being an Independent Artist vs. Signing to a Record Label | Icon Collective." Icon Collective College of Music, https://www.facebook.com/iconcollective, 29 July 2019, https://iconcollective.edu/independent-artist-vs-signed-artist/.

"Best Music Licensing Companies for Independent Artists." Decibel Peak, https://decibelpeak.com/best-music-licensing-companies/. Accessed 30 Aug. 2021.

"Creating Revenue Streams for Independent Artists – Stop The Breaks | Independent Music Grind." Stop The Breaks | Independent Music Grind, https://www.stopthebreaks.com/diy-artists/creating-revenue-streams-for-independent-artists/. Accessed 30 Aug. 2021.

"How Independent Record Labels Make Money in 2021." Ditto Music Distribution | Sell Music Online & Keep 100%, https://dittomusic.com/en/blog/how-independentrecord-labels-make-money/. Accessed 30 Aug. 2021.

"How to Collect All Your Music Revenue Sources | DIY Musician." DIY Musician, https://www.facebook.com/ChrisRobleyMusic/, 26 Apr. 2021, https://diymusician.cdbaby.

com/music-rights/all-your-music-revenue-sources-and-how-to-collect-the-money/.

"How to Promote Your Music Independently in 2021." Ditto Music Distribution | Sell Music Online & Keep 100%, https://dittomusic.com/

en/blog/how-to-promote-yourmusic-independently/. Accessed 30 Aug. 2021.

"Learn Music Licensing and How It Works for Indie Artists - ASKM Publishing." ASKM Publishing, 15 Jan. 2018, http://www. askmpublishing.com/learn-music-licensingworks-indie-artists/.

McGuire, Patrick. "7 Top Marketing Strategies for Musicians | Bandzoogle Blog." Band Websites That Work | Website Builder for Musicians | Bandzoogle, Bandzoogle, 11 Mar. 2020, https://bandzoogle. com/blog/7-top-marketing-strategies-for-musicians.

Mulligan, Mark. "Independent Artists: The Age of Empowerment." MIDiA Research, https://www.midiaresearch.com/blog/independent-artists-the-age-ofempowerment. Accessed 30 Aug. 2021.

"Revenue Streams of Independent Music Artists | Wonder." Wonder, Wonder, https://start.askwonder.com/insights/pop-music-revenue-streams-1i84ze3g4. Accessed 30 Aug. 2021.

Slowne, Jeffrey. "The Most Successful Independent Musicians | Complex." Complex, Complex, 10 Apr. 2015, https://www.complex.com/music/2015/04/musicians-whovefound-success-without-major-labels/.

"Soundcharts | Market Intelligence for the Music Industry." Soundcharts | Market Intelligence for the Music Industry, https://soundcharts.com/blog/self-publishing. Accessed 30 Aug. 2021.

"The Evolution of Independent Artists | Disctopia." Disctopia, https://www.facebook.com/playdisctopia/, 24 Sept. 2020, https://disctopia.com/the-evolution-ofindependent-artists/.

"The Indie Guide to Music Copyright and Publishing - By Budi Voogt." Heroic Academy, http://facebook.com/heroicacademy, 1 Mar. 2014, https://heroic.academy/indie-guide-music-copyright-publishing/.

"The Top 25 Independent Hip-Hop Artists In The Game Right Now – Stop The Breaks | Independent Music Grind." Stop The Breaks |

Independent Music Grind, https://www.stopthebreaks.com/independent-case-studies/top-25-independenthip-hop-artists-right-now-2015/. Accessed 30 Aug. 2021.

Wang, Amy X. "An Indie Music Expert Explains Why More Artists Are Skipping Labels - Rolling Stone." Rolling Stone, Rolling Stone, 1 Nov. 2018, https://www.rollingstone.com/pro/news/ditto-music-lee-parsons-interview-749510/.

Tus Derechos

¿Qué es una Licencia Mecánica?

¿Por Qué Escribimos Esta Guía?

Desde hace más de un siglo, la ley de derechos de autor estadounidense ha trabajado para crear y mantener un sistema que garantice que los propietarios de los derechos de autor sean compensados por el uso de sus propiedades intelectuales. Además, el sistema también trabaja para proporcionar la máxima disponibilidad de las composiciones a las personas que deseen recrearlas y distribuirlas.

Los artistas y productores han reproducido composiciones desde el comienzo del negocio de la música. La obtención de los derechos para crear estas reproducciones físicas se conoce como licencia mecánica. Esta guía se ha redactado para ofrecer un resumen completo de la historia, la finalidad y el proceso de concesión de licencias mecánicas.

¿Para Quién es Esta Guía?

- Autores de canciones y compositores que quieren entender qué derechos tienen con respecto a la distribución o reproducción de su(s) obra(s) intelectual(es).
- Artistas discográficos y productores que quieran entender cómo grabar legalmente una composición protegida por derechos de autor.

- Cualquier persona que esté interesada en los fundamentos de la ley de derechos de autor en lo que respecta a la reproducción y distribución de composiciones con derechos de autor.

Contenido

- ¿Qué es una licencia mecánica?
- Antecedentes
- ¿Qué es una licencia mecánica obligatoria?
- Derechos NO cubiertos por las licencias mecánicas
- Tarifas de las regalías mecánicas
- La Ley de Modernización de la Música y el MLC
- Cómo obtener una licencia mecánica para una entrega de fonograma no digital
- Cómo obtener una licencia mecánica para una entrega de fonograma digital
- Regalías mecánicas y transmisión digital
- Fuentes

¿Qué es una Licencia Mecánica?

Según la Agencia Harry Fox, una agencia de recaudación de derechos mecánicos, una licencia mecánica concede al usuario los derechos para reproducir y distribuir composiciones musicales protegidas por derechos de autor en CD, discos, cintas, tonos de llamada, descargas digitales permanentes (DPD, por sus siglas en inglés), transmisiones interactivas y otras configuraciones digitales que respaldan diversos modelos de negocio. A cambio del permiso para hacerlo, los licenciatarios pagan una tasa legal al propietario o propietarios de los derechos de autor por cada reproducción.

Antecedentes

A principios del siglo XIX, los pianos reproductores que interpretaban canciones transcritas en un rollo de papel eran cada vez más populares. Esto dio lugar al primer gran litigio sobre derechos de autor en relación con la reproducción de partituras. En 1908, el caso en cuestión, White-

Smith Music Publishing Co. v. Apollo Co. (209 U.S. 1), llegó al Tribunal Supremo.

El Tribunal Supremo falló a favor de Apollo Co., declarando que los fabricantes de pianos y rollos de piano no estaban obligados a pagar las regalías a los compositores cuando utilizaban sus partituras. Los compositores no tardaron en actuar contra la sentencia presionando al Congreso.

Los esfuerzos de activismo de los compositores estadounidenses hicieron que se establecieran rápidamente normas gubernamentales con la Ley de Derechos de Autor de 1909. Esta ley incluyó las licencias mecánicas, lo que supuso un triunfo para los compositores y escritores de canciones, ya que finalmente tuvieron la oportunidad de ser pagados por sus contribuciones creativas. La ley de derechos de autor estadounidense ha mantenido el sistema de licencias mecánicas, ajustándose a medida que los avances tecnológicos hacen más complejas las reproducciones de obras protegidas por derechos de autor.

¿Qué es una Licencia Mecánica Obligatoria?

El artículo 115 de la Ley de Derechos de Autor permite que una composición se considere adecuada y legalmente licenciada por un usuario de música mediante el envío al propietario de la composición, que suele ser el editor musical, de un Aviso de Intención (Notice of Intention o NOI, por sus siglas en inglés) para obtener una licencia obligatoria de los derechos mecánicos.

Salvo algunas excepciones, cualquiera que presente la notificación de intención adecuada tiene la libertad de reproducir la composición para la cual está obteniendo una licencia y el titular de los derechos de autor está obligado a autorizar el uso de la canción bajo la licencia obligatoria. Las excepciones a esta licencia obligatoria son las siguientes:

- **Derecho de primer uso:** La licencia obligatoria no se aplica a las composiciones que aún no han sido grabadas. Hasta que se haya grabado una canción con la autorización del titular de los derechos de autor y esa primera grabación se haya distribuido al público, la editorial puede cobrar lo que quiera por el uso de los derechos de autor y no está obligada a aplicar la tasa de la licencia obligatoria.

- **Obras musicales dramáticas:** La canción no puede estar destinada a la ópera o al teatro musical.
- **Obra no fonográfica:** La composición debe ser una grabación sólo de audio para poder solicitar una licencia obligatoria. En 1995, la Ley de Derechos de Autor se revisó para dejar claro que las licencias mecánicas obligatorias se aplican también a los DPD, o entrega de fonogramas digitales (como la descarga de una canción de iTunes).
- **Cambios importantes:** Cuando se obtiene una licencia obligatoria, se permite arreglar la canción "para ajustarla al estilo o a la manera de interpretarla (Ley de Derechos de Autor 115(a)(2)). Sin embargo, no se puede cambiar la melodía básica o el carácter fundamental de la obra, por lo que no se puede cambiar la letra o la melodía. Este tipo de cambios requieren la autorización directa de los editores/escritores.

Este aviso también sirve como medio legal para que un servicio de transmisión de música digital obtenga una licencia obligatoria para la distribución de la canción en su plataforma, en lugar de llegar a un acuerdo directo con los editores musicales de las composiciones. Si el usuario sigue las normas adecuadas, los editores musicales no pueden negar su uso.

Aunque históricamente las NOIs autorizaban todas las licencias obligatorias, ya no se aplican a la entrega digital de obras musicales (es decir, descarga permanente, descargas limitadas o transmisiones digitales interactivas).

Según la Ley de Modernización de la Música de 2018, las NOI solo autorizan la entrega de fonogramas no digitales (es decir, disco compacto, casete o vinilo). A partir del 1 de enero de 2020, la Oficina de Derechos de Autor ya no acepta NOIs para obtener una licencia obligatoria para hacer una entrega de fonograma digital de una obra musical.

En su lugar, los usuarios pueden obtener una autorización obligatoria a través de la compra de una licencia general que cubra todas las obras musicales disponibles para la concesión de licencias obligatorias.

Dicha licencia está disponible a través del Colectivo de Licencias Mecánicas (Mechanical Licensing Collective o MLC, por sus siglas en inglés).

Derechos NO Cubiertos por las Licencias Mecánicas

Como se ha definido anteriormente, las licencias mecánicas sólo conceden ciertos permisos a los licenciatarios. Si el titular de una licencia desea obtener otros derechos, tendrá que solicitar y negociar estas licencias por separado. A continuación se describen brevemente varios derechos que no están cubiertos por las licencias mecánicas.

- **Las Licencias de uso de Máster** son necesarias para utilizar una grabación sonora protegida por derechos de autor. La licencia de uso maestro puede obtenerse del propietario de la grabación maestra, que suele ser un sello discográfico. No es administrada por la Agencia Harry Fox (Harry Fox Agency o HFA, por sus siglas en inglés) o el MLC.
- **Las Licencias de Sincronización** son necesarias para las personas que buscan los derechos para incluir la canción en un vídeo (incluidos los vídeos de YouTube), una película o la televisión. Para obtener una licencia de sincronización, los interesados deben ponerse en contacto directamente con el editor musical o el compositor.
- **Las Licencias de Ejecución Pública** son necesarias para interpretar públicamente una canción protegida por derechos de autor. Estas licencias suelen ser concedidas por los titulares de los derechos de autor a través de Sociedades de Derechos de Ejecución (Performing Rights Organizations o PRO, por sus siglas en inglés) como ASCAP, BMI o SESAC.

Además, las licencias mecánicas no permiten la **reimpresión de la letra de las canciones, la producción de partituras** o el uso de obras protegidas por derechos de autor como **música de fondo**, en **reproductores digitales**, como **tonos de llamada, karaoke** o en una producción teatral. Para obtener estos permisos, es necesario llegar a un acuerdo por separado con el propietario de los derechos de autor.

Tarifas de Regalías Mecánicas

La Oficina de Derechos de Autor de los Estados Unidos establece una tasa legal de regalías mecánicas que exige un importe determinado por cada reproducción de una obra protegida por derechos de autor. Para las ventas físicas y las descargas, está establecida en una tarifa fija de 9.1 centavos para las canciones que duran menos de cinco minutos. Para las piezas de más de cinco minutos de duración, la tarifa es de 1.75 centavos por minuto. La tarifa para los tonos de llamada es de 24 centavos por tono.

A diferencia de las tarifas de regalías para las ventas físicas, las descargas digitales y los tonos de llamada, las regalías establecidas para la transmisión digital interactiva bajo demanda son bastante complejas.

Las regalías mecánicas para la transmisión digital interactiva se basan en una serie de factores y fórmulas. Los ingresos por el servicio, el dinero pagado a los propietarios de las grabaciones sonoras, el número de suscriptores y las regalías por rendimiento son algunos de los factores que se tienen en cuenta a la hora de determinar las tarifas de transmisión digital. Por lo tanto, a diferencia de las regalías mecánicas que se pagan por las ventas físicas y las descargas digitales, no hay una tarifa fija.

Hasta ahora, en el caso de las transmisiones digitales interactivas (por ejemplo, Spotify y Apple Music), el Consejo de Derechos de Autor (Copyright Royalty Board o CRB, por sus siglas en inglés) establece primero la "Tasa de Regalía Total" de la siguiente manera:

1. Tasa de regalía total, aplicada a los ingresos totales del servicio (actualmente, el 11.8% de los ingresos del servicio, con un plan para aumentar la tasa al 15.1% para 2022).
2. Tasa mínima de regalías totales, calculada como un porcentaje de lo que los servicios pagan a los sellos discográficos (actualmente,

21-22% del pago a las disqueras, con un plan de aumento al 26% para 2022).

3. Precio mínimo en base a los suscriptores, de 50 centavos por suscriptor.

El servicio de transmisión digital está obligado a aplicar las tres fórmulas y utilizar la que obtenga el mayor valor. El valor resultante es la cantidad que el servicio de transmisión digital debe a los compositores (derechos de ejecución y mecánicos). Tras la deducción de los derechos de ejecución que se pagan a las PRO, el resultado son las regalías mecánicas que se deben a los compositores.

La Ley de Modernización de la Música y el MLC

El 11 de octubre de 2018, la Ley de Modernización de la Música (Music Modernization Act o MMA, por sus siglas en inglés) fue aprobada por unanimidad en el Congreso y promulgada como ley. Según Copyright. gov, "La Ley de Modernización de la Música actualiza el panorama de las licencias musicales para facilitar mejor la concesión de licencias legales de música por parte de los servicios digitales. También proporciona ciertas protecciones (y excepciones a esas protecciones) a las grabaciones de sonido anteriores a 1972, y aborda la distribución de las regalías de los productores".

Antes de la aprobación de la MMA, todas las leyes y regulaciones gubernamentales en torno a las licencias mecánicas estaban escritas en la sección 115 de la Ley de Derechos de Autor. El contenido de esta sección tiene más de un siglo de antigüedad, y es muy anterior a los servicios de escucha digital.

La Ley de Modernización de la Música tiene tres secciones principales:

- **Título I** - La Ley de Modernización de Obras Musicales, que crea una licencia general para los servicios de streaming interactivo, y establece un Colectivo de Licencias Mecánicas (Mechanical Licensing Collective o MLC, por sus siglas en inglés) así como un Coordinador de Licenciatarios Digitales (Digital Licensee

Coordinator o DLC, por sus siglas en inglés), facilitando a los servicios la obtención de licencias y a los creadores el cobro de regalías.

- **Título II** - La Ley de Protección y Acceso a los Clásicos, que creó derechos federales para los propietarios de grabaciones sonoras realizadas antes del 15 de febrero de 1972.
- **Título III** - La Ley de Asignación para Productores de Música (Allocation for Music Producers Act o AMP, por sus siglas en inglés), que crea una vía para cobrar ciertas regalías para los productores de música, mezcladores e ingenieros de sonido.

El Título III permite a los productores musicales, mezcladores e ingenieros de sonido recibir las regalías recaudadas por los usos de las grabaciones sonoras, codificando un proceso para que el colectivo designado (Sound Exchange) distribuya esas regalías bajo una "carta de instrucciones".

Cómo Obtener una Licencia Mecánica para Entrega de Fonogramas No Digitales

Normalmente, las personas que buscan una licencia mecánica recurren a agencias de cobro. Normalmente, en los Estados Unidos, las personas que intentan adquirir licencias mecánicas para todos los modos de entrega se dirigen a una de las tres agencias de licencias mecánicas: la Agencia Harry Fox (Harry Fox Agency o HFA, por sus siglas en inglés), Music Reports Inc (MRI) o el recién creado Colectivo de Licencias Mecánicas (Mechanical Licensing Collective o MLC, por sus siglas en inglés).

El proceso de obtención de una licencia, como se detalla a continuación, suele ser realizado por la HFA, MRI, el MLC o una agencia similar en nombre de una persona, un proveedor de servicios digitales o un sello discográfico. La HFA ofrece un sistema automatizado de solicitud y pago de licencias llamado Songfile.

El primer paso para obtener los derechos mecánicos es determinar quién es el responsable de conceder la licencia de la obra. Este es el titular de los derechos de autor de la composición o alguien autorizado para gestionar las licencias en su nombre. Una forma de localizar a los propietarios de los derechos de autor es a través de la base de datos de registros públicos de la Oficina de Derechos de Autor, en la que los interesados pueden buscar por sí mismos o solicitar que el personal lo haga por ellos. Una vez identificado el titular de los derechos de autor (o considerado no identificable), el licenciatario debe enviarle una Notificación de Intención (Notice of Intention o NOI, por sus siglas en inglés) para obtener una Licencia Obligatoria. Según la Oficina de Derechos de Autor, "la NOI debe entregarse antes o dentro de los treinta días siguientes a la realización, y antes de la distribución, de cualquier fonograma de la obra". *

Otro método para localizar a los propietarios de los derechos de autor es a través de la Búsqueda de Obras Públicas del MLC. La Búsqueda de Obras Públicas permite a cualquier persona buscar en la base de datos de propietarios de canciones del MLC de forma gratuita. Se recomienda que los artistas, compositores y letristas registren sus obras en el MLC.

Recuerda, después de la promulgación de la MMA en octubre de 2018, las NOI solo se aplican a la entrega de fonogramas no digitales (es decir, disco compacto, casete o vinilo) transmisiones no interactivas y la transmisión de obras que acompañan a una película u otra obra audiovisual, mientras que las licencias mecánicas para las entregas digitales requieren una licencia general del recién formado MLC.

Es importante señalar que el Aviso de Intención para fonogramas no digitales se utiliza como último recurso en la industria. Debido a la doctrina de las licencias mecánicas obligatorias en la ley de derechos de autor, los titulares de los derechos están obligados a permitir que otra persona grabe su composición y distribuya esas reproducciones si así lo desean. Dado que los titulares de los derechos no pueden rechazar realmente una solicitud de licencia obligatoria, es más fácil recurrir a la HFA o a los titulares de los derechos directamente que a la Oficina de Derechos de Autor. Las NOI se utilizan cuando no se dispone de suficiente información o cuando los titulares de los derechos dificultan la conclusión del acuerdo de licencia.

Si el nombre del propietario de los derechos de autor y la información de contacto están disponibles en los registros públicos de la Oficina de Derechos de Autor, el licenciatario (o la organización que trabaja en nombre del licenciatario) está obligado a enviar la NOI al propietario o a un agente, según lo autorizado por el propietario. En el caso de que haya varios propietarios de derechos de autor registrados con la obra, se permite enviar una única NOI a cualquiera de los propietarios o a sus agentes. Si la obra no tiene ningún propietario de derechos de autor registrado en la Oficina de Derechos de Autor, la NOI debe enviarse directamente a la Oficina de Derechos de Autor. Al hacerlo, el licenciatario se protege de la infracción y las regalías por el uso de la obra se retendrán y se pagarán a la parte correspondiente si se identifican en el futuro. La Oficina de Derechos de Autor también recomienda que los licenciatarios de composiciones con propietarios de derechos de autor desconocidos busquen de vez en cuando en la base de datos de derechos de autor para ver si se ha identificado al propietario, de modo que estén preparados para empezar a hacer los pagos.

La Oficina de Derechos de Autor permite a las personas presentar avisos en línea o por correo físico exclusivamente para CD, discos de vinilo, cintas y otros medios físicos. Hay una tasa de $75 dólares por un NOI para el primer título. Después, la solicitud en papel tiene una tasa adicional de $20 dólares por cada grupo de 10 títulos. Y la solicitud en línea tiene una tasa adicional de $10 dólares por cada grupo de 100 títulos. Para presentar un NOI en línea, los interesados pueden visitar la página de la Oficina de Derechos de Autor sobre el proceso. Para presentar una NOI por correo, el documento (con un cheque o utilizando una cuenta de depósito para cubrir la tasa) puede enviarse a la siguiente dirección:

Copyright Royalty Board

Attn: Licensing Division P.O. Box 70977

Washington, DC 20024-0977

La Oficina de Derechos de Autor no proporciona ningún formulario o documento estándar de NOI. Sin embargo, la ley describe el contenido requerido de una NOI en 37 CFR § 201.18. Son los siguientes:

- El encabezado debe designar "clara y prominentemente" el documento como una NOI con el título: "Notificación de la intención para obtener una licencia obligatoria para hacer y distribuir fonogramas"

- Debe haber una "declaración clara" que incluya
  ○ El nombre completo y legal del licenciatario.
  ○ Todos los demás nombres relevantes utilizados por el licenciatario.
  ○ La información de contacto del licenciatario: número de teléfono, dirección completa y dirección de correo electrónico. (Un P.O. Box no es suficiente a menos que sea la única opción en la localidad).
  ○ Si el titular de la licencia es una organización empresarial: el nombre y el cargo del director general o jefe de gestión equivalente de la entidad.
  ○ El año fiscal de la solicitud de licencia
- Para cada composición sometida a licencia, debe indicarse la siguiente información (si está disponible):
  ○ Título
  ○ Autor(es)
  ○ Propietario(s) de los derechos de autor
  ○ Todas las formas de fonograma y plataformas de escucha para las que se utilizará la licencia (por ejemplo: CD, vinilo, DPD, transmisión digital, combinación de varios, etc.)
  ○ Fecha prevista de publicación de los fonogramas ya realizados o que se realizarán con la licencia
  ○ Nombre del artista(s) que graba(n) la obra protegida por derechos de autor
  ○ Número(s) de catálogo, nombre de la(s) disquera(s) que se espera esté(n) afiliada(s) a la obra licenciada
  ○ Fecha de fabricación de los fonogramas (si los hay) realizados con la licencia
  ○ Duración de tu ejecución en minutos y segundos*
- Las NOIs deben ser firmadas por un miembro de la parte solicitante o por su agente autorizado.

*La duración es importante porque se aplican diferentes tarifas de regalías a las distintas duraciones: la tarifa mecánica está fijada en una tasa fija de 9.1 centavos para las canciones que duran menos de cinco minutos.

Para las piezas de más de cinco minutos de duración, la tarifa es de 1.75 centavos por minuto. La tarifa para los tonos de llamada es de 24 centavos por tono de llamada

Siempre que el NOI tenga el contenido requerido y se presente dentro del plazo adecuado, el licenciatario recibe legalmente derechos mecánicos después de presentar el NOI. El licenciatario también debe mantener el pago de las regalías como parte del acuerdo.

Cómo Obtener una Licencia Mecánica para Entrega de Fonogramas Digitales

El MLC es ahora el único distribuidor de licencias mecánicas para todas las entregas digitales de fonogramas.

Básicamente, para que un proveedor de servicios digitales (interactivos y no interactivos) obtenga la licencia mecánica de cualquier canción, debe adquirir una licencia general del MLC.

Los Proveedores de Servicios Digitales (Digital Service Provider o DSP, pos sus siglas en inglés) que deseen renunciar a la licencia general deben presentar un aviso de actividad no general ante el MLC. Para obtener una licencia general, el DSP debe presentar un formulario de Aviso de Licencia al MLC.

Algunos DSP pueden desear mantener licencias contratadas por separado. La MMA permite a los DSP seguir concediendo licencias de derechos de obras musicales directamente si así lo desean, siempre y cuando proporcionen al MLC el aviso por escrito requerido y los datos relativos a esas licencias directas, de modo que el MLC pueda determinar qué obras musicales de esos servicios están cubiertas por esas licencias voluntarias y no por la licencia general.

Después de recibir una licencia general, hay varias responsabilidades que un DSP debe cumplir para mantener su licencia general.

Un DSP debe realizar los pagos de las evaluaciones en su totalidad y a tiempo, de acuerdo con la legislación estadounidense. La fecha de vencimiento y la cantidad a pagar varían entre los DSP.

Además, los DSP deben comenzar a proporcionar informes de uso mensuales a The MLC a partir del uso de enero de 2021. Cada archivo de informe de uso mensual debe ser entregado a The MLC a más tardar 45 días después del final de cada mes calendario.

Regalías Mecánicas y Transmisión Digital

Según el Informe de Mitad de Año de Estados Unidos 2018 (julio de 2018) de la empresa de información, datos y medición Nielsen Music, la transmisión digital sigue creciendo en popularidad.

El informe señala que en el último año, las ventas totales de álbumes (y las ventas de canciones individuales equivalentes) han disminuido un 20.2% en el último año. Sin embargo, el consumo a través de la transmisión digital de canciones de audio a la carta ha crecido un 45.5% y la transmisión digital de canciones en vídeo a la carta ha aumentado un 34.7%.

Podemos afirmar que la transmisión digital no va a desaparecer pronto. La nueva forma de consumo ofrece al usuario un catálogo mucho más amplio de canciones para seleccionar, al tiempo que mantiene la experiencia de escucha compacta, rápida y de alta calidad que ofrece la música digital.

La transmisión digital también se considera mucho más asequible para el consumidor. Sin embargo, cada vez que una canción empieza a transmitirse, se está explotando el derecho mecánico (junto con otros) de la composición.

Históricamente, las regalías mecánicas debidas a los editores musicales se han contabilizado junto con las ventas de discos, cintas de casete, CD y descargas digitales que incorporaban la obra objeto de la licencia. Este método de catalogación de las ventas y las regalías está resultando defectuoso a medida que la tecnología se adapta y cambia la forma en que la sociedad consume la música.

A medida que los servicios de transmisión digital de música bajo demanda, como Spotify y Apple Music, siguen alejando a los usuarios de la compra y venta tradicional de discos, la legislación estadounidense sobre derechos de autor se apresura a ponerse al día.

El problema de fijar las regalías para la transmisión digital a la carta se debe a una discusión constante dentro de la industria sobre los permisos que debe requerir la transmisión digital. Algunos argumentan que la transmisión digital a la carta permite la suficiente selección, personalización y aportación del consumidor como para ser tratado exactamente igual que los CD y DPD. Este argumento requiere únicamente licencias mecánicas.

Otros argumentan que los servicios de transmisión digital deberían ser tratados más como las emisoras de radio tradicionales, y deberían requerir licencias de ejecución pública. Debido a la naturaleza híbrida de la transmisión digital, es difícil determinar cómo deben asignarse las regalías; sin embargo, se ha decidido que la transmisión digital interactiva explota tanto los derechos de ejecución como los mecánicos, mientras que la transmisión digital musical no interactiva sólo explota los derechos de ejecución.

Normalmente, los servicios de streaming digital llegan a acuerdos con los sellos discográficos para distribuir grabaciones sonoras en sus plataformas. Una vez que la licencia se consolida para las grabaciones sonoras maestras, las plataformas de streaming están obligadas a obtener las licencias mecánicas aplicables para el uso de las composiciones subyacentes pertenecientes a los editores musicales.

Los servicios de streaming suelen trabajar con HFA y Music Reports, Inc. (MRI) para emitir notificaciones masivas de intención a los editores musicales que son propietarios de los derechos de autor sobre los que buscan derechos mecánicos. Puedes leer más sobre esto en la guía de la HFA y en la guía de MRI.

Por lo general, en la industria musical, una entrega digital se considera tanto una reproducción como una comunicación. Esto significa que se explotan tanto los derechos de ejecución como los mecánicos.

En Estados Unidos, la ley de derechos de autor especifica las diferencias entre estos derechos. Establece que una descarga digital (de la tienda iTunes, por ejemplo) sólo explota el derecho mecánico, mientras que un servicio de radio personalizado no interactivo (como Pandora, iHeartRadio, etc.) sólo explota el derecho de ejecución. Sin embargo, con la transmisión digital a la carta (interactivo), la industria reconoce que se explotan tanto los derechos mecánicos como los de ejecución y, por tanto, exige licencias para ambos derechos y el consiguiente pago de las regalías por cada uno de ellos.

Obras Citadas

"Requirements and Instructions for Electronically Submitting a Section 115 Notice of Intention to the Copyright Office | U.S. Copyright Office." Copyright.gov, 2018, www.copyright.gov/licensing/115/noi-instructions.html. Accessed 27 July 2021.

"37 C.F.R. 201.18, Notice of Intention to Obtain a Compulsory License for Making and Distributing Phonorecords of Nondr (BitLaw)." Bitlaw.com, 2014, www.bitlaw.com/source/37cfr/201_18.html. Accessed 27 July 2021.

Jeong, Sarah. "A \$1.6 Billion Spotify Lawsuit Is Based on a Law Made for Player Pianos." The Verge, The Verge, 14 Mar. 2018, www.theverge.com/2018/3/14/17117160/spotify-mechanical-license-copyright-wixen-explainer. Accessed 27 July 2021.

"U.S. Music Mid-Year Report 2018." Nielsen.com, 6 July 2018, www.nielsen.com/us/en/insights/report/2018/us-music-mid-year-report-2018/. Accessed 27 July 2021.

"WHITE-SMITH MUSIC PUBLISHING COMPANY, Appt., v. APOLLO COMPANY." LII / Legal Information Institute, 2021, www.law.cornell.edu/supremecourt/text/209/1. Accessed 27 July 2021.

AN ACT to AMEND and CONSOLIDATE the ACTS RESPECTING COPYRIGHT. 2007. "WebVoyage." Loc.gov, 2021, cocatalog.loc.gov/cgi-bin/Pwebrecon.cgi?DB=local&PAGE=First. Accessed 27 July 2021.

"What Is a Mechanical License? - Easy Song Licensing." Easysonglicensing.com, 27 July 2021, www.easysonglicensing.com/pages/help/articles/music-licensing/whatis-A-mechanical-license.aspx.

"Mechanical Licensing & You: What You Need to Know before Recording Your School's Performances - NAfME." NAfME, 2014, nafme.org/my-classroom/copyright/mechanical-licensing-you-what-you-need-to-know-before-recording-your-schoolsperformances/.

https://www.copyright.gov/music-modernization/creation. html#:~:text=On%20 October%2011%2C%202018%2C%20 the,MMA)%20was%20signed%20into%20law.&text=The%20 Copyright%20Office%20is%20excited,how%20the%20 law%-20has%20changed.

U.S. Copyright Office. "Music Modernization: FAQ | U.S. Copyright Office." Copyright.gov, 2021, www.copyright.gov/music-modernization/ faq.html#:~:text=The%20Music%20Modernization%20Act%20 updates,addresses%20distribution%20of%20producer%20royalties.. Accessed 27 July 2021.

UCAYA. "Soundcharts | Market Intelligence for the Music Industry." Soundcharts.com, 2021, soundcharts.com/blog/how-the-music-publishing-works. Accessed 27 July 2021.

"DSP Resources Page | Mechanical Licensing Collective." Themlc.com, 2020, themlc.com/dsp-resources-page. Accessed 27 July 2021.

¿Qué es una Licencia de Ejecución Pública?

Por Qué Escribimos Esta Guía

Una cafetería del aeropuerto está llena de viajeros un lunes por la mañana. El dulce y familiar comienzo de "Come On Eileen" suena en los altavoces. Los clientes de la cafetería empiezan a animarse visiblemente. Los pies zapateando y asientendo con la cabeza. Pronto todo el local está más animado. La canción es un clásico, después de todo.

"Come On Eileen" sigue generando importantes ingresos para sus propietarios de derechos de autor. En este caso concreto, se considera que la canción ha sido interpretada ante los clientes de la cafetería. Las entidades que cobran la licencia a la cafetería por el derecho de ejecución pública de las composiciones son las Sociedades de Derechos de Ejecución (Performing Rights Organizations o PRO, por sus siglas en inglés), de las que hay cuatro en Estados Unidos: ASCAP, BMI, SESAC y GMR.

Esta guía se ha redactado con el fin de ofrecer una descripción general del funcionamiento de las licencias de ejecución, así como para ofrecer un panorama detallado de los aspectos más específicos del negocio. El objetivo es capacitar a los creadores para que aprovechen mejor las interpretaciones de sus obras.

Contenido

- El derecho de ejecución
- Los PROs
- Tipos de licencias
- Decretos de consentimiento y Tribunales de Tarifas
- PROs extranjeras
- ASCAP y BMI: Conceptos básicos de ingresos y distribución
- Desglose de pagos de ASCAP
- Desglose de pagos de BMI
- Cómo afiliarse a una PRO y registrar obras
- Una nueva frontera

El Derecho de Ejecución

El derecho de ejecución se refiere a la doctrina de los derechos de autor que permite a quienes conceden licencias de composiciones y grabaciones sonoras "interpretar" esas obras bajo licencia a cambio de las regalías pagadas a los propietarios de los derechos de autor. Para que se produzca una interpretación, no es necesario que un músico interprete la canción en directo.

Más bien, la canción (o una grabación de la misma) sólo tiene que ser interpretada en un entorno público. Según el artículo 106 del Título 17 del Código de los Estados Unidos, existen seis derechos exclusivos diferentes que se confieren al titular de los derechos de autor, dos de los cuales se refieren al derecho de ejecución:

- Reproducir la obra protegida por derechos de autor en copias o fonogramas;
- Preparar obras derivadas basadas en la obra protegida por derechos de autor;
- Distribuir al público copias o fonogramas de la obra protegida por derechos de autor, mediante la venta u otra transferencia de propiedad, o mediante alquiler, arrendamiento o préstamo;
- **En el caso de obras literarias, musicales, dramáticas y coreográficas, pantomimas, películas y otras obras**

audiovisuales, a representar públicamente la obra protegida por derechos de autor;

- En el caso de obras literarias, musicales, dramáticas y coreográficas, pantomimas y obras pictóricas, gráficas o de esculturas, incluyendo las imágenes individuales de una película u otra obra audiovisual, a mostrar públicamente la obra protegida por derechos de autor; y
- En el caso de las grabaciones sonoras, a interpretar públicamente la obra protegida por los derechos de autor mediante una transmisión digital de audio.

El número (4) se refiere a las composiciones, y el número (6) se refiere exclusivamente a las grabaciones sonoras. La entidad que concede licencias de música para las interpretaciones y ejecuciones digitales de grabaciones sonoras es SoundExchange. Esta guía se centra en las interpretaciones y ejecuciones de las composiciones, cuyas regalías se pagan a los autores y editores y son administradas por las PROs.

Es importante señalar aquí que la concesión de licencias de ejecución de obras musicales (composiciones) no incluye las representaciones dramáticas, como en el caso del teatro musical. Éstas se denominan licencias para la interpretación de Obras Musicales Dramáticas y se licencian por separado, a menudo directamente entre el propietario de los derechos de autor y el licenciatario.

¿Qué significa "ejecutar una obra públicamente"?

Según la Ley de Propiedad Intelectual, una ejecución pública significa, a grandes rasgos, que la obra ha sido comunicada más allá del hogar y del círculo inmediato de familiares y amigos:

17 U.S. Code § 101:

"Ejecutar o presentar una obra "públicamente" se entiende como:

1. (1) ejecutar o presentar la obra en un lugar abierto al público o en cualquier lugar donde se reúna un número considerable de personas fuera del círculo normal de una familia y sus conocidos sociales; o

2. (2) transmitir o comunicar de otro modo una ejecución o presentación de la obra a un lugar especificado por la cláusula (1) o al público, por medio de cualquier dispositivo o proceso, ya sea que los miembros del público capaces de recibir la ejecución o presentación la reciban en el mismo lugar o en lugares separados y al mismo tiempo o en momentos diferentes."

El número (2) se refiere a los medios de radiodifusión como la radio, la televisión e Internet, y se conoce comúnmente como la "Cláusula de Transmisión" de la Ley de Derechos de Autor. Esto es esencialmente lo que da a las PRO la capacidad de cobrar las regalías de las entidades de radiodifusión.

El caso de 2014 del Tribunal Supremo de los Estados Unidos, ABC vs. Aereo, trata directamente de esta sección, y el fallo refuerza y amplía el alcance de la Cláusula de Transmisión.

Uso Justo

No todas las interpretaciones o ejecuciones de obras musicales necesitan una licencia para poder ser ejecutadas. La doctrina del uso justo permite a un usuario interpretar una obra sin licencia ni notificación si esa interpretación supera una prueba de cuatro factores. Sin embargo, esta prueba sólo se da en los tribunales en caso de una demanda por infracción de los derechos de autor. Es mejor que los usuarios de derechos de autor se aseguren de que tienen permiso para interpretar la obra antes de hacerlo.

Las PROs

Las Sociedades de Derechos de Ejecución (Performing Rights Organizations o PRO, por sus siglas en inglés) administran las licencias de ejecución, recaudan las regalías y las pagan a los autores y editores. Básicamente, actúan como intermediarios entre los creadores de música y quienes desean interpretarla. En Estados Unidos hay cuatro PROs: ASCAP, BMI, SESAC y GMR.

ASCAP y BMI representan aproximadamente el 96% de la cuota de mercado, y son entidades sin fines de lucro que operan bajo decretos de consentimiento antimonopolio del Departamento de Justicia de los Estados Unidos. Esto significa que las dos PROs no pueden cobrar tarifas competitivas de mercado libre por las licencias. En su lugar, las tarifas están reguladas por los jueces de dos tribunales federales de distrito diferentes, conocidos coloquialmente como "tribunales de tarifas". El objetivo de los decretos de consentimiento es evitar que ASCAP y BMI incurran en prácticas comerciales monopolísticas como la fijación de precios.

Antecedentes

El derecho de ejecución se consagró en la Ley de Derechos de Autor de 1909, y se definió de nuevo en la Ley de Revisión de los Derechos de Autor de 1976 para ampliar la protección a las grabaciones sonoras.

La ASCAP se creó en 1914, y cuando la radio se convirtió en una tecnología ampliamente adoptada, la PRO tenía prácticamente el monopolio de los derechos de ejecución. Podían cobrar tarifas muy caras a las emisoras de radio y no había competidores. La BMI, formada por ejecutivos de la radiodifusión, surgió de la frustración por la exclusividad y la fijación de precios de la ASCAP (más información sobre los decretos de consentimiento a continuación).

Cuando la televisión se convirtió en un medio viable, las regalías por interpretación se convirtieron en una enorme fuente de ingresos para los editores y escritores. Las dos PROs pasaron a dominar la industria de las licencias de ejecución hasta aproximadamente principios del siglo XXI. Ahora compiten las empresas privadas SESAC y GMR, que cuentan con listas más reducidas de escritores de primer nivel. Estas negocian sus propias tarifas, presumiblemente más altas, con los usuarios de la música.

La música se consume cada vez más en streaming. Sin embargo, las regalías que un compositor puede obtener por el uso de sus obras se reparten entre varias vías de concesión de licencias. Por ejemplo, las transmisiones interactivas generan tanto regalías mecánicas como las de ejecución.

Sin embargo, las PROs son actores principales en la industria musical en general, y es vital que cualquiera que intente licenciar su música entienda cómo funcionan.

Sociedad Americana de Compositores, Autores y Editores (American Society of Composers, Authors and Publishers o ASCAP, por sus siglas en inglés)

- Organización sin fines de lucro. Fundada en 1914 por los notables compositores Irving Berlin, John Philip Sousa y Jerome Kern, entre otros.
- El consejo de administración está formado por 12 compositores y 12 editores, elegidos por los miembros por un periodo de dos años.
- Sujeta a un decreto de consentimiento desde 1941.

Broadcast Music, Inc. (BMI)

- Organización sin fines de lucro formada en 1939 por miembros de la industria de la radiodifusión.
- Actualmente, la propiedad incluye a miembros de la industria de la emisión de televisión
- Aunque al principio sólo podían afiliarse los editores, los escritores pudieron hacerlo en 1950.
- El consejo de administración de BMI está formado por 13 ejecutivos de empresas de emisión, y un empleado de BMI es elegido presidente.
- También está sujeta a decretos de consentimiento.

Sociedad de Autores de Escena y Compositores Europeos (Society of European Stage Authors and Composers o SESAC, por sus siglas en inglés)

- Propiedad del consorcio de inversión Blackstone, de la misma familia empresarial que la Agencia Harry Fox, la sociedad de gestión colectiva de derechos de autor.
- Formada en 1931, con una lista de compositores mayoritariamente europeos.
- Compositores notables: Adele, Bob Dylan, Neil Diamond.

Derechos Musicales Globales (Global Music Rights o GMR, por sus siglas en inglés)

- Formada en 2013 por el magnate de la música Irving Azoff.
- Representa las obras de sólo unos 70 escritores de primer nivel.
- Puede negociar las tarifas de las licencias de ejecución con las emisoras porque es una empresa privada y no está obligada por los decretos de consentimiento.
- Recientes batallas legales polémicas sobre las tarifas con la industria de la radio.

Tipos de Licencias

Licencias Generales

El tipo de licencia más común que administra una PRO, una licencia general, permite al usuario que la paga el acceso ilimitado a cualquier canción concedida bajo la licencia durante un periodo de tiempo específico. Durante este periodo, las regalías se pagan a la PRO en base a sistemas de ponderación y sondeo.

Las licencias generales no son exclusivas, lo que significa que el compositor o editor también es libre de conceder licencias de ejecución de sus obras a cualquier otra persona, además de las licencias generales pendientes que haya concedido la PRO en su nombre. En tal caso, el editor/escritor debe notificar a su PRO de la licencia adicional, para que la PRO no presente reclamaciones por infracción contra el nuevo licenciatario.

Desde el punto de vista del usuario, las licencias generales son convenientes porque el licenciatario no tiene que preocuparse de infringir los derechos de autor y puede pagar una tasa general en lugar de tener que preocuparse de pagar a cada escritor y editor diferente por sus obras realizadas. Este es el trabajo de la PRO. La licencia global permite al escritor y al editor poner sus obras a disposición del público sin tener que crear una multitud de acuerdos de licencia por separado.

*Importante: los precios de las licencias generales de ASCAP y BMI los fijan los tribunales de tarifas. GMR y SESAC negocian sus propios precios.

Licencias por Programa

Los medios de difusión que utilizan menos música pueden adquirir licencias por programa, que son tarifas únicas asociadas a cada ejecución de una obra determinada. Por ejemplo, una cadena de televisión local puede comprar una licencia por programa para una serie documental que sólo se emite diez veces diferentes a nivel regional. A menudo, para las empresas más pequeñas, las licencias por programa pueden ser la opción más económica.

Licencias Directas

En los últimos años, los titulares de los derechos de autor han empezado a retirar sus derechos digitales de las PRO y a conceder licencias directamente a los usuarios de música como Pandora y Spotify. Esto permite a los usuarios y a los titulares de los derechos omitir los gastos generales y las tarifas predeterminadas y negociar directamente.

Decretos de Consentimiento y Tribunales de Tarifas

En los primeros días de las PRO, el Departamento de Justicia instituyó decretos de consentimiento para regular ASCAP y BMI. El temor inicial era que, dado que estas dos PRO representaban una cuota de mercado tan grande en la concesión de licencias de ejecución, podrían monopolizar y fijar precios injustos.

El efecto de esta normativa es que los jueces de los tribunales federales de distrito fijan los precios de las licencias generales que ASCAP y BMI venden a los usuarios, con la idea de que estas tarifas reflejen los precios justos del mercado. Estos procedimientos judiciales de fijación de tarifas tienen lugar regularmente en el Distrito Sur de Nueva York, y son supervisados por un juez permanente para ASCAP y BMI respectivamente.

Otra cuestión actual relacionada con los decretos de consentimiento es el concepto de licencia fraccionada frente al 100%. El Departamento de Justicia declaró recientemente que los decretos de consentimiento exigen que ASCAP y BMI se adhieran al protocolo de concesión de licencias al 100%. Esto significa que un licenciatario puede obtener una licencia global de una sola PRO, incluso para una obra que es propiedad conjunta de compositores afiliados a diferentes PRO. Aunque provocó un acalorado debate en la industria, la concesión de licencias al 100% nunca entró en vigor.

PROs Foráneas

Todos los países importantes del mundo tienen una organización de derechos de ejecución, y estas PRO extranjeras tienen acuerdos recíprocos con las de Estados Unidos. Esto significa que si la obra de un autor estadounidense se interpreta en el extranjero, la organización de gestión de derechos de autor extranjera recaudará las regalías y enviará el dinero a la organización de gestión de derechos de autor de Estados Unidos. A la inversa, las PRO estadounidenses recaudan los derechos de ejecución en nombre de los escritores extranjeros y envían esas regalías a las PRO extranjeras.

ASCAP y BMI: Conceptos Básicos
de Ingresos y Distribución

La fórmula y el sistema que utiliza cada PRO para determinar la cantidad de dinero que se paga a cada autor y edición en concepto de regalías es compleja. A continuación se detallan los métodos por los que ASCAP y BMI muestrean y valoran las ejecuciones para determinar el pago de las regalías. Dado que SESAC y GMR son empresas privadas, las estructuras que utilizan para determinar los pagos no están ampliamente disponibles. Por lo tanto, esta guía se centrará en ASCAP y BMI.

La Fórmula Básica:

Ingresos brutos - Gastos generales = Dinero repartido a partes iguales entre los autores y las editoriales.

Dado que ambas son entidades sin fines de lucro, ASCAP y BMI pagan todos sus ingresos, menos los gastos de funcionamiento, a los autores y editores. Los gastos generales tienden a oscilar entre el 11% y el 13% para cada PRO, y los ingresos brutos provienen de las tasas de licencias generales y de las tasas de licencias por programa. Tanto ASCAP como BMI pagan trimestralmente (3 meses) y el dinero suele llegar a los autores y editores aproximadamente seis meses después del trimestre en cuestión.

Seguimiento de las Ejecuciones

Las ejecuciones bajo licencias generales pueden ocurrir en diversos lugars, incluyendo pero no limitado a:

- Radio terrestre (emisión AM/FM)
- Canciones en programas de televisión, películas sindicadas y anuncios publicitarios
- Televisión por cable y por satélite
- Recintos de conciertos
- Hoteles
- Restaurantes

- Discotecas
- Centros deportivos y parques temáticos
- Compañías aéreas
- Gramolas
- Tiendas minoristas
- Servicios de transmisión digital no interactiva en línea (Sirius XM, por ejemplo)
- Transmisión digital interactiva en línea (Spotify, Apple, etc.)*.
- YouTube

*Los servicios de transmisión digital en línea adquieren múltiples licencias diferentes para que la música esté disponible en sus plataformas. A continuación se presenta una tabla que desglosa este aspecto:

Licencias de transmisión digital interactiva para "Sugar" (artista: Maroon 5, autor: Mike Posner)

Tipo de Licencia	Entidad de Licencia	A Quien se le Paga
Master	Sello Discográfico	Interscope Records y Maroon 5
Mecánica (por composición)	MRI o HFA	Mike Posner y Sony/ATV
Ejecución	**ASCAP**	**Mike Posner y Sony/ATV**

Cada PRO utiliza encuestas para hacer un seguimiento de las ejecuciones radiofónicas terrestres y hojas de referencia para hacer un seguimiento de las ejecuciones televisivas y de las retransmisiones de películas. Los restaurantes y recintos de conciertos son ejecuciones no encuestadas o no monitoreadas. Esto significa que los pagos de las tasas que pagan estos usuarios se agrupan con los porcentajes de ejecuciones encuestadas.

Distribuciones Especiales

Estas adiciones a las declaraciones de regalías provienen de grandes acuerdos judiciales, fuera del ciclo normal de pagos. Esto ocurre cuando una PRO demanda a una emisora u otro usuario de música, y el importe del acuerdo se divide entre los escritores y editores afiliados a la PRO. Por ejemplo, en 1992, ASCAP pagó 19 millones de dólares de un acuerdo con la NBC por actuaciones que tuvieron lugar entre 1977 y 1991.

Desglose de Pagos de ASCAP

En algunos medios, ASCAP utiliza una encuesta de censo para hacer un seguimiento de las ejecuciones. Esto significa que llevan la cuenta de cada una de las ejecuciones de una obra determinada y la introducen en su sistema. Sin embargo, dado el volumen de ejecuciones en medios como la radio terrestre, ASCAP también utiliza encuestas de sondeo para el seguimiento. Estos sondeos se calculan estadísticamente a partir de los datos de un conjunto más reducido de emisoras de radio de todo Estados Unidos, y representan la difusión en la radio a un nivel más amplio.

Según ASCAP, "cuanto mayor sea la cuota que nos paga un licenciatario, más a menudo se sondea a ese licenciatario. Por ejemplo, una emisora de radio que paga a ASCAP $20,000 dólares en concepto de derechos de licencia es sondeada el doble de veces que una emisora que nos paga $10,000 dólares".

En este caso, se implica algo interesante. Según el sistema de sondeo proporcional a los derechos de licencia pagados por el usuario (que se basan en el número de oyentes y en los índices de audiencia), cuanto más grande sea la emisora de radio en la que se ejecuta una obra, más posibilidades tiene el autor de cobrar las regalías. Por lo tanto, además de que las ejecuciones en diferentes emisoras de radio tienen diferente ponderación y regalías, ASCAP también hace sondeos y cobra a las empresas más grandes con mayor frecuencia. No sólo se pondera menos una ejecución en la radio pública local que en la emisora de los 40 principales de la calle de al lado, sino que es menos probable que esa ejecución en la radio pública local se sondee y se encuentre en el sistema de ASCAP.

A continuación se muestra una tabla (extraída del sitio web de ASCAP) en la que se desglosan los medios de comunicación que son objeto de seguimiento a través del censo y de la encuesta por sondeo:

MEDIO	LA ENCUESTA DEL CENSO (Recuento completo de ejecuciones)	LA ENCUESTA POR SONDEO
Red de Televisiónn	- ABC, NBC, CBS - todas las ejecuciones, incluyendo la música de los anuncios publicitarios, promocionales y de servicio público - Fox y CW: todos los programas, anuncios publicitarios y promocionales - Univision: todos los programas y anuncios promocionales	
Televisión Local	- Todos los programas y películas sindicalizados - Todos los anuncios publicitarios de las emisoras supervisadas por Competitrack - Programas producidos localmente por los que ASCAP recibe una licencia por programa.	Todos los demás programas... Música en anuncios publicitarios, promocionales y de servicio público

Televisión por Cable	- Todas las redes de cable de entretenimiento general, servicios de películas premium y servicios deportivos seleccionados - Todas las series y películas de MTV y VH1 - Todos los anuncios publicitarios de las emisoras supervisadas por Competitrack Para obtener una lista completa de los servicios de cable supervisados, contacta con el departamento de Servicios Globales para Escritores y Editores de ASCAP (1-800-95-ASCAP)	- Todos los demás programas y usos en estos servicios de cable principales - Todos los usos en otros servicios de cable con licencia
Televisión por Cable - Sistemas de Cable Locales		Todos los programas y la música de los anuncios publicitarios, promocionales y de servicio público
Elección Musical	Censo de títulos que superan el umbral de crédito	Sondeo de otros títulos en todos los canales
PBS	Programas de PBS, programas sindicados y películas en más de 50 de las mayores emisoras de PBS	Todos los demás programas y usos

Conciertos en Directo	- Todas las canciones escritas y enviadas por los miembros a través de ASCAP OnStage - Todas las canciones interpretadas en las 300 giras de conciertos más taquilleras - Todas las canciones interpretadas en otros recintos importantes seleccionados - Conciertos sinfónicos y de recital en directo	Otras ejecuciones en centros de enseñanza
Radio		Toda la radio, incluidas las emisoras comerciales, la Radio Pública Nacional, las emisoras universitarias y la radio por satélite
Internet	Sitios web con licencia de ASCAP y licenciatarios de tonos de llamada que nos proporcionan datos completos sobre el uso de la música	Otros sitios de Internet con licencia de ASCAP
Servicios de Música de Fondo y de Primer Plano	- Los servicios de satélite de Canal Medioambiental y FMI de MUZAK - Los títulos de los canales del satélite DMX que coinciden automáticamente con las identificaciones de trabajo o que superan un umbral de reproducciones	Todos los demás títulos en DMX

Otros Medios	- Ringling Brothers Circus - Disney on Ice - Espectáculos navideños del Radio City Music Hall, incluida la girar - Disney, Universal and Busch Gardens theme parks - Banco Popular - Digital Jukebox (eg Touchtunes & AMI) títulos que superen el umbral de crédito - 50 programas mensuales en compañías aérea	Todos los demás títulos de Digital Jukebox

Radio

ASCAP utiliza los datos digitales de Media Monitors y Mediabase para elaborar los sondeos estadísticos de las emisoras de radio. Mientras que Media Monitors se ocupa principalmente de los anuncios de radio, MediaBase rastrea y hace un seguimiento de la difusión de las canciones en las emisoras.

Televisión

Los formularios de referencia contienen información vital sobre la interpretación, como los nombres de los autores y las participaciones en la propiedad, la información del editor, el título de la(s) canción(es) utilizada(s), el tipo de uso y la duración del uso. Para que un compositor o editor pueda cobrar las regalías por la música de programas de televisión, anuncios, películas y trailers, es necesario presentar un formulario de referencia a ASCAP. Normalmente, los envían las productoras o los supervisores musicales.

Conciertos en Directo

En su página web, ASCAP explica que "para compensar a los compositores y editores de ASCAP por las actuaciones en directo de su música, utilizamos las listas de canciones proporcionadas por nuestros miembros compositores a través de OnStage. También hacemos un estudio de todas las canciones interpretadas en las 300 giras de conciertos más taquilleras y en los principales recintos seleccionados. Para los conciertos sinfónicos, de recitales y educativos, nos basamos en los programas impresos enviados a través del Aviso de Ejecución".

OnStage es un portal en línea en el que los compositores miembros pueden subir listas de canciones de sus actuaciones en directo de música original que tienen lugar en lugares con licencia de ASCAP. Esto permite a estos compositores cobrar las regalías cuando tocan en conciertos en vivo.

Valores y Créditos

ASCAP asigna un valor de crédito a cualquier interpretación de una canción determinada. El valor de un crédito se calcula anualmente, y ASCAP calcula esta cifra comparando cuántos créditos se han generado en el sistema con cuántos ingresos ha acumulado la compañía.

Ejemplo:

Bobby Soy Bean ha ganado 1000 créditos por todas las ejecuciones de sus obras en el sistema ASCAP en el último trimestre. El valor de un crédito es de $7.85 dólares, por lo que el pago de regalías de Bobby es de $7.85 dólares x 1000 x 100% de propiedad de las canciones = **$7,850 dólares**.

Para determinar cuántos créditos se otorgan a una determinada actuación, ASCAP utiliza diferentes valores en función del tipo de uso.

Esta es la fórmula de valoración de ASCAP:

Valor por Uso

x

Valor por Licencia

x

Factor de Seguimiento del Dólar

x

Valor por la Hora del Día

+

Créditos extra

= Créditos

Valor por Uso

- Se considera que los diferentes usos tienen diferentes niveles de importancia (ver tabla)

Tipos:	Presentación	Tema	Música de Fondo	Anuncios
Ejemplos	Una obra de radio Televisión durante 45 segundos o más	Tema del programa de televisión Cada minuto de duración de la película de TV	Música de ambiente como fondo en la televisión o en una película	Jingles originales o canciones existentes utilizadas en anuncios publicitarios

Valores	1.00	0.6 0.2	0.2 (0.5 si es canción de éxito)	0.03-0.12 (dependiendo de otros criterios)

Valor por Licenciatario

Se basa en la cantidad de la cuota de licencia global pagada por el licenciatario, así como en la frecuencia de la encuesta de sondeo.

También puede incluir el número de emisoras en las que se ha difundido la canción si forma parte de una red más amplia.

Licenciatarios:	Estación Principal de Televisión	Emisora de Radio Terrestre de los 40 Principales	Emisora Local de Radio Universitaria
Valores (estimados):	1.00	0.66	0.25

Factor de Seguimiento del Dólar

Garantiza que el dinero que se paga por un uso en un medio determinado es proporcional a los ingresos que ese medio representa en su conjunto (los porcentajes de la tabla son estimaciones)

Radio	TV	Internet	No Monitoreado	=Ingresos totales de ASCAP
35%	30%	25%	10%	100%

Valor por la Hora del Día

Las diferentes horas del día tienen diferentes cantidades de oyentes, y por lo tanto diferentes valores (cálculos)

Conducción Matutina	Hora Pico de la Noche	3 a.m.
1.00	1.00	0.25

Bonificaciones

- ASCAP premia a ciertas ejecuciones que suponen una mayor cantidad de ingresos. Hay tres tipos de bonificaciones que puede recibir una ejecución:
  - Créditos Premium para la Presentación de Audio (Audio Feature Premium Credits o AFP, por sus siglas en inglés)
    - Si una canción supera un determinado umbral de créditos de presentación de audio, se otorgan más créditos.
- Canción clásica
  - "Las canciones que hayan obtenido más de 300.000 créditos de ejecución principal desde que entraron en la encuesta de ASCAP, y que no hayan obtenido AFP en los últimos cuatro trimestres, recibirán créditos adicionales si alcanzan un determinado parámetro de ejecución en un solo trimestre. Estos créditos se aplican a las ejecuciones en la radio, el satélite y los servicios de streaming de audio.". - Sitio web de ASCAP
- TV Premium
  - Para ejecuciones en programas muy valorados

¡Uf!

Unamos todo esto con un ejemplo hipotético para el fantástico pero ficticio Bobby Soy Bean. Bobby ha escrito una canción exitosa llamada

"A Soy Named Bue", y está esperando ansiosamente su cheque del tercer trimestre de ASCAP.

Ejecución	Valor por Uso	x Valor por Licenciatario	x Factor de Seguimiento del Dólar	x Valor por la Hora del Día	+ Bonificación (si es aplicable)	Monto de Créditos
Tema de TV para un programa de History Channel sobre juegos de palabras en los títulos de las canciones	0.60	0.80	600	0.75	Bonificación de 150 créditos en televisión por alta audiencia	366
Emisora de radio country en Nashville	1.00	0.55	500	1.00	n/a	275
Amplia difusión en el nuevo canal de Sirius XM: Pun Country	1.00	0.75	478.66	1.00	n/a	359

En este caso, Bobby ha ganado **1,000 créditos**. Y como, en nuestra hipótesis, ASCAP ha determinado que el valor de un crédito es de $7.85 dólares, entonces Bobby ha ganado un total de **$7,850 dólares** en el tercer trimestre!

Desglose de pagos de BMI

Para hacer un seguimiento de las ejecuciones, BMI utiliza un sistema similar al de ASCAP: encuestas de censo y de muestra para la radio, y formularios de referencia para la televisión. BMI Live es la versión de BMI de OnStage, donde los autores suben sus listas de ejecuciones en directo.

Sin embargo, en lugar de pesos, BMI utiliza tasas para calcular las regalías.

Ejemplo hipotético: Una ejecución en una cadena importante durante 45 segundos = $5.75 dólares por emisora, por actuación.

200 estaciones

x

1 emisión

x

$5.75

= $1,150

Tal vez la diferencia más importante en el sistema de pago de BMI es la forma en que se anotan las divisiones de la participación del editor y del escritor en las declaraciones de regalías. El escritor y la editorial reciben cada uno la misma cantidad, pero BMI anota esas cantidades como el 100% cada una, lo que hace que la totalidad del pago sea del 200%. Esto es simplemente una forma diferente de pensar en el pago. En lugar de considerar que las partes del autor y del editor son el 50% de toda la canción, BMI considera que toda la canción es el 200% y, por lo tanto, un reparto del 100% para el autor y del 100% para el editor. Esto hace que toda la canción sea el 200%.

Considere este ejemplo hipotético, en el que hay tres escritores y tres editores:

"Dangerous Woman" grabada por Ariana Grande

Partes del Escritor

- Ross Golan - 34%
- Max Martin - 33%
- Johann Carlson - 33%
- Total = 100%

Partes del Editor

- Warner-Chappell - 34%
- Back in Djibouti - 33%
- MXM Music AB - 33%
- Total = 100%

Total de regalías de Ejecución para "Dangerous Woman" = 200%.

Regalías de Radio de BMI

BMI reconoce tres tipos diferentes de ejecuciones radiofónicas: Comercial, Clásica y Universitaria.

- Comercial
  - Las regalías se basan en las tasas que cada emisora pagó por la licencia general
  - Bonificación por canción de éxito: las obras interpretadas más de 95.000 veces en un trimestre son elegibles
  - Bonificación de Estándares: "Debido a su presencia sostenida a largo plazo en las listas de reproducción de las emisoras de radio de todo el país, las obras que se han interpretado en las emisoras de radio comerciales de los Estados Unidos al menos 2,5 millones de veces desde su lanzamiento y que tienen un número mínimo de interpretaciones en el trimestre actual se clasifican

como estándares y, como tales, son elegibles para la bonificación de estándares." - Sitio web de BMI

- Clásica
  - Tarifa mínima de 32 centavos por minuto
- Universitaria
  - "El pago se realiza por las interpretaciones destacadas de una canción en las emisoras de radio afiliadas a institutos y universidades con una tarifa mínima de 6 centavos en total para todos los participantes." - Sitio web de BMI.

Regalías de Televisión

BMI reconoce seis categorías diferentes de ejecución televisiva:

- Destacado
  - La audiencia se enfoca en la ejecución de la canción (por ejemplo, una escena de concierto en Nashville de ABC).
- Fondo
  - La música es audible pero no es el centro de atención.
- Tema
  - Interpretación de una obra que se identifica específicamente con un programa de televisión, normalmente durante los créditos de apertura o cierre.
- Logotipo
  - Interpretación de una obra musical que acompaña regularmente a la identificación visual de una productora o distribuidora de programas.
- Anuncio promocional
  - Interpretación que promociona un programa que se emite en una emisora o red de televisión (por ejemplo, la música utilizada en un anuncio de los Juegos Olímpicos en la NBC, "Sintonice el sábado a las 11 am ET").
- Jingle comercial
  - Obra preexistente o escrita específicamente para el anuncio. El uso debe ser superior a 5 segundos.

Bonificaciones:

- Superuso
  - Ejecuciones de fondo o principales que superen 1 minuto de duración continua.
- Bonificación por Música Temática
  - Para las canciones temáticas ampliamente sindicalizadas - se debe cumplir un umbral mínimo de emisiones para cada cadena diferente.

** Regalías por Transmisión Digital en Línea**

Por las obras más reproducidas en las distintas plataformas digitales, BMI paga una bonificación por éxitos de transmisión digital. Este dinero procede del fondo general de licencias de dinero procedente de fuentes no controladas y de otra índole.

Afiliación a una PRO y Registro de Obras

Para afiliarse a ASCAP o BMI, basta con rellenar un formulario de solicitud en línea y ser aceptado como miembro por la organización. En el caso de SESAC y GMR, sin embargo, el compositor debe recibir una invitación para afiliarse, ya que ambas son empresas privadas con fines de lucro. La afiliación entre el autor y la editorial de una obra determinada debe ser la misma. La afiliación es exclusiva para los compositores: sólo se puede estar inscrito en una a la vez. Los editores, sin embargo, pueden estar inscritos en varias PRO. Esto suele dar lugar a que el compositor pueda elegir su PRO, ya que los editores están afiliados a todas ellas. En el caso de que el compositor sea también el editor (es decir, que no haya firmado un acuerdo de edición), el compositor debe presentar una solicitud separada para cualquier entidad de edición que establezca en su propio nombre. En el caso de ASCAP, hay que pagar una cuota única de registro de $50 dólares, mientras que en el caso de BMI, el registro es gratuito.

Una vez que un escritor ha sido elegido para afiliarse, puede cobrar las regalías con carácter retroactivo y bajo ciertas condiciones. Cobran las regalías de todas las obras registradas en la PRO. Las disposiciones de rescisión y renuncia varían entre las PRO, y es importante que el compositor examine detenidamente su contrato de afiliación antes de firmarlo, tomando nota de la duración de la afiliación. Las condiciones de ASCAP son anuales, mientras que las de BMI son de dos años. A menudo, el primer contrato no es negociable, pero las renovaciones sí lo son. Cuando un escritor tiene éxito, tiene la oportunidad de renegociar sus contratos antes de la renovación.

Una Nueva Frontera

Desde la revolución de Internet, los titulares de los derechos musicales y las empresas de concesión de licencias se han esforzado por encontrar formas de controlar y monetizar con precisión las ejecuciones. Las batallas legales, las fusiones y adquisiciones y los esfuerzos legislativos han definido la concesión de licencias musicales durante los últimos diez años, pero ahora parece que las cosas están cambiando. Parece posible llegar a un sistema de licencias de amplio consenso. He aquí algunos acontecimientos recientes que así lo indican:

- Tal vez en respuesta a los esfuerzos legislativos, ASCAP y BMI acuerdan compartir datos y crear una base de datos integral sobre la propiedad de los derechos (2017)
- El nuevo jefe de la División Antimonopolio del Departamento de Justicia estudia modificar o eliminar los decretos de consentimiento de ASCAP y BMI (2018)
  - Esto permitiría a las PROs cobrar tarifas de mercado, y también les permitiría ampliar y licenciar más que los derechos de ejecución.
- Además de una revisión del sistema de licencias mecánicas, la Ley de Modernización de la Música (Music Modernization Act o MMA, por sus siglas en inglés) introduce algunos cambios importantes en las licencias de ejecución:
  - Los tribunales de tarifas podrán tener en cuenta las tarifas de mercado para la concesión de licencias de grabaciones sonoras, que suelen ser más elevadas, a la hora de determinar los precios de las licencias generales de ASCAP y BMI.

- En lugar de dos jueces diferentes que decidan permanentemente las tarifas para ASCAP y BMI, la MMA permite a las PROs que un juez de distrito al azar establezca las normas.
- Instituir las disposiciones de la Ley CLASSICS, que consolida los derechos de ejecución pública de las grabaciones sonoras anteriores a 1972.

- Facebook firma acuerdos de licencia con las principales editoriales, SESAC y Global Music Rights (2018)

Obras Citadas

"17 U.S. Code 106 - Exclusive Rights in Copyrighted Works | U.S. Code | US Law | LII /Legal Information Institute." LII / Legal Information Institute, https://www.law.cornell.edu/uscode/text/17/106. Accessed 30 July 2021.

"ASCAP Payment System: Keeping Track of Performances." Www.Ascap. Com, https://www.ascap.com/help/royalties-and-payment/payment/ keepingtrack. Accessed 30 July 2021.

"ASCAP Payment System: The ASCAP Surveys." Www.Ascap.Com, https://www.ascap.com/help/royalties-and-payment/payment/surveys. Accessed 30 July 2021.

"ASCAP Payment System: Who Does ASCAP Collect From?" Www. Ascap.Com, https://www.ascap.com/help/royalties-and-payment/ payment/whocollect. Accessed 30 July 2021.

Aswad, Jem. "Music Modernization Act Simplifies Digital Licensing, Increases Rates - Variety." Variety, Variety, 21 Dec. 2017, https://variety. com/2017/biz/news/lawmakers-introduce-music-modernization-act-which-simplifies-digital-licensingand-increases-rates-1202647412/.

Brabec, Jeffrey, and Todd Brabec. Music Money and Success 7th Edition. Overlook-Omnibus, 2011.

"DMX Wins Major Direct Licensing Royalties Case; May Fundamentally Change Performance Royalty Landscape – Film Music Institute." Film Music Institute, http://www.filmmusicmag.com/?p=5992. Accessed 30 July 2021.

Feister, Jesse. "Copyrights, Licensing, And Royalties: A Fact Sheet - American Songwriter." American Songwriter, American Songwriter, 27 June 2014, http://americansongwriter.com/2014/06/ songwriter-u-copyrights-licensing-royalties-factsheet/.

"General Royalty Information | Royalties | BMI.Com." BMI.Com, https://www.bmi.com/creators/royalty/general_information. Accessed 30 July 2021.

"Measuring Fair Use: The Four Factors - Copyright Overview by Rich Stim - Stanford Copyright and Fair Use Center." Stanford Copyright and Fair Use Center, https://www.facebook.com/FairlyUsed/, 4 Apr. 2013, https://fairuse.stanford.edu/overview/fairuse/four-factors/.

Office, Copyright. "Music Modernization: FAQ | U.S. Copyright Office." U.S. Copyright Office | U.S. Copyright Office, https://www.copyright.gov/music-modernization/faq.html. Accessed 30 July 2021.

"Public Performance Licenses and Music for Your Small Business." CREATE Legal —San Francisco Arts and Entertainment Lawyer | Business Nonprofit Contracts Copyright Trademark, http://www.create-legal.com/728/public-performance-licenses-andmusic-for-your-small-business. Accessed 30 July 2021.

"---." CREATE Legal — San Francisco Arts and Entertainment Lawyer | Business Nonprofit Contracts Copyright Trademark, http://www.create-legal.com/728/publicperformance-licenses-and-music-for-your-small-business. Accessed 30 July 2021.

Roberts, Diane. "History and Development of Music Performance Rights -College Music Symposium." Home - College Music Symposium, College Music Symposium, 1 Nov. 1995, https://symposium.music.org/index.php?option=com_k2&view=item&id=3285:history-and-development-of-music-performancerights&Itemid=126.

"Songwriters! Registering With ASCAP or BMI Is Not Enough To Get Paid - Ari's Take." Ari's Take, https://www.facebook.com/aristake/, 25 Apr. 2018, https://aristake.com/post/songwriter-royalties.

Tarquin, Brian. The Insider's Guide to Music Licensing. Simon and Schuster, 2014. "What Is a Public Performance of Music and What Is the 'Performing Right'? | FAQ | BMI.Com." BMI.Com, https://www.bmi.com/faq/entry/what_is_a_public_performance_of_music_and_what_is_the_performing_right1. Accessed 30 July 2021.

Wixen, Randall D. The Plain and Simple Guide to Music Publishing. Hal Leonard Corporation, 2009.

¿Qué es una Licencia de Sincronización?

¿Por Qué Escribimos Esta Guía?

Hay muchos contenidos de vídeo, y muchos de ellos utilizan música. La concesión de licencias de sincronización es el proceso por el cual las productoras de obras audiovisuales obtienen los derechos de la música externa para utilizarla en sus vídeos. La sincronización es un sector emergente de la industria musical, y para un músico, una colocación en un programa de televisión, una película, un anuncio o un videojuego importantes puede impulsar su carrera de manera ilimitada.

Esta guía se ha redactado para ofrecer una visión general del mundo de las licencias de sincronización.

Contenido

- Resumen
- Ventajas de la Licencia de Sincronización
- Antecedentes
- Sincronización vs. Uso Maestro
- Películas
- TV
- Anuncios Publicitarios
- En Línea
- Videojuegos

- Puntos Importantes de un Acuerdo
- Desafíos Para Obtener una Licencia de Sincronización
- Consecuencias de No Obtener una Licencia
- Supervisión Musical
- Bibliotecas Musicales y Empresas de Licencias
- Recursos

Resumen

Las licencias de sincronización (sync para abreviar) se refieren a la "sincronización" de una obra musical con una obra visual. Los acuerdos de sincronización otorgan al licenciatario el derecho a utilizar los derechos de autor de una composición en una obra audiovisual como una película, un programa de televisión o un anuncio, un videojuego u otra obra similar.

Los acuerdos de sincronización se negocian entre los titulares de los derechos (editores musicales/ compositores y los usuarios potenciales (productoras cinematográficas / YouTubers / etc.).

No hay leyes, reglamentos o decretos de consentimiento que regulen las tarifas de sincronización; todo es negociable.

Para un compositor, la colocación de una composición en un programa de televisión de una cadena importante, una película o una serie de Netflix puede ser extremadamente beneficioso para su carrera. Aunque las tarifas de sincronización varían mucho, una colocación puede ayudar a un artista o compositor a establecer la legitimidad dentro de la industria, abriendo más puertas a los productores, promotores de conciertos, sellos, editores y demás.

A medida que las empresas digitales como Netflix, YouTube, Amazon y Hulu producen cada vez más contenidos audiovisuales originales, la necesidad de música dentro de esos contenidos audiovisuales crece. Las empresas principales tienen departamentos enteros dedicados a la concesión de licencias de sincronización, y las empresas de licencias musicales han surgido como lugares donde los músicos independientes pueden vender su música a posibles licenciatarios.

El mundo de la sincronización es una faceta creciente e importante de la industria musical.

Ventajas de una Licencia de Sincronización

Para los artistas independientes o los profesionales en ascenso, las licencias de sincronización son una importante fuente de ingresos y un medio eficaz para ganar nuevos fans.

Por ejemplo, la música que aparece en un vídeo popular puede ser escuchada por personas que antes no conocían al artista. Llegar a personas que nunca han escuchado tu música es una forma estupenda de crecer orgánicamente, sobre todo porque a estas personas les puede encantar tu trabajo, pueden compartirlo con sus amigos y comprar el material. Por lo tanto, las licencias de sincronización son una forma increíble de aumentar el número de seguidores y la exposición a un público más amplio.

Además, una licencia de sincronización puede dar nueva vida a la música que se publicó hace tiempo: los vídeos, los programas de televisión, las películas o los anuncios publicitarios atraen la atención, lo que conduce a nuevos pagos de regalías.

De hecho, con los derechos de autor o las tarifas de uso, la licencia de sincronización puede convertirse en un "ingreso pasivo" para los artistas; en otras palabras, una vez que la música ha sido escrita y producida, la licencia de sincronización puede seguir generando ingresos para los artistas.

Antecedentes

Cuando se desarrollaron las películas en movimiento a finales del siglo XIX, la tecnología no permitía que las películas tuvieran audio. Para complementar estas primeras películas, las bandas de cornetas y los cuartetos de cuerda tocaban en directo para añadir elementos de audio.

Como los músicos tenían que cronometrar las actuaciones en directo, la música no solía estar coordinada con lo que ocurría en la película.

Cuando se estrenó The Jazz Singer en 1927, con el cantante de vodevil Al Jolson, se rompió el silencio. La película fue la primera que contenía música en la producción, en lugar de simplemente superponerla, como en el caso de las bandas de viento y los cuartetos mencionados anteriormente.

Una grabación de Jolson cantando se sincronizó con la película, y así nació la música dentro de las películas.

Con el desarrollo de la tecnología de grabación en cinta, los productores de cine y los directores musicales adquirieron la capacidad de cortar e insertar música donde fuera necesario. Las canciones se podían "doblar" sobre ciertos momentos, en lugar de tener que interpretarlas al momento.

Compositores como Max Steiner y Erich Korngold empezaron a especializarse en la creación de bandas sonoras para películas, y la música empezó a desempeñar un papel mucho más importante en el cine.

El éxito de 1967, The Graduate, incluyó canciones del dúo folk Simon & Garfunkel en la banda sonora, lo que contribuyó a impulsar la carrera del grupo. Aunque ya habían aparecido canciones no orquestales en las películas, ésta fue la primera película que utilizó ampliamente la música de un grupo popular.

A medida que los programas de televisión de comedia y drama se hacían inmensamente populares a lo largo de los años 60 y 70, crecía la necesidad de música para complementar esas producciones. La composición de jingles para anuncios se convirtió en otra fuente de ingresos para los compositores, y los anunciantes empezaron a buscar canciones de éxito externas para utilizarlas en sus anuncios.

Al principio, era habitual que los artistas y compositores considerasen que licenciar su música para utilizarla en anuncios era "venderse". Sin embargo, a medida que la economía en torno a la música ha cambiado, y que cada vez más músicos importantes han empezado a conceder licencias de sus obras para anuncios, la percepción ha cambiado.

Tener una canción en un anuncio o un programa de televisión se considera ahora un logro que puede cambiar una carrera, y la concesión de licencias de sincronización se ha convertido en una práctica habitual entre muchos titulares de derechos musicales.

Sincronización vs. Uso Maestro

Considera la siguiente situación:

El supervisor de música (la persona responsable de colocar las canciones en la película y de autorizar los derechos) de la película Pulp Fiction está preparando una selección de canciones para la banda sonora de la película. El responsable, Quentin Tarantino, se empeña en utilizar la canción "Son of a Preacher Man" en la película.

El supervisor musical decide inmediatamente utilizar la grabación de Dusty Springfield de 1968; al fin y al cabo, ese es el éxito. Sin embargo, Springfield no escribió esta canción, sino John Hurley y Ronnie Wilkins.

Para obtener todos los derechos de esta canción y grabación, el supervisor musical debe obtener una licencia de sincronización para la composición y una licencia de uso maestro para la grabación.

El supervisor tendría que ponerse en contacto con Hurley y Wilkins o con su editorial, además de con el sello discográfico de Dusty Springfield. Este es siempre el caso cuando se conceden licencias de obras para contenidos audiovisuales.

Si la misma entidad es propietaria de ambos derechos de autor (como suele ocurrir con un artista/compositor independiente), entonces se puede llegar a un acuerdo en conjunto. Sin embargo, en el caso de "Son of a Preacher Man", es necesario que las distintas partes autoricen los derechos por separado.

La norma de la industria en cuanto a los honorarios de las licencias de sincronización y masterización es pagar la misma cantidad tanto por la composición como por la grabación masterizada. En el derecho contractual, esto se llama la doctrina de las " Naciones Más Favorecidas ", que establece que el vendedor de un producto se compromete a dar al comprador la mejor cantidad de honorarios que ponen a disposición de cualquier otro comprador.

A veces, los estudios de producción pueden obtener los derechos de autor de la composición de los editores musicales, pero no de la grabación sonora del sello discográfico. En este caso, las productoras a veces crean sus propias grabaciones de las canciones. Por ello, la licencia de sincronización es necesaria para cualquier música en vídeo, pero en el caso de una productora que crea su propia grabación, la licencia de uso maestro no lo es.

Película

Música de fondo

La música que llena el fondo y el espacio bajo el diálogo en una película se llama música de fondo. Normalmente, la música de fondo no es el enfoque del audio y descansa detrás de diálogos o ruidos más importantes. Tampoco hay un género o estilo establecido que defina cómo suena la música de fondo.

Normalmente, el compositor de música de fondo es contratado por la productora, y hay muchos compositores especializados en esta área. La composición de películas es una subindustria única, y los acuerdos para los compositores son diferentes a los acuerdos de sincronización estándar.

En estos acuerdos, los compositores pueden ser contratados para trabajar durante un tiempo determinado, o para entregar una determinada cantidad de contenido. Las obras producidas por el compositor podrían ser trabajos por encargo, según el acuerdo. Estos no son acuerdos de sincronización.

Canciones escritas específicamente para una película

Las canciones escritas para ser utilizadas en una película se componen normalmente junto con la misma. Por lo tanto, los acuerdos de sincronización tradicionales no suelen utilizarse para concederles licencias.

En lugar de que la productora acuda a una editorial para obtener los derechos, se establece un contrato entre el autor individual y el estudio, encargándole la composición de un número determinado de obras. Por ejemplo, Phil Collins compuso varias canciones originales para la película Tarzán, entre ellas "You'll Be in My Heart".

Canciones preexistentes

La licencia de sincronización es necesaria para obtener los derechos de uso de una canción preexistente en una película. Este proceso de concesión de licencias es responsabilidad del supervisor musical y suele llevarse a cabo en la fase de postproducción de una película.

El supervisor musical se pone en contacto con los propietarios de los derechos de autor y redacta un acuerdo de licencia, lleva a cabo negociaciones y completa el proceso para obtener legalmente sus derechos de uso de la canción. Los componentes específicos de estos acuerdos se detallan más adelante en la sección Puntos Importantes de un Acuerdo.

Regalías por ejecución en el extranjero

En Estados Unidos, la música en el cine no genera las regalías de ejecución cuando las películas se proyectan en los cines. En el extranjero no es así.

Cuando una película se proyecta en las salas de cine de otros países, las interpretaciones musicales se rastrean con hojas de registro y se pagan las regalías de ejecución al compositor y al editor musical. Si la película se distribuye en todo el mundo, una colocación de sincronización podría generar importantes ingresos de ejecución para el compositor y el editor, además de la tarifa fija inicial.

En este caso, sería importante que el compositor se inscribiera en una organización de derechos de ejecución que estuviera afiliada a una agencia de recaudación extranjera, lo que le permitiría capitalizar estas regalías.

Banda sonora

Si la canción se utiliza en la banda sonora de la película, se pueden obtener las regalías mecánicas por la venta o el streaming de la compilación. Esta es una consideración importante a la hora de negociar el acuerdo.

Tráilers

A veces, las productoras sólo necesitan autorizar una determinada canción para utilizarla en el tráiler. Las canciones también pueden utilizarse tanto en la película como en el tráiler. En el primer caso, se hará un acuerdo de sincronización para ese anuncio específico del tráiler y se podrán obtener las regalías por la ejecución televisiva además de la tarifa fija.

En el segundo caso, el acuerdo sobre el tráiler podría formar parte de la licencia de sincronización general y podría adoptar la forma de una cláusula de "opción", dando a la productora la opción de utilizar la canción o no.

Los usos en tráilers se denominan a veces usos "fuera de contexto", y el dinero suele proceder del departamento de marketing y promoción de la empresa cinematográfica, más que del departamento de producción. Esto puede significar que los titulares de los derechos trabajen con departamentos totalmente diferentes a la hora de hacer estos tratos.

Programas de Televisión

Las licencias de sincronización de televisión son, en su mayor parte, similares a los contratos de sincronización de películas. Sin embargo, una diferencia importante es la tarifa. La tarifa es generalmente más baja para la televisión porque las colocaciones de la televisión ganan las regalías de ejecución y los presupuestos son típicamente más bajos para los programas de la televisión que para las producciones cinematográficas importantes.

Los programas de las cadenas suelen pagar mucho más que los de la televisión local y el cable.

Ingresos por ejecución

Si una obra musical se coloca en un programa de televisión, esa colocación genera las regalías por ejecución, además de la tarifa de sincronización original. Esto también puede ocurrir cuando las películas son sindicadas en la televisión.

Esta es una parte importante del proceso de negociación de la sincronización, ya que las productoras a veces desean obtener una parte de las regalías de ejecución.

El titular de los derechos debe estar al tanto de este tipo de cláusulas en los contratos de sincronización, ya que, dependiendo de la naturaleza del acuerdo, las regalías de ejecución podrían ser mucho más lucrativas que una tarifa única de sincronización.

Anuncios Publicitarios

Si una agencia de publicidad opta por utilizar una canción existente en un anuncio, es necesario obtener una licencia de sincronización.

Hoy en día, una sincronización en un anuncio importante puede impulsar la carrera de un artista o escritor, tanto en términos de regalías como de mayor reconocimiento.

Por ejemplo, la canción "Ho Hey" de los Lumineers ganó popularidad poco después de que se utilizara en un anuncio de Bing en 2012. Y después de que Chevy utilizara "We Are Young" de Fun. en un anuncio del Super Bowl, la canción subió y se mantuvo en la cima de las listas de Billboard.

Las tarifas de sincronización comercial dependen del tamaño y la duración de la campaña. Una canción colocada en una campaña televisiva nacional de un año de duración ganará mucho más que, por ejemplo, una canción utilizada en un anuncio de un concesionario de coches emitido durante tres meses en canales locales.

En Línea

La concesión de licencias de sincronización para los productores de contenidos de vídeo en línea funciona de forma muy parecida a la del cine y la televisión convencional. Netflix, Hulu y otras empresas similares emplean a supervisores musicales para colocar canciones en sus programas y películas, y negocian con los titulares de los derechos basándose en el mismo conjunto de puntos de acuerdo convencionales: tipo de uso, presupuesto, si la canción es un éxito, etc.

YouTube

Cualquiera que publique un vídeo en YouTube que contenga música ajena necesita técnicamente una licencia de sincronización para hacerlo. El sistema de identificación de contenidos de YouTube puede detectar muchos contenidos protegidos por derechos de autor y los titulares de los derechos suelen tener la capacidad de marcarlos y bloquearlos.

Sin embargo, estos titulares de derechos no suelen pasar por el proceso de demanda por infracción. En cambio, YouTube ofrece capacidades de monetización a los titulares de derechos, lo que les permite capitalizar los ingresos publicitarios generados por los vídeos que contienen su propiedad intelectual.

Sin embargo, esto no significa que alguien que publique un vídeo de un cover u otro vídeo que utilice la composición de otra persona no necesite una licencia. Técnicamente, se necesita una licencia de sincronización del propietario de la composición cada vez que alguien utiliza los derechos de autor de su composición en un vídeo.

Videojuegos

Las licencias de sincronización también se dan cuando los creadores de videojuegos necesitan contenido musical. Colocar una canción en un videojuego también puede ser increíblemente lucrativo.

Piensa en Grand Theft Auto, Fifa y Madden, o Guitar Hero. Millones, incluso miles de millones, de personas juegan estos videojuegos con regularidad y graban las bandas sonoras en sus conciencias. Según un ejecutivo de la productora de videojuegos EA Sports, cualquier canción de la banda sonora del Fifa 19 se escuchará en todo el mundo casi mil millones de veces.

Los editores musicales y los supervisores tienen relaciones con los directores musicales de las empresas de videojuegos, lo que crea una vía para que los compositores obtengan la licencia de sus obras.

Puntos Importantes de un Acuerdo

Los acuerdos de sincronización se diferencian de otros procedimientos de concesión de licencias de música en que no hay reglamentos ni normas de derechos de autor subyacentes que rijan las tarifas cobradas. Se basan casi por completo en el mercado, y hay una multitud de consideraciones diferentes que las partes negociadoras tienen en cuenta a la hora de realizar estos acuerdos. A continuación se exponen una serie de puntos del acuerdo que podrían ser importantes en cualquier licencia de sincronización.

De Jeffrey y Todd Brabec en ASCAP.com:

- Cómo se utiliza la canción (es decir, interpretación vocal por un actor en cámara, fondo instrumental, fondo vocal)
- El presupuesto global de la película, así como el presupuesto de la música
- El tipo de película (es decir, gran estudio, independiente, extranjera, estudiante, web)
- La categoría de la canción que se utiliza (es decir, un éxito actual, una canción nueva, un estándar famoso, un clásico del rock n' roll)
- La duración del uso (es decir, un minuto, cuatro minutos, 10 segundos) y si hay múltiples usos de la canción
- La duración de la licencia (es decir, dos años, 10 años, vida de los derechos de autor, perpetua)
- El territorio de la licencia (es decir, el mundo, el universo, países extranjeros específicos)
- Si se garantiza que la canción se utilizará en el álbum de la banda sonora de la película
- Si el productor también quiere utilizar la grabación original de la canción, en lugar de volver a grabar una nueva versión para utilizarla en la película.
- Si la película utiliza la canción como tema musical y como título

Desafíos Para Obtener una Licencia de Sincronización

La obtención de licencias de sincronización puede ser difícil porque, por ley, los titulares de los derechos de sincronización mantienen el control total de sus obras cuando se trata de vídeo. Por eso, los titulares de los derechos pueden fijar cualquier tarifa o rechazar la licencia por completo.

Factores como el presupuesto y la carga de trabajo del departamento de procesamiento del titular de los derechos de autor pueden afectar a la respuesta final, por lo que es importante moderar las expectativas al solicitar una licencia de sincronización.

Consecuencias de No Obtener una Licencia

Con numerosos editores, sellos discográficos y terceras partes en el negocio de reforzar los derechos de autor y las licencias, hay varias consecuencias por no obtener los derechos de sincronización.

Los resultados pueden venir en forma de huelgas permanentes, retirada de materiales e incluso acciones legales. Aunque no hay garantía de que te descubran, el hecho es que hay una gran cantidad de razones para obtener una licencia.

- **Confianza:** La obtención de una licencia adecuada te permite publicar tu música o producto con confianza; distribuir la música de otras personas sin permiso va en contra de la ley, por lo que es una clara antítesis de la confianza que se recomienda cuando uno publica su trabajo.
- **Reputación:** La industria musical está interconectada: mientras sigues creciendo, creando redes y estableciendo relaciones duraderas, tu reputación es un elemento fundamental para el éxito futuro. Ganarse la confianza es crucial, y evadir la ley para evitar las licencias adecuadas frustra este proceso.
- **Ética:** Aunque nunca te descubran, respetar la ley de derechos de autor sigue siendo importante para mantener una imagen y una perspectiva éticas en la industria musical. Sentirse cómodo con tus decisiones y reconocer que son éticamente correctas contribuye en gran medida a sentirte bien con tu música y contigo mismo.

Supervisión Musical

Las productoras contratan a los supervisores musicales para que coloquen las canciones en el espectáculo o la película y para que autoricen los derechos de esas canciones. Hay muchas otras cosas que los supervisores pueden hacer dependiendo de la estructura de la cadena de mando de la productora. Los supervisores pueden, entre otras cosas, analizar los guiones y contribuir a las decisiones sobre si se utiliza música compuesta o ajena; negociar la autorización con los titulares de los derechos; ayudar a crear el presupuesto musical de la película basándose en los conocimientos sobre las tarifas vigentes para las canciones; y ayudar en la producción de grabaciones sonoras en caso de que se necesite una nueva. Las productoras suelen contratar los servicios de empresas externas de supervisión musical o personal especializado.

Empresas de Licencias

Es posible que los músicos independientes que no han firmado con una disquera o una editorial no cuenten con gente de negocios con contactos internos que trabajen para promover su música entre las productoras de cine y televisión. Sin embargo, han surgido cientos de empresas para satisfacer la creciente demanda de autorizaciones de sincronización. Con muchas empresas de licencias musicales, los músicos pueden simplemente inscribirse y poner sus obras a disposición en la plataforma de la empresa.

Las productoras navegan entonces por las plataformas en busca del tipo exacto de música que necesitan y, cuando lo encuentran, la licencia se realiza mediante un proceso relativamente estandarizado e impersonal.

Este modelo de negocio permite a los escritores y artistas independientes dar a conocer sus obras y ofrece a las productoras una alternativa más barata que los grandes editores musicales y las disqueras.

A menudo pueden utilizar las empresas de licencias como ventanilla única porque las plataformas contienen los derechos tanto de la composición como del master (siempre que el artista y el escritor sean la misma persona). Este tipo de empresas, denominadas bibliotecas musicales de producción, suelen permitir a los compositores conservar la propiedad de sus derechos de autor al tiempo que amplían los derechos de licencia de sincronización a la biblioteca musical.

Breve lista de empresas que conceden licencias (hay cientos más):

- Songtradr
- Musicbed
- APM

- Killer Tracks
- FirstCom
- Megatrax
- Sonoton
- Rumblefish
- Music Vine
- Artlist
- Marmoset
- SongFreedom
- BeatPick
- YouLicense
- MagnaTune
- Sentric Music

Es importante señalar que todas estas empresas son diferentes. Se especializan en distintos tipos de música, tienen diferentes modelos de negocio y las condiciones de los acuerdos de sincronización individuales varían mucho. En algunos casos, el compositor puede simplemente inscribirse en el servicio. Pero a menudo, las empresas de licencias investigan y contratan a los autores de forma similar a las editoriales y sellos discográficos tradicionales. Es importante que cualquier músico que esté pensando en firmar un acuerdo con uno de estos servicios investigue cuidadosamente y determine cuál es la que mejor se adapta a su música y a sus objetivos profesionales.

Recursos

Hay muchas publicaciones y sitios web diferentes, como los que se mencionan a continuación, que pueden ayudar a los artistas y escritores que desean obtener puestos de sincronización a encontrar a las personas adecuadas para ayudarles a hacerlo.

- The Music Registry
- Music Connection
- Hollywood Reporter
- Film Music Magazine

Obras Citadas

"Music, Money, Success & the MOVIES: Part One." Www.ascap.com, www.ascap.com/help/music-business-101/music-money-success-movies.

Robley, Chris. "Posting Cover Songs on Youtube: Music VIDEO LICENSING EXPLAINED." DIY Musician, 10 July 2020, diymusician.cdbaby.com/youtube/postingcover-songs-on-youtube-music-licensing-law-explained/.

Armstrong, Sam. "Pop Goes the Movies: The Best Songs in Films - Udiscover." UDiscover Music, 19 Aug. 2020, www.udiscovermusic.com/stories/pop-goes-themovies-the-best-songs-in-films/.

Connection, Music. "Sync Deals: Everything You Need to Know - Music Connection." Music Connection Magazine, 2 Oct. 2017, www.musicconnection.com/sync-deals/3/.

"'Bigger than MTV': How Video Games Are Helping the Music Industry Thrive." The Guardian, Guardian News and Media, 22 Aug. 2018, www.

theguardian.com/games/2018/aug/22/video-games-music-industry?utm_source=Daily%2BDigest&utm_campaign=fce8f741c9-DailyDigest&utm_medium=email&utm_term=0_59c0d28399-fce8f741c9-58267041.

"What Is a Synchronization License?" What Is a Synchronization License? - Easy Song Licensing, 30 July 2021, www.easysonglicensing.com/pages/help/articles/musiclicensing/What-is-a-synchronization-license.aspx.

McDonald, Heather. "The True Value of a Music Synchronization License for Artists." The Balance Careers, www.thebalancecareers.com/what-is-a-sync-license-2460940. Ucaya. "Market Intelligence for the Music Industry." Soundcharts, soundcharts.com/blog/how-music-sync-licensing-works.

Andrea R. July 14. "What Is Sync Licensing?" CD Baby Help Center, support.cdbaby.com/hc/en-us/articles/211093163-What-is-Sync-Licensing-.

¿Qué es una Licencia de Uso Maestro?

¿Para quién es esta guía?

- **Productores** que quieran incluir en su trabajo maquetas de grabaciones sonoras protegidas por derechos de autor.
- Artistas discográficos que quieran explorar las opciones de licencia para sus proyectos grabados.
- **Cualquiera** que desee utilizar grabaciones sonoras protegidas por derechos de autor en sus obras de audio o audiovisuales.

Contenido

- ¿Qué es una Licencia de Uso Maestro?
- Cómo Obtener una Licencia de Uso Maestro
- Otras Licencias Necesarias para Utilizar Grabaciones Sonoras
- Los Derechos de Uso Maestro en los Contratos Discográficos
- Fuentes

¿Qué es una Licencia de Uso Maestro?

Una licencia de uso maestro permite al licenciatario utilizar una grabación sonora protegida por derechos de autor en un nuevo proyecto. Normalmente, los licenciatarios pretenden utilizar las grabaciones en proyectos audiovisuales o como maqueta en una nueva grabación de audio.

Para entender los derechos de uso maestro, es importante tener una comprensión básica de la diferencia entre las grabaciones sonoras y las composiciones . Al obtener una licencia de uso maestro, los únicos derechos que se conceden son los de la grabación sonora.

Esto significa que cualquier composición con derechos de autor incorporada en la grabación debe ser licenciada por separado.

Así, una licencia de uso maestro se utiliza entre el propietario de una grabación sonora o una pieza musical y el productor de una película u otra obra creativa.

Sin embargo, muchas partes, incluidas las compañías discográficas, suelen compartir la propiedad de una pieza musical o una grabación sonora, por lo que todas las partes tienen que aprobar el uso de la música o las grabaciones maestras que poseen conjuntamente.

Este acuerdo de licencia musical cubre el aspecto de cómo se utilizará la música, incluyendo el derecho a tocar o ejecutar la música públicamente, así como la compensación y los créditos en pantalla por parte del músico y el productor.

Cómo Obtener una Licencia de Uso Maestro

Las licencias de uso maestro se obtienen del propietario de la grabación sonora o de alguien autorizado para licenciar propiedades intelectuales en su nombre. Esto significa que el primer paso en este proceso de concesión de licencias es identificar al propietario de los derechos de autor de la grabación sonora.

La mayoría de los contratos con sellos discográficos incluyen una cláusula que obliga al artista discográfico a ceder sus derechos de masterización a la compañía discográfica, lo que deja un gran número de masters en posesión de los sellos discográficos. Sin embargo, algunos artistas discográficos tienen la posibilidad de negociar sus contratos para asegurarse de que conservan sus derechos de masterización o para recuperarlos al final de la vigencia del acuerdo.

Además, hay artistas independientes que no utilizan en absoluto los servicios de los sellos discográficos y, por tanto, no se enfrentan al problema de ceder los derechos de sus grabaciones sonoras.

Hay varias formas de localizar al propietario de una grabación sonora. El método más sencillo es consultar las notas de la grabación para ver qué sello discográfico aparece, si es que hay alguno. La mayoría de los sellos discográficos tienen contactos para la concesión de licencias en sus sitios web.

Si no se puede descubrir el propietario a través de los créditos o de las notas de la grabación, hay muchas bases de datos disponibles para la búsqueda pública. Una entrada del blog de Sonicbids proporciona los siguientes recursos como un buen lugar para comenzar la búsqueda del propietario de una grabación sonora:

- Repertorio ACE de ASCAP*
- Repertorio BMI*
- Base de datos del Código Internacional Normalizado de Obras Musicales
- Base de datos pública de la Oficina de Derechos de Autor de EE.UU.
  * Base de datos de sonido grabado de la Biblioteca del Congreso
  * AllMusic

*Nota: Lista de artistas, no de propietarios de derechos de autor.

Es importante tener en cuenta que el hecho de no poder identificar al propietario de los derechos de autor **no significa** que ya no se necesite una licencia. Hay servicios que se pueden contratar para buscar a los propietarios de los derechos de autor.

De lo contrario, el titular de la licencia puede preferir elegir otra grabación para utilizarla. Nuevamente, el hecho de no poder localizar al propietario de los derechos de autor no es una defensa válida para la infracción. Los individuos que no licencian adecuadamente las grabaciones sonoras pueden ser llevados a los tribunales por infracción de los derechos de autor.

Otra nota importante es que TODOS los propietarios de una grabación sonora deben aprobar la licencia de uso maestro. Los acuerdos de licencia de uso maestro suelen incluir cláusulas que describen las condiciones de compensación, crédito, representaciones y garantías.

Otras Licencias Necesarias para el Uso de Grabaciones Sonoras

Una licencia de uso maestro sólo concede permiso para utilizar una grabación específica en un proyecto determinado. Hay otras licencias necesarias para asegurarse de que el uso sea totalmente legal, dependiendo del contexto de uso.

Una licencia de sincronización concede el derecho a sincronizar una composición con una obra audiovisual. Como se ha dicho anteriormente, las licencias de uso maestro sólo conceden los derechos de uso de una grabación sonora protegida por derechos de autor. Al obtener una licencia de sinc y una licencia de uso maestro, se conceden los derechos tanto de la composición como de la grabación sonora para su uso dentro del proyecto.

Si una persona desea utilizar una parte de una grabación sonora protegida por derechos de autor (una maqueta) en una nueva grabación sonora y no en un proyecto audiovisual, no se requiere una licencia de sincronización. Sin embargo, sí se requiere una licencia mecánica para el uso de la composición. En este ejemplo, necesitarás tanto una licencia de uso maestro como una licencia mecánica para utilizar la composición Y la grabación sonora.

Derechos de Uso Maestro en los Contratos Discográficos

Los derechos de uso maestro se incluyen a menudo en los contratos discográficos. Normalmente, un contrato discográfico incluye una cláusula que requiere que el artista acepte renunciar a sus derechos de masterización para obtener un adelanto de la disquera para financiar su proyecto y lanzamiento. De hecho, los derechos de masterización suelen cederse en estas situaciones, ya que los sellos discográficos necesitan tenerlos para contar con suficiente control para hacer su trabajo para el artista.

En algunos casos, el artista empezará a beneficiarse de los flujos de ingresos de las licencias maestras después de (y si) el anticipo se paga en su totalidad a través de la recuperación después de que las regalías comiencen a llegar.

En el modelo de negocio tradicional de un sello discográfico, las grabaciones maestras obtenidas de un artista discográfico han servido como activos a largo plazo y suelen proporcionar la mayor parte de los ingresos de un sello. Por ejemplo, Sony Music Entertainment posee las grabaciones maestras originales de Bruce Springsteen, Bob Dylan, Elvis, Johnny Cash y muchos más. Debido al tamaño y la popularidad de estos artistas, SME sigue ganando regalías por la venta de sus grabaciones maestras.

Asimismo, el dinero obtenido de estas grabaciones maestras permite a la disquera seguir financiando los costos de contratación de nuevos artistas con la esperanza de que unos pocos proporcionen más activos de alta rentabilidad a largo plazo.

Cabe señalar que este modelo de negocio está cambiando en la industria musical moderna. Muchos artistas deciden conservar la propiedad de sus masters y optan por asociarse con una empresa de entretenimiento de "servicios de sello" que ofrece los servicios de un sello discográfico (marketing, distribución, relaciones públicas, etc.), permitiendo al mismo tiempo que el artista conserve el control de los derechos de autor de sus masters.

Como ocurre con cualquier cláusula contractual, con el contrato de grabación se puede negociar si un artista quiere intentar conservar sus derechos de masterización. En algunos casos, las negociaciones darán lugar a que se establezca un periodo de tiempo para limitar la cantidad de tiempo que los derechos de masterización son propiedad de la disquera.

Obras Citadas

McDonald, Heather. "Master License Essentials for Musicians." The Balance Careers, www.thebalancecareers.com/ master-license-for-music-recordings-2460595.

Davis-Ponce, Jamie. "Who Owns That Song? How to RESEARCH Copyright Ownership." Sonicbids Blog - Music Career Advice and Gigs, blog.sonicbids.com/ whoowns-That-song-how-to-research-copyright-ownership.

"How to Acquire Music for Films." Www.ascap.com, www.ascap.com/ help/careerdevelopment/How-To-Acquire-Music-For-Films.

"Legal Documents." Free Master Use License Agreement | Free to Print, Save & Download, www.rocketlawyer.com/business-and-contracts/intellectual-property/releases-and-licensing/document/ master-use-license-agreement.

"What Is a Master License?" What Is a Master License? - Easy Song Licensing, 30 July 2021, www.easysonglicensing.com/pages/help/articles/ music-licensing/what-is-amaster-License.aspx.

"What Is a Master-Use License? What Are Master Royalties?" Support, help.themlc.com/en/support/solutions/articles/60000682709-what-is-a-master-use-licensewhat-Are-master-royalties-.

"What Are the Different Types of Music Licenses?" Soundreef, 7 May 2021, www.soundreef.com/en/blog/music-licenses/.

Songtrust. "Master Use License." Master Use License, www.songtrust. com/musicpublishing-glossary/glossary-master-use-license.

¿Qué Son Los Derechos Conexos?

Music Business World informó en 2019 que los derechos conexos representan más de 2.6 mil millones de dólares en ingresos al año. En la industria musical actual, es de vital importancia que los compositores, editores musicales, sellos discográficos, artistas discográficos y artistas invitados se familiaricen con los derechos conexos.

Contenido

- ¿Qué Son Los Derechos Conexos?
- Ejecución Pública Terrestre vs. Digital
- Antecedentes / Historia
- Distribución de Regalías por Derechos Conexos
- Dinero de la Caja Negra
- Relaciones Esenciales

¿Qué Son Los Derechos Conexos?

Los derechos conexos se refieren al derecho a difundir públicamente una grabación sonora fuera de Estados Unidos. Están legalmente reconocidos en las leyes de derechos de autor extranjeras. Los sellos discográficos y los intérpretes (propietarios de grabaciones sonoras) fuera de Estados Unidos cobran las regalías de los derechos conexos cada vez que sus grabaciones sonoras se "interpretan" a través de la radiodifusión tradicional:

- Radio terrestre
- Televisión o en un bar
- Restaurante
- Club nocturno
- Tienda, etc.

Es importante reiterar que los derechos conexos no existen actualmente en Estados Unidos, es decir, los titulares de derechos de autor de grabaciónes sonoras no reciben las regalías por la difusión de grabaciones sonoras en Estados Unidos.

Estados Unidos es uno de los únicos cuatro países desarrollados del mundo que no exigen el pago de regalías tradicionales por las grabaciones sonoras: los otros tres son Corea del Norte, Irán y China. La ley "Fair Play, Fair Pay" es un proyecto de ley para cambiar la legislación estadounidense para pagar regalías de ejecución no digitales para las grabaciones de sonido, pero nunca ha salido del comité.

Los derechos conexos vinculados a una grabación sonora se encuentran metafóricamente vinculados al derecho de ejecución de una composición subyacente. Son dos caras de la misma moneda, por así decirlo.

Cada derecho acompaña exactamente el mismo tipo de uso. Una emisión de música a través de la radio terrestre, por ejemplo, explotará tanto el derecho conexo como el derecho de ejecución. La separación crucial entre ambos reside en el tipo de derecho de autor explotado: los derechos conexos se refieren a la grabación sonora, mientras que los derechos de ejecución se refieren en este contexto a la composición subyacente.

Los derechos conexos siguen considerándose una ejecución de la grabación sonora; sin embargo, para evitar la confusión con el derecho de ejecución asociado a la composición subyacente, la industria musical los denomina "derechos conexos" para distinguirlos. El derecho a cobrar por la ejecución pública de las grabaciones sonoras ("derechos conexos") también se denomina a veces "derechos relacionados" porque el derecho está relacionado con el derecho de ejecución de las composiciones subyacentes.

En resumen: En los países fuera de EE.UU., donde las ejecuciones públicas compensan al compositor o al editor musicales cuando su canción se difunde públicamente, los derechos conexos compensan al artista o al sello discográfico asociado a la grabación sonora de la canción.

Ejecución Pública Terrestre vs. Digital

Es importante distinguir entre la ejecución pública a través de plataformas digitales (como Internet y la radio por satélite) y las plataformas de difusión tradicionales (como la radio, la televisión y los recintos musicales).

La Ley de Derechos de Ejecución Digital en Grabaciones Sonoras de 1995 exige que las regalías por ejecución pública se paguen a los propietarios de los derechos de autor de las grabaciones sonoras por las transmisiones digitales no interactivas.

Esto significa que los propietarios de los derechos de autor, normalmente los artistas y los sellos discográficos, reciben un pago cuando su obra se ejecuta públicamente en la radio por satélite, la radio por Internet o cualquier otra forma de transmisión digital no interactiva. La organización que recauda y distribuye estas regalías en nombre de estas partes es SoundExchange.

Los Estados Unidos NO exigen el pago de los derechos conexos terrestres cuando las grabaciones sonoras protegidas por derechos de autor se ejecutan públicamente en plataformas de difusión tradicionales. Las emisoras de radio y los locales públicos sólo están obligados a pagar las regalías por la ejecución pública de la **composición**, que se deben a los compositores y editores musicales. NO están obligados a pagar las regalías a los artistas y sellos discográficos por el uso de la grabación maestra. Por lo tanto, las emisoras terrestres de Estados Unidos no pagan las regalías por los derechos conexos, pero las emisoras extranjeras sí.

Regalías por la Ejecución Pública de Una Grabación Sonora		
	Fuera de E.E.U.U.	Dentro de E.E.U.U.
Transmisión Digital No-Interactiva (radio pos satélite, radio por internet)	Sí	Sí, regalías administradas por SoundExchange
Transmisión Terrestre (radio, televisión)	Sí	No
Recintos Musicales, Bares, Restaurantes	Sí	No

Transmisión Digital Interactiva	Sí	Sí, regalias basadas en varios factores incluyendo ingresos por servicions musicales

- Las regalías derivadas de la Ejecución Pública de Una Grabación Sonora FUERA DE EE.UU. se consideran regalías basadas en el derecho conexo vinculado a los derechos de autor.

Antecedentes / Historia

En 1961, un total de 91 partes y 26 signatarios se unieron en la Convención multinacional de Roma para la protección de los Intérpretes, Productores, Fonogramas y Organismos de Radiodifusión. Los distintos países se reunieron para abordar la rápida evolución de las tecnologías de reproducción de sonido e imagen y su impacto en la legislación sobre derechos de autor. Anteriormente, se habían elaborado acuerdos multinacionales como el Convenio de Berna (1886) para gestionar la creación, protección y distribución de materiales impresos. Sin embargo, inventos como las grabadoras de cintas dejaron claro que había llegado el momento de reinventar y ampliar los anteriores tratados intercontinentales sobre derechos de autor.

Los países que firmaron la Convención de Romaexigen a los usuarios de los derechos de autor el pago de derechos conexos. Sólo los intérpretes que son residentes permanentes en uno de los países firmantes tienen derecho a recibir estas regalías. Las grabaciones musicales creadas en los países que participaron en la firma de la Convención de Roma también tienen derecho a obtener las regalías.

Distribución de Regalías por Derechos Conexos

Si un intérprete con sede en EE.UU. interpreta públicamente una canción en un país extranjero que ofrece derechos conexos, técnicamente se le deben las regalías de esta interpretación. Sin embargo, dado que Estados Unidos no ofrece derechos conexos a los artistas extranjeros, el artista estadounidense nunca percibirá esas regalías. Este concepto se conoce como reciprocidad.

Por ejemplo: Si un bar de Londres reproduce la versión de Janis Joplin de "Me And Bobby McGee", se le deben las regalías a su sello discográfico como propietario de la grabación sonora por esta explotación del derecho conexo.

En cambio, si un bar de Nueva York reproduce "Wonderwall" de Oasis, no se le deben las regalías a su disquera porque los derechos conexos no existen en Estados Unidos.

El bar no sólo debe estas regalías, sino que también las paga. Pero la disquera de Janis Joplin nunca verá este dinero. El Reino Unido, y cualquier otro país extranjero, se niega a pagar a los artistas discográficos estadounidenses las regalías de los derechos conexos porque sus artistas nacionales no las reciben.

Las regalías de estas ejecuciones públicas van a parar a una entidad conocida como "caja negra".

Dinero de la Caja Negra

En los países fuera de EE.UU., los administradores de derechos conexos expiden licencias de ejecución pública en nombre de los intérpretes y los sellos discográficos a quienes desean difundir públicamente la música (emisoras de radio, televisión, bares, restaurantes, clubes, etc.). De forma similar a como lo hacen las PRO de EE.UU. en nombre de los compositores y editores musicales.

Luego, los administradores recaudan las regalías de las ejecuciones públicas de las grabaciones sonoras (derechos conexos) y las distribuyen a sus intérpretes y sellos discográficos afiliados.

Las regalías de la Caja Negra se refieren al dinero que se gana pero que nunca se paga a ningún titular de derechos de autor.

Debido al concepto de reciprocidad mencionado en la sección anterior, los titulares de derechos de autor de grabaciones sonoras con sede en Estados Unidos (sellos discográficos y artistas discográficos) no reciben las regalías por la difusión pública de su música. Sin embargo, los organismos públicos de radiodifusión de otros países deben pagar las regalías por la difusión de la grabación sonora de un artista con sede en Estados Unidos.

Como estas regalías no pueden pagarse a los propietarios de los derechos de autor, se colocan en una reserva colectiva conocida como "Caja Negra".

Si las regalías de los derechos conexos de la Caja Negra no son reclamados durante tres años, las sociedades de recolección extranjeras responsables de las regalías por derechos conexos en un país determinado los distribuirán entre las empresas afiliadas (por ejemplo, los sellos e intérpretes extranjeros) según su cuota de mercado.

Relaciones Esenciales

- **Principal:** Los derechos conexos se refieren a los derechos asociados a la ejecución pública de una grabación sonora fuera de los Estados Unidos.
- **Recaudación de Regalías:** La ejecución pública de una grabación sonora no otorga las regalías al titular de los derechos de autor en los Estados Unidos, a menos que esta ejecución pública se produzca a través de una transmisión de audio digital no interactivo o de difusión por Internet.

En este caso, SoundExchange recauda estas regalías. Los intérpretes estadounidenses no pueden cobrar las regalías por ejecución pública de las emisiones terrestres dentro o fuera de los Estados Unidos.

En los territorios que exigen derechos de ejecución tradicionales para las grabaciones sonoras, las sociedades de gestión de derechos conexos, como la PPL (Reino Unido) o la PPCA (Australia), recaudan los derechos conexos.

Obras Citadas

Neighboring rights: What they are & why they matter - tunecore. (n.d.). Retrieved February 28, 2022, from https://www.tunecore.com/blog/2012/07/neighboring-rights-what-they-are-why-they-matter.html

Neighboring rights: Earn more money: Symphonic distribution. Symphonic. (2021, June 16). Retrieved February 28, 2022, from https://symphonicdistribution.com/neighboring-rights/

What are neighboring rights? – royalty exchange. – Royalty Exchange. (n.d.). Retrieved February 28, 2022, from https://www.royaltyexchange.com/learn/what-are-neighboring-rights

Www.kobaltmusic.com. (n.d.). *Press Resources*. Kobalt. Retrieved February 28, 2022, from https://www.kobaltmusic.com/blog/what-are-neighbouring-rights-and-why-should-creators-care

Royalties and payment - WELCOME TO ASCAP. (n.d.). Retrieved February 28, 2022, from https://www.ascap.com/help/royalties-and-payment

Music Publishing Tips: Understanding unallocated royalties. Music Publishing Tips | Understanding Unallocated Royalties. (n.d.). Retrieved February 28, 2022, from https://blog.songtrust.com/whats-the-deal-with-black-box-royalties

Resnikoff, P., Smith, D., King, A., 3, A. A., 5, D. T. J. A., 7, D. A., 10, C. S., 11, W. S., 11, N. J. S., 5, D. H. J., 11, J. S., 20, M. J., 29, N. N. J., & 16, M. R. D. (2021, October 28). *Welcome to the 'royalty black box,' the music industry's $2.5 billion underground economy*. Digital Music News. Retrieved February 28, 2022, from https://www.digitalmusicnews.com/2017/08/03/music-industry-royalty-black-box/

Justin M. Jacobson, E. (n.d.). *An updated look at neighboring rights: What they are and why they matter*. Sonicbids Blog - Music Career Advice and Gigs. Retrieved February 28, 2022, from http://blog.sonicbids.com/an-updated-look-at-neighboring-rights-what-they-are-and-why-they-matter

Neighboring rights: Earn more money: Symphonic distribution. Symphonic. (2021, June 16). Retrieved February 28, 2022, from https://symphonicdistribution.com/neighboring-rights/

Understanding the music industry's black box royalties - rightstech p... SlideShare. (n.d.). Retrieved February 28, 2022, from https://www.slideshare.net/Paperchainio/understanding-the-music-industrys-black-box-royalties-rightstech-presentation

Justin M. Jacobson, E. (n.d.). *An updated look at neighboring rights: What they are and why they matter.* Sonicbids Blog - Music Career Advice and Gigs. Retrieved February 28, 2022, from http://blog.sonicbids.com/an-updated-look-at-neighboring-rights-what-they-are-and-why-they-matter

¿Qué son los Derechos de Letra?

Por qué escribimos esta guía

Las letras son parte fundamental de la música moderna. Muchas de las canciones más atractivas del mundo utilizan la letra para contar una historia y transmitir emociones a través de la música.

Los compositores deben conocer los derechos básicos asociados a las letras que crean. Los Editores Musicales deben saber cómo monetizar estos derechos mediante licencias y proteger las obras de sus compositores. Todos los interesados en el negocio de la música deberían apreciar mejor el impacto y la importancia de las letras.

Contenido

- Qué es una Letra?
- ¿Qué es un Derecho de Letra?
- La Licencia de Letra
- Grabación de Canciones de Éxito con Letra Modificada
- La Letra en la Mercancía
- La NMPA y las Páginas Web de Letras de Canciones
- Fuentes

¿Qué es una Letra?

Una letra es cualquier palabra o frase de una composición musical. Las letras pronunciadas en conjunto suelen dividirse en coros y versos dentro de una canción. El autor de la letra se denomina letrista. Se distingue entre el compositor, que escribe la melodía de la canción, y el letrista, que escribe las palabras cantadas al son de la melodía. Sin embargo, como suele ocurrir, el letrista y el compositor de una determinada canción serán la misma persona, conocida generalmente como "compositor".

La letra puede ser cantada, pronunciada rítmicamente o simplemente hablada. Muchos géneros musicales poseen un estilo lírico distinto. Un ejemplo obvio es el lirismo rítmico de la música rap y hip-hop.

¿Qué es un Derecho de Letra?

Ten en cuenta la distinción entre los derechos de autor de una grabación sonora y los derechos de autor de una composición subyacente. Los derechos de autor de la composición subyacente son administrados por los editores musicales en nombre de los compositores. Tanto la música como la letra constituyen el derecho de autor de la composición subyacente.

Cuando dos compositores escriben conjuntamente una canción, lo normal es que ambos contribuyan tanto a la letra como a la música. A veces, dos compositores crean la letra y la música por separado. En este caso, cada compositor posee el 50% de los derechos de autor de la composición subyacente. Un compositor no es el único propietario de la letra mientras que el otro es el único propietario de la música: cada compositor es propietario del 50% de la toda la canción (música, letra y todo).

Sin embargo, esta es una situación demasiado simplificada en términos de derecho de autor. Dependiendo del género y del territorio, los compositores suelen negociar el porcentaje de propiedad real en función de sus contribuciones a la composición.

Todas las regalías recaudadas por la canción para cualquiera de las partes deben dividirse según los mismos porcentajes de propiedad, a menos que se especifique un porcentaje de regalías diferente en un acuerdo separado. Incluso la reimpresión de la letra de la canción, una acción que genera regalías, supone el 50% de los derechos de impresión para el otro compositor, ya que ambos comparten los derechos de autor de la composición subyacente de la canción.

Aunque el ejemplo anterior, en el que un compositor compone la letra de una canción de forma totalmente independiente del otro, puede parecer raro a primera vista, hay que tener en cuenta varios dúos famosos que trabajaban así:

- **Bernie Taupin y Elton John:** Bernie Taupin escribe sus letras y luego se las pasa a Elton John. Este par escribió muchas canciones famosas de esta manera, como "Rocket Man", "Tiny Dancer" y "Candle In The Wind".
- **Rodgers & Hammerstein:** Richard Rodgers compuso la música y Oscar Hammerstein escribió las letras de varios musicales de Broadway, como The Sound of Music, The King And I, Oklahoma! y South Pacific.
- **Geddy Lee y Neil Peart:** En la banda de rock canadiense Rush, Neil Peart es el principal letrista y Geddy Lee se encarga de la composición.

La Licencia de Letra

Según FindLegalForms.com, un letrista (también conocido como "licenciatario") y una empresa que desea licenciar y promocionar la letra de una canción firman una licencia para el uso de la letra de la canción. A menudo, este acuerdo se lleva a cabo entre el licenciatario y los editores musicales, porque el editor suele ser el propietario y/o el que controla la letra junto con los demás derechos de la canción. Este acuerdo establece los detalles específicos del acuerdo, incluyendo: la concesión del derecho a utilizar la letra, los fines para los que se puede utilizar la letra y cualquier restricción en el uso de la letra bajo licencia. También establece la tasa de licencia que se pagará y la condición de contratista independiente de las partes.

Es importante que este acuerdo de licencia esté claramente detallado por escrito. Una Licencia de Uso de Letras de Canciones bien redactada podría ahorrar a ambas partes muchos problemas en caso de mala comunicación o desacuerdos contractuales.

Grabación de Canciones de Éxito con Letra Modificada

En ocasiones, los editores musicales reciben una solicitud de un artista discográfico o productor para modificar la letra de una canción conocida con el fin de volver a grabarla y publicarla con un título nuevo o similar.

"Eat It" de Weird Al Yankovic es un buen ejemplo de este fenómeno. Otro buen ejemplo es la versión de Frank Sinatra de "Have Yourself a Merry Little Christmas".

La línea original es: "A partir de ahora, todos estaremos juntos si el destino lo permite / Hasta entonces, tendremos que arreglárnoslas de alguna manera", pero Frank se negó a cantar la palabra "arreglárselas" y cambió la letra por "cuelga una estrella brillante en la rama más alta". La licencia de este tipo de uso de la letra puede llevarse a cabo de varias maneras entre dos partes.

Dado que cualquier éxito que reciba la nueva grabación dependerá intrínsecamente del éxito de la antigua versión, la mayoría de los editores musicales solicitan la titularidad de los derechos de autor y la consiguiente edición de la nueva canción y la nueva letra. Si este es el caso, el nuevo letrista no recibirá las regalías de edición por su trabajo.

En otros casos, los editores pueden permitir que el letrista de la nueva canción reciba el crédito de escritor y, por tanto, una parte de las regalías mecánicas y de ejecución.

Muchos editores se niegan rotundamente a permitir que un artista cambie la letra de una canción popular por el riesgo de que esto altere las ventas y las regalías de la misma. Además, muchos compositores tienen el derecho, como parte de su acuerdo de edición, de dar la aprobación final a cualquier cambio de letra.

Letras en Mercancías

El uso de las letras en productos como ropa, tazas de café, tapetes de mouse, llaveros, etc., sigue siendo una valiosa fuente de regalías para los compositores y editores. Los propietarios de los derechos de autor pueden llegar a acuerdos individuales con determinados fabricantes. A menudo, acuerdan un reparto al 50% de los ingresos netos, lo que equivale aproximadamente al 15% del precio de venta al público.

La NMPA y los Sitios Web de Letras de Canciones

Los sitios web que muestran las letras de las canciones obtienen grandes cantidades de tráfico e ingresos por publicidad. En 2013, la Asociación Nacional de Editores Musicales envió avisos de retirada a los 50 principales sitios de letras de canciones sin licencia, alegando que su uso de las letras de los compositores debería exigir el pago de regalías.

La NMPA quería que los sitios de letras adquirieran licencias oficiales que concedieran a los compositores y editores una parte de los ingresos publicitarios de los sitios. Lo más probable es que estos avisos de retirada sean el presagio de una demanda por infracción de derechos de autor contra los sitios, que según la NMPA han "ignorado la ley y se han beneficiado de las obras creativas de los compositores". Sin embargo, a diferencia de las infames demandas de la RIAA por intercambio de archivos, la NMPA afirma que no se dirige a sitios individuales de fans.

Al año 2018, esta demanda aún no se ha producido. Casi todas las páginas web de letras de canciones siguen funcionando, aunque algunos de los 50 principales mencionados por la NMPA han obtenido desde entonces la debida licencia para el uso de las letras.

Relaciones Esenciales

- **Principal:** Los derechos de letra acompañan a los derechos de autor proporcionados por los compositores musicales a los editores musicales.

- **Recaudación de regalías:** Cualquier explotación de las letras es una explotación de los derechos de autor de la composición subyacente y está sujeta a las protecciones que ofrece la ley de derechos de autor de Estados Unidos. Esto incluye el derecho a reproducir, distribuir y mostrar la letra públicamente.

Obras Citadas

Tavern, Mark. "Mark Tavern Management." Mark Tavern Management, 25 Nov. 2013, www.marktavern.com/blog/2013/11/25/the-nmpa-vs-lyric-sites.html. Accessed 27 July 2021.

"NMPA Files Suits against Two Unlicensed Lyric Sites - National Music Publishers' Association." National Music Publishers' Association, 21 May 2014, www.nmpa.org/nmpa-files-suits-against-two-unlicensed-lyric-sites/. Accessed 27 July 2021.

"Rap Genius Named the Most 'Blatantly Illegal' Lyric Site by Music Publishers... - Digital Music News." Digital Music News, 12 Nov. 2013, www.digitalmusicnews.com/2013/11/11/songwritersdeclare/. Accessed 27 July 2021.

LyricFind. "LyricFind." LyricFind, 2020, www.lyricfind.com/. Accessed 27 July 2021.

Calilhanna, Andre. "How to Quote Song Lyrics in Books Legally | Lyrics in Books | BookBaby." BookBaby Blog, 30 Oct. 2013, blog.bookbaby.com/2013/10/lyrics-inbooks/. Accessed 27 July 2021.

Lorinczi, Seth. "How to Utilize Your Lyrics as Additional Revenue." Songtrust.com, 2019, blog.songtrust.com/how-to-utilize-your-lyrics-as-additional-revenue. Accessed 27 July 2021.

¿Qué son los Derechos de Impresión?

¿Por Qué Escribimos Esta Guía?

Esta guía sirve como recurso para que las partes interesadas conozcan mejor los derechos de impresión y su funcionamiento dentro de la industria musical. Las licencias de impresión y las regalías de estas licencias siguen siendo una forma importante de ingresos para las partes interesadas, a pesar de las nuevas tecnologías y las nuevas fuentes de ingresos. Según MusicSpoke, la industria de las partituras por sí sola tiene un valor de más de mil millones de dólares. Mientras tanto, los sitios de letras en internet recaudan cantidades enormes de ingresos por publicidad. En la industria musical actual, es importante que los compositores y editores musicales se familiaricen con los derechos de impresión asociados a sus obras protegidas.

Contenido

- ¿Qué es la Música "Impresa"?
- Antecedentes / Historia
- ¿Qué es un Derecho de Impresión?
- ¿Qué es una Licencia de Impresión?
- Licencias de Impresión para el Escenario
- Cómo Obtener una Licencia de Impresión
- Regalías por Licencias de Impresión
- Duración de la Licencia de Impresión

- Derechos de Impresión Digital
- Relaciones Esenciales

¿Qué es la Música "Impresa"?

Partituras

En la mayoría de los casos, los términos música "impresa" o "derechos de impresión" se utilizan en referencia a las partituras. Las partituras son la música impresa de una sola canción con notas, arreglos, letras (link required), acordes y otras anotaciones utilizadas por los compositores para comunicar información sobre la pieza musical. Cualquiera que haya tomado una clase formal de música probablemente pueda visualizar este tipo de música impresa: líneas horizontales bajo una serie de claves, puntos, compases y otros símbolos. Es el lenguaje que todo músico -desde un violinista sinfónico hasta un estudiante de primer año de piano- utiliza para "leer" música.

En el sentido más literal, las partituras permiten que la música se transfiera de músico a músico de la manera más eficiente posible.

Folios

Los folios son colecciones de partituras de varias canciones. Es un término que designa múltiples "hojas" de partituras. Un ejemplo sería un libro de partituras titulado Grandes Éxitos de Billy Joel que contiene varias canciones diferentes del artista en forma de partituras.

Una colección de partituras impresas de canciones de diferentes artistas se denomina folio mixto. Por otro lado, un folio de correspondencia es una colección de partituras impresas de un álbum en particular, es decir, el folio " corresponde" al álbum. Un folio de personaje es aquel que tiene la foto del intérprete. Utilizando el ejemplo anterior, Grandes Éxitos de Billy Joel se consideraría un folio de personaje.

Partitura Completa

El término "partitura completa" se utiliza como alternativa común a "partitura". Existen varios tipos de partituras: una partitura puede referirse a las partituras o a la música escrita específicamente para una obra de teatro, un musical, una ópera, un ballet, un programa de televisión, una película u otra producción. La "música cinematográfica" se refiere a la música original escrita específicamente para acompañar una película.

Antecedentes / Historia

La edición musical no comenzó a gran escala hasta mediados del siglo XV, cuando se desarrollaron las técnicas de impresión de música. La primera forma de música impresa es un conjunto de cantos litúrgicos de alrededor de 1465, creado poco después de la Biblia de Gutenberg. Antes de esta época, la música se transcribía a mano, normalmente por monjes y sacerdotes que deseaban conservar la música de la Iglesia. Los pocos ejemplos de música profana que existían eran por encargo y propiedad de nobles ricos.

Ottaviano Petrucci está considerado como el padre de la imprenta musical moderna. En el siglo XVI, en Venecia, obtuvo del gobierno italiano un monopolio de 20 años para imprimir música. Pero la impresión de música con tipografía móvil era casi imposible debido a la compleja alineación de varios elementos dentro de la partitura (por ejemplo, la cabeza de la nota debe estar correctamente alineada con el pentagrama). Petrucci revolucionó la impresión musical con su método de triple impresión, que consistía en imprimir las líneas del pentagrama, las palabras y las notas en tres impresiones distintas. Este método daba resultados mucho más legibles.

La influencia de la música impresa fue similar a la de la palabra impresa: la información se difundió más rápidamente, con mayor eficacia, a un menor costo y a más personas que antes. A lo largo de la segunda mitad del milenio, esto animó a quienes podían comprar partituras, es decir, la clase media, a adquirirlas para interpretarlas. A medida que la tecnología fue mejorando, también lo hizo la calidad de las partituras. Ahora los compositores podían escribir, distribuir y vender música para intérpretes amateurs, no sólo para músicos profesionales y cantantes de la Iglesia. Esto cambió, en muchos sentidos, toda la industria musical. El acceso sin precedentes a la música permitió la proliferación de la música profana.

En el siglo XIX, el grupo de editores musicales, cantautores y compositores de la ciudad de Nueva York conocido como "Tin Pan Alley" dominaba la industria de la edición de partituras. A menudo, las editoriales imprimían sus propias versiones de las canciones populares de la época, independientemente de si el compositor había compuesto la canción o no.

Con la promulgación de leyes de derechos de autor más estrictas a finales de siglo, esta práctica cambió, pero los editores musicales de Tin Pan Alley siguieron colaborando en beneficio económico mutuo por otros medios.

Tocar el piano se convirtió en algo habitual en los hogares de clase media. Si la gente quería escuchar una nueva canción popular, iba a la tienda y compraba las partituras, luego se llevaba las partituras y las interpretaba. Hasta que se inventó el fonógrafo en 1877, éste era el único medio posible de transferir y escuchar música.

A principios del siglo XX, el fonógrafo y la popularidad de la radiodifusión crearon la industria discográfica. Ésta sustituyó a la edición de partituras como la principal potencia de la industria musical.

Las partituras impresas fueron una de las primeras fuentes importantes de ingresos para los compositores. De hecho, durante mucho tiempo, las partituras fueron la única fuente de ingresos para los compositores. Aunque las regalías por la venta de partituras han disminuido para los compositores en la era musical moderna debido a la creciente popularidad de las descargas digitales, la transmisión digital, los discos y los CD, las partituras siguen siendo una fuente de ingresos viable para algunos titulares de derechos de autor.

La llegada del internet a finales de la década de 1990 supuso el resurgimiento de la música impresa gracias a los sitios de letras y a las partituras distribuidas digitalmente en sitios web como SheetMusicPlus.com y MuseScore.com

¿Qué es un Derecho de Impresión?

Recuerda que los derechos de autor conllevan seis derechos exclusivos. Todos ellos se aplican a los derechos de impresión. Los derechos a distribuir los derechos de autor y a exhibirlos públicamente son especialmente relevantes. A continuación se presenta la terminología exacta de esos seis derechos, junto con un ejemplo común de explotación de cada uno de ellos en relación con el derecho de impresión:

Los Seis Derechos Exclusivos	
Derecho	**Ejemplo de Uso de la Impresión**
1. A reproducir la obra protegida por derechos de autor en copias o fonogramas;	por ejemplo, la reproducción de una obra en forma de partituras u hojas de letras
2. A preparar obras derivadas basadas en la obra protegida por derechos de autor;	por ejemplo, un director de orquesta que transcribe una pieza de violonchelo a piano.
3. Distribuir copias o fonogramas de la obra protegida por derechos de autor al público mediante la venta u otra transferencia de propiedad, o mediante el alquiler, el arrendamiento o el préstamo;	por ejemplo, un profesor de banda que escanea copias de una pieza para su coro de alumnos

4. en el caso de obras literarias, musicales, dramáticas y coreográficas, pantomimas y películas y otras obras audiovisuales, a ejecutar públicamente la obra protegida por el derecho de autor;	por ejemplo, un poeta que recita la letra de una canción popular en una lectura pública
5. en el caso de obras literarias, musicales, dramáticas y coreográficas, pantomimas y obras pictóricas, gráficas o escultóricas, incluidas las imágenes individuales de una película u otra obra audiovisual, a exhibir públicamente la obra protegida por derechos de autor	por ejemplo, imprimir las partituras de una canción y colocarlas en una plaza pública
6. en el caso de las grabaciones sonoras, a interpretar públicamente la obra protegida por derechos de autor mediante la transmisión digital de audio.	Un ejemplo no sería aplicable porque este derecho exclusivo se refiere a las grabaciones sonoras, no a los derechos de autor de la composición subyacente.

Estos derechos se explotan cuando la música se imprime de las formas descritas anteriormente. Sin embargo, hay que tener en cuenta que el derecho de autor en cuestión no es el de la grabación sonora (master), sino el de la composición subyacente (música/letra). Por lo tanto, las regalías de impresión casi siempre las cobran los editores musicales en nombre de sus compositores.

¿Qué es una Licencia de Impresión?

Una licencia de impresión es un acuerdo entre el propietario de los derechos de autor (editor musical) y el usuario de los mismos. Concede permiso para reorganizar, mostrar y/o imprimir las partituras, las notas y/o la letra de una canción. Incluso el menor uso de las partituras, notas y/o letras requiere una licencia de impresión (suponiendo que el uso se mantenga fuera del ámbito del uso justo).

Algunos ejemplos más para aportar algo de claridad sobre el uso:

- Si una persona quiere imprimir la letra de una canción protegida por derechos de autor en la carátula de su CD casero, está técnicamente obligada por ley a obtener una licencia de impresión.
- Si una persona quiere publicar las partituras de una canción protegida por derechos de autor en una página web*, está técnicamente obligada por ley a obtener una licencia de impresión.
- Si Pepsi muestra las letras o las notas musicales en las latas de refresco, también debe obtener una licencia de impresión.

Licencias de Impresión para el Escenario

Si un director de banda quiere reorganizar una partitura para hacerla más sencilla para los alumnos o adaptarla para el escenario, necesita obtener una licencia de impresión. De hecho, los teatros, tanto grandes como pequeños, desde Broadway hasta los programas de las escuelas secundarias, pagan una importante cantidad de dinero por el derecho a utilizar las partituras de una obra de teatro o un musical concreto.

Por ejemplo, un teatro que quiera poner en escena "Joseph and the Amazing Technicolor Dreamcoat" debe obtener una licencia de los derechos de las partituras y las letras del editor de Andrew Lloyd Webber para poder hacerlo. Para más información sobre cómo obtener estos derechos, visita la Asociación Americana de Teatro Comunitario (American Association of Community Theatre).

Cómo Conseguir una Licencia de Impresión

En Estados Unidos sólo existen tres grandes fabricantes de música impresa secular (no religiosa): Hal Leonard, Alfred y Music Sales. Existen otros editores musicales especializados en géneros específicos como la música clásica o la música cristiana contemporánea.

La mayoría de las veces, conseguir una licencia de impresión es relativamente fácil.

Para conseguir una licencia de impresión, el licenciatario debe ponerse en contacto directamente con la editorial y acordar las condiciones. Hay que obtener una licencia por cada canción que se quiera imprimir. Muchas editoriales tienen información de contacto en sus sitios web. Algunas editoriales tienen incluso vías específicas para quienes deseen solicitar una licencia de impresión.

En cualquier caso, hay que estar preparado para relatar con detalle el alcance del uso, el tiempo que se utilizará, el lugar o lugares donde se distribuirá, etc. Todos estos factores ayudarán a los editores musicales a determinar si permiten o no el uso, y por cuánto dinero.

Los licenciatarios pueden considerar la posibilidad de contratar a un abogado especializado en entretenimiento antes de intentar negociar con un editor musical. Esto garantizará que ambas partes establezcan un contrato equitativo.

A diferencia de las regalías de las licencias mecánicas las regalías de las licencias de impresión no están sujetas a ninguna tasa legal. De hecho, no están sujetos a ninguna condición. Si un editor musical quiere negarse a permitir la impresión de la letra de una de sus canciones, tiene el derecho legal de hacerlo. Asimismo, puede cobrar cualquier cantidad de dinero por ese uso.

Regalías por Licencias de Impresión

En el caso de las partituras físicas de una sola canción (no digitales), la norma del sector es un 20% de regalías sobre el precio de venta al público. Con un precio medio de 5 dólares por partitura, el editor recibe unos 99 centavos por cada compra. En el caso de los folios, las regalías suelen ser del 10% al 12.5% del precio de venta al público.

Si el precio medio de las partituras es de $25 dólares, el editor recibe unos $2.80 dólares por cada venta. En el caso de un folio de personaje, se concede un 5% adicional de regalías al intérprete por el uso de su nombre y su imagen, sea éste el autor de la música o no.

En el caso de las letras o la música reimpresa en libros, la tarifa es de aproximadamente un centavo por unidad, con un mínimo de 200 dólares. En el caso de las tarjetas de felicitación, el editor suele pedir entre un 5 y un 8% de la venta al por mayor. Las reimpresiones en prendas de vestir, como las camisetas, suelen oscilar entre el 8 y el 11%. Los usos publicitarios, ya sea en periódicos, revistas o vallas publicitarias, suelen pagar una tarifa fija que puede ser de $25,000 dólares o más. Las reimpresiones de letras en álbumes físicos suelen ser gratuitas.

Todos estos acuerdos se producen de forma individual entre un usuario potencial de los derechos de autor y el propietario de los mismos. Todas las tarifas y condiciones pueden negociarse por separado.

Duración de la Licencia de Impresión

Los contratos de licencias de impresión suelen especificar un plazo de entre tres y cinco años. Al final del plazo de la licencia, el contrato suele permitir al vendedor de música impresa vender las existencias no utilizadas durante seis o doce meses más.

Los editores casi siempre establecen medidas preventivas en el contrato para prohibir el vertido de existencias y una práctica conocida como "ventas de emergencia" (vender la música impresa a un precio muy inferior al valor normal de venta al público).

Derechos de Impresión Digital

La "impresión" digital de música en sitios web ha sustituido en gran medida a la impresión tradicional de música en papel. En su mayoría, las partes interesadas consideran que las partituras y letras de canciones en internet son una forma de música impresa y, por tanto, una explotación de los derechos de impresión.

Los sitios web de letras de canciones son una importante fuente de ingresos para los editores musicales. Por permitir que los sitios reproduzcan las letras de las canciones, los editores musicales suelen recibir alrededor del 50% de los ingresos por publicidad.

Algunas empresas ofrecen partituras descargables a precios similares a los de las partituras físicas. Sin embargo, hay algunas diferencias clave en los tipos de acuerdos entre estas empresas y las editoriales:

Los editores suelen solicitar y recibir la mitad de los ingresos de estos sitios, lo que supone una gran diferencia con respecto al 20% que reciben por la música impresa en papel. Además, las licencias de impresión de música digital impresa casi siempre son no exclusivas, a diferencia de los acuerdos de impresión tradicionales. Esto significa que una editorial puede licenciar los mismos derechos a varios sitios web al mismo tiempo.

Relaciones Esenciales

- **Principal:** Los derechos de impresión se refieren a la explotación de los derechos asociados a los derechos de autor de la composición subyacente. Los editores musicales y los usuarios de los derechos de autor negocian y llegan a acuerdos para los usos individuales de los derechos de impresión.
- **Recaudación de regalías:** Sólo existen tres grandes fabricantes de música impresa secular (no religiosa) en Estados Unidos: Hal Leonard, Alfred y Music Sales. A menos que una editorial sea una de estas empresas, suele conceder licencias de derechos de impresión a uno de estos grandes fabricantes para que recaude y distribuya las regalías de impresión en su nombre.

Obras Citadas

David Koehser. David Koehser - Attorney At Law - 612-204-4567 Licensing Rights in Music. (n.d.). Retrieved September 30, 2021, from http://www.dklex.com/licensingrights-In-music.html.

Faber Music. Music. (n.d.). Retrieved September 30, 2021, from http://www.fabermusic.com/repertoire.

HFA Songfile Home Page. (n.d.). Retrieved September 30, 2021, from https://secure.harryfox.com/public/moreSongfile.jsp.

Obringer, L. A. (2003, May 24). How music royalties work. HowStuffWorks. Retrieved September 30, 2021, from https://entertainment.howstuffworks.com/musicroyalties4.Htm.

Publishing terms. Welcome to Music Services. (n.d.). Retrieved September 30, 2021, from https://musicservices.org/license/terms.

Warnerchappell.com. (n.d.). Retrieved September 30, 2021, from https://www.warnerchappell.com/.

What are the different types of music licenses? Soundreef. (2021, May 7). Retrieved September 30, 2021, from http://www.soundreef.com/en/blog/music-licenses/.

Zendesk Team September 03. (n.d.). What is a print license? Easy Song Help Center. Retrieved September 30, 2021, from https://www.easysonglicensing.com/pages/help/articles/music-licensing/what-is-a-print-license.aspx.

¿Qué es la Distribución Musical?

¿Por Qué Escribimos Esta guía?

En el año 2017, las suscripciones de pago por transmisión digital de audio aumentaron un 45.5% en todo el mundo. Además, los ingresos digitales representaron más de la mitad de todos los ingresos de la música grabada.

Esto indica una tendencia importante: los oyentes valoran cada vez más el *acceso* a la música en línea que la *propiedad* de los discos físicos.

Una nueva generación de oyentes encuentra su música en internet a través de los servicios de transmisión digital. Sin embargo, a pesar de la disminución constante de las ventas de discos físicos en las últimas dos décadas, siguen generando aproximadamente el 30% de los ingresos totales de la música grabada.

La distribución es el proceso de poner la música a disposición del público en todos los medios digitales y físicos - lo que ocurre entre su creación en el estudio y su escucha por parte del oyente. Para cualquiera que intente crear o licenciar música, es vital entender las formas en que la música llega al oyente.

¿Para Quién es Esta Guía?

- Artistas independientes que buscan una explicación en profundidad de cómo llevar su música a los puntos de venta físicos y a los servicios de transmisión digital como Spotify y Apple Music
- Compositores que buscan entender cómo sus composiciones figuran en la venta y distribución de grabaciones sonoras
- Cualquier persona interesada en las formas en que las entidades de la industria musical transfieren las grabaciones sonoras del creador al consumidor

Contenido

- Resumen
- Tipos de Distribuidores
- Digital
- Físico
- Distribución de Sellos Discográficos
- Metadatos de las Grabaciones Sonoras
- El Paisaje Cambiante

Resumen

En pocas palabras, la distribución es el proceso de hacer llegar la música grabada al consumidor. En el pasado, los sellos discográficos se asociaban con empresas de distribución logística al por mayor y fábricas de prensado para esta tarea. Estas empresas se encargaban de fabricar los discos y ponerlos a disposición de los minoristas de todo el país y del mundo.

Los sellos discográficos luego comercializaban y promocionaban el disco, intentando que la gente fuera a las tiendas a comprarlo. En los primeros tiempos de la industria musical moderna, los contratos discográficos eran el santo grial para los artistas porque los sellos discográficos tenían la infraestructura y los recursos para hacer que la música estuviera disponible lo más extensamente posible.

Estos recursos no estaban al alcance de los músicos que creaban grabaciones por su cuenta.

Pero desde la revolución de internet en los años 90, esto ha cambiado. La tecnología digital permite ahora que los contenidos fluyan entre computadoras sin necesidad de un formato físico. Y aunque las grandes disqueras siguen disponiendo de una amplia red de recursos de distribución, a los individuos les resulta mucho más fácil compartir contenidos a través de internet. Esto ha provocado algunos cambios fundamentales en la distribución musical:

Intercambio de Archivos Persona a Persona

Lanzado en 1999, Napster permitía a los usuarios compartir archivos de audio directamente entre ellos, sin un servidor intermediario que agregara o controlara el contenido.

Esto permitía a los usuarios descargar música sin pagar por ella, lo que llevó a la infracción masiva de los derechos de autor.

Aunque la empresa acabó cambiando radicalmente su modelo de negocio debido a las demandas por infracción, abrió el camino para que otras empresas de software de piratería utilizaran la tecnología persona a persona para difundir música a millones de personas durante la siguiente década.

De repente, las grandes disqueras no controlaban los medios de distribución de sus productos. Cualquiera en cualquier parte del mundo podía descargar una reproducción de una grabación sonora con facilidad.

El Acceso a la Música por Internet es Cada Vez Mayor

Apple introdujo la Tienda iTunes en el 2003, dando a los consumidores la opción legal de comprar canciones y álbumes en línea. La interfaz de la tienda era fácil de usar, y resultó ser un éxito masivo.

En 2013, la Tienda iTunes de Apple era la mayor tienda de música del mundo. Junto a iTunes, sitios como YouTube y Pandora ofrecían diferentes formas de acceder a la música.

Mientras que YouTube permitía subir música en forma de vídeo desde cualquier usuario del mundo, Pandora era inicialmente una emisora de radio en línea no interactiva con listas de reproducción especialmente seleccionadas por algoritmos. La aparición de estas plataformas hizo que cada vez más personas accedieran a la música en línea.

La Transmisión Digital y el Cambio de Propiedad a Acceso

Quizá el cambio más importante en la distribución de música desde principios de los años 2000 haya sido provocado, al menos en parte, por las innovaciones de Spotify. Lanzada en 2006, la empresa fue pionera en el concepto de transmisión digital bajo demanda o interactiva.

El modelo es sencillo: el consumidor elige entre escuchar gratis o pagar una cuota de suscripción.

Contratar el nivel gratuito significa tener acceso a toda la música de la plataforma de Spotify, pero estar sometido periódicamente a anuncios de audio. Con el modelo de suscripción de pago, los usuarios tienen acceso a toda la biblioteca de Spotify sin anuncios.

Hoy, en lugar de comprar discos físicos o descargar canciones de iTunes, la mayoría de los oyentes de música prefieren acceder a ella a través de servicios de transmisión digital. Esto ha cambiado fundamentalmente la forma de distribuir la música por parte de los sellos discográficos, las empresas independientes y los artistas.

Tipos de Distribuidores

Principales

Existen diferentes empresas de distribución asociadas a las tres compañías musicales principales: Warner, Sony y Universal; son filiales de propiedad absoluta de las grandes empresas y representan las divisiones de distribución de los sellos discográficos.

También hay empresas que atienden a sellos discográficos y artistas independientes, pero que siguen siendo propiedad de las grandes compañías musicales y, por tanto, se clasifican como tales. Ejemplos de ello son ADA (propiedad de Warner) y Sony RED.

Independientes

Hay cientos de empresas que ofrecen servicios de distribución a artistas y sellos discográficos independientes. Dentro de la categoría independiente, existen algunos sub tipos diferentes:

Distribuidores Digitales al Por Mayor

Este es el tipo más común de distribuidor independiente; hay cientos, ubicados en todo el mundo. La mayoría de los artistas no firmados publican y distribuyen su música a través de estas plataformas. Aunque muchas de estas empresas también ofrecen servicios de distribución física a través de acuerdos con otras empresas mayoristas, se centran en el ámbito digital.

Ejemplos:

- CDBaby
- Tunecore
- Distrokid

- ReverbNation
- OneRPM

Especializados

Estos distribuidores sólo trabajan con sellos discográficos independientes o artistas independientes con influencia. Ofrecen una amplia gama de servicios, que a menudo incluyen la distribución física, y en su mayoría están orientados a la venta por invitación y de empresa a empresa.

Ejemplos:

- The Orchard
- InGrooves
- FUGA

Envío

Algunos distribuidores permiten a los artistas individuales presentar una solicitud en línea para ser aceptados en la plataforma. Estas plataformas varían en cuanto al número de artistas que aceptan. Mientras que algunas mantienen listas exclusivas, otras tienen cientos o miles de artistas.

Ejemplos:

- Stem
- AWAL (de Kobalt)

Mayoristas Físicos

Estas empresas disponen de amplias redes logísticas y recursos de almacenamiento. Suministran productos musicales físicos a los grandes minoristas y a las tiendas de discos independientes, y mantienen acuerdos con los sellos discográficos para hacerlo. También suelen distribuir otros productos, como juguetes, accesorios y ropa para otra clientela.

Ejemplos:

- Alliance/AMPED

Distribuidores de marca blanca

Estas empresas ayudan a los sellos independientes con la infraestructura técnica necesaria para gestionar la distribución. Esto significa que se encargan de cosas como la entrega de metadatos a los DSP y la distribución de regalías a los titulares de derechos, mientras que sus clientes mantienen el control creativo sobre las técnicas de distribución y comercialización.

Ejemplos:

- Sonosuite
- Consolidated Independent
- FUGA

Digital

La distribución digital es el proceso por el cual la música se sube a las plataformas de los proveedores de servicios digitales (Digital Service Providers o DSP, por sus siglas en inglés) como Spotify, Apple Music, Pandora y otros. Los distribuidores son el enlace entre los titulares de los derechos (artistas o sellos y editores musicales)y los servicios de música en línea.

A raíz de la revolución de internet de los años 90, empezaron a surgir muchas empresas independientes centradas en la distribución e, inevitablemente, se convertirían también en distribuidoras *digitales*. Por ejemplo, cuando se fundó en 1997, CDBaby (haciendo honor a su nombre) se centró en la venta de productos físicos como los CD. Actuaba como intermediario entre los minoristas y los artistas en lugar de las disqueras.

Sin embargo, ahora que la transmisión digital se ha convertido en el principal modo de consumo de música, CDBaby y otras muchas empresas de distribución independientes han cambiado sus modelos de negocio y ahora se centran en facilitar la distribución de música *digital*.

Los DSP prefieren ciertos canales a través de los cuales reciben música para sus plataformas.

En su mayoría, estos servicios en línea no aceptan cualquier envío de un individuo al azar (una notable excepción a esta regla es SoundCloud). Ahí es donde entran en juego empresas como CDBaby.

Se encargan de hacer llegar al DSP tanto los datos reales del archivo de la canción (por ejemplo, el archivo MP3 o WAV) como los metadatos asociados (título, artista, código ISRC, etc.) del creador. Aquí tienes los enlaces a los distribuidores independientes preferidos de Apple y Spotify.

Muchas empresas centradas en internet ofrecen servicios adicionales a la distribución, y a menudo cobran una prima por ellos. Por ejemplo, algunas pueden encargarse también del marketing y la promoción, de los derechos de edición y/o de las oportunidades de licencia de sincronización.

El Proceso

Inscripción

Registrarse en la mayoría de los distribuidores independientes al por mayor en línea es gratuito. Esto implica la firma de un acuerdo y es importante leerlo detenidamente.

Las empresas de distribución como AWAL y Stem (a diferencia de las empresas de venta al por mayor como CDBaby) tienen formularios de inscripción, y las empresas especializadas, como ya se ha dicho, son sólo por invitación.

Entrega de Canciones

Después de registrarse, es probable que haya un portal para subir el archivo de la canción y los metadatos que la acompañan, como la carátula del álbum y la información sobre la propiedad. Es importante tener esta información organizada de antemano para agilizar el proceso y dar a la plataforma todos los detalles sobre la obra.

Distribución

A continuación, el distribuidor agrupa el contenido en un paquete de venta y lo entrega a todos los DSP con los que tiene un acuerdo. Los distribuidores en línea a gran escala han desarrollado un software propio para automatizar este proceso.

A menudo hay una cuota de entrega asociada a la subida de contenidos a un determinado DSP, que se contabiliza en la cuota o comisión que el distribuidor cobra al artista.

Pago

El distribuidor recibe las regalías de las transmisiones digitals o ventas de la(s) canción(es) del artista en los diferentes DSP. A continuación, emite estados financieros, junto con el pago, a cada uno de los diferentes artistas o sellos que representan al artista.

Dependiendo del acuerdo y/o de si hubo algún pago por adelantado, el distribuidor pasará todas las regalías generadas o tomará una comisión de las regalías antes del pago.

Aspectos a Considerar

Dado que hay cientos de distribuidores diferentes, es importante considerar una amplia gama de factores a la hora de decidir qué servicio utilizar. Es importante destacar que estas cifras son actuales en el momento de la edición de esta guía en diciembre de 2018, y siempre están sujetas a cambios.

Costo, Comisión y Cuotas

En la mayoría de los casos, es gratuito crear una cuenta con un distribuidor en línea o una empresa de distribución masiva. Pero la distribución de música requiere un pago. CD Baby, por ejemplo, cobra $9.95 dólares por distribuir un sencillo y $49 dólares por distribuir un álbum completo, y se lleva una comisión del 9% de todas las regalías obtenidas.

Otros, como Distrokid, simplemente cobran una cuota anual. No hay ningún costo por subir la música y no hay comisión; el usuario paga $19.99 dólares al año. Las opciones más rentables dependen de la estrategia de lanzamiento del artista y de la cantidad de dinero en regalías que se prevea ganar con la canción o el álbum.

Otros ejemplos:

- MondoTunes: 10% de comisión, $39.99 dólares al año para distribución ilimitada
- OneRPM: 15% de comisión, sin cuota de distribución
- Stem: 5% de comisión

Cantidad de Puntos de Venta

La mayoría de los distribuidores masivos suministran música a más de 100 proveedores de servicios digitales, pero algunos no lo hacen. Mientras que las plataformas de transmisión digital más conocidas representan la gran mayoría del total de transmisiones digitales, un artista que quiera distribuir a un DSP más especializado, como Beatport, querrá tomar nota de los diferentes puntos de venta a los que un determinado distribuidor suministra música.

Ejemplos:

- AWAL: más de 200
- OneRPM: 31
- Vástago: 12

Sistema de Pagos

Es importante saber cuándo el distribuidor envía los pagos de regalías. La mayoría de las empresas tienen umbrales que los pagos de regalías deben alcanzar antes de que una obra pueda recibir algún pago. Stem, por ejemplo, tiene un umbral de pago de $50 dólares, mientras que CDBaby y Tunecore no tienen ninguno.

Ejemplos:

- CDBaby: semanal
- DistroKid: retiro
- Stem: el 15 de cada mes
- ReverbNation: anual

Transparencia en los Pagos

Algunos distribuidores son más conocidos por sus interfaces para artistas, fáciles de usar, que permiten a los clientes hacer un seguimiento en tiempo real de sus cifras de regalías.

Comercialización y sincronización

Por un precio premium o por pertenecer a un nivel "Pro", las plataformas de distribución en línea ofrecen a veces servicios de comercialización y promoción. Otras veces, sin embargo, las empresas de distribución deciden de forma subjetiva a quién se le ofrecen estos servicios premium.

Los servicios ofrecidos pueden incluir la presentación a los curadores de las listas de reproducción de Spotify y a los supervisores de música para la colocación de sincronización, las asociaciones de comercialización y las campañas de comercialización digital.

Monetización de Publicidad

Es el proceso que permite a los titulares de los derechos recaudar una parte del dinero de la publicidad siempre que sus canciones se reproduzcan en línea. Los distribuidores pueden ayudar en este proceso entregando el audio y los metadatos a las plataformas en línea, y gestionando los reclamos sobre las obras del artista que van acompañadas de anuncios.

YouTube

Si el artista ha publicado un vídeo musical oficial (o cualquier otro tipo de contenido) en su canal, optar por la monetización de YouTube permite al artista cobrar una parte del dinero que YouTube obtiene de los anuncios que aparecen con el vídeo. Para monetizar los vídeos del propio canal del artista, hay que tener más de 1,000 suscriptores y 4,000 horas de visualización agregadas.

Los artistas también pueden utilizar el sistema Content ID de YouTube para monetizar los ingresos por publicidad cuando sus obras se utilizan en contenidos generados por el usuario (User Generated Content o UGC, por sus siglas en inglés).

Para ello, el artista debe demostrar que es el propietario válido de los derechos de autor en cuestión. Algunas empresas de distribución tienen acuerdos de colaboración con YouTube, lo que permite a los clientes monetizar automáticamente los CGU cuando firman con el distribuidor. Este servicio suele tener una tarifa.

Facebook e Instagram

Facebook, que también es propietaria de la plataforma Instagram, ha introducido recientemente una función que identifica cuando aparecen contenidos musicales protegidos por derechos de autor en las publicaciones de los usuarios, pagando posteriormente al titular de los derechos unas regalías a cambio. Con la mayoría de los distribuidores, el artista puede simplemente optar por esta función.

Los pagos que hace Facebook a los distribuidores y titulares de derechos difieren entre las plataformas de distribución, los sellos discográficos y las editoriales.

Cada compañía musical tiene un acuerdo diferente con Facebook, cuyas condiciones no están disponibles públicamente.

Inicialmente, Facebook pagó una suma global a cada empresa, que debía durar dos años. Después de este periodo, Facebook proporcionará informes de uso a las empresas y basará los pagos de regalías en esas cifras.

Mientras tanto, la mayoría de las distribuidoras han adoptado un sistema de prorrateo (proporcional) para los pagos de Facebook a los artistas.

Es importante destacar que hay varios derechos de autor implicados en los pagos de monetización de Facebook. Hay un proceso completamente diferente para recibir los pagos por las composiciones, que son propiedad de los compositores y editores musicales. Como se trata de una nueva fuente de ingresos, la forma en que se ajusta a las estructuras de licencias existentes puede resultar confusa.

CD Baby, por ejemplo, considera a Facebook como un socio de sincronización, porque las obras se utilizan principalmente en el contenido audiovisual de la plataforma. Lo importante es saber que la monetización en Facebook de las grabaciones sonoras es completamente independiente de otras licencias, como las de ejecución y las mecánicas.

Ejemplos:

Tunecore: cuota única de $10 dólares, 20% de comisión por monetización de UGC en YouTube

CD Baby: Gratis para optar por la monetización en Facebook; la tasa de pago no está disponible públicamente

Edición

Algunos distribuidores masivos también ofrecen servicios que permiten a los músicos que se inscriben gestionar los derechos de sus composiciones.

Esta situación es aplicable al músico que es a la vez autor de la canción e intérprete en la grabación que se distribuye. La mayoría cobra tarifas premium por estos servicios.

Reparto de Regalías

Sólo unos pocos distribuidores en línea tienen una función que permite a los artistas asignar porcentajes de regalías a otras personas, como productores y artistas de fondo. Se trata de una herramienta muy útil, ya que evita que el artista tenga que hacerlo manualmente cada vez que recibe un pago.

Terminación

Cuando un artista entrega su música a un distribuidor, otorga una licencia a esa empresa para que distribuya su material protegido por derechos de autor. Aunque la mayoría permite a los músicos distribuir otras obras con otros distribuidores, una grabación específica sólo puede distribuirse con uno a la vez.

Un factor importante en el contrato es si el artista puede renunciar al servicio en cualquier momento, o si hay un plazo específico hasta que termine el acuerdo.

Nota: Muchas de las cifras de los ejemplos anteriores están tomadas de una plantilla extensa creada por el bloguero musical Ari Herstand que tiene información para más distribuidores, así como más aspectos a tener en cuenta.

Físicos

Aunque las ventas de discos físicos no han dejado de disminuir desde la década de 1990, siguen representando alrededor del 30% de los ingresos de la música grabada. La popularidad de los discos de vinilo ha resurgido en los últimos años, lo que indica que los discos físicos no serán erradicados por el streaming a corto plazo.

La distribución física sigue siendo una pieza del rompecabezas para el artista promedio que se gana la vida con la música.

Los distribuidores físicos son esencialmente intermediarios mayoristas entre los sellos discográficos/artistas y los puntos de venta al por menor, como las tiendas de discos y tiendas departamentales. Estas empresas pueden variar de tipo; algunas se especializan en la venta de música y entretenimiento y otras entregan una gran cantidad de productos a los minoristas.

La mayoría de los sellos discográficos y distribuidores independientes tienen acuerdos con los mayoristas, lo que les permite almacenar sus discos físicos en tiendas de todo el país y del mundo. Por ejemplo, el distribuidor mayorista Alliance Entertainment distribuyó el 48% de todos los discos de vinilo en el año 2015 (una cuota de mercado considerable, como mínimo).

Sin embargo, en este momento, probablemente sería difícil encontrar una empresa de distribución musical que solo se dedique a la distribución física.

Distribuidores al por mayor como CDBaby y Tunecore también ofrecen servicios que permiten a los artistas distribuir sus discos físicos a las tiendas.

En estos casos, lo más probable es que las compañías musicales tengan acuerdos con otras empresas mayoristas dedicadas específicamente al producto físico. Por ejemplo, CD Baby tiene un acuerdo con Alliance distribution, que da a los artistas la oportunidad de llevar sus discos a más de 15,000 puntos de venta en todo el mundo. Además, la plataforma Bandcamp permite a los artistas crear una tienda online de discos físicos.

Distribución de los Sellos Discográficos

Mientras que los recursos de distribución física solían ser piezas fundamentales del valor que los sellos discográficos ofrecían a los artistas de sus listas, esto ha cambiado desde entonces. Dado que la música se consume sobre todo en línea, y que conseguir música en línea requiere mucho menos esfuerzo y tiempo, el valor que los sellos discográficos ofrecen hoy en día consiste principalmente en conexiones de distribución digital y una amplia comercialización y promoción para sus artistas. No obstante, las grandes disqueras y las independientes siguen teniendo redes de distribución de discos físicos.

Es posible llegar a un acuerdo con un sello discográfico únicamente por los derechos de distribución.

Tanto si el acuerdo es específico para la distribución como si se trata de un acuerdo estándar de licencia de uso maestro, la tasa de regalías del artista se ve afectada por el proceso de distribución.

Otros factores que entran en juego en el acuerdo discográfico son el plazo y el territorio, es decir, durante cuánto tiempo y dónde se distribuye el disco.

Metadatos de la Grabación Sonora

Un componente importante a la hora de hacer llegar la música al mundo para que la gente la escuche y gaste dinero son los metadatos que acompañan a una canción: la información específica que ayuda a identificar un producto. A continuación se presenta una lista de elementos de datos importantes que deben acompañar a la entrega de una grabación a un minorista o DSP.

- Código Universal de Producto (Universal Product Code UPC, por sus siglas en inglés)
- Un código de barras de 12 dígitos. La mayoría de los distribuidores y sellos lo asignan automáticamente a sus artistas.
- Código Estándar de Grabación Internacional (International Standard Recording Code o ISRC, por sus siglas en inglés)
- Código de 12 dígitos que se asigna a cada grabación sonora única que se comercializa. La mayoría de los sellos discográficos y distribuidores los obtienen para sus clientes, pero no es un hecho que lo hagan. Para más información, consulta nuestra guía sobre el ISRC.
- Título de la canción o del álbum
- Artista(s)
- Productor(es)
- Escritor(es)
- Ingeniero(s)
- Información del sello discográfico (nombre, dirección, teléfono, contactos de correo electrónico, etc.)
- Fecha de venta (fecha de lanzamiento al público)
- Formato (álbum, EP, single, etc.)
- Frecuencia de muestreo y profundidad de bits del archivo de audio
- Género (son diferentes para los distintos DSP)
- Antecedentes (historia del artista, información sobre el lanzamiento, etc.)
- Impulsores de la comercialización (anuncios en la prensa, listas de reproducción y anuncios en la radio, calendario de conciertos y giras, etc.)

El Paisaje Cambiante

Dado que la forma de consumir música grabada está cambiando, la industria de la distribución también lo hace. El acto básico de distribuir música es mucho más sencillo hoy en día; puede ser tan fácil como enviar un correo electrónico con un archivo WAV adjunto, junto con los metadatos que lo acompañan.

Por ello, las empresas musicales están cambiando sus modelos de negocio para incluir la distribución en los servicios que ofrecen. Un ejemplo clave es Spotify, que está probando un método que permite a los creadores subir directamente al sitio. También está probando una función que permite a los artistas enviar sus propias canciones para colocarlas en listas de reproducción (lo que suele ser tarea de un sello o distribuidor). Spotify también ha ofrecido un "acceso preferente a la plataforma" a los artistas inscritos en la distribuidora Distrokid, otro avance interesante en este sector del negocio.

Obras Citadas

"AWAL | Decoding Content ID: How Artists Make Money on YouTube." AWAL, https://www.awal.com/blog/content-id-how-artists-make-money-on-youtube. Accessed 30 July 2021.

"Best Music Distribution Companies | Comprehensive Review Guide | Ari's Take." Ari's Take, https://www.facebook.com/aristake/, 15 Oct. 2020, https://aristake.com/post/Cd-baby-tunecore-ditto-mondotunes-zimbalam-or.

"Can I Get My TuneCore UPC/ISRC before I Upload? Can I Use My Own UPC/ISRC Code? – TuneCore." TuneCore, https://support.tunecore.com/hc/en-us/articles/115006499567-Can-I-get-my-TuneCore-UPC-ISRC-before-I-upload-Can-I-usemy-own-UPC-ISRC-Code-. Accessed 30 July 2021.

"Digital Music Distribution: Everything You Need Know | LANDR Blog." LANDR Blog, https://www.facebook.com/LANDRmusic, 12 Jan. 2021, https://blog.landr.com/everything-musicians-need-know-digital-music-distribution/.

"How Music Distributors Work | HowStuffWorks." HowStuffWorks, HowStuffWorks, 17 July 2008, https://entertainment.howstuffworks.com/music-distributor1.htm.

"---." HowStuffWorks, HowStuffWorks, 17 July 2008, https://entertainment.howstuffworks.com/music-distributor.htm.

"ISRC - International Standard Recording Code." ISRC - International Standard Recording Code, https://www.usisrc.org/about/obtaining_code.html. Accessed 30 July 2021.

"Music Distribution In The Age Of Smartphones - Hypebot." Hypebot, 8 Mar. 2018, http://www.hypebot.com/hypebot/2018/03/music-distribution-in-the-age-ofsmartphones.Html.

"Music Distribution: Understand Selling Your Music | DIY Musician." DIY Musician, https://www.facebook.com/ChrisRobleyMusic/, 22 Jan. 2018, https://diymusician.cdbaby.com/music-distribution/music-distribution-every-artist-needs-know/.

"Music Distribution: What Is It?" The Balance Careers, https://www.thebalancecareers.com/music-distribution-defined-2460499. Accessed 30 July 2021.

"Not Found – Spotify for Artists." Fans Make It Possible – Spotify for Artists, https://artists.spotify.com/blog/now-in-beta-upload-your-music-in-spotify-for-artists. Accessed 30 July 2021.

Payne, Ogden. "Empire: The Distribution Company That Turned Music Streaming Pennies Into Profit." Forbes, Forbes, 26 Sept. 2016, https://www.forbes.com/sites/ogdenpayne/2016/09/26/empire-the-digital-distribution-company-that-turnedmusic-streaming-pennies-into-profit/#8b028d93ead6.

Resnikoff, Paul. "Digital Distributors 'Freaking Out' A"er Spotify's Distrokid Announcement." Digital Music News, 18 Oct. 2018, https://www.digitalmusicnews.com/2018/10/18/digital-distributors-freaking-out-spotify-distrokid/.

"Share New Music for Playlist Consideration – Spotify for Artists." Fans Make It Possible – Spotify for Artists, https://artists.spotify.com/blog/share-new-music-forplaylist-consideration. Accessed 30 July 2021.

"SONY MUSIC ENTERTAINMENT ANNOUNCES DIGITAL DISTRIBUTION AGREEMENT WITH WIND-UP RECORDS - Sony Music." Sony Music Entertainment, 27 June 2009, https://www.sonymusic.com/sonymusic/sony-music-entertainment-announcesdigital-distribution-agreement-with-wind-up-records/.

"The Indie Musician's Guide To Digital Distribution - Budi Voogt." Heroic Academy, http://facebook.com/heroicacademy, 5 Dec. 2013, https://heroic.academy/indiemusicians-guide-to-digital-distribution/.

"The Music Industry in an Age of Digital Distribution | OpenMind." OpenMind, https://www.bbvaopenmind.com/en/articles/the-music-industry-in-an-age-of-digitaldistribution/. Accessed 30 July 2021.

"Vinyl Records - Alliance Entertainment - Premier Wholesale Distributor." Wholesaler, Distributor, Vinyl LP Records, CD, DVD, Blu-Ray, Music, Movies, Video Games, Toys, Collectibles, Consumer Electronics, Turntables: Alliance Entertainment, https://www.aent.com/selection/vinyl-records. Accessed 30 July 2021.

¿Qué es la Gestión de Derechos?

¿Por Qué Escribimos Esta Guía?

Esta guía describe la función de un gestor de derechos digitales, el valor que aportan y algunos indicios de que puedas necesitar un representante de gestión de derechos. La información que se ofrece a continuación destaca la creciente importancia de los servicios de gestión de derechos en la era digital y cómo está configurando el futuro de las industrias creativas en todo el mundo.

Después de leerla, conocerás los servicios y las ventajas asociadas a la gestión de derechos digitales en lo que respecta a la música, el cine, la televisión y otros medios de comunicación.

¿Para Quien es Esta Guía?

- Propietarios de composiciones musicales
- Propietarios de grabaciones sonoras
- Propietarios de películas
- Compositores de canciones autoeditadas
- Managers de creadores independientes
- Editores independientes
- Distribuidores de contenidos digitales
- Organizaciones de gestión colectiva
- Interesados en activos de derechos de autor

Contenido

- Resumen
- ¿Por qué debería interesarme la gestión de derechos?
- Servicios de gestión de derechos
- Valor añadido de la gestión de derechos
- ¿Necesito un gestor de derechos?
- Lista breve de gestores de derechos

Resumen

Un gestor de derechos ayuda a los titulares de derechos de autor a mantener el control sobre su obra, los metadatos, las licencias y, sobre todo, las regalías. En el entorno digital actual, esta es una tarea cada vez más esencial.

El Internet es comparable al " viejo oeste " en lo que se refiere a la gestión de la propiedad intelectual. El enorme volumen de contenidos e información que se comparte entre los usuarios y a través de las plataformas dificulta el seguimiento del uso de la música, las películas y otros activos, sin mencionar las regalías correspondientes al propietario de los derechos. Los usuarios suben más de 720,000 horas de contenido al día sólo en YouTube, una cifra aparentemente incontrolable si se tiene en cuenta todo el Internet.

La cuestión es saber cuánto de ese contenido te pertenece y si te están compensando adecuadamente por su uso. Lo más probable es que un profesional de la gestión de derechos pueda ayudarte a averiguarlo.

¿Por qué debería interesarme la gestión de derechos?

Conocer y controlar el uso de tus contenidos en Internet es imprescindible en las industrias creativas modernas. Puedes conseguir las reproducciones, las visualizaciones y las descargas que desees, pero si no se respetan los derechos subyacentes de tu obra, estas cifras no significan nada. A partir de 2021, los ingresos digitales representan casi el 60% de los ingresos totales de la industria de los medios de comunicación y el entretenimiento. La mejor manera de recaudar y regular estos ingresos es a través de la gestión de derechos digitales (Digital Rights Management o DRM, por sus siglas en inglés), una forma sistemática de protección de los derechos de autor proporcionada por una serie de empresas, software y programación codificada. Un representante de la gestión de derechos es responsable de entender el panorama de la DRM relevante para los activos de sus clientes y asegurarse de que están capitalizando y protegiendo sus derechos en la mayor medida posible.

Entre otras tareas, los gestores de derechos ayudan a expedir licencias, administrar las regalías y establecer relaciones con las organizaciones de recaudación de regalías. Sus objetivos incluyen la autorización del uso adecuado de la música, la monetización en forma de regalías y la gestión de los conflictos de propiedad. Gran parte de esto se completa con el mantenimiento de los metadatos: los datos subyacentes que rigen la propiedad de los contenidos digitales. A través de una serie de servicios, los gestores de derechos ayudan a sus clientes a identificar, organizar y distribuir los datos necesarios para proteger, administrar y sacar provecho de sus obras.

Servicios de Gestión de Derechos

El trabajo de los gestores de derechos es específico tanto del tipo de derechos de autor que representan como de las necesidades de su clientela. La forma de llevar a cabo estas tareas varía, pero los gestores de derechos suelen ofrecer los siguientes servicios en alguna medida: recaudación de las regalías, registro de la propiedad, seguimiento del uso, mantenimiento de los metadatos, reclamación, monetización, autorización de usos de tu obra y prevención de usos no autorizados de tu obra. A continuación se ofrece un breve desglose de cada uno de estos servicios.

•   **Cobro de regalías**

El dinero que ganas con tu obra protegida por derechos de autor suele devolverse en forma de pago de regalías. Recaudar y reclamar estas regalías es una tarea exigente que requiere una organización continua y atención a los detalles. El cobro integral de los derechos de autor tiene muchas facetas, como la gestión de activos, la contabilidad de los derechos, la resolución de conflictos de propiedad, la concesión de licencias, la liquidación de derechos no reclamados y la versatilidad en la gestión global de los derechos de los medios de comunicación. Estas tareas, entre otras, son esenciales para cobrar íntegramente las regalías que se te deben por el uso de tus obras musicales y audiovisuales en línea.

- En el ámbito de la recaudación de regalías por obras musicales, esto implica:
- La administración de regalías de ejecución
- La administración de regalías mecánicas
- La administración de regalías de ejecución de grabaciones sonoras
- La administración de la sincronización en YouTube
- La ampliación de esta representación a través de las Organizaciónes de Gestión Colectiva (Collective Management Organizations o CMO, por sus siglas en inglés) internacionales

Los gestores de derechos utilizan tecnología, personal y relaciones especializadas para llevar a cabo de forma óptima estas tareas en su nombre.

- **Registro**

Gran parte de las regalías procedentes de la ejecución, la reproducción mecánica o los usos derivados de tu obra se contabilizan y distribuyen de forma centralizada a través de organizaciones de gestión colectiva y plataformas de medios de comunicación. Estas organizaciones suelen archivar la información sobre tu propiedad y pagan las ganancias correspondientes.

Sin embargo, a menudo es responsabilidad del propietario de los contenidos registrar y actualizar adecuadamente la información sobre la propiedad de los derechos de autor en estas organizaciones de gestión colectiva. No obstante, si los datos e información necesarios en este proceso de registro se introducen de forma incorrecta, es probable que no veas todas las regalías que has ganado.

Un socio de gestión de derechos se encarga de que la información sobre la propiedad se registre sin errores en las organizaciones de gestión colectiva correspondientes. En lo que respecta a la gestión de derechos digitales de los derechos de autor musicales, esto implica el registro y la administración en la Agencia Harry Fox (link required), Music Reports Inc (link required), Mechanical Licensing Collective, CMRRA, las sociedades de derechos de ejecución (ASCAP, BMI, SESAC, SOCAN), SoundExchange (link required) y YouTube, entre otras.

- **Seguimiento**

Conocer el rendimiento de tus activos de derechos de autor es un requisito previo para maximizar su rendimiento. Los análisis que miden los datos demográficos de consumo, el rendimiento específico de las plataformas, los informes de reclamaciones y los datos sobre conflictos son algunas de las muchas formas de seguimiento que te permiten optimizar el rendimiento de tus contenidos. Un gestor de derechos puede recopilar y reportar esta información permitiéndote fomentar el crecimiento del valor y la protección de tu catálogo. También es posible auditar las bases de datos públicas para obtener una estimación aproximada del valor actual y futuro de tu catálogo de canciones.

- **Mantenimiento de los metadatos**

La información subyacente incorporada o asociada a una obra digital es quizás el componente más importante de la recaudación integral de regalías. Estos metadatos son muy específicos y a menudo no se gestionan o se pasan por alto. Sin embargo, es la clave para cobrar en la industria musical moderna. Un gestor de derechos te ayudará a recopilar, limpiar, aumentar y organizar tus metadatos sin que signifique una carga de trabajo adicional para ti o para tu personal.

- **Reclamar y autorizar los usos de tu obra**

Dada la naturaleza extensiva de la distribución de contenidos digitales, controlar cómo y dónde aparecen tus contenidos ante el público es una tarea importante pero difícil. Un socio de gestión de derechos cuenta con las herramientas necesarias para controlar quién puede utilizar tu contenido, dónde puede mostrarlo y si recibes o no un pago por él.

En muchas plataformas, un gestor de derechos puede emitir avisos de retirada de contenidos por infracción de los derechos de autor o por usos indebidos de los mismos. Del mismo modo, puedes aplicar las políticas que desees, permitiendo que algunos usos estén libres de monetización o restricción. Ejemplos de ello son permitir a los fans utilizar tu canción abiertamente cuando publiquen imágenes de una actuación en directo, pero eliminar la presencia de tu contenido cuando se utilice en un contexto violento o inapropiado. El punto es que un socio de gestión de derechos te da más control sobre cómo se utiliza tu contenido. Esto protege tu reputación y tus resultados.

Valor Añadido por la Gestión de Derechos

- **Un socio de gestión de derechos puede aumentar el valor de tus derechos de autor.**

La propiedad intelectual es un activo valioso. Actualmente representa casi el 40% de las exportaciones netas de Estados Unidos, con un valor de más de 842 mil millones de dólares. Si eres compositor, cineasta, autor, artista o creador original de cualquier tipo, generas la propiedad intelectual asociada a tu obra.

La ley de derechos de autor dicta que el propietario de los derechos tiene derecho a una compensación por el uso de tus obras en todos los formatos, plataformas y fronteras. Sin embargo, la naturaleza intangible de la propiedad intelectual hace que su valor sea difícil de definir. Gran parte de este valor depende de lo bien que se gestionen los derechos asociados a tus activos, de ahí la importancia de un gestor de derechos.

Los activos de propiedad intelectual sólo tienen valor en la medida en que sus derechos sean aplicables. Es decir, siempre y cuando puedan ser identificados y sus usos atribuidos al propietario correspondiente. Además, el valor de la propiedad intelectual depende de la exclusividad y de los beneficios futuros gracias a la capacidad de los activos para ser licenciados y explotados.

Un gestor de derechos trabaja para maximizar el valor de la propiedad intelectual de su cliente cumpliendo cada una de estas calificaciones basadas en el valor. Una vez que se cumplen estas calificaciones, los derechos se representan, se documentan y se cobran a través de todas las plataformas apropiadas. Esto puede aumentar el valor de tus activos de forma considerable.

Tenemos clientes que obtuvieron un crecimiento del 99.76% en los ingresos mensuales de su catálogo musical tras 16 meses de representación de la gestión de derechos.

- **Los servicios de gestión de derechos te ahorran tiempo.**

Desarrollar una obra creativa y original que llegue a un amplio público no es tarea fácil, pero en la industria del entretenimiento actual esto es sólo la mitad de la batalla. Ejercer los derechos de propiedad en todo su alcance y reclamar las regalías asociadas en su totalidad es una tarea igualmente abrumadora.

Sin embargo, el éxito a este respecto no se define por el mérito artístico, sino por la versatilidad en la gestión de datos, el derecho contractual, la concesión de licencias, las finanzas y la resolución de conflictos. Se entiende que estas habilidades suelen quedar fuera del ámbito del trabajador creativo.

Un socio de gestión de derechos puede librarte a ti y a tu personal de la carga de trabajo y de la tensión administrativa asociada a la gestión de derechos, y a menudo cubren sus propios costos con el mayor rendimiento de tus activos de propiedad intelectual. Un socio de gestión de derechos suele cobrar una comisión sobre las regalías que recauda para ti, que puede oscilar entre el 10 y el 25% de los ingresos brutos por regalías.

- **La gestión de derechos te ayuda a preservar tu independencia creativa.**

La gestión de derechos es una práctica relativamente nueva en la industria del entretenimiento. Históricamente, las empresas especializadas en la monetización de obras creativas financiaban a los creadores a cambio de la propiedad de su obra. Entre los ejemplos de la industria musical se encuentran los editores musicales y los sellos discográficos. En la industria cinematográfica, suelen ser los estudios de producción o las cadenas de televisión. Esta relación con una empresa de medios de comunicación suele obligar al creador a trabajar según las condiciones y expectativas de un contrato escrito. Aunque esto puede ser una forma importante de apoyo para los artistas y creadores, algunos pueden considerar que es un obstáculo para el proceso creativo.

La era digital ha cambiado el panorama de la recaudación de regalías al permitir que los creadores no sólo produzcan, distribuyan y sean propietarios de sus obras, sino que también cobren las regalías asociadas. La experiencia de un gestor de derechos permite a los creadores recaudar las regalías en la mayor medida posible sin sacrificar su autonomía creativa. Un gestor de derechos es un socio esencial para los creadores independientes.

¿Necesito un representante de gestión de derechos?

Hay una variedad de circunstancias que requerirían servicios de gestión de derechos. La principal preocupación es que tus activos de propiedad intelectual no estén ganando lo que esperas. A menudo, la atención necesaria puede quedar fuera de tu capacidad, habilidades o conocimientos actuales.

En cualquier caso, la gestión de los derechos asociados a tus activos de propiedad intelectual es un trabajo que no debe dejarse de hacer. Si te identificas con alguna de las afirmaciones siguientes, es aconsejable que busques un socio de gestión de derechos:

- No conozco todas las plataformas necesarias para cobrar mis regalías
- Creo que debería recibir más regalías de las que cobro actualmente

- No tengo tiempo para registrar, mantener y seguir mis regalías digitales de tantas fuentes diferentes
- Los creadores de vídeos en YouTube utilizan mis contenidos, pero no recibo nada a cambio
- No tengo tiempo, experiencia ni recursos para mantener grandes volúmenes de metadatos musicales
- No recibo las regalías por el uso de mi música/película fuera de los Estados Unidos
- Me cuesta mantenerme independiente porque no sé cómo cobrar correctamente las regalías
- Quiero vender mi catálogo de música por el mayor valor posible
- Soy competente a la hora de reclamar algunos tipos de regalías digitales, pero tengo problemas en otras plataformas
- No tengo un CMS en YouTube
- Mis pagos de regalías son aislados y poco frecuentes
- Mi equipo no tiene la experiencia ni el tiempo para gestionar los conflictos, las esperas para reclamar, las grabaciones sonoras mal integradas, los archivos de referencia superpuestos y otros problemas relacionados con la gestión de contenidos en el sistema de identificación de contenidos de YouTube

Un socio de gestión de derechos puede ayudarte a resolver estas dudas y otras más, sólo tienes que encontrar uno que se ajuste a tus necesidades. Comienza el proceso para ser dueño de tus contenidos, controlar tus datos y recaudar tu dinero.

Lista de Gestores de Derechos

Música	Cine	Otros Medios
• Exploration • Create Music • Kobalt • Songtrust	• Exploration • MediaRights • Axinom DRM	• Vitrium • Stackla • Buy DRM

Obras Citadas

"YouTube: Hours of Video Uploaded Every Minute 2019 | Statista." Statista, https://www.statista.com/statistics/259477/hours-of-video-up-loaded-to-youtube-everyminute/. Accessed 30 July 2021.

cullen, frank. "The State of American Intellectual Property: Protecting American Jobs." Uschamber.Com, 20 Feb. 2017, https://www.uschamber.com/series/abovethe-fold/the-state-american-intellectual-property-protecting-american-jobs.

"Digital Transformation and The Future of Media - Widerfunnel." Widerfunnel, https://www.facebook.com/widerfunnel, 24 June 2019, https://www.widerfunnel.com/blog/future-of-media-and-entertainment/.

"Films and Television Broadcasts : Copyright." Copyright, https://copyright.unimelb.edu.au/information/what-is-copyright/films-and-television-broadcasts. Accessed30 July 2021.

"Valuing IP Assets." WIPO - World Intellectual Property Organization, https://www.wipo.int/sme/en/value_ip_assets/. Accessed 30 July 2021.

¿Debo Declarar Mis Regalías en Mis Impuestos?

¿Por Qué Escribimos Esta Guía?

Los artistas tienen múltiples flujos de ingresos de los que deben hacer un seguimiento y todos ellos deben ser contabilizados al hacer los impuestos. El propósito de esta guía es ayudar a los artistas a entender si es importante o no declarar el dinero obtenido por regalías en sus impuestos.

¿Para Quién es Esta Guía?

- **Artistas** que ganan regalías por su trabajo
- **Cualquier persona** que quiera saber más sobre las finanzas de los artistas

¿Debo Declarar Mis Regalías?

Como artista, es posible que te preguntes si debes declarar en tus impuestos el dinero que has ganado por regalías. La respuesta corta es: Sí, cualquier dinero que hayas ganado a través de regalías de más de diez dólares debe ser reportado en tus impuestos.

Como compositor, es posible que tengas que declarar las regalías ganadas por tu editor o administrador y por la Sociedad de Derechos de Ejecución (Performing Rigths Organization o PRO, por sus siglas en inglés).

Como músico, productor o artista, es posible que debas declarar las regalías obtenidas de tu sello discográfico, distribuidor de discos y SoundExchange.

Como compositor y artista, es posible que debas declarar las regalías obtenidas de tu PRO, editor y sello discográfico.

Depende de cómo ganes regalías y de cómo hayas decidido entrar en la industria, ya sea como artista con un sello principal, como compositor con un editor y PRO, como artista con contrato con un sello independiente con control sobre la edición, así como muchas otras combinaciones.

¿Cómo Declaro Mis Regalías?

Todas las entidades que te distribuyen regalías deben entregarte un formulario 1099-MISC que utilizarás para declarar tus regalías en tus impuestos. Un formulario 1099-MISC esencialmente registra la cantidad de regalías que has recibido de cualquier entidad en particular. Utilizarás la cantidad registrada en estos formularios 1099-MISC para transferir la cantidad correcta de ganancias a tu formulario de impuestos 1040.

La mayoría de los artistas presentarán sus ganancias por regalías en el Anexo C debido a que los artistas son considerados trabajadores autónomos y los ingresos obtenidos por medio de regalías son parte de sus ganancias regulares. Las regalías procedentes de ganancias puntuales, como los trabajos que pueda realizar fuera de su carrera musical, se presentarán en el Anexo E, ya que se consideran ingresos complementarios.

Por ejemplo, si escribieras una novela fuera de tu carrera musical y se publicara y vendiera, ganarías regalías. Dado que el gobierno no te reconoce como escritor autónomo, las regalías obtenidas por la venta de libros se considerarían ingresos complementarios y, por lo tanto, tendrían que presentarse como Anexo E.

Una vez que la información registrada en los formularios 1099-MISC se transfiera a tu formulario 1040, has terminado de declarar tus regalías en tus impuestos.

¿Por Qué es Importante Declarar Mis Regalías?

Las regalías son ingresos, por lo que el gobierno federal espera que las declares en tus impuestos. Es importante informar de tus regalías por la misma razón que es importante informar de cualquier ingreso que hagas como ciudadano americano. El no hacerlo podría dar lugar a discrepancias con tu declaración de impuestos y alertar al gobierno de que estás haciendo un esfuerzo para evadir impuestos, por lo que es muy importante estar al tanto de tus ganancias por regalías como artista.

Obras Citadas

Experts, TurboTax Tax. "The Musician's Guide to Taxes: Top Tax Deductions - TurboTax Tax Tips & Videos." TurboTax Official Site: File Taxes Online, Tax Filing Made Easy, TurboTax, 16 Oct. 2019, https://turbotax.intuit.com/tax-tips/self-employment-taxes/the-musicians-guide-to-taxes-top-tax-deductions/L3dFXFokF.

"Five Timely Tax Tips for Musicians | New Music USA." NewMusicBox, https://www.facebook.com/NewMusicBox, 25 Jan. 2017, https://nmbx.newmusicusa.org/fivetimely-tax-tips-for-musicians/.

"Royalty Income - Schedule E / Schedule C – Support." Support, https://support.taxslayerpro.com/hc/en-us/articles/360023011873-Royalty-Income-Schedule-ESchedule-C#:~:text=Royalties%20are%20reported%20to%20the,associated%20with%20the%20underlying%20activity. Accessed 30 Aug. 2021.

"Tips from an Accountant: The Best Way for Musicians to Do Their Taxes | Tom Tom Magazine." Tom Tom Magazine, Tom Tom Magazine, https://tomtommag.com/2017/03/tips-accountant-best-way-musicians-taxes/. Accessed 30 Aug. 2021.

"What Is Royalty Income and How Is It Taxed? | HowStuffWorks." HowStuffWorks, HowStuffWorks, 10 Nov. 2014, https://money.howstuffworks.com/personal-finance/personal-income-taxes/what-is-royalty-income-and-how-is-it-taxed.htm.

¿Qué es una Auditoría de Exploration?

Bienvenido! Nos alegra que estés aquí. Lee más adelante sobre lo que es una auditoría y cómo conseguir una gratis por parte de nuestro equipo en Exploration.

Contenido

¿Qué es una Auditoría de Exploration?

El objetivo de una auditoría es ofrecer a los compositores, editores, artistas, sellos discográficos y empresas de cine y televisión una imagen detallada de cómo están representadas sus obras y, por consiguiente, de quién percibe ingresos como resultado de la explotación de sus obras. Nuestro equipo revisa las bases de datos que se indican a continuación y otras más para ver qué metadatos están presentes y qué información puede faltar, recopilando todos los resultados en una hoja de cálculo. Esto ayuda a los titulares de los derechos a encontrar los lugares en los que pueden faltar ingresos por regalías, ya sea en forma de transmisión digital mecánica, interpretación, sincronización en YouTube o de otro tipo.

Bases de datos auditadas:

- El Sistema de Gestión de Contenidos de YouTube, donde los socios (como Exploration) pueden reclamar obras en nombre de los titulares de derechos.
- El Colectivo de Licencias Mecánicas (Mechanical Licensing Collective o MLC, por sus siglas en inglés), que recauda las regalías mecánicas de los DSP en Estados Unidos, como Spotify, Amazon Music y Apple Music, para los autores, compositores y editores musicales.
- La Agencia Harry Fox (Harry Fox Agency o HFA, por sus siglas en inglés), que recauda regalías mecánicas en nombre de los compositores y editores musicales de proveedores de servicios como Facebook y Audiobyte.
- Music Reports Inc (MRI, por sus siglas en inglés), que recauda regalías mecánicas en nombre de autores, compositores y editores musicales de plataformas como Amazon (vídeos musicales), TikTok y Peloton.
- Sociedades de Derechos de Ejecución Pública (Performing Rights Organizations o PRO, por sus siglas en inglés), como ASCAP y BMI, que recaudan regalías de ejecución en nombre de autores, compositores y editores musicales.
- SoundExchange, que es el único agente autoriazado para recaudar las regalías de ejecución pública (sólo las asociadas a la grabación sonora de una canción) generadas en servicios de transmisión digital no interactivos.
- LyricFind, empresa líder en soluciones de licencias y estadísticas de letras de canciones, distribuye letras de canciones en plataformas como Amazon, Google, Xperi, YouTube, Deezer, Pandora y iHeartRadio.

Nuestro equipo suele tardar de uno a dos días hábiles en completar la auditoría, y es completamente **gratuita**. Ya sea que utilices los servicios de administración de Exploration o no, la auditoría es una herramienta de organización que te será muy útil. Mereces tener **información precisa y completa** sobre cómo están representadas tus obras en las plataformas, independientemente de quién las cobre en tu nombre.

¿Cuáles son los Pasos?

- Todo empieza con la comunicación. Hablaremos contigo por teléfono, en persona o por correo electrónico sobre los títulos que controlas.
- Nos enviarás los títulos que quieras auditar.
- Auditaremos todas las plataformas disponibles para determinar cómo están representados tus títulos.
- Prepararemos un informe con nuestras conclusiones, incluyendo los siguientes pasos.

La información que necesitamos:

- 3-5 títulos de tus canciones más populares que te gustaría auditar
- Nombre de los artistas de cada título
- Nombre de los compositores
- Los porcentajes de propiedad de las obras en cuestión (por ejemplo, yo poseo el 33% de una canción y mis dos coautores el resto)
- Qué derechos controlas (máster/edición, sincronización/ mecánicas/ejecución)

Si no estás seguro de alguno de estos datos, no te preocupes. Podemos ayudarle a rellenar los espacios que faltan.

¿Qué Preparamos?

Armados con los datos que nos proveas, nuestro equipo elaborará una hoja de cálculo que contenga los datos de propiedad de las PRO, HFA y MRI, los datos de los activos de YouTube e información sobre los vídeos de YouTube no reclamados, composiciones que se encuentran en conflicto, etc.

Recuerda: la auditoría es completamente gratuita y no hay ninguna obligación de inscribirse en Exploration cuando la solicitas.

Pasos Siguientes

¡Felicidades! Una auditoría puede es el primer paso para organizar tus metadatos y te encamina por la via correcta para cobrar completamente las regalías que se te deben por el uso de tus obras por derechos de autor en línea. A continuacion, he aqui algunas de las maneras en las que Exploration puede ayudarte después que recibas la auditoría:

- Comprender los detalles de la hoja de cálculo con una conversación de seguimiento
- Ponerse en contacto con tu sello/editorial/PRO para resolver cualquier confusión
- Proporcionar una lista de proveedores de servicios competentes
- Cementar nuestra relacion por vía de la contratación de nuestros servicios, para la recaudación de regalías de tus composiciones, grabaciones sonoras y/o activos de cine y televisión en YouTube y cualquier otra plataforma que elijas.

¿Quién es Exploration?

Exploration se enorgullece de ser la empresa elegida para administrar gran parte de los catálogos musicales más importantes del mundo. Utilizando personal competente y tecnología avanzada, ayudamos a los propietarios de derechos de autor a organizar sus metadatos y a recaudar regalías no reclamadas de YouTube, la Agencia Harry Fox, Music Reports, sociedades de derechos de ejecución, sociedades de recaudación, proveedores de servicios digitales (como Spotify, Apple, Pandora, etc.) y sus ingresos internacionales.

¿Qué Hacemos?

Actualmente, Exploration representa y asesora a nivel mundial a editores musicales, sellos discográficos, sociedades de derechos de ejecución nacionales y extranjeras, cantautores, compositores, artistas discográficos y clientes de cine y televisión en materia de derechos digitales.

- Nuestros **servicios administrativos** incluyen la gestión de canales de YouTube, la auditoría de catálogos, la recopilación de metadatos, los derechos de autor y la contabilidad mensual a nuestros clientes, la resolución de conflictos de propiedad y la consultoría de estrategia digital.

- Nuestros **servicios para editores y compositores** incluyen la gestión de CMS de YouTube específicos para la composición, la administración de regalías mecánicas de transmisión digital bajo demanda, la administración de regalías de ejecución y las liquidaciones de NMPA.
- Nuestros **servicios para sellos y artistas discográficos** incluyen la gestión de CMS de YouTube específicos para la grabación sonora, el desarrollo de canales de YouTube, la gestion con Soundexchange y la distribución digital.
- Nuestros **servicios para empresas de cine y televisión** incluyen la gestión de CMS de YouTube específicos para cine y televisión y el desarrollo de canales de YouTube.

¿Cómo lo Hacemos?

Exploration proporciona un servicio ejemplar a los titulares de derechos. El servicio de White Circle resulta en menos gastos operativos, mejor control de tus datos y mayor recaudación de regalías.

- Los **Gestores de Cuentas y el Personal de Apoyo General** aprenden, apoyan y administran los catálogos de los clientes. Los gestores de cuentas trabajan en colaboración con el personal de apoyo general de Exploration para proporcionar una ejecución de tareas precisa y oportuna.
- El **Personal de Entrega, Ingesta y Datos de Catálogos** asiste a los clientes en la entrega, el formateo y el aumento de los metadatos de sus catálogos, la ingesta de plataformas, la reclamación manual y la coincidencia de códigos ISRC para recaudar más regalías.
- El **Personal de Resolución de Conflictos y Errores** resuelve los conflictos patrimoniales utilizando un conocimiento excepcional de la materia, excelentes relaciones con las empresas implicadas y un compromiso diario con la tarea.
- El **Personal de Análisis, Contabilidad e Informes** proporciona a los clientes análisis mensuales y datos brutos de regalías

recibidas de las plataformas que elijas, junto con un resumen de las regalías y la comisión administrativa de Exploration. Además, recibirías informes detallados sobre la reclamación manual, la coincidencia de códigos IRSC, los activos y vídeos de mayor rendimiento, los datos sobre conflictos y los datos demográficos de los consumidores.

Cómo Cancelar y Cambiar Tu Representante Musical

Una Guía Paso a Paso de Exploration

Desde los distribuidores digitales y los representantes administrativos hasta los participantes más tradicionales de la industria, como los sellos discográficos y las editoriales musicales, hay una gran variedad de empresas que administran contenidos y recaudan regalías en nombre de los creadores.

Cambiar de representante de derechos de autor es algo habitual en el negocio de la música. No tiene por qué ser una experiencia emocional o negativa. A medida que los objetivos de tu música y/o los objetivos de tu negocio se desarrollan y cambian con el tiempo, puedes llegar a darte cuenta de que tus acuerdos actuales ya no satisfacen tus necesidades.

La siguiente guía ofrece una plan de trabajo para cambiar de proveedor y debería ayudar a los titulares de derechos de autor a obtener los mejores servicios disponibles para sus obras.

Con esto en mente: cada situación es única, y no pretendemos que los siguientes pasos sirvan como instrucciones finales para todos. Aquellos que han firmado acuerdos con disqueras y editoras principales y otras empresas de entretenimiento pueden tener más dificultades a la hora de intentar rescindir un acuerdo o cambiar de proveedor de servicios.

Consulte siempre con un abogado antes de firmar cualquier nuevo acuerdo.

¿Por Qué Escribimos Esta Guía?

Te mereces los mejores servicios disponibles. Si crees que los derechos de autor de tus composiciones y grabaciones sonoras no están aprovechando todo su potencial -o si simplemente no sabes si lo están haciendo o no-, es hora de tomar medidas.

En primer lugar, consulta con tu actual representante musical. Mira si son capaces de discernir si tus obras están aprovechando todo su potencial.

Si decides cambiar, al principio puede parecer intimidante intentar organizar toda la información que un nuevo proveedor de servicios necesitará de ti cuando te alejes de tu actual proveedor, así que hemos escrito una guía para ayudarte en el proceso. Si sigues los pasos que aquí se indican, estarás preparado para cambiar a un proveedor de servicios que te permita aprovechar mejor tus contenidos musicales y audiovisuales y empezar a cobrar más regalías.

Cómo cambiar de proveedor de servicios musicales

Paso #1: Piensa por qué quieres dejar tu actual proveedor de servicios musicales.

El proveedor de servicios musicales, en este caso, se refiere a cualquier organización o empresa que gestione los metadatos o los derechos de autor en tu nombre. Puede ser una:

- Distribuidor Digital
- Editor Musical
- Sello Discográfico
- Administrador de la Edición Musical
- Administrador de CMS de YouTube
- Y más...

Será importante tener en cuenta los motivos por los que quieres dejar a tu actual representante musical: ¿No estás recibiendo el servicio al cliente que esperabas? ¿No recibes las regalías que crees que te corresponden?

Antes de darlo por terminado oficialmente, considera la posibilidad de ponerte en contacto con un representante de tu actual proveedor de servicios y mantener una conversación sobre los motivos por los que decides dejarlo. Puede ayudarles a prestar un mejor servicio a los demás.

Paso #2: Identificar los tipos de servicios que necesitas.

A menudo, esto comienza con una pregunta: "¿Qué tengo?" ¿Composiciones? ¿Grabaciones sonoras? ¿Ambos? Por ejemplo, si eres compositor o editor musical, controlas los derechos de autor de las composiciones subyacentes. Deberías cobrar:

- Regalías nacionales y extranjeras de tu Sociedad de Ejecución Pública
- Regalías mecánicas nacionales y extranjeras, incluidas las regalías mecánicas de transmisión digital basadas en EE.UU. del Colectivo de Licencias Mecánicas
- Regalías de sincronización de los vídeos de YouTube que utilizan tus composiciones
- Derechos de sincronización de tus colocaciones en el cine, la televisión y los anuncios publicitarios
- Uso de letras de canciones

Si eres un sello discográfico o un artista discográfico independiente, controlas los derechos de autor de las grabaciones sonoras, o los masters. Deberías cobrar:

- Todas las regalías de los artistas que figuran en tu contrato de grabación o acuerdo de distribución
- Regalías de ejecución digital no interactiva de SoundExchange
- Regalías de sincronización de tus grabaciones sonoras en YouTube
- Derechos de sincronización de tus colocaciones en el cine, la televisión y los anuncios publicitarios

- Derechos conexos

Paso #3: Auditar los derechos de autor.

Una auditoría de los derechos de autor es el primer paso para cobrar íntegramente las regalías que te corresponden por el uso de tus obras musicales y audiovisuales en línea.

El objetivo de una auditoría de derechos de autor es ofrecer a los compositores, editores, artistas, sellos discográficos y empresas de cine y televisión una imagen detallada de cómo se representan sus obras en línea y, por consiguiente, de quién recauda ingresos como resultado de su explotación.

Idealmente, una auditoría de derechos de autor para Norteamérica puede revisar las siguientes bases de datos públicas:

- YouTube, donde los administradores de terceros pueden reclamar activos en nombre de los propietarios de derechos de composición y grabación sonora.
- Agencia Harry Fox, Music Reports, The Mechanical Licensing Collective, y CMRRA, que recaudan regalías en nombre de los compositores y editores de música de una variedad de diferentes servicios digitales
- Las organizaciones de derechos de ejecución estadounidenses y extranjeras que recaudan regalías de ejecución en nombre de los compositores y editores.
- SoundExchange, y otros organismos responsables de la recaudación de regalías por la ejecución pública de grabaciones sonoras, incluidos los derechos conexos.

Paso #4: analiza tu auditoría (y pide ayuda si la necesitas).

Una auditoría adecuada incluirá tus metadatos (títulos de canciones, coautores, porcentajes de reparto, ISRCs, ISWCs, territorios, etc.) organizados en una hoja de cálculo junto con cualquier información aplicable a quien gestiona actualmente tus derechos de autor.

Una vez completado, te dará una mejor idea de dónde deberías cobrar las regalías no adquiridas con la ayuda de un nuevo proveedor de servicios.

Paso #5: Solicita una exportación de metadatos a tu actual proveedor de servicios.

Antes de hacer algo oficial con tu actual proveedor de servicios, recopila toda la información que puedas sobre tus derechos de autor. Tu actual proveedor de servicios debería poder proporcionarte esta información en una simple hoja de cálculo de Excel o en un archivo de exportación.

Una vez que recibas esta exportación de metadatos de tu actual proveedor de servicios, aumenta la información que parezca faltar, incluidos los títulos de las canciones, los coautores, los porcentajes de división, los ISWC, los ISRC, los territorios, etc. Te conviene que tus metadatos sean lo más completos y detallados posible. A menudo, tu nuevo proveedor de servicios podrá ayudarte con estas tareas, así que no te preocupes si te parece desalentador.

Paso #6: Identificar posibles nuevos proveedores de servicios y ponerse en contacto con ellos.

Hay cientos de proveedores de servicios entre los que elegir, cada uno de los cuales ofrece servicios que difieren entre sí en aspectos importantes. Para entender mejor lo que cada entidad debería hacer por usted, lea estas guías:

- ¿Qué es un Sello Discográfico?
- ¿Qué es un Editor Musical?
- ¿Qué es un Distribuidor Digital?
- ¿Qué es SoundExchange?
- ¿Cuál es la diferencia entre una empresa musical principal y una empresa independiente?

Una vez que hayas investigado el tipo de servicio que necesitas y quién puede proporcionártelo en el sector, ponte en contacto con los mejores y solicita hablar con un representante. Ten en cuenta que antes de rescindir con tu actual proveedor de servicios y firmar con uno nuevo, debes sentirte cómodo y seguro con el acuerdo.

Paso #7: Rescindir el contrato con tu actual proveedor de servicios.

Fíjate en la duración de tu contrato para determinar cuándo puedes rescindirlo legalmente con tu actual proveedor de servicios. Los contratos con los proveedores de servicios de música suelen tener una duración determinada -por ejemplo, un año- y luego pueden continuar automáticamente de forma anual, trimestral o mensual.

Algunos contratos ofrecen una ventana de terminación dentro de la cual puedes rescindir legalmente, y luego proporcionarán una fecha de terminación oficial después de la cual tus derechos de autor ya no estarán bajo su representación. Todo depende de lo que negocies y firmes con una determinada empresa.

De acuerdo con tu contrato, es posible que también tengas que enviar una notificación oficial a tu actual representante de servicios por correo certificado de EE.UU. Este es un ejemplo de lo que puede ser:

Nombre de Tu Proveedor de Servicios

Dirección de la Empresa

Fecha:

Re: Terminación de [nombre del tipo de acuerdo], #de cuenta/ID (si aplica)

Estimado [nombre de la compañía]

Le envío esta notificación por escrito para solicitar la rescisión de [nuestro acuerdo] con efecto [fecha de rescisión]. Les agradecería que me enviaran una confirmación por escrito de que la rescisión se ha hecho efectiva. Por favor, inicien los pasos necesarios para la rescisión por su parte y dejen de cargar los pagos en mi cuenta.

Gracias por su atención a este asunto. En espera de su respuesta.

Sinceramente,

[tu firma]

Tu nombre

Tu dirección

- **Terminación con un Administrador Musical**

En primer lugar, envía una solicitud por correo electrónico a tu actual proveedor de servicios, incluyendo tu nombre, dirección postal, títulos de las canciones y la razón por la que quieres dejarlo (opcional).

Si sigues correctamente las cláusulas de rescisión de tu contrato, tu proveedor de servicios tendrá que enviar una solicitud a varias organizaciones (las PRO, las agencias de cobro de derechos mecánicos, SoundExchange, etc.) pidiéndoles que renuncien a la administración de tus derechos de edición a nombre de tu proveedor actual.

Estas organizaciones pueden tardar algún tiempo en procesar esta solicitud. Mientras tanto, tus regalías no deberían quedar sin cobrar. Hasta que otra editorial se encargue de tus derechos de autor, tus regalías deberían ser pagadas a través de tu actual proveedor de servicios, dependiendo de los términos de tu acuerdo.

Ten en cuenta que con un acuerdo de edición musical tradicional, puede que no sea tan fácil como enviar una notificación de tu intención de rescindir. Esto se debe, entre otras cosas, a que la editorial puede ser propietaria de los derechos de autor de tu composición. Es importante leer detenidamente el contrato para ver si es así.

Algunas empresas hacen que sea tan fácil como enviar un formulario web para darse de baja.

- **Terminación con un Distribuidor Digital**

Dependiendo de los términos de su acuerdo, es posible que pueda mantener tus lanzamientos anteriores con tu antiguo distribuidor digital pero lanzar tus nuevas grabaciones a través de uno diferente. Si este es el caso, se puede hacer sin una notificación de cancelación.

Por ejemplo, si has publicado un sencillo a través de CD Baby en el pasado, pero quieres publicar tu álbum completo a través del servicio de distribución digital de DistroKid, no es necesario transferir el sencillo a DistroKid si no quieres hacerlo.

Sin embargo, es posible que quieras tener todas tus obras bajo el mismo techo, por así decirlo, en cuyo caso tendrías que dar los pasos para retirarlas y transferirlas.

Terminar con un distribuidor digital no es tan sencillo como pulsar un botón de "cancelar". Tu distribuidor tendrá un proceso para retirar tus grabaciones de las distintas plataformas digitales, y esto puede llevar días o incluso semanas.

De nuevo, algunos distribuidores digitales ofrecen la posibilidad de darse de alta y de baja a través de la web. Una rápida búsqueda en Google: "cómo cancelar con _____" debería indicarte el camino correcto.

- **Terminación con una Compañía Discográfica**

Desgraciadamente, terminar con un sello discográfico no es tan fácil como hacer clic en "cancelar" en un sitio web. Por lo general, parte del modelo de negocio de una discográfica consiste en poseer tus grabaciones maestras durante un periodo de tiempo determinado y cobrar por ellas.

Por ello, la mayoría de los artistas discográficos firman un contrato con su sello discográfico por el que se transfieren los derechos de las grabaciones maestras al sello de forma permanente o por un periodo determinado. El contrato de grabación especificará las condiciones de rescisión.

Los sellos querrán revisar el acuerdo original con su equipo legal antes de proceder a cualquier tipo de rescisión. No está de más repetir que tú mismo revises cuidadosamente el contrato de grabación y consultes a tu propio abogado con experiencia antes de iniciar la rescisión con un sello discográfico.

Paso #8: Regístrate con un proveedor de servicios diferente *mucho antes de la fecha de terminación de tu actual representante* y entrega tu catálogo

La contratación de un nuevo proveedor de servicios casi siempre implica la firma de un contrato legalmente vinculante como primer paso. Asegúrate de que tú (y un abogado especializado en derechos de autor) lean detenidamente el nuevo acuerdo antes de firmarlo para poder entender mejor los términos.

Una vez firmado el acuerdo, tu nuevo representante de derechos de autor debería proporcionarte un proceso paso a paso para que puedas transferir tus metadatos y ellos puedan ingerir tu catálogo. Algunos proporcionan asistencia personal práctica.

Tu nuevo representante querrá saber exactamente cuándo se terminan los derechos de autor del acuerdo jurídicamente vinculante que tenías con tu anterior representante (la fecha de terminación). Tenlo a mano si es posible.

Paso #9: Trabaja con tu nuevo representante para resolver los conflictos de propiedad en plataformas digitales y agencias de cobro con tu anterior representante.

Si cambias de administrador de tus composiciones o grabaciones sonoras en YouTube, SoundExchange, etc., tu nuevo representante de derechos de autor pondrá tus activos en conflicto con tu anterior representante. Esto es por diseño de la industria musical y es por lo que la fecha de terminación es tan importante.

Una vez que el anterior representante ceda la propiedad de tus activos a tu nuevo proveedor, todos los conflictos se resolverán y el dinero retenido en la cuenta de depósito a partir de la fecha de cese volverá a fluir hacia ti, esta vez a través de tu nuevo representante.

Otra función de una buena administración de los derechos de autor es la limpieza de los metadatos de las canciones. Mantener una lista precisa de tus canciones junto con toda la información que puedas reunir limitará los posibles retrasos y garantizará una transición lo más fluida posible.

Paso #10: Confirma que tu catálogo de canciones se ha transferido con éxito **de tu anterior representante de derechos de autor al nuevo.**

Tu nuevo representante de derechos de autor debería ayudarte a confirmar que tu catálogo de canciones se ha transferido completamente de tu anterior representante. Vale la pena comprobar con ellos después de unas semanas para asegurarse de que tu catálogo ha sido completamente ingerido, que cualquier conflicto se ha resuelto y que tus metadatos son correctos.

Puedes solicitar otra auditoría con ellos para estar seguro.

Conclusión

En caso de duda, pide consejo a un abogado o a alguien con experiencia en la industria musical en quien confíes.

Te mereces la mejor representación disponible para tu trabajo creativo.

Organizaciones de la Industria Musical

La Guía de YouTube para la Industria Musical

¿Por Qué Escribimos Esta Guía?

YouTube es enorme! La red se extiende por todos los rincones de la tierra, está generando ingresos considerables, tiene más gente escuchando música en ella que todos los demás servicios musicales juntos... ¡y está creciendo exponencialmente!

Dada la escala y la multitud de relaciones que existen entre los titulares de derechos, los distribuidores de datos, las organizaciones de cobro y los creadores, es obviamente muy complejo. Esta mezcla única crea oportunidades y retos increíbles para todos.

Para aprovechar todo el poder de YouTube, se necesita una sólida comprensión de cómo funcionan el negocio de la música y YouTube, además de los pequeños, pero importantes, detalles.

Por eso hemos redactado esta guía, para dotar a los usuarios de los elementos necesarios para estar informados.

¿Para Quién es Esta Guía?

Esta guía está escrita para:

- Editores musicales y sellos discográficos que tengan curiosidad por saber cómo incluir YouTube en un esfuerzo más amplio para explotar plenamente los derechos de autor que controlan.
- Escritores, compositores y artistas interesados en una comprensión más elaborada de cómo sus obras musicales generan exposición e ingresos.
- Creadores de YouTube deseosos de adquirir un conocimiento más profundo sobre cómo se puede incluir la música en sus vídeos y canales.
- Estudiantes y/o artistas que están empezando a aprender cómo YouTube puede desempeñar un papel en su negocio musical.
- Abogados, mánagers, personal y otras personas que trabajan de forma auxiliar en el negocio de la música.

En última instancia, nuestro objetivo es que el lector de esta guía termine sintiéndose seguro de entender cómo funcionan los elementos dinámicos de YouTube y el negocio de la música.

Contenido de la Guía

La Guía de YouTube para el negocio de la música es el recurso más exhaustivo que existe sobre el tema.

Se recomienda que el lector se tome el tiempo necesario para consumir toda la información ofrecida con el fin de aprovechar al máximo todo lo que YouTube puede ofrecer.

Tiempo de lectura - ~ 2 horas

También se encontrarán enlaces a herramientas y recursos adicionales que se pueden utilizar para ampliar la formación y aprovechar al máximo la red.

Por último, a medida que surjan preguntas e ideas, no dudes en ponerte en contacto con Exploration para aclararlas. Estamos aquí para ayudar.

Indice de Contenidos

- Historia de YouTube
- Conceptos Básicos de la Industria Musical
- Cómo Funciona YouTube
- Gestión de Metadatos
- VEVO y YouTube
- Herramientas de YouTube
- Ejemplos
- Casos Legales de YouTube
- Preguntas Frecuentes

Historia de YouTube

1998	Fundación de Google.
2003	Lanzamiento de AdSense.
2005	Fundación de YouTube.
2006	YouTube es adquirida por Google.
2007	Viacom y otros proveedores de contenido demandan a YouTube por permitir alojar y compartir material protegido por derechos de autor.
2011	RightsFlow es adquirida por YouTube y ofrece licencias de música, software, informes y pagos de regalías.
2011	El tribunal falla a favor de YouTube, permitiéndole hacer uso de las disposiciones de puerto seguro de la Digital Millennium Copyright Act (DMCA). Las partes llegan a un acuerdo extrajudicial.
2012	Lanzamiento de Content ID, que permite a los titulares de derechos gestionar sus derechos de autor.
2012	Inauguración de YouTube Space LA.
2016	Lanzamiento de YouTube Red.

YouTube fue creado en 2005 por Chad Hurley, Steven Chen y Jawed Karim como una forma de ver y compartir fácilmente vídeos a través de Internet.

Tuvo un crecimiento explosivo y luego fue adquirida por Google en 2006 por 1.6 mil millones de dólares.

En 2007, Viacom y otros proveedores de contenidos demandaron a YouTube, alegando que la empresa debía ser considerada responsable de la infracción de derechos de autor por alojar miles de vídeos infractores subidos por los usuarios entre 2005 y 2008. La demanda pedía más de mil millones de dólares por daños y perjuicios.

Llegaron a un acuerdo extrajudicial. Una estipulación resultante establecía que Google debía proporcionar una herramienta a los titulares de derechos que fuera "eficiente" y "eficaz" para que pudieran gestionar sus derechos.

En 2011, Google adquirió la empresa RightsFlow. RightsFlow había acumulado un enorme catálogo y había desarrollado un software para ayudar a identificar, informar y pagar las regalías asociadas específicamente a las licencias de editores musicales.

Google aprovechó los esfuerzos de RightsFlow e integró la tecnología y los datos en lo que se convertiría en el sistema de gestión de contenidos Content ID.

El 1 de enero de 2012 se lanzó el Sistema de Gestión de Contenidos (Content Management System o CMS, por sus siglas en inglés) y se puso a disposición de determinados editores musicales. El CMS ya se había puesto a disposición de los sellos discográficos y las empresas de cine y televisión.

Utilizando las herramientas, los titulares de derechos comenzaron a añadir y editar los metadatos de los activos sobre los derechos de autor que controlaban.

Al principio, los titulares de derechos solían ejercer la política de bloquear o retirar cualquier contenido que contuviera sus derechos de autor. Sin embargo, a medida que la oportunidad de monetizar y generar exposición a través del Contenido Generado por el Usuario (User Generated Content o UGC, por sus siglas en inglés) se convirtió en una opción viable, la tendencia ha cambiado para rastrear y monetizar.

Varios miles de editores musicales, sellos discográficos, profesionales y administradores contribuyen ahora al CMS en todo el mundo.

YouTube gana dinero mediante la venta de publicidad que se muestra asociada a los vídeos subidos y a través de la suscripción de los espectadores a contenidos sin publicidad, acceso sin conexión y contenidos exclusivos a través de YouTube Premium.

AdSense se creó originalmente como la red publicitaria para dar servicio a Google.com. Desde entonces, se ha convertido en la plataforma de venta de publicidad más sofisticada del mundo, proporcionando a los anunciantes un increíble control sobre sus mensajes y análisis.

La conexión de YouTube con AdSense ha supuesto una oportunidad única para los anunciantes al ofrecerles acceso a la publicidad en los vídeos de YouTube.

En última instancia, YouTube reparte sus ingresos por publicidad y suscripciones con los titulares de derechos. Hasta la fecha ha pagado a los titulares de derechos más de 3 mil millones de dólares.

Desde entonces, YouTube ha aumentado considerablemente el alcance de sus ofertas. Han aumentado la capacidad de Content ID, han añadido acceso a nuevas herramientas y han construido instalaciones de grabación. Siguen forjando asociaciones estratégicas y creando nuevas formas de monetizar los contenidos en todo el mundo.

Conceptos básicos de la industria musical

Antes de profundizar en cómo colaboran YouTube y los titulares de derechos, es importante tener al menos un conocimiento básico de las partes relevantes del negocio de la música.

Derechos de autor

Todo comienza con los derechos de autor y, a efectos de esta guía, nos referiremos a la ley de derechos de autor de Estados Unidos.

La ley de derechos de autor protege y permite a aquellos que han creado y/o son propietarios de obras musicales recibir atribución y remuneración (dinero) por los usos de estas obras. Esto es importante, porque la propiedad legítima de una obra musical concreta es fundamental para que todas las partes interesadas colaboren en última instancia.

En relación con YouTube y el negocio de la música, es importante tener en cuenta tres tipos de derechos de autor:

Composición

La canción. Una composición está formada por la letra, las notas, la melodía y el arreglo de una obra musical. Las composiciones son propiedad de un editor musical. Un escritor o compositor escribe una canción y luego un artista o banda la interpreta (a veces el compositor y el artista son la misma persona, de ahí el término cantautor).

Otras personas pueden interpretar una canción a su manera después de la interpretación inicial. Esto se denomina cover. La misma composición puede utilizarse en varias grabaciones sonoras diferentes. Un cover debe contar con la licencia de la editorial, al igual que la grabación original.

Grabación sonora

El audio grabado. Una grabación sonora es la música que se ha creado como interpretación de una composición. Una grabación sonora es propiedad de un sello discográfico. Puede incluir voces, baterías, cuerdas, trompetas, sonidos electrónicos o cualquier otro tipo de audio organizado en una única grabación maestra. Las grabaciones maestras deben su nombre a la época en que se producían los discos. La versión grabada era la maestra, por lo que todas las copias eran esclavas. Una grabación sonora puede estar incrustada en varios vídeos diferentes, y sólo tendrá una composición incrustada.

Vídeo musical

El audio-vídeo. Un vídeo musical es un vídeo que se ha sincronizado con el audio, con el fin de interpretar la música en un medio visual. La mayoría de las veces, el vídeo musical es propiedad de la misma disquera que posee la grabación sonora. Puede ser una producción coreografiada de alto presupuesto o algo tan sencillo como la grabación de una actuación en directo. Presta atención al uso de la palabra sincronización, ya que la veremos más adelante. En sus términos más sencillos, se trata de una referencia a cuando el audio se sincroniza con un componente visual, como en un vídeo musical, una televisión, una película, un juego o una retransmisión deportiva... pero no nos adelantemos. Al hablar de un vídeo musical, no nos referimos a cualquier vídeo al azar que pueda contener una obra musical concreta, sino sólo a los vídeos musicales oficiales. Un vídeo musical tendrá una grabación sonora incorporada y la grabación sonora tendrá una composición incorporada.

En resumen, una composición es la canción escrita y es propiedad de un editor musical. Una grabación sonora es el audio grabado, que tiene una composición incorporada, y es propiedad de un sello discográfico. Por último, un vídeo musical es una imagen visual sincronizada con una grabación sonora y suele ser también propiedad del sello discográfico. Cada uno de ellos es un derecho de autor único y distinto.

Licencias

La ley de derechos de autor reconoce ciertos derechos exclusivos a los creadores y propietarios de una canción. Entre ellos se encuentran los siguientes derechos:

- Reproducir en copias
- Elaborar obras derivadas

- Distribuir copias
- Interpretar la obra públicamente
- Exponer la obra públicamente

En el caso de YouTube, existen principalmente dos de estos derechos que requieren la obtención de licencias. Se trata del derecho a preparar obras derivadas, que se relaciona con una licencia de sincronización, y el derecho a ejecutar públicamente, que se relaciona con una licencia de ejecución.

Licencia de Ejecución

Una licencia de ejecución es la que dicta cómo se paga a los editores musicales cuando las obras que contienen sus composiciones se interpretan públicamente. Este tipo de licencia se creó originalmente para garantizar que los compositores recibieran una compensación cuando sus canciones se interpretaban en conciertos y otras actuaciones en directo antes de que existieran los discos, los CD e Internet.

Las emisiones de radio en Estados Unidos y la música que se reproduce en público, por ejemplo en los altavoces de un restaurante o centro comercial, son ejemplos de ejecución pública.

Las Sociedades de Derechos de Ejecución (Performing Rights Organizations o PROs, por sus siglas en inglés), que en Estados Unidos son ASCAP, BMI y SESAC, recaudan las regalías de la ejecución pública.

Las licencias de ejecución son impuestas por el gobierno para ASCAP y BMI. La SESAC negocia las licencias de ejecución de forma independiente. Los ingresos generados suelen denominarse y clasificarse como regalías de ejecución.

Las licencias de ejecución y YouTube están relacionadas con la edición musical. Para que YouTube permita a los usuarios subir vídeos que contengan música, han obtenido una licencia de ejecución de las PROs (ASCAP, SESAC y BMI).

Las licencias de ejecución son necesarias siempre que una canción se reproduzca en público (es decir, en la radio, en directo, en emisiones y en vídeos online).

YouTube negoció con éxito un acuerdo con las PROs para el uso de su repertorio en forma de un acuerdo general. YouTube paga a las PROs por el uso de todo su catálogo, mediante una tarifa fija que luego se distribuye a todos los escritores/editores de canciones que la PRO controla.

Licencia de Sincronización

Una licencia de sincronización es la que dicta cómo se paga a los editores musicales y a los sellos discográficos como resultado de que su música aparezca con un componente visual. Esto puede incluir el cine, la televisión, los juegos, las emisiones, los anuncios y el vídeo en la web. Las licencias de sincronización se negocian de forma independiente y se pagan directamente a los editores musicales, a los sellos discográficos o a sus representantes. Los ingresos generados suelen denominarse tasa de sincronización o regalías de sincronización.

En relación con YouTube, las regalías de sincronización se generan a través de la publicidad. Son la mayor parte del dinero que se recauda en la red. El importe de las regalías está directamente vinculado a los análisis de las visualizaciones dentro del sistema de YouTube. Es importante tener en cuenta que no todas las visualizaciones generan la misma cantidad de dinero, pero más adelante hablaremos de esto con más detalle.

La música sincronizada con cualquier medio visual exige dos licencias de sincronización, una para la edición y otra para la grabación sonora. Para utilizar la grabación sonora de otra persona en un vídeo se necesita el permiso de los editores musicales y del sello discográfico. Si un usuario de YouTube sube un cover, una actuación en directo o cualquier otro vídeo en el que sólo se utilice la composición, sólo se necesita una licencia de sincronización del editor.

YouTube no facilita ni negocia licencias de sincronización en nombre de sus usuarios. En cambio, los editores y propietarios de grabaciones sonoras tienen la opción de reclamar cualquier vídeo que se suba y que contenga sus obras protegidas por derechos de autor, si no se ha concedido ya el permiso.

Licencia de Vídeo Musical

Una licencia de vídeo musical es la que dicta cómo se paga a las disqueras por el uso de sus vídeos musicales oficiales.

Funcionan de forma similar a las licencias de grabación sonora.

Internacional - Fuera de los Estados Unidos

En todos los mercados fuera de los Estados Unidos, las regalías por la edición musical, la interpretación y la sincronización, se agrupan y se pagan a través de la PRO local y luego al editor musical o subeditor. En la actualidad, los editores musicales extranjeros no pueden trabajar directamente con YouTube, sino sólo a través de sus respectivas PRO locales.

Los sellos discográficos pueden cobrar directamente de YouTube o a través de su distribuidor para su explotación mundial.

He aquí un breve resumen:

Una composición es la canción escrita y es propiedad de un editor musical. Está integrada en una grabación sonora. Varias grabaciones sonoras diferentes pueden contener la misma composición. Genera regalías de ejecución y de sincronización en YouTube.

En Estados Unidos, las regalías de ejecución se pagan a la PRO del escritor/editor y las regalías de sincronización se pagan directamente al editor musicale o a su representante. En todos los territorios fuera de Estados Unidos, ambas regalías se agrupan y se pagan a través de la PRO local y al subeditor.

Una grabación sonora es el audio grabado y es propiedad de un sello discográfico. Una composición está incorporada a una grabación sonora y una grabación sonora está incorporada a un vídeo. La misma grabación sonora puede contener varios vídeos diferentes.

El dinero que genera es una combinación de las regalías de interpretación y sincronización. Los sellos discográficos reciben el pago directamente de YouTube.

Un vídeo musical es una representación visual de una grabación sonora. Lleva incorporada la grabación sonora y suele ser propiedad del mismo sello discográfico que posee la grabación sonora.

Cómo funciona YouTube

Sistema de Gestión de Contenidos (CMS)

El Sistema de Gestión de Contenidos (CMS) de YouTube ofrece a los titulares de derechos la oportunidad de gestionar los derechos de autor que controlan. Está compuesto por los módulos Content ID, Gestión de Videos, Gestión de Canal, AdSense, Analíticas y Entrega de Contenido.

El CMS es una herramienta complicada y poderosa, por lo que vamos a empezar por sus partes más básicas para luego unirlo todo.

Activos

Un activo en YouTube es un recipiente de propiedad intelectual que contiene todos los metadatos respectivos de ese derecho de autor. Hay muchos tipos de activos en el CMS. En relación con el negocio de la música hay dos tipos principales, la composición y la grabación sonora.

Composición

Una composición está formada por la letra y la melodía de una canción. Suele ser propiedad y estar gestionada, parcial o totalmente, por un editor musical. Un compositor, arreglista o artista independiente puede actuar como su propio editor musical con el fin de cobrar las regalías.

Los metadatos requeridos para las composiciones incluyen un ID personalizado (asignado por el propietario), título, escritores, editores, divisiones de propiedad, territorio de control, y el ISRC relacionado o el ID de activo relacionado.

Aunque no es obligatorio dentro del Content ID, se recomienda incluir el Código Internacional de Obras de Canción (International Song Works Code o ISWC, por sus siglas en inglés) asociado a una composición concreta. Los ISWC son emitidos por ASCAP en los Estados Unidos.

Las composiciones están vinculadas a las grabaciones sonoras a través de un Código Internacional de Grabación Sonora (International Sound Recording Code o ISRC, por sus siglas en inglés). Este vínculo indica que la composición está incorporada a una grabación sonora.Para que una composición gane dinero o genere analíticas a través del CMS debe estar conectada o incorporada a una grabación sonora.

Los editores musicales suelen tener derechos territoriales específicos para cobrar las regalías. Transfieren la recaudación fuera de su jurisdicción a los subeditores a través de las PRO locales.

Grabación Sonora

Una grabación sonora es la grabación real de una canción. Es propiedad de un sello discográfico. Los artistas y grupos independientes suelen actuar como su propio sello discográfico con el fin de cobrar las regalías.

En el CMS, una grabación sonora tiene su correspondiente archivo de referencia, que es una huella digital única. Se utiliza para identificar de forma programada los vídeos que puedan contener esa grabación sonora.

Los metadatos requeridos para las grabaciones sonoras incluyen Título, Artista, Sello Discográfico, Territorio e ISRC.

Se asigna un Código Internacional de Grabación Sonora (ISRC) a una grabación sonora cuando se prepara para su distribución y se utiliza para identificarla en YouTube y otros lugares.

Los sellos discográficos suelen tener derechos exclusivos en todo el mundo sobre las grabaciones sonoras, lo que les permite cobrar directamente todas las regalías.

ISWC e ISRC en la Industria Musical

Los Códigos Internacionales de Obras de Canción (ISWC) utilizados para identificar las composiciones y los Códigos Internacionales de Grabación de Canciones (ISRC) utilizados para identificar las grabaciones sonoras no son exclusivos de YouTube. Se crearon hace décadas para identificar composiciones y grabaciones sonoras en todos los aspectos del negocio de la música.

Funciones de Content ID

Correlación de Audio/Vídeo

El principal algoritmo de correlación de Content ID utiliza un sistema de huellas digitales que identifica los vídeos que pueden contener obras protegidas por derechos de autor. Todos los vídeos subidos a YouTube se comparan con su biblioteca de archivos de referencia. Si la correlación es satisfactoria, el sistema realiza automáticamente una reclamación de propiedad y aplica una política de uso al vídeo correlacionado.

Reclamaciones posibles

Las reclamaciones posibles se ponen a disposición de los titulares de derechos dentro de Content ID cuando se ha determinado que existe una alta probabilidad de que el vídeo contenga material protegido por derechos de autor, pero no es 100% seguro. Estas reclamaciones se presentan en una secuencia que debe ser revisada manualmente cada día.

Reclamaciones Manuales

Las reclamaciones manuales se realizan manualmente buscando vídeos que puedan contener obras protegidas por derechos de autor. Cuando se identifican coincidencias, el titular de los derechos puede reclamar la propiedad del vídeo, además de aplicar una política de uso.

Impugnación de Reclamaciones

Si el propietario de un vídeo al que se le ha hecho una reclamación sobre su vídeo cree que se ha hecho por error o de forma ilegítima, puede disputar la reclamación. El titular de los derechos es informado de la disputa en la consola CMS. A continuación, dispone de 30 días para eliminar la reclamación o mantenerla.

Gestión de Derechos

Content ID ofrece la posibilidad de añadir, editar y manipular la propiedad y los metadatos de los activos. Los metadatos de los activos incluyen escritores, artistas, editores, sellos discográficos, códigos de identificación únicos y archivos de referencia. La composición, la grabación sonora, el vídeo musical, la película, la televisión, los juegos, los deportes, la radiodifusión y otros activos de vídeo web contienen metadatos específicos de los activos.

Conflictos de Propiedad en YouTube

Los conflictos dentro de YouTube se producen como resultado de que varios socios de CMS se hagan con más del 100% de la propiedad de un mismo activo en un territorio.

Cuando está en conflicto, un activo seguirá generando ingresos, pero las regalías no se pagarán hasta que se resuelva el conflicto. Cuando un activo entra en conflicto, los propietarios son informados a través de la consola de CMS. Se les incentiva a que se pongan en contacto entre sí para lograr la resolución.

Control de la Política de Uso de YouTube

Al reclamar la propiedad de un activo con Content ID, YouTube permite cuatro opciones de política. Éstas se enumeran en orden de menor a mayor exigencia. Esto es importante. Cuando varias partes tienen diferentes políticas de uso aplicadas a un activo en particular, la política más estricta tendrá prioridad.

- **Monetizar:** Optar por la colocación de anuncios antes, durante, después y junto al vídeo para ganar dinero con su visualización.
- **Rastrear:** Optar por evitar que los anuncios aparezcan asociados al vídeo, aunque se mantendrá la capacidad de previsualizar los análisis de visualización. Esta política tendrá efecto cuando el propietario no elija ninguna política.
- **Bloquear:** Optar por bloquear un vídeo infractor concreto, de modo que no pueda verse en la red. Es una especie de tirón de orejas, diciendo efectivamente: " ¡Oye, mira, no uses nuestro material!".
- **Retirada:** Se trata de una infracción oficial de los derechos de autor y constituye una acción legal para retirar el vídeo, ya que contiene obras protegidas por derechos de autor. El propietario de un canal tendrá su canal prohibido después de recibir avisos de retirada en 3 vídeos. ¡Tres strikes y estás fuera!

Conexión de AdSense

Para monetizar el contenido en YouTube hay que registrarse y conectarse a AdSense, la plataforma publicitaria de Google. La conexión de YouTube y AdSense se realiza dentro del CMS.

Las regalías se pagan mensualmente a través de un depósito directo. También se proporcionan análisis muy detallados.

Google divide los pagos de regalías en la fuente, lo que significa que las regalías de edición se pagan directamente a los editores y sus representantes, mientras que las regalías de grabación sonora se pagan directamente a los sellos discográficos.

Otras Partes Interesadas

Hay otras entidades involucradas en YouTube que no son necesariamente los propietarios de los derechos de autor. Son gestores o representantes y pueden incluir:

- MCN (Multi Channel Network o Red Multicanal)
- Agregador
- PRO (Sociedad de Derechos de Ejecución)

Red Multicanal

Una Red Multicanal o MCN (por sus siglas en inglés), trabaja con los propietarios de canales para construir y hacer crecer sus canales. Suelen proporcionar herramientas para ayudar a los creadores a producir fácilmente contenidos que puedan comercializarse de forma única.

Una MCN puede tener relaciones preferentes con determinados anunciantes, lo que les permite quedarse con el pequeño margen entre lo que se recauda y se paga al creador y a YouTube.

Por su diseño, las MCN agregan muchos canales y tienen la capacidad de promocionar de forma cruzada el contenido de cada uno de sus creadores.

Agregador

Los agregadores son empresas que gestionan, supervisan y auditan activos y vídeos para determinados titulares de derechos. Los titulares de derechos suelen recurrir a los agregadores una vez que han llegado a un punto en el que sus medios se infringen y se comparten en YouTube. Los agregadores ayudan en la gestión de los datos, la aplicación de la política de uso, la reclamación, la resolución de conflictos y el análisis analítico.

Sociedades de Derechos de Ejecución

Las Sociedades de Derechos de Ejecución o PROs administran los derechos de ejecución asociados a la ley de derechos de autor, principalmente el cobro de las regalías entre los editores musicales/compositores y las partes que desean utilizar públicamente las obras con derechos de autor.

En Estados Unidos hay cuatro PROs:

- SESAC - Society of European Stage Authors and Composers (Sociedad de Autores de Escena y Compositores Europeos)
- ASCAP - American Society of Composers, Authors and Publishers (Sociedad Americana de Compositores, Autores y Editores)
- BMI - Broadcast Music, Inc.
- GMR - Global Music Rights (Derechos Musicales Globales)

Una composición se identifica de forma única mediante un ISWC o Código Internacional de Obras de Canción. Las PROs calculan las regalías de ejecución en función de las visualizaciones que acumula un vídeo asociado a un ISWC concreto.

En Estados Unidos, YouTube tiene licencias generales de ejecución con cada una de las PRO y paga sólo las regalías de ejecución asociadas a las visualizaciones en YouTube. Esto es independiente de las regalías o tasas de sincronización.

Actualmente, en todos los territorios fuera de los Estados Unidos, los editores musicales no tienen la oportunidad de trabajar directamente con YouTube y deben cobrar las regalías a través de su PRO local. Además, en los territorios fuera de Estados Unidos, tanto las regalías de interpretación como las de sincronización se agrupan y se pagan juntas.

Las PROs que se encuentran fuera de EE.UU. también son responsables del pago de las regalías que se generan como resultado de la visualización desde ese país en particular, independientemente de dónde resida el titular de los derechos.

Por ejemplo: Las visualizaciones del vídeo Jailhouse Rock en Francia generan una cantidad de dinero que se le debe a los editores musicales y al sello discográfico. Los editores musicales recibirán el pago de su subeditorial en Francia a través de la SACEM. El sello discográfico recibirá el pago directamente de YouTube.

Gestión de Metadatos

Los metadatos musicales son toda la información detallada que identifica una pieza específica de propiedad intelectual. Para obtener una lista de los datos mínimos necesarios para el correcto funcionamiento de YouTube, consulta la plantilla de metadatos de catálogo de muestra.

Lo más valioso que puede tener un editor musical y un sello discográfico son unos metadatos de catálogo bien organizados. Cuanto más limpios sean los metadatos, mejor, si se quiere cobrar.

Con un catálogo limpio y minucioso se puede sacar el máximo provecho de YouTube. También permitirá maximizar los esfuerzos en todos los aspectos de la industria musical, incluyendo las ventas físicas, los servicios de streaming, las giras y la difusión en la radio.

Metadatos Específicos de YouTube

Un activo en YouTube es un recipiente de propiedad intelectual. Hay dos tipos principales de activos musicales, la composición y la grabación sonora, que contienen todos sus respectivos metadatos.

Activo de composición.

Los metadatos necesarios para los activos de composición incluyen, entre otros, los siguientes

- Título - requerido
- Escritor(es) - requerido
- Editor - requerido
- Porcentaje de control - requerido
- Territorios de control - requerido
- ISWC
- Código de canción de la HFA (Harry Fox Agency o Agencia Harry Fox)
- Código ISRC relacionado - requerido
- ID personalizado - requerido

Activo de grabación sonora.

Los metadatos requeridos para los activos de grabación sonora incluyen, pero no se limitan a:

- Título - requerido
- Artista(s) - requerido
- Sello discográfico - requerido
- Territorios de control - requerido
- Código ISRC - requerido
- ID personalizado - requerido

Dado que la música de uno tiene una exposición global fuera de YouTube, hay unos cuantos datos más a tener en cuenta:

- Títulos de álbumes
- En dónde se publica la grabación sonora
- Tipo de género de la grabación sonora
- Fecha de publicación
- Etiquetas de activos - Las etiquetas ayudan a organizar los activos en categorías personalizadas.
    - Los editores musicales y los sellos discográficos a menudo utilizan etiquetas para dividir su catálogo por escritor, sub-catálogo, sub-editorial, etc.
    - Las etiquetas de activos son de forma libre y se pueden añadir tantas como sean necesarias a un activo.
- Los metadatos del catálogo se pueden encontrar a través de la Oficina de Derechos de Autor de EE.UU., las PROs, la Agencia Harry Fox, Music Reports, SoundExchange, otros servicios de transmisión digital y lo has adivinado... desde el CMS de YouTube.
    - Es posible que otros titulares de derechos ya hayan añadido gran parte de los metadatos musicales.

Una nota sobre los Metadatos de YouTube

RightsFlow acumuló la base de datos de metadatos inicial y creó la tecnología que finalmente se convirtió en el CMS de YouTube. Después, la Asociación Nacional de Editores Musicales (National Music Publishers Association o NMPA, por sus siglas en inglés) y la Agencia Harry Fox, en su acuerdo con YouTube, añadieron sus bases de datos a YouTube, en uno de los primeros grandes vertederos de datos. Desde entonces, muchas partes han añadido sus propios metadatos al conjunto de datos de YouTube.

Actualmente, YouTube cuenta con la mayor y más sólida colección de información sobre derechos musicales que existe.

Teniendo en cuenta todo esto, los datos contenidos y accesibles en el CMS no son perfectos y contienen errores. La buena noticia es que los titulares de derechos tienen la poderosa capacidad de editar y confirmar los datos relativos a los derechos de autor que controlan.

Entrega de Metadatos

Los metadatos pueden ser editados y entregados a YouTube de varias maneras.

- Los metadatos de un activo individual pueden editarse a través del CMS.
- Los metadatos de los activos pueden editarse y entregarse en grupo a YouTube a través del cargador del navegador situado en el CMS, a través de la hoja de cálculo de captura de YouTube o a través de Dropbox.
- Algunos socios del CMS tienen acceso a la Interfaz de Programación de Aplicaciones (Aplication Programing Interface o API, por sus siglas en inglés) para crear un software propio que interactúe con el sistema de YouTube, para gestionar grandes cantidades de metadatos.

VEVO y YouTube

¿Qué es VEVO?

Vevo es una red multicanal de vídeos musicales que comenzó en 2009. Es una empresa conjunta de Universal, Sony, Google y Abu Dhabi Media. VEVO ofrece exclusivamente vídeos musicales oficiales para atraer publicidad premium. Hay algunas actuaciones en directo y contenidos exclusivos, aunque raramente. En VEVO no hay Contenido Generado por el Usuario (User Generated Content o UGC, por sus siglas en inglés).

VEVO utiliza la misma tecnología que YouTube, incluida la plataforma de venta de publicidad, pero es una empresa independiente.

Cómo Conseguir un Canal de VEVO

El público en general no puede inscribirse en canales como en YouTube. Para conseguir un canal VEVO hay que ser considerado un sello discográfico o trabajar con uno. Algunos agregadores y servicios de terceros pueden ayudar a conseguir un canal VEVO.

Relación con YouTube

Los vídeos y canales de VEVO se controlan a través de VEVO. Sin embargo, se muestran igualmente y se reflejan en YouTube.

Todas las regalías de los vídeos musicales y las grabaciones sonoras se pagan a los sellos discográficos por las visualizaciones en VEVO. Los editores musicales que son propietarios de las composiciones subyacentes son ahora pagados directamente por YouTube.

Herramientas de YouTube

Academia de Creadores de YouTube (YouTube Creator Academy)- Aprende a usar YouTube.

Se recomienda que cualquier persona que trabaje en el mundo de la música hoy en día, ya sea un editor musical, un sello discográfico, un artista, un compositor o un gestor, se tome el tiempo necesario para pasar por la Creator Academy. Es un recurso online gratuito. Es específico para YouTube, pero las lecciones aprendidas se pueden utilizar en todo el negocio de la música.

Beneficios:

- Crear tu base de fans y conectarte con ellos
- Acceso a herramientas
- Colabora con otros creadores y artistas

Manual de YouTube para la Música (YouTube Playbook for Music)- Aprende cómo funciona YouTube para la música

Artistas de YouTube (YouTube Artists) - Análisis e información sobre determinados artistas

Proporciona algunas analíticas extremadamente detalladas específicas para artistas y bandas. Se puede entender el qué/cuándo/dónde del consumo de música de los fans. Esto es genial para planificar una gira.

Analítica de YouTube (YouTube Analytics) - Aprende cómo YouTube reporta la información

Se puede acceder a los análisis de YouTube desde el CMS o se pueden obtener en forma de informes mensuales de YouTube.

Las métricas de los espectadores y los ingresos se informan mensualmente.

Los datos y las herramientas también pueden utilizarse para moldear y esculpir el propio negocio musical. Se pueden utilizar para alimentar la base de fans, planificar una gira o vender productos específicos.

AdSense - La red publicitaria de Google

YouTube Space - Estudios de grabación y producción de clase mundial

YouTube ha construido estudios de grabación de categoría mundial en varios de las principales metrópolis del mundo. Cuentan con sets completos, equipos profesionales y han disfrutado de la asistencia de muchos creadores deseosos de colaborar.

El canal de uno debe alcanzar un umbral de suscriptores para ser invitado a realizar el curso Unlock the Space y posteriormente acceder a las instalaciones de forma gratuita. También organizan visitas guiadas con bastante frecuencia para el público en general.

Solicitud de Content ID - Solicitud de YouTube Partner para titulares de derechos

Ejemplos

Actuaciones en Directo

Muchas veces, una disquera es propietaria de una grabación sonora específica que se publica en el álbum o se pone a disposición para su descarga y transmisión. Sin embargo, no son necesariamente propietarias de las versiones grabadas de las actuaciones en directo. Si un artista sale de gira y es filmado y subido a la red por los fans o por su propio equipo, el grupo o el artista puede tener los derechos de esa grabación específica y puede reclamarla. En cualquier caso, un editor musical puede hacer un reclamo sobre el vídeo a través de la composición incrustada, a menos que quien lo suba haya obtenido la licencia de sincronización adecuada para grabar y distribuir la actuación en directo.

Covers

Si alguien hace una versión de una canción, el compositor o el editor podrán reclamar esa versión. Cuando un usuario crea un vídeo y lo sube, puede marcar una casilla que dice que posee todos los derechos de ese vídeo al 100%. Si en algún momento aparece un propietario que lo reclama, entonces está obligado a renunciar a los derechos de ese vídeo en particular.

Si yo mismo hiciera una versión de Jailhouse Rock, Content ID no me identificaría como Elvis porque, obviamente, no sueno como Elvis. Sin embargo, los autores de esa canción, Jerry Leiber y Mike Stoller, siguen teniendo los derechos de la composición subyacente. Así que si Leiber y Stoller encontraran ese vídeo, aún podrían reclamar esa composición. Si yo tuviera mi propio sello, podría poseer una nueva grabación maestra, pero el editor, Leiber y Stoller, aún podría reclamar la propiedad de esa composición.

Cine y Televisión

Otras personas que pueden ser propietarias de algo en YouTube son las emisoras como ABC, NBC, CBS, The News, Saturday Night Live, ESPN o cualquier tipo de red de difusión. Es la emisora o la productora la que va a ser propietaria de sus medios particulares y podrá reclamar la propiedad de los mismos y recibir cualquier dinero que genere de YouTube.

Muchas veces la gente puede montar su propio " montaje" o "clips" de un programa de televisión o película, ya sea para rendirle homenaje o simplemente para desglosarlo para los demás. Si utilizan música para esta "remix" de un programa de televisión o una película, entonces el propietario de la grabación de sonido o de la composición puede tener derecho a reclamar el vídeo junto con los propietarios del clip.

Juegos

Las secuencias de vídeos de juegos son muy populares en YouTube. Y es importante tener en cuenta que, aunque la música puede tener licencia del fabricante del videojuego, esa licencia rara vez incluye el derecho de los jugadores a subir secuencias a YouTube. Por lo tanto, el propietario de la grabación sonora o de la composición también podría reclamar algunos vídeos de usuarios que contengan secuencias de videojuegos.

Eventos en Directo con Música de Fondo

Cualquier evento subido por cualquier usuario de YouTube que pueda tener música de fondo sigue siendo un uso sincronizado, incluso si la música es incidental. En muchos de estos casos, el propietario de la composición o de la grabación sonora puede reclamar por este tipo de vídeos.

Casos Legales de YouTube

Viacom International Inc. vs. YouTube, Inc.

23 de junio de 2010

No. 07 Civ. 2103, 2010 WL 2532404 (S.D.N.Y 2010)

Jurisprudencia

Se concedió la moción de juicio sumario de Google sobre la base de que las disposiciones de "puerto seguro" de la Ley de Derechos de Autor del Milenio Digital protegían a Google de las reclamaciones por infracción de derechos de autor de Viacom, pero posteriormente se anuló en parte, y el caso sigue pendiente.

Lenz vs. Universal Music Corp.

14 de septiembre de 2015

801 F.3d 1126 (2015) - afirmando 572 F. Supp. 2d 1150 (2007)

Los titulares de derechos de autor deben considerar el uso justo de buena fe antes de emitir avisos de retirada de contenidos publicados en Internet.

FAQs (Preguntas Frecuentes)

FAQ1: Mi canción sonó en el medio tiempo de un partido de la NBA y esa transmisión terminó en YouTube. ¿Me pagarán por ello?

La NBA o cualquier tipo de propiedad deportiva va a licenciar completamente esa obra de la disquera o editor musical y por lo tanto tienen la capacidad de hacer lo que quieran con ella. Todo está escrito en el contrato entre la emisora y el propietario, el sello o el editor musicales. La emisora tiene que obtener el permiso para hacerlo y habrá un contrato en vigor cuando aparezca. Las estipulaciones de ese contrato determinan si el editor o la disquera podrán o no reclamar ese video. El vídeo en YouTube debe ser reclamado por un activo televisivo de la emisora o de la liga en cuestión (NBA, NHL, MLB, etc.).

FAQ2: ¿Compensa YouTube los derechos de autor de la grabación sonora por igual que los de la composición?

No, hay una diferencia en la tarifa que se paga por una grabación sonora y una composición. Los detalles no se pueden revelar públicamente debido a un acuerdo de confidencialidad que tenemos con Google, pero estaremos encantados de responderle en una consulta privada.

FAQ3: ¿En qué territorios pueden los licenciatarios tramitar una licencia de sincronización a través de un PRO sin la aprobación del propietario del master y/o del propietario de la composición?

YouTube tiene acuerdos con las PRO en territorios extranjeros para utilizar las composiciones para los usuarios de YouTube en función de las visualizaciones y tú, como socio de YouTube, puedes especificar si quieres bloquear los usos de una composición. Puedes cambiar estas políticas en tus activos si no quieres que la gente pueda usar tu composición o tu grabación sonora.

Algunos propietarios de grabaciones sonoras utilizan el bloqueo si creen que algo puede filtrarse con antelación. Introducen la grabación sonora en el sistema de gestión de contenidos de YouTube con antelación y la ponen en modo de bloqueo hasta unas semanas después del lanzamiento para atraer tráfico a un canal específico y la liberan para que la gente pueda utilizar la grabación sonora y monetizar otros usos después.

Los acuerdos de grabación sonora de los sellos discográficos con YouTube establecen que la gente puede utilizar las grabaciones sonoras, pero los propietarios pueden bloquearlas, monetizarlas, rastrearlas o retirarlas como consideren oportuno.

FAQ4: ¿Qué tan grande debe ser un sello discográfico para tener acceso?

Hay algunos criterios. Uno de ellos es que se haya completado al menos el crecimiento de la audiencia y las certificaciones de derechos digitales por adelantado en YouTube. Es como el huevo o la gallina, porque hay que tener acceso al sistema de gestión de contenidos para que te inviten a hacerlo, y eso se consigue a través de una empresa certificada por YouTube.

Otro criterio es que su música y sus medios de comunicación estén siendo compartidos y difundidos a través de YouTube en la red de una manera que requiera su necesidad. Mi suposición sería que dado el poder de ir y luego reclamar cualquier cosa en la red con Content ID que (1) necesitas saber lo que estás haciendo cuando entras allí porque si pones una reclamación de propiedad en los activos de otra persona que no te pertenece, estás efectivamente poniendo tu mano en el bolsillo y luego (2), hay una necesidad de eso.

Si tienes una o dos canciones y no se comparten, se copian y se vuelven a cargar y la gente no infringe tus derechos de autor, no lo necesitas y probablemente te bastaría con usar YouTube como usuario final.

FAQ5: ¿Cómo puedo monetizar los canales de YouTube de vídeos no oficiales de mi artista, es decir, clips con música y otros sin ella, si mi artista pertenece a dos sellos discográficos diferentes?

Básicamente, estamos hablando de un canal de un artista en el que éste tiene algún [grado de distribución](https://exploration.io/es/que-es-editor-musical/), ya sea a través de una disquera directa o de un acuerdo de distribución. Las grabaciones sonoras van a estar controladas en YouTube, y es probable que figuren en ese acuerdo de distribución o en el de la disquera.

Por ejemplo, mi artista ha firmado con Warner Brothers Records, así que todos sus vídeos musicales están en su canal oficial. Pero tengo un montón de entrevistas y vídeos entre bastidores en los que aparece corriendo en la playa con un perro y todo tipo de imágenes que no quiero poner en mi propio canal de fans personalizado, por así decirlo. Cuando monetizas esas cosas, las monetizas como usuario del frontend.

Te inscribes en un canal para tu artista y luego decides que este es el tipo de vídeos que vas a poner, y vas a monetizar esos vídeos en este canal y esos vídeos en ese canal.

Tienes que ser consciente y comunicarte con tu sello discográfico y tu distribuidor si tienes la intención de utilizar alguna de las grabaciones sonoras del artista en esos vídeos, ya sea como música de fondo o algún tipo de versión alternativa de un vídeo musical o un lyric video, porque en ese momento, la grabación sonora que está siendo controlada por el sello discográfico podría hacer una reclamación en tu vídeo y cambiar la monetización de ir directamente a tus artistas a ir al sello discográfico debido al uso de una grabación sonora.

FAQ6: Para hacer la inclusión en el CMS de YouTube, ¿hay que recurrir a una empresa externa como Exploration?

Actualmente, YouTube tiene retenidos los nuevos acuerdos para las instancias de CMS de grabación sonora y edición. Sin embargo, están planeando abrirlos de nuevo en algún momento de 2019.

Para que te consideren para tu propio CMS depende mucho de los umbrales y del tipo de criterios que utilicen para elegir a la gente. Pero para subir al CMS, uno tendría que ir a través de un distribuidor o alguien que tuviera una relación directa con YouTube.

FAQ7: ¿Necesitan los creadores de vídeo una licencia de sincronización?

Un creador de vídeos debe tener una licencia de sincronización siempre que utilice una grabación sonora como música de fondo para un vídeo. Sin embargo, no es absolutamente necesario en YouTube debido a los acuerdos que los propietarios de los derechos de autor tienen con YouTube.

Cuando subes un vídeo a YouTube, tienes que aceptar sus Términos y Condiciones que dicen que cuando subes material a YouTube, garantizas que eres el dueño de todo el material de ese vídeo y que tienes todos los derechos de autor. Si no lo haces, cuando y si los titulares de los derechos se presentan, pueden hacer una reclamación sobre ese vídeo y reclamar. No toman la propiedad de tu vídeo, la reclamación hecha con un activo sólo redirige cualquier monetización a los propietarios de los activos.

Además, si encuentras un vídeo en YouTube que utiliza tu grabación sonora, todavía puedes emitir el "take down" de la DMCA y ponerle fin o ponerte en contacto con el propietario del canal y decirle: "Oye, lo estás utilizando. Tienes que conseguir una licencia para ello o tienes que quitar el audio". Esto se puede hacer si tienes un CMS, un administrador de YouTube de terceros, o si simplemente estás por tu cuenta.

FAQ8: ¿Eh? ¿Qué debo decir a nuestros artistas cuando nos preguntan cómo se calculan sus tarifas?

Esa es una pregunta para Google. En gran medida es porque han hecho diferentes tratos con diferentes personas, pero la explicación que doy cuando alguien dice cuánto vale una obra es que es un objetivo móvil porque se basa en la publicidad y los suscriptores.

La cantidad de dinero que se paga a través de la publicidad fluctúa en función de la región, la demanda, el número de abonados y la cuota de mercado.

Cambia literalmente por segundos en función de la demanda de un bien concreto. Una estimación muy básica para un vídeo en YouTube es un dólar por mil: se trata de un número general utilizado con fines de estimación por varios sellos, editores y terceros.

Se utiliza mejor cuando se trata de formular un rango de lo que se espera que sean las regalías, ya que actualmente no es posible calcular lo que un anunciante ha pagado realmente en el momento de la visualización. Es posible que oiga a alguien hablar de CPM (clics por mil) y/o de PPC (pago por clic).

Esas son las dos modalidades que utiliza Google para vender publicidad. Pero esas tarifas fluctúan y es un proceso de subasta en el lado de la compra de publicidad y como eso se mueve y cambia en la compra de la publicidad, las regalías fluctúan también.

FAQ9: ¿Cómo se gestionan las bibliotecas musicales?

Las bibliotecas musicales y las grabaciones sonoras se incorporan al sistema como archivos de referencia. Todo lo que se incorpora a YouTube se compara con esos archivos de referencia.

La única advertencia que yo diría es que hay bastantes bibliotecas de producción libres de derechos y, en esos casos, uno querría desactivar el Content ID para esos activos para que no se hagan reclamaciones en los vídeos. Así que si tengo música libre de derechos y mucha gente la ha utilizado para sus vídeos musicales o sus películas independientes o lo que sea, querría que mi vídeo reclamara automáticamente la propiedad de su vídeo en un activo libre de derechos.

Un problema adicional es que algunos artistas/escritores de bibliotecas trabajan con varias bibliotecas al mismo tiempo. Y algunas bibliotecas cambian los títulos entre las mismas grabaciones sonoras. Si una biblioteca sube una grabación sonora que tiene exactamente la misma huella digital que otra que ya existe en YouTube, se producirá una superposición de archivos de referencia y las dos bibliotecas tendrán que trabajar juntas para determinar quién debe representarla en YouTube.

FAQ10: ¿Puedes explicar la propiedad y los territorios? ¿Has dicho que sólo hay un propietario de un canal o meta en Norteamérica y Reino Unido?

En cuanto a la grabación sonora, sólo puede haber un propietario por territorio. En cuanto a la edición, puede haber varios propietarios en función de las divisiones de edición.

Nosotros somos la base de datos del backend y no el canal. Un ejemplo: Aaron y yo somos propietarios de grabaciones sonoras por separado y de algunas que poseemos juntos. Yo voy a ser dueño de mis grabaciones sonoras en los territorios que represento. Aaron va a poseer las suyas en los territorios que representa.

En el caso de una grabación sonora que poseemos juntos, tenemos que llegar a un acuerdo y decir que yo me quedo con los Estados Unidos y tú con Europa y luego lanzamos dardos al mapa para dividir el resto de los territorios. O tenemos que acordar que uno de nosotros administrará la grabación sonora en YouTube por completo y pagará al otro.

FAQ11: ¿Cuál es el porcentaje de pago de la licencia de ejecución?

Esto viene a través de ASCAP, BMI y SESAC. Sabemos que ASCAP, BMI y SESAC tienen un acuerdo general para todo su repertorio y que reciben un importe de Google. El sistema de pago de estas regalías no es divulgado públicamente por una PRO y se recomienda que te pongas en contacto con tu PRO para asegurar la información más precisa.

FAQ12: ¿Cuál sería el mejor enfoque para ayudar a un artista mayor que no es adepto a YouTube pero que tiene un contenido generado por el usuario que obtuvo cientos de miles de visitas? ¿Cómo pueden saber si tienen algún dinero generado por esos vídeos?

La primera línea de comunicación sería dirigirse a la editorial o al sello que representa a ese artista y/o compositor y dialogar sobre qué hacer cuando se encuentra un medio de comunicación en algún lado que presenta su canción. Algunos artistas dirían: "¡No, en absoluto! No quiero que ninguna de mis canciones aparezca en YouTube. No me importa si es en un concierto o no".

Para muchas otras bandas, su postura es: "Sabes qué, no me importa si un fan graba un vídeo de mi concierto o de mi actuación. Quiero que salga a la luz. Está claro que son fans, pero prefiero que no ganen dinero con ello. Tal vez quiera hacer un seguimiento y ver la analítica de eso para saber dónde lo consume la gente a través de la visualización de ese vídeo en particular". La gran mayoría de la gente diría: "Mira, si alguien quiere ponerlo ahí, estupendo, bien por ellos. Quiero monetizarlo porque soy el titular de los derechos".

Realmente no hay forma de saber cuánto han generado específicamente, pero no creo que tenga sentido intentar recuperar ese dinero. Creo que la mejor idea es instalar o poner en marcha lo que sea su posición si es para rastrear, monetizar, bloquear y luego seguir adelante y mantener esa política.

FAQ13: ¿El PRO Work ID es un dato necesario que incluir en el activo de composición?

Cualquier pieza de metadatos que puedas adquirir debe ser rastreada. Basta con añadir una columna más a la plantilla y hacer un seguimiento de la misma, ya que cada punto de datos añade valor a tu catálogo a largo plazo.

En términos de necesidad, el ISWC es absolutamente crítico, no sólo para el rendimiento en los Estados Unidos, sino también para la atribución de vistas en el extranjero porque se paga a través de las PRO extranjeras. La reciprocidad que tiene lugar entre las PROs nacionales, de Estados Unidos, y las PROs extranjeras utiliza el ISWC que es emitido por ASCAP en Estados Unidos.

En Google, hay algunos campos personalizados donde se pueden añadir algunos metadatos adicionales, un PRO Work ID no es necesario, pero podrías incluirlo.

FAQ14: Si un artista local canta una canción de mi autoría y la sube a YouTube, ¿cómo puedo encontrarla ya que la grabación sonora no está registrada por la disquera?

Eso se consigue mediante la reclamación manual. Hay dos formas de reclamar una canción en YouTube. Una es la coincidencia automática, en la que Content ID utiliza el archivo de referencia/huella digital que suben las disqueras. La huella digital es única para esa grabación sonora concreta. Si otro artista canta tu canción, no se detectaría porque el artista que canta no suena exactamente igual que el original. ¿Y qué hace? No lo recoge el sistema automatizado. Puedes utilizar lo que se llama reclamación manual, que en realidad es otro nivel de autorización dentro del CMS de YouTube. Si tienes acceso a la reclamación manual, si encuentras vídeos que no han sido detectados por el servicio de comparación automática, puedes reclamarlos manualmente y atribuirlos a una grabación sonora o a una composición concreta, según el tipo de uso.

FAQ15: ¿Qué ocurre si hay un conflicto de propietarios sobre un bien, pero uno de los supuestos propietarios no responde a los intentos de contacto?

Todos respetamos que a veces estamos muy ocupados y puede ser muy complicado estar al día con las notificaciones. Yo diría que si estás usando el sistema Content ID o el sistema CMS para contactar con ellos, lo primero que haría sería salir de ese sistema y ver a quién conoces en esa empresa. Toma el teléfono y llama... "Oye, estoy tratando de resolver este conflicto para que ambos podamos cobrar y ambos podamos resolver esto". Sigue contactando, utiliza otras vías que no sean simplemente decir que tenemos un conflicto.

Sé proactivo. ¿Conoces a alguien en la empresa con quien tienes un conflicto? ¿Intentaste un contacto humano interactivo? Eso suele ayudar a resolver el problema.

Pero si no responden o no se les puede encontrar, sea cual sea el caso, puedes cambiar la política del vídeo, contactar con otras partes para ver si alguien conoce a alguien en la empresa en conflicto.

La comunicación, la organización y la paciencia son claves para resolver los activos conflictivos.

FAQ16: ¿El punto de referencia de los suscriptores sería elegible para YouTube-Google Studio o tal vez para el YouTube Space?

La última vez que lo comprobé en Estados Unidos o en Los Ángeles, el umbral de YouTube Space era de 10,000 suscriptores. En Nueva York, creo que, la última vez que lo comprobé, era de 5000. Creo que incluso puede haber sido 2,500 en Londres y 2,500 en San Pablo.

FAQ17: ¿Paga YouTube los derechos de nombre y semejanza además de los derechos de edición y vídeo?

No.

FAQ18: Nuestra empresa de edición llevó a cabo un acuerdo directo con YouTube en diciembre de 2015. Nuestro sello discográfico afiliado consiguió su acuerdo directo 3 años antes miles de ingresos atrasados por grabaciones sonoras a través del distribuidor. ¿Cuándo vamos a recibir el dinero atrasado de la parte de la edición a través de sus informes ajustados?

Verás los pagos atrasados de cualquier tipo a través de los informes ajustados. Se necesitan de dos a tres ciclos desde que se pone la titularidad, se resuelven los conflictos o cualquier otro tipo de resolución, antes de empezar a ver los ingresos ajustados. Asegúrate de haber encontrado cualquier activo preexistente que ya esté en la base de datos de CMS, porque a menos que encuentres esos activos que ya han estado generando dinero, no van a saber que eso es tuyo y seguirán reteniéndolo.

En cuanto al ciclo, YouTube paga mensualmente. Si uno empezara a subir todos sus metadatos el 1 de enero, acumularía dinero durante todo el mes de enero y luego, alrededor de la tercera semana de febrero, YouTube informa y paga esas regalías. A partir de ahí, cada mes en esa capacidad. Alrededor del 23 o 25 de febrero, uno recibiría los análisis y el pago de regalías de Google para el mes de enero.

FAQ19: ¿Cómo se reclama una grabación sonora en YouTube si el distribuidor sigue subiendo todo el catálogo aunque yo haya optado por excluirlo de YouTube?

Si tienes un distribuidor y has optado por la exclusión, es la comunicación con ellos. Vas a tener que ponerte en contacto con ellos y decirles que dejen de subir ese catálogo. Desde luego, si siguen subiendo tu grabación sonora o siguen haciendo reclamaciones sobre tu composición, ponte en contacto con ellos directamente. Esa es la única manera de solucionarlo en última instancia. Todo lo que hagas hasta entonces, sólo va a ser un parche para el problema.

FAQ20: Los números ISWC no siempre se asignan a las canciones registradas. ¿Qué debemos hacer si no hay ninguno asignado?

Yo los asignaría. Yo iría a la base de datos de ASCAP para los ISWC en Estados Unidos. ASCAP es la organización profesional designada en Estados Unidos para asignar los ISWC.

Si te asignan un orden secuencial concreto de ISWC, puedes estar seguro de que no se los van a dar a otra persona. Por lo tanto, serán exclusivos de tu catálogo y podrás utilizarlos para difundirlos a todos los lugares que puedas necesitar.

En el caso de los ISRC, tu distribuidor puede asignarlos, o puedes comprar un banco de códigos ISRC y asignarlos tú mismo.

Organizaciones y Grupos de Defensa de la Industria Musical

Contenido

- Asociación de Editores Musicales Independientes
- Academia Nacional de Artes y Ciencias de la Grabación
- Conferencia de Derechos de Autor de California
- Asociación de Música de Producción
- Asociación Nacional de Profesionales de la Industria Discográfica
- Asociación Americana de Música Independiente
- Academia de Música Country
- Asociación de la Industria Musical

Asociación de Editores Musicales Independientes

La Asociación de Editores Musicales Independientes (Association of Independent Music Publishers o AIMP, por sus siglas en inglés) fue creada en 1977 por un grupo de editores musicales de Los Ángeles con sedes locales en esa ciudad, Nueva York y Nashville.

El objetivo principal de la organización es educar e informar a los editores musicales sobre las tendencias y prácticas actuales de la industria, proporcionando un foro para debatir los temas y problemas a los que se enfrenta la industria de la edición musical.

La AIMP ofrece un medio único para debatir con sus colegas diversos puntos de vista de la siempre cambiante industria musical. La oportunidad de intercambiar ideas y opiniones con otras personas sobre temas de interés mutuo se ve favorecida por el ambiente informal de las reuniones, foros y talleres mensuales de la AIMP.

La AIMP incluye entre sus miembros no sólo a editores musicales independientes, sino también a los que están afiliados a sellos discográficos o a productoras de cine y televisión.

Además, personas de otros ámbitos de la comunidad del entretenimiento forman parte de la AIMP, como productores de cine, televisión, video doméstico y multimedia, personas de la industria discográfica, supervisión y concesión de licencias musicales, compositores, mánagers de artistas y miembros de las profesiones jurídica y contable.

Información de Contacto

Los Angeles AIMP Office

PO Box 10482 (NEW)

Marina del Rey, CA 90295

Teléfono: 818-771-7301

E-mail: LAinfo@aimp.org

New York AIMP Office

485 Madison Avenue, 9th Floor

New York, NY 10022

Teléfono: 866-594-6705

E-mail: NYinfo@aimp.org

Nashville AIMP Office

1229 17th Avenue South

Nashville, TN 37212

Teléfono: 615-828-0709

E-mail: NAinfo@aimp.org

http://www.aimp.org

Academia Nacional de Artes y Ciencias de la Grabación

Celebrando la música a través de los premios GRAMMY durante más de 50 años, la Academia de la Grabación continúa con su gran legado y su continuo crecimiento como el principal medio para honrar los logros en las artes de la grabación y apoyar a la comunidad musical.

Los GRAMMYs son los únicos premios que se conceden entre colegas para honrar los logros artísticos, la aptitud técnica y la excelencia general en la industria de la grabación, sin tomar en cuenta las ventas de álbumes o la posición en las listas de éxitos.

Información de Contacto

The GRAMMY Foundation

3030 Olympic Blvd.

Santa Monica, CA 90404

Teléfono: 310-392-3777

Fax: 310-392-2188

www.grammyfoundation.org

www.grammyintheschools.com

Conferencia de Derechos de Autor de California

La Conferencia de Derechos de Autor de California (California Copyright Conference o CCC, por sus siglas en inglés) se creó en 1953 para debatir las áreas relacionadas con los derechos de autor en el ámbito de la música y el entretenimiento. La CCC se amplió durante los dos años siguientes, adoptando su forma actual en 1955 bajo la presidencia del famoso compositor Harold Spina.

En la actualidad, el ámbito de la CCC se ha expandido para abarcar todos los asuntos relacionados con la industria musical. La organización ha llegado a tener más de 300 miembros de todos los ámbitos de la industria musical y del entretenimiento, incluyendo editores, compositores, abogados, supervisores musicales, representantes de publicaciones comerciales, sociedades de derechos de ejecución, bibliotecas musicales, películas, televisión, multimedia, Internet y compañías discográficas.

La CCC celebra cenas mensuales en determinados martes, con una pausa en junio, julio y agosto. La reunión de diciembre es su fiesta anual. Las reuniones mensuales cuentan con un orador invitado o un panel sobre una amplia gama de temas de interés para los miembros, así como una "actualización jurídica" sobre los litigios y legislación actuales que afectan a la industria.

Información de Contacto

California Copyright Conference

P.O. Box 57962

Sherman Oaks CA 91413

Teléfono: 818-379-3312

E-mail: attn@theccc.org

http://theccc.org

Asociación de Música de Producción

La Asociación de Música de Producción (Production Music Association o PMA, por sus siglas en inglés) se fundó en 1977 y se dedica a promover el valor único de la música de producción y a colaborar para garantizar un futuro mejor para los creadores musicales. Es una organización sin fines de lucro que cuenta con más de 670 editores musicales y compositores.

Los sellos principales, las boutiques independientes, los compositores emergentes y los reconocidos ganadores de los Grammy™ forman parte de sus miembros. En conjunto, sus miembros representan más de 1,000,000 de derechos de autor individuales y la música de la PMA se escucha diariamente en más de 65 países.

Su objetivo es seguir proporcionando a todos sus miembros la educación, el apoyo y la defensa que la comunidad merece.

Información de Contacto

Production Music Association

9220 Sunset Blvd., Suite 220

Los Angeles, CA 90069

E-mail: info@pmamusic.com

http://pmamusic.com

Asociación Nacional de Profesionales
de la Industria Discográfica

La Asociación Nacional de Profesionales de la Industria Discográfica (National Association of Record Industry Professionals o NARIP, por sus siglas en inglés) es la red de negocios musicales más grande del mundo, con más de 130,000 miembros en todo el mundo. Creada en 1998, la NARIP reúne a las mentes más brillantes y a los principales innovadores de la industria discográfica y musical mundial.

La NARIP promueve los beneficios culturales y económicos de la música y los derechos de autor en Estados Unidos y en el extranjero, y proporciona una plataforma para transmitir ideas y perspectivas para mejorar el negocio.

Información de Contacto

National Association of Record Industry Professionals

P.O. Box 2446

Los Angeles, CA 91610-2446

Teléfono

Estados Unidos: 818-769-7007

Francia: 01-72-77-43-61

Reino Unido: 0203-002-8247

E-mail: info@narip.com

http://www.narip.com

@NARIP

Asociación Americana de Música Independiente

La Asociación Americana de Música Independiente (American Association of Independent Music o A2IM, por sus siglas en inglés) ayuda a los sellos musicales independientes a mejorar su negocio promoviendo el acceso y la igualdad a través de la defensa, la educación y la creación de conexiones entre ellos y con las empresas afiliadas.

La A2IM es una organización comercial sin fines de lucro que representa a un grupo diverso de más de 350 sellos discográficos estadounidenses de propiedad independiente. La comunidad independiente de A2IM incluye sellos discográficos de todos los tamaños y niveles de contratación en todo Estados Unidos.

La A2IM se encuentra en una posición única para servir como voz central de una comunidad diversa de sellos independientes que operan en los Estados Unidos. La organización A2IM representa los intereses de los independientes en el mercado, en los medios de comunicación, en el Capitolio y como parte de la comunidad musical mundial.

Información de Contacto

American Association of Independent Music

132 Delancey Street

New York, NY 10002

Teléfono: 646-692-4877

E-mail: info@a2im.org

http://a2im.org

Academia de Música Country

La Academia se fundó oficialmente en 1964 en Los Ángeles, cuando el intérprete Tommy Wiggins, el compositor Eddie Miller y los propietarios de un club, Mickey y Chris Christensen, se unieron a otros intérpretes y ejecutivos de radios y sellos discográficos para fundar la Country and Western Music Academy. Su objetivo era promover la música country en los 13 estados occidentales y apoyar a los artistas de la costa oeste.

El emblemático trofeo del "sombrero" de la Academia se creó en 1968. A principios de la década de 1970, la organización cambió su nombre por el de Academy of Country and Western Music y, finalmente, por el de Academia de Música Country (Academy of Country Music o ACM, por sus siglas en inglés).

Información de Contacto

Academy of Country Music

5500 Balboa Boulevard

Encino, CA 91316

Teléfono: 818-788-8000

Fax: 818-788-0999

http://www.acmcountry.com

Asociación de la Industria Musical

La Asociación de la Industria Musical es una organización de membresía sin fines de lucro que promueve el empoderamiento global y la educación de la industria musical. Desarrollan conexiones entre las empresas relacionadas con la industria musical. También informan a las personas sobre todas las ideas y problemas emergentes a los que se enfrenta la industria musical. Puedes inscribirte en su página web para hacerte miembro y recibir correos electrónicos con noticias e información relacionada con la industria musical.

Información de Contacto

Music Business Association

P.O. Box 746

Marlton, NJ 08053

E-mail: info@musicbiz.org

https://musicbiz.org

¿Qué es la Agencia Harry Fox?

¿Por Qué Escribimos Esta Guía?

La Agencia Harry Fox (Harry Fox Agency o HFA, por sus siglas en inglés) administra las regalías mecánicas de los compositores y editores musicales.

La Agencia Harry Fox garantiza que las regalías generadas por la composición de fonogramas no digitales se paguen en la cantidad correcta a determinados compositores y editores musicales, entre otras actividades voluntarias de concesión de licencias digitales.

Sus dos contrapartes en Estados Unidos son Music Reports y el Colectivo de Licencias Mecánicas (Mechanical Licensing Collective o MLC, por sus siglas en inglés).

Music Reports administra licencias mecánicas digitales voluntarias para una variedad de plataformas de medios digitales adicionales, similares a la de la HFA.

El MLC proporciona licencias mecánicas para los Proveedores de Servicios Digitales (Digital Service Provider or DSP, por sus siglas en inglés) cualificados, tal como se especifica en el 17 USC 115 ("actividades cubiertas").

Si no se está registrado en la Agencia Harry Fox, se pueden estar perdiendo las regalías mecánicas de estas plataformas.

¿Para Quién es Esta Guía?

- Compositores que quieran saber más sobre cómo se administran sus regalías mecánicas cuando otra persona reproduce su letra y/o música.
- Artistas que quieran grabar la canción de otra persona y saber cómo la Agencia Harry Fox administra las licencias necesarias entre el editor de la canción y ellos.
- Editores musicales que quieran entender cómo la Agencia Harry Fox se asegura de que reciban la cantidad adecuada de regalías por el uso de sus derechos de autor sobre la composición subyacente para usos mecánicos.
- Cualquier persona interesada.

Nota: "Música" en este caso no se refiere a la grabación sonora, que es un derecho de autor independiente.

Contenido

- ¿Qué es la Agencia Harry Fox?
- ¿Cómo Funciona la HFA?
- ¿Cómo Afiliarse a la HFA?
- Desglose de la Solicitud de la HFA
- ¿Puedo Seguir Cobrando Regalías Mecánicas Aunque no Esté Afiliado a la HFA?
- Entrega de Metadatos a la HFA
- Reclamación de Canciones y Disputas
- Territorio
- Las Contrapartes - Music Reports y MLC

¿Qué es la Agencia Harry Fox?

La Agencia Harry Fox (Harry Fox Agency o HFA, por sus siglas en inglés) es un administrador de licencias digitales voluntarias para varios tipos de regalías. En resumen, emiten licencias digitales voluntarias así como licencias mecánicas para reproducciones de composiciones musicales incorporadas en grabaciones sonoras que se fabrican y distribuyen en los Estados Unidos.

El licenciante en este caso sería cualquier propietario de la composición subyacente (letra/música), ya sea un editor musical, un compositor o ambos. El licenciatario en este caso sería cualquier persona o entidad que quiera grabar, reproducir y distribuir de cualquier manera una composición original propiedad del licenciante.

Tradicionalmente, las regalías mecánicas las pagan los sellos discográficos a la Agencia Harry Fox, que a su vez las paga a los editores. Tras la promulgación de la Ley de Modernización de la Música, la Agencia Harry Fox sólo administra las licencias para las entregas de fonogramas no digitales y las transmisiones digitales fuera de la licencia general de la sección 115 proporcionada por el Colectivo de Licencias Mecánicas.

Las regalías mecánicas se pagan directamente al compositor si se autoedita, o a su editor si ha firmado un acuerdo de edición.

Antecedentes / Historia

En los tiempos del Brill Building, antes de que se creara la Asociación Nacional de Editores Musicales (National Music Publishers Association o NMPA, por sus siglas en inglés) en 1917, Harry Fox trabajaba para la Asociación Protectora de Editores Musicales (Music Publishers Protective Association) en la ciudad de Nueva York. Cuando alguien quería reproducir una obra protegida por derechos de autor, Harry aseguraba las licencias mecánicas entre ellos.

Al principio, éstas licencias se crearon sobre todo para pagar regalías a los autores de partituras que se interpretaban a menudo en los cafés, en los pianos y en los espectáculos de vodevil de la época.

La Agencia Harry Fox, fundada en 1927 por la NMPA, pasó a convertirse en la mayor administradora de derechos mecánicos de Estados Unidos. Ahora representan a 48,000 editores musicales.

Durante décadas, los derechos mecánicos fueron muy importantes ya que las ventas de discos físicos suponían una enorme fuente de ingresos. Ahora, las descargas digitales y la transmisión digital predominan como principales fuentes de regalías mecánicas en el mercado actual, y la HFA se ha adaptado para ofrecer oportunidades de licencia específicas para estas tendencias.

En 2011, la NMPA demandó a YouTube por falta de pago de regalías. El acuerdo de esta demanda dio lugar a la creación de una " Oferta de Licencia de YouTube". Este acuerdo permite a los editores cobrar tarifas de sincronización basadas en los vídeos subidos a YouTube generados por los usuarios.

La licencia concede a YouTube el derecho a sincronizar las obras musicales de un editor con determinados vídeos publicados por los usuarios de YouTube. Cuando esa música se utilice en vídeos por los que YouTube reciba ingresos publicitarios en todo el mundo, YouTube enviará las regalías a la HFA para su distribución.

YouTube ofrece a los editores la oportunidad de obtener una licencia directamente con ellos o de ser administrados a través de la HFA para que se paguen las regalías mecánicas de YouTube en los Estados Unidos. A finales de 2011, editores musicales grandes y pequeños ya estaban trabajando en acuerdos directos con YouTube para cobrar estas regalías.

Unos años más tarde, la HFA estableció un acuerdo con Spotify para administrar todos los pagos de licencias mecánicas del DSP.

A lo largo de 2017, Spotify se vio implicado en varias demandas por falta de pago de regalías mecánicas por millones de canciones reproducidas en su servicio. Muchos apuntan a la concesión indebida de licencias por parte de la HFA como causa directa de estas infracciones.

Sin embargo, la relación entre estas demandas y la participación de la HFA en Spotify no está clara.

En 2015, la Agencia Harry Fox fue adquirida por SESAC, una Sociedad de Derechos de Ejecución Pública (Performing Rights Organization o PRO, por sus siglas en inglés) con sede en Nashville.

Otras PRO son ASCAP, BMI y, más recientemente, GMR. ASCAP y BMI son organizaciones públicas sin fines de lucro; SESAC sigue siendo una empresa privada con fines de lucro basada en membresías.

Todas las PRO supervisan y administran las licencias de ejecución pública. La compra de la Agencia Harry Fox por parte de SESAC puede mejorar su capacidad de concesión de licencias y permitir a la empresa ofrecer licencias singulares para obras que sumen regalías tanto de ejecución como mecánicas.

Spotify y otros proveedores de servicios de distribución explotan tanto los derechos mecánicos como los de ejecución, tal y como se explica en detalle en otras guías.

La HFA tiene su sede en la ciudad de Nueva York, pero es posible que en el futuro traslade parte o la totalidad de sus operaciones a Nashville para conectarse geográficamente con la sede de SESAC.

¿Cómo Funciona la HFA?

Licencias digitales voluntarias

Muchos de los nuevos servicios y aplicaciones digitales también explotan los derechos de sincronización y de letra, además de los derechos mecánicos. Music Reports Inc. (MRI) administra licencias y pagos de regalías para muchos servicios digitales y aplicaciones nuevas en los Estados Unidos. Estas licencias incluyen la correspondiente concesión de derechos, así como las regalías que deben pagarse como resultado de dicho uso.

Songfile

Songfile es el sistema que tiene la HFA para la concesión de licencias mecánicas en cantidad limitada. Es una herramienta en línea que permite al público buscar entre millones de canciones y comprar licencias si lo desea.

Los usuarios pagan una pequeña tarifa de trámite por canción y regalías por las licencias, las cuales se fijan en la tarifa legal vigente en Estados Unidos.

Songfile puede utilizarse para obtener licencias de hasta 2,500 copias de una canción para su venta física o para descargas digitales, así como para tonos de llamada.

Es importante señalar que si la HFA no representa la totalidad de la canción, es decir, el 100% de la música y la letra, la parte que desee obtener la licencia tendrá que ponerse en contacto directamente con el editor musical para obtener los derechos de las partes restantes de la composición.

Si la HFA representa el 100% de la canción, todo el proceso de concesión de licencias puede realizarse a través de Songfile.

Código de Canción de la HFA

El código de canción de la HFA es un identificador único de 6 caracteres para una canción en la base de datos de la HFA y se utiliza a menudo para asociar un activo editorial a una grabación maestra. Es vital para los editores musicales porque relaciona el uso de los derechos de autor con sus licencias para que las regalías puedan distribuirse con precisión.

Dinero

Salvo en los casos de actividades de concesión de licencias que se ofrecen expresamente a los editores con una tarifa reducida o sin comisiones, la tarifa de las comisiones de la HFA es del 11.5% de todos los pagos recaudados para todas las categorías de servicios de concesión de licencias ofrecidos.

La HFA solicita dinero a un licenciatario (usuario de los derechos de autor) y, una vez recibido, paga al licenciante (un editor musical y/o compositor) las regalías mecánicas que le corresponden.

Si se obtiene la licencia mecánica a través de Songfile, ya se han pagado las regalías mecánicas en el momento del registro y no es necesario ningún otro pago. Pero en el caso de las licencias de más de 2,500 unidades, las regalías deben pagarse en los 45 días siguientes al cierre de cada trimestre.

Un ejemplo: Kanye West decide no samplear "Bound" de Ponderosa Twins Plus Ones para su próxima canción "Bound 2" de Yeezus y, en su lugar, asegura sólo una licencia mecánica para el uso de la melodía/letra.

La HFA facilitará el pago de regalías mecánicas de Kanye West al titular de los derechos de autor, muy probablemente el compositor y/o el editor.

Como "Bound 2" dura menos de 5 minutos, la tasa de regalías es de 9.1 centavos por venta. Suponiendo que Yeezus haya vendido 750,000 copias físicas o descargas digitales, Kanye deberá $68,250 dólares al titular de los derechos de autor.

Por administrar este pago de una entidad a otra, la HFA cobrará el 11.5% de esto, es decir, $7,848.75 dólares.

Ten en cuenta que esto solo incluye las ventas físicas o las descargas digitales de Yeezus y no representa el pago completo de regalías mecánicas. Las regalías mecánicas por transmisión digital aún tendrían que ser calculadas, que posteriormente proporcionaría el Mechanical Licensing Collective.

Relaciones Críticas

Básicas: La HFA sólo gestiona los derechos mecánicos vinculados a la música y letra, por lo que la empresa trabaja principalmente con compositores y editores. La HFA no gestiona los derechos maestros y rara vez trata con los sellos discográficos.

Cobro de regalías: La HFA es un administrador de licencias mecánicas. Sirve de intermediario entre los titulares de los derechos de autor y quienes desean explotarlos.

Cómo Afiliarse a la HFA

Descargo de responsabilidad: Al momento de escribir este artículo, la afiliación a la HFA y el acceso al portal no están disponibles para las editoriales que no tengan una cuenta preexistente a partir de agosto de 2021. A continuación se explica el proceso de registro en la HFA para los afiliados existentes y los anteriores al cambio de política de la HFA de agosto de 2021.

Para que la HFA represente a un editor musical para la concesión de licencias mecánicas, dicho editor musical debe convertirse en un afiliado de la HFA. Para afiliarse, hay que tener al menos una canción lanzada comercialmente en los Estados Unidos en el último año. Los beneficios de la afiliación incluyen:

- Nuevas oportunidades de concesión de licencias con modelos de negocio digitales y otras empresas de medios de comunicación, servicios de pago como el seguimiento de ingresos, acceso a una variedad de herramientas en línea para la actualización de catálogo de canciones y declaraciones mensuales de regalías.
- Posibilidad de ganar más en regalías cuando miles de sellos discográficos y servicios de música digital (que no utilizan el Colectivo de Licencias Mecánicas) pueden localizar fácilmente tu música, obtener una licencia y pagar regalías por su uso.
- Posibilidad de recaudar regalías por el uso internacional de tu música cuando autorizas a la HFA a participar en la recaudación de regalías mecánicas en todo el mundo a través de su red de acuerdos de sociedades internacionales.

- Songfile es un gran recurso para los artistas más nuevos que no tienen una gran difusión en la radio o ventas de álbumes, Songfile contribuirá a aumentar la difusión en la industria.

La tarifa actual de afiliación a la HFA es del 11.5% de los ingresos brutos recaudados de los titulares de licencias de la HFA. La tarifa de comisión está sujeta a cambios.

Desglose de la Solicitud de la HFA

- Nombre del Editor: Si tienes un editor o has contratado a un administrador de publicaciones, detente aquí. Tu editorial debería encargarse de las licencias con la HFA. Si no tienes un editor, introduce el nombre de tu entidad editora tal y como lo usas con ASCAP, BMI o SESAC.
- P# de Cuenta HFA: Omitir, a menos que hayas recibido correspondencia de la HFA con un P# de cuenta HFA.
- Título de Administrador: Introduce "Self" si te representas a ti mismo. Introduce el título de tu representante si le estás dando autoridad para supervisar tu cuenta en línea de la HFA (por ejemplo, "Mánager", "Abogado").
- Nombre del Administrador: Introduce tu nombre legal completo si te representas a ti mismo o introduce el nombre completo de tu representante autorizado que supervisará tu Cuenta en Línea de la HFA. Este es el único que debe ser contactado sobre tu catálogo.
- Dirección del Administrador: Introduce la información de contacto de la persona identificada en el punto 4. ¿A qué dirección debe enviar la HFA los documentos?
- Configuración del Administrador: Aquí es donde surge gran parte de la confusión. Aquí hay algunos escenarios:
- Si estás tramitando la solicitud como compositor individual autoeditado sin entidad editora, entonces selecciona "Individual/Sole proprietor", introduce tu número de identificación fiscal (SSN o ITIN), e introduce el nombre que debe aparecer en los documentos fiscales (generalmente, tu nombre legal).

- Si estás tramitando la solicitud como compositor individual autoeditado que ha contratado a un administrador editorial, entonces no debes completar esta solicitud en primer lugar. Contacta a tu administrador editorial.

- Si estás tramitando la solicitud como compositor individual autoeditado que ha creado una entidad empresarial con el fin de administrar su propia publicación con ASCAP, BMI o SESAC y has introducido esta entidad editorial en el número 1, entonces selecciona la estructura de la entidad empresarial que has establecido para formar tu compañía. Por ejemplo, si tu entidad es una Sociedad de Responsabilidad Limitada, entonces selecciona "Limited Liability Company". Si es un DBA, entonces selecciona "Individual/Sole proprietor". Ingresa el número de identificación fiscal de la entidad (puede ser tu SSN/ITIN personal si eres un propietario único o puede ser tu EIN si has solicitado uno con el IRS para tu LLC, Corporación o Sociedad). Introduce el nombre de la declaración de impuestos que coincida con el tipo de entidad que has seleccionado.

(Compuesto por Tuneregistry)

¿Puedo Seguir Cobrando Regalías Mecánicas Aunque No Esté Afiliado a la HFA?

Las regalías mecánicas son pagadas por las disqueras, los artistas u otros licenciatarios a la Agencia Harry Fox, que a su vez paga a los editores.

Las regalías mecánicas de un compositor se le pagan directamente si se autoedita, o a través de su editor, si tiene un acuerdo de edición.

Sólo se puede *afiliar* a la HFA si se es un editor que tiene canciones publicadas a través de otra disquera. Al momento de escribir este artículo, sólo los inscritos o afiliados a la HFA antes de agosto de 2021 pueden mantener una cuenta en la organización y acceder a su portal. Afiliarse a la HFA ofrece a los editores mejores oportunidades de concesión de licencias, pero no afecta al pago de regalías de las plataformas de transmisión digital interactiva (Spotify, Apple Music, etc.).

Entrega de Metadatos a la HFA

Existen varias opciones para enviar los metadatos a la HFA, dependiendo de las habilidades y/o preferencias de cada editor.

eSong es una opción que permite registrar canciones individuales utilizando una cuenta en línea de la HFA. También se pueden presentar varias canciones a través de eSong Bulk.

La HFA dispone de una plantilla de metadatos en hoja de cálculo Excel que puede utilizarse para el envío de canciones por eSong Bulk. Esta plantilla incluye muchos de los mismos datos que necesitan la mayoría de las organizaciones de recaudación, como compositor, editor, porcentaje de participación, código ISWC, territorios, artista, sello discográfico, ISRC, etc.

Es importante recordar que mientras más información haya, es mejor. Cuantos más detalles tenga la HFA (así como otras empresas), más eficaces serán los procesos de concesión de licencias y recaudación de regalías.

El Registro Común de Obras (Common Works Registration o CWR, por sus siglas en inglés) es otra opción para el registro de canciones si se está habilitado para el CWR. Se considera el estándar de la industria para el registro de composiciones en masa.

Debido a los acuerdos que la HFA tiene con los servicios de música digital, es fundamental que los editores musicales informen continuamente a la HFA de todos los cambios que se produzcan en su catálogo.

Reclamación de Canciones y Disputas

El registro de nuevas canciones entraría dentro de las directrices de presentación mencionadas anteriormente. Sin embargo, el proceso de registro de una canción o catálogo que anteriormente era propiedad o estaba administrado por otra empresa es un proceso gestionado internamente por la Agencia Harry Fox.

Si se ha adquirido una canción o un catálogo de otro editor, en lugar de registrarse con una nueva entrada a través de su portal en línea, se debe contactar directamente con el departamento de atención al cliente de Harry Fox e informar del cambio, proporcionando también una Carta de Dirección (Letter of Direction o LOD, por sus siglas en inglés).

La Agencia Harry Fox recibirá entonces una confirmación del propietario/administrador anterior. Una vez que se tenga la LOD y la confirmación, Harry Fox realizará el cambio en su sistema.

Otras Organizaciones de Recaudación de Regalías Mecánicas en E.E.U.U. - Music Reports & The MLC

La Agencia Harry Fox se encarga de las licencias mecánicas y de las regalías mecánicas para los contenidos distribuidos en Estados Unidos ÚNICAMENTE.

Otras organizaciones de recaudación de regalías mecánicas de Estados Unidos - Music Reports y El MLC

Music Reports es otra de las principales agencias de recaudación en Estados Unidos que tiene acuerdos para cobrar las regalías mecánicas asociadas a las entregas de ciertos fonogramas digitales.

En la era digital, el compositor o el editor no pueden decidir a qué empresa pueden enviar sus metadatos para gestionar estas regalías.

Por ejemplo, uno tiene la opción de decidir a qué sociedad de derechos de ejecución pertenecer y recibir las regalías por ejecución.

En el caso de los derechos mecánicos de transmisión digital, no es así. Uno no "elige" a la Harry Fox Agency o a Music Reports. La HFA y MRI firman acuerdos separados para las actividades voluntarias y no voluntarias en las plataformas de música digital.

Para recibir regalías de estas plataformas, tanto MRI como la HFA necesitan los metadatos adecuados del editor.

No se puede elegir, por ejemplo, que MRI cobre las regalías mecánicas generadas en las plataformas de música digital que tienen acuerdos con la HFA.

El MLC se fundó como parte de la Ley de Modernización de la Música de 2018 para agilizar la tramitación de las licencias mecánicas para los DSP.

En enero de 2021, el MLC se convirtió en el núcleo para que los proveedores de servicios digitales (digital service providers o DSP, por sus siglas en inglés), como Spotify, Pandora, Amazon y otros, concedieran licencias de música a los titulares de derechos para utilizarlas en su plataforma.

Las regalías recaudadas de los DSP se pagarán de acuerdo con los metadatos de cada canción que figuran en la base de datos del MLC, lo que hace que los titulares de los derechos tengan la responsabilidad de asegurarse de que la base de datos esté debidamente actualizada.

Es importante asegurarte que tu información está totalmente actualizada en la HFA, MRI y el MLC para cobrar completamente las regalías que te corresponden de los DSP.

Aunque la base de datos de las MLC se llena con los registros de la HFA, los titulares de los derechos deben mantener actualizadas las tres bases de datos de derechos mecánicos de Estados Unidos, ya que cada plataforma procesa licencias y regalías únicas. El intercambio de datos entre la HFA y la MLC hace innecesario el envío simultáneo a cada organización, pero la revisión de las cuentas para comprobar su exactitud con ambas organizaciones es una tarea importante.

Obras Citadas

https://www.lifewire.com/what-is-a-music-locker-2438568 "The Harry Fox Agency." Harryfox.com, 2021, www.harryfox.com/#/licensemusic. Accessed 27 July 2021.

"Section 115 - Notice of Intention to Obtain a Compulsory License | U.S. Copyright Office." Copyright.gov, 2018, www.copyright.gov/licensing/sec_115.html. Accessed 27 July 2021.

https://www.harryfox.com/publishers/why_affiliate.html

https://www.facebook.com/lifewire. "What Are the 5 Best Free MP3 Tag Editors?" Lifewire, 2021, www.lifewire.com/free-tools-for-editing-songinformation-2438490. Accessed 27 July 2021.

"CD Baby to Begin Using HFA's Slingshot for Royalty Distribution - Hypebot." Hypebot, 15 Apr. 2015, www.hypebot.com/hypebot/2015/04/cd-baby-to-beginusing-hfas-slingshot-for-royalty-distribution.html. Accessed 27 July 2021.

https://www.harryfox.com/publishers/commission_rate.html "INgrooves Shi"s Rights Management to HFA's Slingshot." Ingrooves Music Group, 10 Sept. 2013, www.ingrooves.com/ingrooves-shi"s-rightsmanagement-to-hfas-slingshot-2/. Accessed 27 July 2021.

https://secure.harryfox.com/public/WhatdoesHFAdo.jsp

SESAC. "SESAC Announces Merger of Harry Fox Agency's Slingshot Division with Rumblefish." GlobeNewswire News Room, SESAC, 13 Oct. 2015, www.globenewswire.com/news-release/2015/10/13/775833/10152425/en/SESACAnnounces-Merger-of-Harry-Fox-Agency-s-Slingshot-division-with-Rumblefish.html. Accessed 27 July 2021.

Bennett, Tamera H. "Texas Trademark Lawyer Tamera Bennett." Texas Trademark Lawyer Tamera Bennett, 26 Aug. 2015, www.tbennettlaw.

com/createprotect/2015/8/21/whats-the-impact-of-sesac-buying-harry-fox-hfa.Accessed 27 July 2021.

"ASCAP vs BMI vs SESAC: The Big Three, Who's for Me? – Royalty Exchange." Royaltyexchange.com, 2017, www.royaltyexchange.com/blog/ascap-vs-bmivs-sesac. Accessed 27 July 2021.

Christman, Ed. "SESAC Buys the Harry Fox Agency." Billboard, July 7AD, www.billboard.com/articles/news/6620210/sesac-buys-the-harry-fox-agency. Accessed 27 July 2021.

Cooke, Chris. "Spotify Questions Whether Mechanical Royalties Are Even Due on a Stream | Complete Music Update." Completemusicupdate.com, 2017, completemusicupdate.com/article/spotify-questions-whether-mechanicalroyalties-are-even-due-on-a-stream/. Accessed 27 July 2021.

Schoonmaker, Henry. "Song Royalty Tips | Two Types of Streaming and Their Royalties." Songtrust.com, 2014, blog.songtrust.com/types-of-streamingroyalties. Accessed 27 July 2021.

Legal Entertainment, and Erin Jacobson. "Spotify May Have to Pay Songwriters $345 Million." Forbes, 19 July 2017, www.forbes.com/sites/legalentertainment/2017/07/19/spotify-may-have-to-pay-songwriters-345-million/?sh=6adbf814193d. Accessed 27 July 2021.

Green, Chinua. "Royalties on YouTube: Five Common Misconceptions." Disc Makers Blog, 16 Sept. 2016, blog.discmakers.com/2016/09/royalties-onyoutube-five-common-misconceptions/. Accessed 27 July 2021.

"NMPA Sues YouTube Network Fullscreen, Announces Settlement with Maker Studios on Similar Copyright Issues - National Music Publishers' Association." National Music Publishers' Association, 7 Aug. 2013, www.nmpa.org/nmpasues-youtube-network-fullscreen-announces-settlement-with-maker-studioson-similar-copyright-issues/. Accessed 27 July 2021.

https://www.facebook.com/art.munson. "The Harry Fox Agency and YouTube Licensing." MusicLibraryReport, 17 Nov. 2011, musiclibraryreport.com/blog/the-harry-fox-agency-and-youtube-licensing/. Accessed 27 July 2021. Bound 2. "Bound 2 by Kanye West Feat. Charlie Wilson on WhoSampled." WhoSampled, 2013, www.whosampled.com/Kanye-West/Bound-2/. Accessed 27 July 2021.

"17 U.S. Code 106 - Exclusive Rights in Copyrighted Works." LII / Legal Information Institute, 2018, www.law.cornell.edu/uscode/text/17/106. Accessed 27 July 2021.

"A Bundle of Mechanicals – Music Business Journal." Thembj.org, 25 July 2012, www.thembj.org/2012/07/a-bundle-of-mechanicals/. Accessed 27 July 2021. "The Harry Fox Agency." Harryfox.com, 2021, www.harryfox.com/#/faq. Accessed 27 July 2021.

"What Is the Harry Fox Agency (HFA)?" Songtrust.com, 2021, help. songtrust. com/knowledge/what-is-the-harry-fox-agency-hfa. Accessed 27 July 2021.

"Everything You Need to Know about the Harry Fox Agency -." Musicwithflavor.com, 7 July 2020, musicwithflavor.com/2020/07/07/everything-you-need-toknow-about-the-harry-fox-agency/. Accessed 27 July 2021.

Bogan, Dae. "How to Apply for a Harry Fox Agency Online Account as a DIY Musician – a Step by Step Guide." Tuneregistry.com, 17 Sept. 2017, www.tuneregistry.com/blog/how-to-apply-for-a-harry-fox-agency-online-accountas-a-diy-musician-a-step-by-step-guide. Accessed 27 July 2021.

¿Qué es Music Reports?

¿Por Qué Escribimos Esta Guía?

Music Reports Inc. (MRI) gestiona las regalías mecánicas de los proveedores de servicios digitales (consulta nuestras guías Transmisión Digital de Música Bajo Demanda y Descargas Digitales) de los compositores y editores musicales.

Cuando un oyente reproduce una canción en un servicio de transmisión digital a la carta o realiza una descarga, se debe una regalía mecánica por el uso de los derechos de autor de la composición subyacente (piensa en la música y la letra).

Music Reports se encarga de que determinados Proveedores de Servicios Digitales (Digital Service Provider o DSP, por sus siglas en inglés) paguen estas regalías en la cantidad correcta a los compositores y editores musicales, al margen de lo que regula el Colectivo de Licencias Mecánicas (Mechanical Licensing Collective o MLC, por sus siglas en inglés).

Si uno no está registrado en Music Reports, puede estar perdiendo las regalías mecánicas de varias plataformas.

Contenido

- Introducción
- Antecedentes/Historia

- Aviso de Intención (NOI)
- ¿Cómo Funciona Music Reports?
- Licencias Mecánicas
- ¿Cómo Deben Entregarse los Metadatos a MRI?
- Reclamación
- Hojas de Referencia
- Tarifas de Regalías Mecánicas
- El Papel de Music Reports en el Mercado Musical
- Agencia Harry Fox y el MLC
- ¿En Qué Territorios Distribuye MRI las Regalías Mecánicas?
- ¿Quién Paga los Servicios de Music Reports?
- Dinero
- Preguntas Frecuentes

Introducción

La transmisión digital ha cambiado la forma de consumir música en varios aspectos. El Informe de la Industria Musical de 2020 muestra que el 39.7% de los consumidores escucharon más música como resultado de la pandemia del COVID-19. De estos oyentes, el 52.3% escuchó más música en casa, el 31.5% escuchó más música en sus coches y el 11.5% escuchó más música en el trabajo.

¿Cómo te afecta todo esto como artista? ¿Qué derechos se están explotando? ¿Cómo se te pagará por el uso de tu música en estos sitios? ¿Quién va a pagar estas regalías? ¿Cuáles son las tarifas?

Un aspecto especialmente intrigante de la era de la transmisión digital es el de la no interactiva frente a la interactiva, es decir, la posibilidad de reproducir una canción "bajo demanda".

La transmisión digital no interactiva de música permite al oyente reproducir música en línea de forma similar a la radio tradicional. El oyente puede elegir una emisora, pero no puede elegir una canción específica, de forma similar al formato original de Pandora. Y, al igual que la radio tradicional, sólo se utiliza el derecho de ejecución.

La transmisión digital de música bajo demanda, por otro lado, ofrece al oyente la posibilidad de elegir una determinada canción para reproducirla. Este tipo de transmisión digital es usado en servicios como Spotify premium.

Esto explota el derecho mecánico y el derecho de ejecución. Por lo tanto, cada vez que se reproduce una canción bajo demanda en un servicio de transmisión digital interactiva de música, se debe pagar una regalía mecánica. Esta regalía se pagaba normalmente como resultado de un Aviso de Intención (Notice of Intention o NOI, por sus siglas en inglés) para obtener una licencia obligatoria, en lugar de una licencia obtenida directamente del editor musical.

Music Reports Inc. administraba estos Avisos de Intención para muchos servicios de transmisión digital y, por lo tanto, desempeñaba un papel fundamental en la administración de las regalías mecánicas generadas en las plataformas digitales antes de la Ley de Modernización de la Música de 2018 y del desarrollo del Colectivo de Licencias Mecánicas.

Antecedentes/Historia

Fundada en 1995 por Ronald Gertz y Doug Brainin, Music Reports es una empresa privada que se creó inicialmente para prestar un servicio de administración de licencias de ejecución pública para emisoras de televisión locales.

Para evolucionar con el siempre cambiante mercado de la música, Music Reports ofrece ahora una variedad de servicios de derechos de autor, concesión de licencias y servicios de regalías para los titulares de los derechos musicales y las empresas que utilizan la música, como los servicios de música digital, los proveedores de telefonía móvil, las emisoras de radio y los productos de consumo, entre otros.

Music Reports también ofrece servicios para la administración de los derechos de ejecución de grabaciones sonoras y gestiona las hojas de referencia para programas audiovisuales.

Aviso de Intención (Notice of Intention o NOI, por sus siglas en inglés)

Si una plataforma digital quiere obtener una licencia para la composición subyacente a una grabación que se va a distribuir en su plataforma, la Sección 115 de la Ley de Derechos de Autor permite al usuario de la música -en este caso, el servicio de streaming- distribuir la composición adquiriendo una licencia mecánica general del Colectivo de Licencias Mecánicas (Mechanical Licensing Collective o MLC, por sus siglas en inglés).

Antes de la creación del MLC, la concesión de licencias obligatorias se autorizaba mediante la presentación de un NOI en la oficina de derechos de autor de Estados Unidos. Esta notificación servía como vía legal para que un usuario de música obtuviera una licencia obligatoria para la distribución de la canción en su plataforma.

Sin embargo, tras la creación del MLC, los NOI sólo se aplican a las entregas de fonogramas no digitales, a las transmisiones no interactivas y a las transmisiones de obras que acompañan a una película u otra obra audiovisual.

Si el usuario de la música sigue las directrices adecuadas, el editor musical no puede rechazar el uso de su canción, con algunas excepciones notables.

Salvo algunas excepciones, el titular de los derechos de autor de la composición subyacente está obligado a conceder una licencia de uso de la canción en virtud de la licencia obligatoria. Estas excepciones incluyen:

Derecho de primer uso: La licencia obligatoria no se aplica a las composiciones que aún no han sido grabadas.

Hasta que se haya grabado una canción con la autorización del titular de los derechos de autor, Y esa primera grabación se haya distribuido al público, el editor puede cobrar lo que quiera por el uso de los derechos de autor y no está obligado a aplicar la tasa de la licencia obligatoria.

Obras musicales dramáticas: La canción no puede estar destinada a una ópera, un musical o cualquier otra producción escénica. Este tipo de uso se conoce como Grand Rights.

Que no sea una grabación: La composición debe ser una grabación sólo de audio para poder aplicar una licencia obligatoria.

En 1995, la Ley de Derechos de Autor se revisó para dejar claro que las licencias mecánicas obligatorias se aplican también a las Entregas de Fonogramas Digitales (Digital Phonorecord Delivery o DPD, por sus siglas en inglés), por ejemplo, la descarga de una canción de iTunes.

Cambios importantes: Cuando se obtiene una licencia obligatoria, se permite arreglar la canción "para ajustarla al estilo o a la manera de interpretarla" (Ley de Derechos de Autor 115(a)(2)). Sin embargo, no se puede cambiar la melodía básica o el aspecto fundamental de la obra, es decir, no se puede hacer una nueva letra o melodía.

Esto también significa que no se puede reproducir la composición en una nueva obra sin el permiso del editor.

Cómo Funciona Music Reports

Con sede en Woodland Hills, California, Music Reports funciona a través de su base de datos interna, Songdex.

Songdex consta de metadatos detallados sobre millones de derechos de autor, mantenidos por el personal de Music Reports mediante una rigurosa investigación y actualizaciones de metadatos directamente de los titulares de los derechos.

Esta información se utiliza para llevar a cabo los servicios que ofrece Music Reports, incluida la administración de los Avisos de Intención antes mencionados y las regalías resultantes.

Por lo tanto, es crucial que Music Reports mantenga datos totalmente precisos y que esté continuamente informado de todos y cada uno de los cambios en los catálogos para que las personas y las empresas correctas reciban sus pagos en el momento adecuado.

No existe la afiliación a Music Reports. Más bien, Music Reports hace tratos directos con los servicios de música digital.

Estos servicios de música digital utilizan Music Reports para administrar los Avisos de Intención y distribuir las regalías a los editores musicales y a los propietarios de los derechos.

Los titulares de derechos que esperan recibir el pago por el uso de su música en los servicios de música digital deben asegurarse de que Music Reports reciba todos los metadatos necesarios para que esto pueda ocurrir.

Incluso en circunstancias muy específicas, como la incapacidad de identificar la información de contacto de un editor musical o un NOI devuelto por correo como imposible de entregar, es posible que un Aviso de Intención se envíe en su lugar a la Oficina de Derechos de Autor de los Estados Unidos, lo que resulta en una forma legal para que un usuario, como un servicio de streaming, distribuya una composición subyacente sin pagar una regalía.

Si Music Reports no tiene la información necesaria, no se pueden pagar regalías al propietario por el uso de sus composiciones en las plataformas que tienen acuerdos con Music Reports.

Para obtener más información sobre los Avisos de Intención y las disposiciones sobre licencias obligatorias, visita la página web de la Ley de Derechos de Autor.

Licencias Mecánicas

Una licencia mecánica concede los derechos de reproducción y distribución de composiciones musicales protegidas por derechos de autor en CD, discos, cintas, tonos de llamada, descargas digitales permanentes, transmisiones digitales interactivas y otras configuraciones digitales que admiten varios modelos de negocio, incluidos los servicios de música basados en casilleros y las ofertas de música en paquetes (definición por cortesía de Harry Fox).

En el caso de las ventas físicas y las descargas permanentes, las regalías mecánicas eran pagadas por el sello discográfico que distribuía la composición subyacente de sus grabaciones sonoras.

En la nueva era del streaming interactivo, los derechos mecánicos asociados a las transmisiones bajo demanda son pagados por el servicio de streaming a través de una licencia general proporcionada por el Colectivo de Licencias Mecánicas, en lugar de ser pagados por el propietario de la grabación sonora que la acompaña.

¿Cómo Deben Entregarse los Metadatos a MRI?

Music Reports debe recibir actualizaciones frecuentes sobre un catálogo.

Las actualizaciones incluyen la adquisición de un nuevo catálogo, la pérdida de derechos de un catálogo, la firma de un nuevo autor, los cambios en el porcentaje de una canción, los nuevos códigos ISRC encontrados o cualquier otra información relativa al catálogo.

Esta información es utilizada por Music Reports para actualizar Songdex, que se utiliza para la administración y pago de regalías.

Music Reports debe recibir toda la información posible en los metadatos que se entregan, como título, compositor(es), porcentajes de compositores, artistas discográficos, títulos alternativos, código ISWC, códigos ISRC, territorios controlados, editores administradores, sellos discográficos, etc. Se debe facilitar cualquier información que pueda proporcionarse sobre una determinada composición.

Por supuesto, como la mayoría de las empresas que recaudan y distribuyen regalías, habrá datos obligatorios y datos opcionales. Una mayor cantidad de información es casi siempre beneficiosa. Cuanto más precisos sean los datos proporcionados, más preciso será Songdex y, por tanto, más precisos serán los pagos de regalías.

Music Reports dispone de una plantilla de hoja de cálculo Excel que puede utilizarse para rellenar y entregar los metadatos, aunque también aceptan otros formatos similares, siempre que se facilite la información correspondiente.

Para los cambios importantes en el catálogo o la contratación de un nuevo escritor, se recomienda especialmente adjuntar al envío de metadatos un acuerdo redactado y/o una Carta de Dirección. Además, una vez que se haya creado una cuenta en Music Reports, se podrá iniciar sesión para acceder al catálogo entregado y realizar actualizaciones.

Reclamación

Lanzado en 2016, Music Reports creó una función de reclamación para los editores que tienen una cuenta con ellos. Esta herramienta permite a los editores relacionar los datos de sus composiciones con cualquier grabación a la que le falte la información de propiedad de edición correspondiente.

Esta herramienta ayuda a aumentar la exactitud de los datos dentro de Songdex y ayuda a garantizar que todas las canciones de uno están correctamente licenciadas para que todas las grabaciones que contienen los derechos de autor aplicables puedan ser adecuadamente supervisadas y se distribuyan las regalías.

Hay un par de diferencias clave entre la reclamación dentro de la base de datos de Music Reports y la reclamación en otras plataformas, como YouTube.

En primer lugar, cuando se realiza una reclamación de composición sobre una grabación, ésta es verificada por el equipo de investigadores de derechos de autor de Music Reports. Si no hay información contradictoria, la reclamación se confirma y se acepta. Esto ayuda a garantizar que toda la información permanece limpia y libre de problemas.

En segundo lugar, si a una grabación le falta información de edición, una vez que el editor hace la reclamación y ésta es confirmada por el departamento de investigación de derechos de autor, esa información se conecta a todas las grabaciones aplicables proporcionadas a Music Reports por sus clientes.

Por ejemplo, si varios clientes de Music Reports han proporcionado la misma grabación a la que le falta información de edición, una vez que la información de edición de esa grabación es enviada y aceptada por Music Reports, todos sus clientes tendrán ahora la información de edición pertinente.

Debido a la cantidad de grabaciones que se publican en la industria musical de forma continua, es beneficioso para los editores musicales mantener un ojo en la sección de reclamaciones de su cuenta de Music Reports. Con tantos agentes que ofrecen a los artistas independientes una forma de publicar música en muchas de las principales plataformas, la industria está ahora más saturada y complicada que nunca. Por lo tanto, la cantidad de grabaciones que necesitan confirmación en su información de edición aplicable ha aumentado.

Aprovechar la herramienta de reclamación de Music Reports permite a los editores tener un nivel de control a la hora de asegurarse de que cualquier grabación que contenga sus composiciones no sólo esté vinculada, sino que se vincule con el menor retraso posible.

Incluso en el caso de las canciones grabadas por grandes artistas, los temas se publican a menudo antes de que se haya resuelto la información sobre la edición. Los compositores pueden estar aún determinando las divisiones, los ISWC pueden no estar aún asignados, se puede haber utilizado un seudónimo y el nombre real está aún en proceso de investigación, uno de los compositores puede estar autopublicado y trabajando en un acuerdo de edición, etc.

Por lo tanto, tanto si una composición se publica de forma independiente como si está vinculada a un artista importante, corresponde al editor o editores de la composición prestar atención a la parte de reclamaciones de su cuenta de Music Reports para asegurarse de que sus composiciones están correctamente vinculadas a las grabaciones correspondientes y de que los metadatos se actualizan con regularidad.

Hojas de Referencia

Music Reports también mantiene una base de datos de hojas de referencia llamada Cuetrak. Es importante mantener Songdex actualizado para que cualquier hoja de referencia gestionada por Music Reports también esté actualizada.

Songdex se utiliza para asegurarse de que estas hojas de referencia estén actualizadas y, por lo tanto, es especialmente importante si se ha obtenido una licencia de música en programas audiovisuales.

Uno de los problemas habituales de las hojas de referencia es que están estancadas. Dado que los derechos de administración de las editoriales, así como las afiliaciones PRO, cambian continuamente, es posible que una hoja de referencia de un espectáculo o película de hace muchos años no tenga la información de edición actual.

Music Reports hace un seguimiento de todos estos movimientos y coteja la información de la shojas de referencia con la información de Songdex para que se pague a los editores correctos.

Tarifas de Regalías Mecánicas

Las tarifas de regalías para la transmisión digital interactiva son complejas y no son simples como la tarifa de regalías mecánicas para las ventas físicas, las descargas digitales y los tonos de llamada. La tarifa para las ventas físicas y las descargas es de 9.1 centavos para las canciones de menos de 5 minutos, y de 1,.5 centavos por minuto, o fracción, para las canciones de más de 5 minutos. La tarifa para los tonos de llamada es de 24 centavos por tono de llamada.

Las tarifas de regalías mecánicas para la transmisión digital interactiva se basan en varios factores y fórmulas. Los ingresos del servicio aplicable, el dinero pagado a los propietarios de las grabaciones sonoras, el número de suscriptores y las regalías de ejecución son algunos de los factores que se tienen en cuenta para determinar las tarifas de transmisión digital.

Por lo tanto, a diferencia de las regalías mecánicas que se pagan por las ventas físicas y las descargas digitales, no existe una tasa de regalías establecida para la transmisión digital interactiva.

El Papel de Music Reports en el Mercado de la Música

Las regalías mecánicas son sólo uno de los diversos flujos de regalías que existen en la edición musical hoy en día, e incluso pueden desglosarse en otras categorías (por ejemplo, regalías mecánicas físicas frente a regalías mecánicas de transmisión digital interactiva).

Hasta ahora, la Agencia Harry Fox ha sido la principal encargada de gestionar las regalías mecánicas físicas, que son pagadas por los sellos discográficos. En la era del streaming, la recaudación y el pago de las regalías mecánicas procedentes de la transmisión digital bajo demanda recaen en los servicios de música digital, y la vía por la que estas regalías pasan del servicio de música al editor musical es principalmente responsabilidad del Colectivo de Licencias Mecánicas (en lo que respecta a los DSP).

Los cobros mecánicos fuera de los DSP están determinados esencialmente por los acuerdos que Harry Fox Agency y Music Reports tienen con determinadas plataformas digitales. Por ejemplo, a continuación se muestra una lista parcial de los clientes de Music Reports:

Amazon (vídeos musicales)

Apple (Apple Fitness y vídeos musicales)

TikTok

Pelotón

Equinox Media

Dado que Music Reports tiene acuerdos con estas empresas para gestionar el pago de los derechos mecánicos de transmisión digital, la única manera de recibir regalías mecánicas por el uso de la música de una persona en las plataformas mencionadas anteriormente es a través de Music Reports.

Music Reports debe tener los metadatos más precisos posibles para vincular la información de la composición con las grabaciones aplicables que se distribuyen en estas plataformas para que las composiciones puedan ser debidamente licenciadas y pagadas.

También es importante tener en cuenta que la transmisión digital genera regalías de edición adicionales, como las de ejecución. Sin embargo, registrar la música de una persona únicamente en una organización de derechos de ejecución (como ASCAP, BMI, SESAC, GMR) sólo ayuda a recaudar los derechos de ejecución de la transmisión digital.

Si Music Reports no cuenta también con esta información sobre las canciones de una persona, es posible que se pierdan las regalías mecánicas generadas por el uso de su música en estas y otras plataformas que tienen acuerdos con Music Reports.

Agencia Harry Fox y MLC

La Harry Fox Agency y la MLC son las otras grandes agencias de recaudación de Estados Unidos que tienen acuerdos para cobrar regalías mecánicas digitales. Por ejemplo, Amazon es cliente de Music Reports por sus contenidos de vídeos musicales, mientras que la MLC recauda las regalías mecánicas generadas por la transmisión digital interactiva en Amazon Music.

Por lo tanto, para cobrar las regalías mecánicas debidas por el uso de la música de tener en Amazon, tanto Music Reports como MLC deben poseer toda la información necesaria relativa a la música para cobrar y distribuir estas regalías en nombre de Amazon.

Así que, para recibir regalías mecánicas en los Estados Unidos de todas las plataformas de servicios digitales aplicables, Harry Fox Agency, Music Reports y el Mechanical Licensing Collective necesitan los metadatos adecuados.

¿En Qué Territorios Distribuye Music Reports las Regalías Mecánicas?

Music Reports recauda y distribuye las regalías mecánicas generadas en Estados Unidos. Si una editorial extranjera es propietaria de música que genera regalías en los Estados Unidos, esa editorial, o la persona designada por ella en los Estados Unidos, recibirá el pago de las regalías adeudadas.

¿Quién Paga por los Servicios de Music Reports?

El envío de los metadatos a Music Reports no tiene costo alguno para los compositores o editores y, de hecho, se recomienda ampliamente a todos los compositores y editores que hayan publicado música que se aseguren de que Music Reports reciba todos los metadatos necesarios y cree una cuenta para recibir el pago.

Music Reports necesita esta información, y de la manera más rápida posible para que todas las partes implicadas en el cobro y el desembolso de las regalías mecánicas pertinentes puedan ser lo más fluidas posible.

Llegar a un acuerdo con Music Reports para gestionar esta parte del negocio se convirtió en una opción viable para muchos de los servicios de transmisión digital de música.

Dinero

La Agencia Harry Fox cobra una comisión del 11.5% por administrar las licencias mecánicas.

Music Reports hace las cosas de forma un poco diferente. Sus regalías se transfieren al 100% desde el proveedor de servicios directamente al titular de los derechos (el compositor o el editor musical). Music Reports obtiene su dinero de los propios proveedores de servicios.

Cobran a las plataformas digitales, a las compañías telefónicas, a las empresas de tarjetas de felicitación, a las empresas de televisión y a quienquiera que utilice los medios de comunicación.

Esas empresas pagan a Music Reports, que, utilizando su enorme base de datos de composiciones, reparte esas regalías sin cobrar comisión alguna.

He contratado la distribución de mi música a través de un servicio independiente de distribución de música digital. ¿Cómo puedo descifrar las regalías que se pagan por el uso de master y la edición?

Es importante distinguir entre las regalías que se pagan por el uso de grabaciones sonoras (masters) y la edición (las composiciones subyacentes).

Si la música se publica a través de un distribuidor digital como los mencionados anteriormente, la mayoría tiene un proceso para gestionar el pago de las regalías de las grabaciones sonoras directamente a sus miembros a partir de las ventas, las descargas y la transmisión digital.

Para recibir regalías de edición, hay que inscribirse en el servicio de edición de un distribuidor (si lo tiene) o rendir cuentas directamente al Colectivo de Licencias Mecánicas, Music Reports y la Agencia Harry Fox

Cada entidad es un poco diferente, pero, en general, las regalías que se perciben suelen ir acompañadas de un desglose en el que se indica cómo se han generado, el master frente a la edición, el número de transmisiones digitales, las plataformas, etc.

Obras Citadas

Christman, Ed. "Publishing Briefs: Music Reports Inc. Administered over $500M in 2016." Billboard, 2 Mar. 2017, www.billboard.com/articles/business/7709314/Publishing-briefs-music-reports-mri-warner-chappell.

Christman, Ed. "Music Reports Launches New Tool to Begin Solving 'the Database Problem'." Billboard, 17 Mar. 2016, www.billboard.com/articles/business/7263737/Music-reports-publishing-gloal-rights-database-system.

Colitre, William B. "Comments of Music Reports, INC." Counsel for Music Reports, Inc, 21 May 2013, https://www.copyright.gov/docs/technical_upgrades/comments/Music-reports-inc.pdf

"Notice of Intention to Obtain a Compulsory License Section 115." Section 115 - Notice of Intention to Obtain a Compulsory License | U.S. Copyright Office, www.copyright.gov/licensing/sec_115.html.

Sears, Glen. "FAQ: What Is a Notice of Intent (Noi)?" MediaNet, 14 Dec. 2015, portal.mndigital.com/blog/faq-what-is-a-notice-of-intent-noi/.

"What Is a Cue Sheet?" BMI.com, www.bmi.com/creators/detail/what_is_a_cue_Sheet.

Herstand, Ari. "Ari Herstand." Ari's Take, 7 Apr. 2021, aristake.com/admin-publishingcomparison.

¿Qué es SoundExchange?

¿Por Qué Escribimos Esta Guía?

Esta guía es un recurso detallado que permite a los interesados conocer mejor SoundExchange y su función única dentro de la industria musical. El lector obtendrá una percepción del complejo mundo de la administración de las regalías digitales.

En la industria de la música de hoy en día, a medida que la transmisión digital y otras plataformas digitales predominan en el mercado, es de vital importancia que los artistas discográficos, empleados de los sellos discográficos, compositores, editores musicales y cualquier otra persona involucrada o interesada en el negocio de la música se familiaricen con SoundExchange y su distribución de las regalías digitales.

¿Para Quién es esta Guía?

- Artistas que deseen conocer mejor SoundExchange para aprovechar sus servicios y recaudar las posibles regalías de ejecución digital pendientes.
- Sellos discográficos que deseen prestar un mejor servicio a sus artistas y sacar provecho de las regalías procedentes de la transmisión digital no interactiva de música de las plataformas de radio digital.
- Aquellos interesados en comprender mejor la conexión entre las regalías por ejecución pública y la transmisión digital no interactiva.
- Aquellos que se preguntan si deberían inscribirse y enviar sus metadatos a SoundExchange.

Contenido

- ¿Qué es SoundExchange?
- Antecedentes / Historia
- ¿Cómo funciona SoundExchange?

- ¿Qué es un Master?
- ¿Qué es una licencia de ejecución?
- Streaming interactivo vs. no interactivo
- Tasas de Regalías por Interpretación Digital de Transmisión Digital No Interactiva: Decretos de Consentimiento (y su Ausencia)
- ¿Debo inscribirme en SoundExchange?
- ¿Es necesario ser miembro de SoundExchange para recibir pagos de regalías?
- Territorio
- La Contraparte - Ninguna

¿Qué es SoundExchange?

SoundExchange es una organización de gestión colectiva de derechos sin fines de lucro, lo que significa que administra los derechos de autor de otros. La ley obliga a Pandora, SiriusXM y las emisoras web a pagar por la transmisión digital de contenido musical. SoundExchange recauda y distribuye las regalías de ejecución digital por el uso de grabaciones sonoras en nombre de más de 155,000 intérpretes y propietarios de derechos maestros (normalmente el sello discográfico) y administra los acuerdos directos en nombre de los propietarios de derechos y licenciatarios.

Es la única organización designada oficialmente por el Congreso de Estados Unidos para hacerlo. SoundExchange paga a los artistas destacados y no destacados (por ejemplo, vocalistas de fondo, músicos de sesión, etc.) y a los propietarios de los derechos principales por el uso no interactivo (no se elige qué canción se reproduce) de las grabaciones sonoras en virtud de las licencias legales establecidas en el artículo 17 U.S.C.§ 112 y 17 U.S.C. § 114.

Es importante reiterar, a efectos de este informe, que SoundExchange administra las regalías por ejecución y sólo se ocupa de los derechos de autor de las grabaciones sonoras (master) vinculadas a una canción.

Antecedentes / Historia

SoundExchange se creó como una división de la Asociación Americana de la Industria de Grabación (Recording Industry Association of America o RIAA, por sus siglas en inglés) en el año 2000. Un año después, los principales sellos discográficos y los representantes de los artistas acordaron una norma para el pago de las regalías obtenidas por los servicios de música por cable y satélite, y SoundExchange realizó su primer pago a los artistas y sellos discográficos. La Ley de Derechos de Autor para Medios Digitales en el Nuevo Milenio (Digital Millenium Copyright Act o DMCA, por sus siglas en inglés) concedió a las emisoras web (que transmiten emisiones de vídeo y/o audio a través de Internet) una licencia automática para reproducir música protegida por derechos de autor siempre que se pagara una regalía. Cuatro años más tarde, se fijó una tasa de regalías. En 2003, SoundExchange se separó de la RIAA y se convirtió en una organización independiente sin fines de lucro.

El director ejecutivo de SoundExchange es Michael Huppe, quien también es presidente de SXWorks. SXWorks es una filial creada por SoundExchange tras la adquisición de la Asociación Canadiense de Derechos de Reproducción Musical (Canadian Musical Reproduction Rights Association o CMRRA, por sus siglas en inglés).

SoundExchange está controlada por un Consejo de Administración compuesto por artistas discográficos, representantes de artistas discográficos y propietarios de derechos de autor de grabaciones sonoras.

¿Cómo Funciona SoundExchange?

La ley obliga a Pandora, SiriusXm, Music Choice y otras emisoras a pagar cuando transmiten contenidos musicales. SoundExchange recibe estos pagos junto con las listas de reproducción completas de toda la música que se ha reproducido en un determinado trimestre. Esto convierte a SoundExchange en un intermediario entre los servicios de radio digital y los artistas y sellos discográficos.

Los servicios de radio digital y las emisoras web pagan primero a SoundExchange por el uso de contenidos musicales en su servicio. SoundExchange recibe estas regalías como una suma global junto con las listas de reproducción detalladas de estos servicios para saber exactamente qué canciones se han transmitido o reproducido y cuántas veces.

Luego, SoundExchange distribuye las regalías a los artistas destacados correspondientes, a los sellos y a los artistas no destacados (por ejemplo, los músicos de sesión) basándose en un reparto de porcentajes: 45%, 50% y 5%, respectivamente.

SXWorks

SXWorks proporciona servicios administrativos a las editoriales para que puedan soportar múltiples configuraciones de licencias.

Por ejemplo, la CMRRA puede recaudar las regalías mecánicas para un compositor en Canadá y los derechos de ejecución digital a través de SoundExchange en los Estados Unidos si este compositor es también un artista discográfico.

SXWorks ha lanzado recientemente una búsqueda de Notificación de Intención (Notice of Intention o NOI, por sus siglas en inglés) que permite a los compositores y editores buscar e identificar su obra protegida por derechos de autor en una base de datos de derechos de autor si el usuario de dichos derechos afirma no poder identificarlos.

Asociación Canadiense de Derechos de Reproducción Musical (CMRRA, por sus siglas en inglés)

SoundExchange adquirió en el año 2017 la sociedad canadiense de derechos mecánicos CMRRA, lo que significa que ahora también lleva a cabo la administración de la edición musical. CMRRA es similar a la Agencia Harry Fox y Music Reports Inc. en Estados Unidos.

Dinero

Unirse a SoundExchange es gratis. No hay comisiones asociadas a la inscripción, pero cobran una comisión administrativa del 4.6%.

Tal y como exigen los artículos 17 U.S.C. § 112 y 17 U.S.C. § 114, SoundExchange participa en procedimientos periódicos de fijación de tarifas con el Consejo de Derechos de Autor (Copyright Royalty Board o CRB, por sus siglas en inglés) para establecer tarifas que compensen adecuadamente a los titulares de derechos de autor y a los intérpretes por el uso de grabaciones sonoras protegidas por derechos de autor. La CRB fue creada por el Congreso para determinar las tarifas y los términos de las licencias legales de derechos de autor. Las tarifas suelen variar de un servicio a otro. La gráfica siguiente muestra el desglose de las regalías de cada uno de ellos:

	Tarifa de Regalía	Válido Hasta
SiriusXM	15.5%	2022
Musaz & Music Choice	7.5%	Desconocido
Emisoras web (sin suscripciones)	0.18%	2020
Emisoras web (suscripciones)	0.23%	2020

Un caso práctico: Supongamos que SiriusXM, un servicio de transmisión digital no interactiva de música y popular proveedor de radio por Internet, quiere ofrecer a los oyentes un programa de radio por satélite de Pearl Jam de 24 horas de duración (actualmente lo hacen).

SiruisXM está obligada por las especificaciones sobre regalías de la Ley de Derechos de Autor para Medios Digitales en el Nuevo Milenio (Digital Millenium Copyright Act o DMCA, por sus siglas en inglés) a pagar el 15.5% de las regalías de sus ingresos totales obtenidos.

Después de un trimestre determinado, SiruisXM emitirá un "cheque" por el 15.5% de los ingresos a SoundExchange, junto con un informe completo en forma de hoja de cálculo Excel que detalla exactamente las canciones que se han reproducido en el trimestre. SoundExchange distribuye entonces este dinero a los artistas y titulares de derechos correspondientes.

SiriusXM puede ganar unos 100 millones de dólares en un trimestre determinado.

El informe de SiriusXM a SoundExchange puede especificar 15,000 canciones de Pearl Jam reproducidas en el trimestre de las 500,000 canciones reproducidas de todos los demás artistas en el servicio. 15,000 canciones son el 3% del total de reproducciones de SiriusXM, lo que, tomado del 15.5% de los ingresos totales de SiriusXM en el trimestre (15,500,000 dólares), equivale a 465,000 dólares.

Sin embargo, hay que tener en cuenta que SoundExchange cobra una tasa administrativa del 4.6%. Por lo tanto, el total final pagado al "equipo" de Pearl Jam es: 443,610 dólares. Según los porcentajes indicados anteriormente, la propia banda ganaría el 45%, es decir, 199,625 dólares de esta cantidad.

La(s) disquera(s) ganaría(n) el 50%, es decir, 221,805 dólares. Los artistas no protagonistas (vocalistas/músicos de fondo) del disco ganarían el 5%, es decir, 22,180.50 dólares.

NOTA: Los masters de todos los álbumes de Pearl Jam creados en 2006 o antes son propiedad de Sony Music Entertainment.

Todos los masters de los álbumes posteriores a 2006 son propiedad de la propia Pearl Jam. Además, a menudo las canciones que se reproducen en el canal SiriusXM real son grabaciones en directo, que también pueden caer bajo la propiedad de Pearl Jam.

Las divisiones dentro de Pearl Jam como entidad comercial pueden variar de un miembro a otro. Todos estos factores influyen en el desglose monetario real en este caso.

Actividades de Defensa

SoundExchange es un defensor declarado de la reforma de las licencias musicales para garantizar que los creadores de música obtengan un valor de mercado justo por su trabajo. Durante el 115º Congreso, SoundExchange apoyó activamente la ley Fair Play Fair Pay de 2017 y la ley CLASSICS. También es miembro fundador de MusicFIRST, una coalición de organizaciones que representan a músicos, artistas discográficos, gestores, empresas musicales y defensores de los derechos de interpretación.

Relaciones Esenciales

Principal: SoundExchange sólo gestiona los derechos de ejecución digital vinculados a las grabaciones sonoras, por lo que la organización trabaja principalmente con los artistas y los sellos discográficos (propietarios de los derechos de autor principales).

SoundExchange no gestiona los derechos mecánicos en Estados Unidos, pero sí lo hace en Canadá a través de la CMRRA. Además, SoundExchange ha introducido recientemente MDX (Music Data Exchange), un programa informático que facilita el intercambio de datos de grabaciones sonoras y de edición, así como de reclamaciones de propiedad entre los sellos discográficos y los editores musicales.

Colección de regalías: SoundExchange es un administrador de licencias de ejecución digital. Sirve de intermediario entre los titulares de los derechos de grabación sonora y quienes desean explotarlos.

¿Qué es un Master?

Recuerda: existen dos tipos distintos de derechos de autor para cada pieza musical grabada. Uno de ellos es la composición subyacente (notas/letra/melodía) y el otro es la grabación sonora o master. SoundExchange sólo se ocupa del derecho de ejecución de un master y no de ningún otro derecho.

¿Qué es una Licencia de Ejecución?

En la edición musical se distingue entre "derechos mecánicos", que permiten reproducir y distribuir un derecho de autor, y "derechos de ejecución", que permiten interpretarlo, comunicarlo o hacerlo disponible. Cuando se graba un CD, por ejemplo, se explotan los derechos mecánicos pero no los de ejecución. Cuando se reproduce una canción en la radio, se explotan los derechos de ejecución, pero no los derechos mecánicos. Para más información sobre esta distinción, consulta las guías de "derechos de ejecución" y "derechos mecánicos".

Según BMI.com, la ejecución pública se produce cuando una canción se canta o se interpreta, grabada o en directo, en la radio y la televisión, así como a través de otros medios como internet, conciertos en directo y servicios musicales programados.

Tradicionalmente, las Sociedades de Derechos de Ejecución (Performing Rights Organizations o PRO, por sus siglas en inglés) se encargan de recaudar todas las regalías por interpretación, y de administrar las licencias entre los titulares de los derechos de autor y quienes desean utilizar públicamente las obras protegidas por los derechos de autor en lugares como locales comerciales y restaurantes.

Los lectores ya habrán deducido que las regalías por ejecución no requieren necesariamente que el músico "interprete" la obra en directo.

Se considera que una ejecución es pública cuando la música se interpreta "en un lugar abierto al público o en cualquier lugar donde se reúna un número considerable de personas fuera del círculo normal de una familia y sus conocidos sociales" (ASCAP.com).

La música que se transmite a través de la radio tradicional, es decir, a través de las señales AM/FM, recibe derechos de ejecución; sin embargo, debido a la esencia de la ley de derechos de autor, las emisoras de radio tradicionales y las emisoras de televisión pagan las regalías de ejecución a los autores de las canciones, pero no a los artistas de la grabación - al propietario de los derechos de autor de la composición, no al propietario de los derechos de autor del master.

Por ejemplo:

Cuando la canción "Hallelujah" de Jeff Buckley se reproduce en la radio FM, Jeff Buckley gana $0 dólares, porque no escribió la canción y, por lo tanto, no posee los derechos de autor de la composición subyacente.

En cambio, Leonard Cohen, el compositor, gana regalías por la reproducción. En la industria musical moderna existe una batalla constante para conceder las regalías de uso maestro a los intérpretes por el uso de sus grabaciones sonoras en actuaciones radiofónicas terrestres. SoundExchange ha estado a la vanguardia de los esfuerzos de presión en favor de proyectos de ley como la Fair Play Fair Pay Act que, si se promulga, crearía un derecho de ejecución para las grabaciones sonoras en la radio terrestre.

Sin embargo, con la llegada del streaming y las transmisiones digitales (música reproducida a través de Internet), la Oficina de Derechos de Autor de EE.UU. determinó que las ejecuciones digitales no interactivas (por ejemplo, Pandora, iHeartRadio, etc. -no Spotify, TIDAL, etc.) requieren las regalías de ejecución digital para el compositor Y una regalía de ejecución digital de grabación para el propietario principal.

Los servicios de transmisión digital (Spotify, TIDAL, etc.) llegan a acuerdos con los sellos discográficos para distribuir grabaciones sonoras en sus plataformas. Por lo general, en la industria musical, una entrega digital se considera tanto una reproducción como una comunicación, lo que significa que se explotan tanto los derechos de ejecución como los mecánicos.

Sin embargo, en Estados Unidos, estas distinciones son más específicas: una descarga digital (de iTunes Store, por ejemplo) sólo explota el derecho mecánico, mientras que un servicio de radio personalizado no interactivo (como Pandora, iHeartRadio, etc.) sólo explota el derecho de ejecución.

Con el streaming a la carta (interactivo), la industria reconoce que se explotan tanto los derechos mecánicos como los de ejecución, por lo que exige licencias y el consiguiente pago de regalías por ambos.

SoundExchange recauda las regalías de ejecución de una grabación sonora reproducida en servicios de transmisión digital no interactivos y distribuye estas regalías a los propietarios de estos derechos de autor.

Distribución de Regalías por Ejecución

Tipo de "Interpretación"	Los "Intérpretes"	Dueños de Derechos de Autor (Quién Cobra)	Entidad que Emite la Licencia
Radio Terrestre, Difusión Televisiva	Emisoras AM/FM, Empresas de difusión	Compositores y editores	ASCAP, BMI, SESAC, GMR
Recintos, Restaurantes	Recintos de conciertos	Compositores y editores	ASCAP, BMI, SESAC, GMR
Transmisión Digital Interactiva	Spotify, Apple Music, etc.	Compositores y editores	ASCAP, BMI, SESAC, GMR
Transmisión Digital No Interactiva*	Pandora, Sirius XM, Webcasters	Artistas, intérpretes de fondo, sellos discográficos Compositores y editores	SoundExchange ASCAP, BMI, SESAC, GMR

*La transmisión digital no interactiva explota dos tipos de regalías de ejecución: las del master y las de la composición.

Transmisión Digital Interactiva vs. No Interactiva

En el negocio de la música, la transmisión digital se subdivide en dos categorías: transmisiones interactivas y no interactivas. Aunque la principal diferencia entre ambas está implícita en los nombres, es importante entender bien las diferencias entre estas dos categorías.

La transmisión digital interactiva de música permite a los oyentes elegir las canciones que se reproducen. Otra forma de describir la transmisión digital interactiva es que es "a la carta". Algunos ejemplos de servicios que ofrecen transmisión digital de música interactiva son Spotify, Apple Music, Rdio, Rhapsody y Google Play.

Como se ha mencionado anteriormente, la transmisión digital interactiva genera dos tipos diferentes de regalías: de ejecución y mecánicas. Los derechos mecánicos de la transmisión digital interactiva se pagan a través de la Agencia Harry Fox y Music Reports en los Estados Unidos. Las regalías de ejecución de la transmisión digital interactiva son pagadas por ASCAP, BMI, SESAC o GMR a los compositores y editores.

La transmisión digital no interactiva, en cambio, NO permite a los oyentes elegir las canciones que se reproducen. Esta forma de transmisión digital casi siempre se presenta en forma de radio por Internet. Algunos ejemplos de servicios de transmisión digital no interactiva son Pandora, Sirius XM y NPR. Los usuarios eligen una emisora, pero no controlan las canciones que suenan en ella. Este tipo de uso genera regalías por ejecución de las grabaciones sonoras, que son recaudadas por SoundExchange para los artistas y los propietarios de los derechos de autor.

Tasas de Regalías por Ejecución Digital de la Transmisión Digital No Interactiva: Decretos de Consentimiento (y su Ausencia)

BMI y ASCAP se rigen por decretos de consentimiento (SESAC no, porque es una empresa privada). Esto significa que una rama del Poder Judicial de Estados Unidos (llamada "tribunal de tarifas") puede fijar las regalías (por reproducción radiofónica, por transmisión digital, etc.).

Los decretos de consentimiento son aplicados por el gobierno federal para desalentar la competencia entre estas dos PRO, lo que podría dar lugar a precios injustos y a la falta de competencia para los editores musicales y compositores más pequeños. SESAC no está obligada por los decretos de consentimiento que rigen a ASCAP y BMI, pero aún así se ve forzada a pagar tarifas similares para poder competir económicamente con las otras PRO. Como resultado, las PRO están limitadas en su capacidad de negociación por este tribunal de tarifas.

Sin embargo, SoundExchange tampoco se rige por ningún tipo de decreto de consentimiento, lo que significa que puede negociar las regalías por separado directamente con los servicios de transmisión digital no interactivos.

Si bien los artistas no reciben un pago por la ejecución pública cuando su música se reproduce en la radio y la televisión terrestre, suelen ganar más regalías que los intérpretes por las ejecuciones digitales en los servicios de transmisión digital no interactivos.

Este es el resultado del poder de negociación de SoundExchange para las tarifas de regalías con varios proveedores de radio por Internet.

Antecedentes / Historia

SoundExchange se creó como una división de la Asociación de la Industria Discográfica de Estados Unidos (Recording Industry Association of America o RIAA, por sus siglas en inglés) en el año 2000.

Un año más tarde, los principales sellos discográficos y los representantes de los artistas acordaron una norma para el pago de las regalías obtenidas de los servicios de música por cable y satélite, y SoundExchange realizó su primer pago a los artistas y sellos discográficos. La Ley de Derechos de Autor para Medios Digitales en el Nuevo Milenio concedió a las emisoras web (que transmiten emisiones de vídeo y/o audio a través de Internet) una licencia automática para reproducir música protegida por derechos de autor siempre que se paguen las regalías.

Cuatro años más tarde, se fijó un tarifa de regalías. En 2003, SoundExchange se separó de la RIAA y se convirtió en una organización independiente sin fines de lucro.

El actual director ejecutivo de SoundExchange es Michael Huppe, que también es presidente de SXWorks. SXWorks es una filial creada por SoundExchange tras la adquisición de la Asociación Canadiense de Derechos de Reproducción Musical (CMRRA).

SoundExchange está controlada por un Comité Directivo compuesto por artistas discográficos, representantes de artistas discográficos y propietarios de derechos de grabaciones sonoras.

¿Debo Registrarme en SoundExchange?

A un artista, propietario de un master o artista que no tenga una grabación sonora le puede resultar beneficioso registrarse en SoundExchange. Es gratuito, y la organización puede tener las regalías almacenadas a la espera de pagarlas. Si uno tiene curiosidad al respecto, este enlace permite a los propietarios de derechos de autor comprobar si hay regalías aún no distribuidas.

¿Es Necesario ser Miembro de SoundExchange Para Recibir los Pagos de Regalías?

No. SoundExchange distribuirá las regalías digitales a cualquier intérprete o banda que se registre con la información del beneficiario, es decir, un nombre, una dirección y datos fiscales. Hasta la fecha, SoundExchange ha procesado más de 200 millones de interpretaciones.

Sin embargo, no todos los artistas han recibido el pago debido a la falta de información adecuada. La mejor manera de garantizar el pago es registrarse.

SoundExchange también ofrece membresías a quienes se registren. La membresía es gratuita y tiene beneficios adicionales.

Los beneficios de la membresía incluyen la recaudación internacional, descuentos exclusivos, información privilegiada y mayores esfuerzos de promoción.

Territorio

SoundExchange gestiona las licencias de ejecución digital y las regalías para el contenido distribuido en Estados Unidos ÚNICAMENTE.

La Contraparte - Ninguna

SoundExchange ha sido designada por la Biblioteca del Congreso como la única organización de los Estados Unidos autorizada para recaudar las regalías pagadas por los servicios que realizan fonogramas o transmisiones digitales de audio de grabaciones sonoras, o ambos, en virtud de las licencias legales establecidas en el artículo 17 U.S.C. § 112 y 17 U.S.C. § 114.

SoundExchange también es una organización sin fines de lucro. Debido a su condición como única organización designada por el Congreso para administrar las regalías por interpretación digital, no tiene contrapartes nacionales.

Obras Citadas

Title 17. United States Code, U.S. Government Publishing Office, www.law.cornell.edu/uscode/text/17/112.

Title 17. United States Code, U.S. Government Publishing Office, www.law.cornell.edu/uscode/text/17/114.

Wiebe, David Andrew. "What Is SoundExchange?" Music Entrepreneur HQ, 2 July 2020, musicentrepreneurhq.com/what-is-soundexchange/.

"SoundExchange." NPR, digitalservices.npr.org/topic/soundexchange.

"Future of Music Coalition." SoundExchange | Future of Music Coalition, futureofmusic.org/article/fact-sheet/soundexchange.

¿Qué es LyricFind?

¿Por qué escribimos esta guía?

Esta guía ha sido redactada para proporcionarle un desglose exhaustivo de la empresa de licencias de letras, LyricFind. Al compartir información sobre lo que hace LyricFind y por qué, esperamos que te sientas cómodo para decidir si los servicios de LyricFind son o no adecuados para ti.

Además, Exploration ofrece una auditoría de LyricFind y esperamos que esta guía demuestre nuestro conocimiento y comprensión de LyricFind y sus datos.

¿Para Quién es Esta Guía?

- **Compositores y letristas** que quieren asegurarse de que sus letras están debidamente licenciadas y están generando la máxima cantidad de regalías
- **Editores musicales** cuyos catálogos de letras están siendo explotados sin una licencia adecuada

Contenido

- Historia de LyricFind
- ¿Qué es LyricFind?
- Servicios de LyricFind
- ¿Qué hace LyricFind Por Ti?
- Registro
- Socios Destacados

Historia de LyricFind

Christopher Book, Mohamed Moutadayne y Darryl Ballentine fundaron LyricFind como estudiantes universitarios en Ontario, Canadá, en 2004. LyricFind se formó como un licenciador legal de letras de canciones que licenciaba su catálogo de letras a varios sitios web.

En 2012, LyricFind tenía acuerdos de licencia con unos 2,700 editores musicales y proporcionaba letras a empresas como Shazam y SongMeanings.com. En 2014, LyricFind firmó un acuerdo con Universal Music Publishing Group (UMPG) para convertirse en el único socio de UMPG para "administrar futuras licencias de letras controladas."

LyricFind cuenta ahora con licencias para más de 55,000 catálogos de letras y presta servicio a 200 territorios en 33 idiomas diferentes. Además, LyricFind cuenta con dos listas en Billboard.com que presentan las búsquedas de letras más importantes en Estados Unidos y en el mundo.

¿Qué es LyricFind?

LyricFind es la empresa líder en licencias de letras de canciones y soluciones de datos. LyricFind obtiene las licencias de las letras de las canciones de las editoriales y de los compositores/ letristas independientes y se asegura de que sus letras sean utilizadas legalmente por una variedad de plataformas.

LyricFind también se asegura de que sus letras generen la cantidad adecuada de regalías cuando se busquen o se utilicen. La forma más fácil de experimentar uno de los servicios de LyricFind es simplemente buscando la letra de una canción en Google. Lo más probable es que el cuadro de letras que aparezca haya sido compuesto por LyricFind y licenciado a Google. Antes de LyricFind, Google producía enlaces a un gran número de sitios web que contenían catálogos de letras sin licencia y transcritas incorrectamente.

Ahora, LyricFind trabaja con plataformas como Amazon, Google, Xperi, YouTube, Deezer, Pandora y iHeartRadio para proporcionar letras de canciones actuales, precisas y con licencia completa que generan pagos de regalías. Además de la búsqueda de letras, LyricFind ofrece otros servicios que mejoran la presencia de tus letras en Internet y garantizan que se compartan correctamente.

Servicios de LyricFind

LyricFind desglosa sus servicios en seis categorías:

**LyricDisplay **

Las letras de las canciones son uno de los términos más buscados en Internet, y la forma de mostrarlas es importante. LyricFind trabaja con plataformas de transmisión digital como Deezer y Plex para mostrar las letras de forma estática (toda la canción como un bloque de texto digital), línea por línea (las letras se muestran línea por línea al ritmo de la música) y palabra por palabra (las letras se sincronizan palabra por palabra para una experiencia de canto simultáneo).

LyricSearch

LyricFind se ha asociado con Google para ofrecerte letras de canciones debidamente licenciadas y transcritas al alcance de tu mano. Siempre que busques la letra de una canción que esté en el amplio catálogo de LyricFind, Google te proporcionará un cuadro de texto con la letra que desees. Además, LyricFind se asegura de que cada vista de la letra en Google genere el pago de regalías al propietario de la letra.

Traducciones

LyricFind ofrece traducción interna de las letras de las canciones para que sean accesibles en todo el mundo. LyricFind ofrece traducción interna para letras de canciones en inglés, francés, español, alemán, italiano, portugués y japonés.

LyricIQ

Según LyricFind, "LyricIQ es un conjunto de innovadoras herramientas de análisis y filtrado de datos, diseñadas para profundizar en el contenido lírico de las canciones y darte más control sobre tu oferta de productos".

LyricIQ incluye análisis de emociones y sentimientos, filtros de contenido y análisis de temas.

- El análisis de emociones y sentimientos de LyricFind clasifica y analiza las canciones en función del contenido emocional de las letras. Este tipo de análisis de letras permite mejorar las recomendaciones de canciones, perfeccionar las listas de reproducción y automatizarlas basándose en una categorización específica de sentimientos y emociones. Este servicio es único porque se centra únicamente en el contenido lírico de las canciones en lugar de la canción en general.
- Los filtros de contenido de LyricFind ordenan y clasifican las letras de las canciones en función de 31 categorías relacionadas con blasfemia, sexo, violencia, drogas, religión, política y mucho más. LyricIQ permite a los clientes controlar la experiencia musical deseada y definir sus propios niveles y clasificaciones en función de las necesidades de contenido específicas de su plataforma y las preferencias de su público.
- El Análisis Temático de LyricFind puede determinar y categorizar las letras de las canciones en función de su temática, así como de temas como nombres de marcas, celebridades, lugares y mucho más. Según LyricFind, el análisis temático es beneficioso para las listas de reproducción, las licencias de sincronización, la publicidad y las búsquedas por voz.

Administración

LyricFind ofrece un sistema de informes que rastrea los usos de las letras y paga a los compositores y titulares de derechos canción por canción y territorio por territorio. LyricFind entrega informes trimestrales de regalías que le permiten conocer su catálogo de edición. Los informes registran todos los datos y acreditaciones de los editores y compositores, los datos de propiedad de los derechos de autor, la información de división y las restricciones territoriales.

LyricMerch

LyricMerch es una rama de comercialización interna de LyricFind. LyricMerch ofrece a los fans prendas de vestir, artículos para el hogar y productos de estilo de vida basados en las letras de las canciones. LyricMerch se encarga de que los productos con letras de canciones generen beneficios para los compositores y los titulares de los derechos. LyricMerch también está asociada con varios afiliados de mercancía.

Registro

LyricFind sugiere registrarse a través de una de sus organizaciones asociadas. Para los editores y compositores de Estados Unidos, LyricFind está asociado con la Agencia Harry Fox (Harry Fox Agency o HFA, por sus siglas en inglés). El registro a través de la HFA agiliza el proceso de registro y permite a la HFA compartir la información, los datos y las letras necesarias con LyricFind. Si no eres un editor o compositor de Estados Unidos, LyricFind está asociado con agencias de otros territorios.

Si no estás asociado a ninguna agencia, puedes registrarte directamente en LyricFind. Después de crear una cuenta en LyricFind, tendrás acceso a tu panel de control de LyricFind, donde podrás enviar manualmente la información de propiedad, gestionar tus editores y subir letras.

¿Qué hace LyricFind por ti?

En general, LyricFind trabaja para garantizar que los editores y compositores ganen las regalías que se les deben por el uso de sus letras. Además de aumentar los ingresos por regalías, LyricFind expone sus letras en más de 200 territorios y se asegura de que los compositores y las editoriales reciban los créditos correspondientes a cada canción mostrando las letras con los metadatos que las acompañan. Los servicios de administración de LyricFind proporcionan informes detallados sobre las regalías de las letras. LyricFind también ofrece funciones flexibles de control de letras que permiten a los compositores y editores mantener el control total de sus letras con la posibilidad de bloquearlas o editarlas en cualquier momento.

Exploration proporciona un servicio de auditoría de LyricFind y puede ayudarte a navegar, comprender y utilizar los datos que proporcionan sus servicios.

Socios destacados

LyricFind está asociado con varias empresas de edición musical y plataformas de letras. Esta es una lista de editoriales y plataformas con las que LyricFind está asociado:

Editores y agencias musicales

- Warner Music Group
- Kobalt
- BMG
- Universal
- Sony/ATV
- HFA
- Disney
- PeerMusic
- y más...

Plataformas de música

- GooglePlay
- Youtube Music
- Shazam
- Amazon Music
- iHeartRadio
- Deezer
- Xperi
- Pandora

Obras Citadas

"LyricFind."   *Everipedia.org*,   https://everipedia.org/wiki/lang_en/
LyricFind.

"Publishers." *LyricFind*, https://www.lyricfind.com/publishers.

"Company." *LyricFind*, https://www.lyricfind.com/company.

"How to Turn Your Lyrics into Revenue with Lyricfind." *Performer Magazine*,   https://performermag.com/band-management/licensing/
lyricfind-lyrics-revenue-interview-darryl-ballantyne/.

¿Qué es SONA?

¿Por Qué Escribimos Esta Guía?

Hemos elaborado esta guía para compartir contigo el trabajo, los recursos y los objetivos de Compositores de Norteamérica (Songwriters of North America o SONA, por sus siglas en inglés). Esperamos que esta guía te ayude a entender lo que representa SONA y cómo está ayudando activamente a los compositores de todo Estados Unidos.

¿Para Quién es Esta Guía?

Compositores que consideran que no reciben una remuneración justa y quieren contribuir a la comunidad de compositores.

Cualquier persona que pueda estar interesada en los grupos de defensa de la música y los derechos de los compositores.

Contenido

- Historia de SONA
- Misión y Objetivos de SONA
- Trabajo y Recursos de SONA
- Membresía y Voluntariado

Historia de SONA

Las socias compositoras Kay Henley y Michelle Lewis fundaron SONA en enero de 2015 en respuesta a las tarifas de licencia pagadas a los creadores de música por empresas de transmisión digital como Pandora y Spotify. Como compositoras, Kay y Michelle consideraron que las tarifas de licencia establecidas por las empresas de transmisión digital eran "abismales" e injustas. Kay y Michelle consideraron que era esencial formar un colectivo de compositores para encabezar la multitud de problemas a los que se enfrentan todos los compositores en la nueva economía de la música digital.

Con la ayuda de Dina LaPolt, abogada y activista del mundo del espectáculo, Kay y Michelle crearon SONA, una organización de activistas comunitaria, para educar, elaborar estrategias y movilizar a la comunidad de compositores. SONA es un colectivo de cantautores experimentados y voluntarios que trabajan con otros cantautores, compositores, editores, abogados, gestores de negocios e instituciones para crear una economía musical en la que los cantautores y compositores tengan el apoyo necesario.

DESDE 2015 SONA se ha establecido como una voz prominente y un grupo de presión para los derechos de los compositores y la educación.

Misión y Objetivos de SONA

SONA se formó para luchar por los derechos de los compositores. Estos derechos incluyen principalmente:

El derecho de los compositores a una remuneración justa en la era de los medios digitales

El derecho de los compositores a expresarse y dar una voz colectiva a la comunidad de compositores

En lugar de un sindicato para defender las normas de seguridad e igualdad en nuestros lugares de trabajo, donde se crea la música

Como organización dirigida por compositores, SONA reúne a compositores apasionados y a profesionales legales de los derechos creativos para defender y presionar por los derechos mencionados anteriormente.

SONA divide su misión como grupo de defensa en tres categorías: Educar, Movilizar y Crear Estrategias.

Educar

Ante la rápida evolución de la industria musical, SONA cree que los compositores deben tener la capacidad de defenderse por sí mismos en lugar de depender de las editoriales, los agentes y los profesionales para asegurarse de que reciben un trato justo. Para educar a los compositores y ayudarles a navegar por la economía de la música, SONA organiza noches de " Regreso a Clases " y salones de oradores invitados donde los compositores pueden aprender de músicos experimentados y profesionales de la industria. Además de los seminarios presenciales, SONA cuenta con muchos otros recursos de aprendizaje.

Movilizar

SONA está uniendo activamente a los compositores y a las mentes jurídicas de los derechos creativos para luchar contra los servicios de transmisión digital y, finalmente, trabajar con ellos para garantizar que los compositores reciban un trato justo a cambio de sus obras creativas. Los esfuerzos de movilización de SONA incluyen reuniones con los líderes del Congreso y ejecutivos de todas las partes de la industria musical y la adopción de medidas legales / presión en el Congreso para los derechos de los compositores.

Crear Estratégias

La SONA trabaja con otros grupos de defensa para garantizar que los compositores tengan la última palabra sobre cómo se utiliza su trabajo y a qué precio. SONA está creando estrategias para los compositores, de modo que puedan sobrevivir y, en última instancia, cambiar la actual normativa gubernamental que dicta cómo los compositores reciben la compensación por su trabajo.

Trabajo y Recursos de SONA

SONA desempeñó un papel influyente en el impulso y eventual aprobación de la Ley de Modernización de la Música en 2018. SONA también demandó al Departamento de Justicia después de que, "El Departamento de Justicia dictaminó que las compañías como ASCAP y BMI deben poseer el 100% de los derechos de las canciones de su catálogo; no podrían ofrecer a la radio o a los servicios digitales canciones con múltiples escritores que tienen acuerdos con diferentes compañías de forma obligatoria." SONA alegó que esta sentencia violaba la quinta enmienda, ya que consideraba que les despojaba de los derechos de propiedad sin el debido proceso.

Además de las acciones legales y el activismo, SONA ofrece varios recursos adicionales para conseguir un trato justo para los compositores. SONA organiza campañas de promoción, o ABC, en las que los compositores profesionales de su junta directiva dirigen una conversación y una sesión de preguntas y respuestas personalizadas con los compositores asistentes. SONA también organiza periódicamente eventos y cuenta con oradores invitados; aquí hay un enlace a su calendario de eventos.

SONA también tiene varios vídeos informativos en su sitio web con explicaciones detalladas de conceptos importantes de derechos musicales, como los derechos conexos y las regalías de sonido. Junto con los vídeos informativos, SONA ofrece en su sitio web importantes derechos musicales, definiciones y fuentes de aprendizaje externas.

Membresía y Voluntariado

Hacerse miembro de SONA te permite conocer a una multitud de otros compositores, te da acceso a los eventos exclusivos de SONA y te presenta a una comunidad de personas que "luchan por mantener el valor de las canciones en el nuevo mercado digital". SONA ofrece varios niveles de membresía con diferentes cuotas y características. Las cuotas de membresía varían de 25 a 500 dólares anuales, dependiendo del nivel de membresía que mejor se adapte a tus intereses. Aquí tienes un enlace a su página de suscripción. Puedes inscribirte como miembro en el portal de membresía de SONA.

SONA también tiene una multitud de oportunidades de voluntariado y donaciones . Los voluntarios constituyen una gran parte de los defensores de SONA y contribuyen a su organización de diversas maneras. De hecho, SONA estuvo dirigida completamente por voluntarios durante sus primeros cinco años de existencia. Las categorías de voluntarios incluyen la administración, las redes sociales, la promoción, los eventos, la recaudación de fondos y mucho más. SONA también acepta donaciones directas en su página de donaciones.

Obras Citadas

"Songwriters of North America." Songwriters of North America, 2014, www.wearesona.com/about-us. Accessed 7 Sept. 2021.

Grow, Kory. "Songwriters Organization Sues Justice Department." Rolling Stone, Rolling Stone, 13 Sept. 2016, www.rollingstone.com/music/music-news/songwritersorganization-sues-justice-department-102511/. Accessed 7 Sept. 2021.

¿Qué es el Colectivo de Licencias Mecánicas?

La Ley de Modernización de Obras Musicales, la cual crea una licencia general para los servicios de transmisión digital interactiva y establece un Colectivo de Licencias Mecánicas (Mechanical License Collective o MLC, por sus siglas en inglés), así como un Coordinador de Licenciatarios Digitales (Digital Licensee Coordinator o DLC, por sus siglas en inglés), facilita a los servicios la obtención de licencias y a los creadores el cobro de regalías.

La MLC es una entidad sin fines de lucro regida por compositores y editores que administra el nuevo sistema de licencias generales establecido por la Ley de Modernización de la Música. El MLC es el único organismo a través del cual fluyen las licencias mecánicas para las entregas de fonogramas digitales de la sección 115 de las obras musicales.

En lugar de tener que pasar por complicados procedimientos de concesión de licencias e intermediarios, los servicios de transmisión digital pueden obtener una licencia mecánica global del MLC. Esta licencia es similar a las licencias generales vendidas por las Sociedades de Derechos de Ejecución Pública, que dan acceso a todo el catálogo de la organización mediante la compra de una sola licencia.

Uno de los principales argumentos de la legislación es que si los proveedores de servicios digitales como Spotify y Apple obtienen estas licencias mecánicas generales, estarán mejor protegidos contra las acusaciones de infracción de derechos de autor (Spotify se ha visto afectado por muchas de estas demandas en el último año, y los acuerdos han sido costosos para el proveedor de servicios digitales).

Además, el MLC está financiado en su totalidad por los proveedores de servicios digitales como Spotify, Amazon, Apple Music, etc., lo que significa que los costos operativos no son cobrados a los compositores y/o editores.

Junto con los nuevos procedimientos de concesión de licencias mecánicas, el MLC se encarga de debatir los continuos retos asociados a la regulación de la industria musical, la cual se ve afectada por la rápida evolución de la tecnología. Junto a estos debates, el MLC creará y propondrá soluciones a los problemas que surjan.

El MLC también es responsable de crear una base de datos de registro público de propietarios de derechos de autor para ayudar a aumentar la eficiencia de los proveedores de música digital y de los compositores y editores a quienes deben pagar.

Esta base de datos también tiene la intención de aumentar el número de canciones reclamadas por los editores y otros propietarios de derechos de autor, permitiendo que se les pague.

El Colectivo de Licencias Mecánicas (MLC), ordenado por la Ley de Modernización de la Música de 2018 (Music Modernization Act o MMA, por sus siglas en inglés), lanzó su portal en línea en enero de 2021. Sus responsabilidades incluyen proporcionar una base de datos pública de información de derechos de autor sobre todas las obras musicales, así como recaudar y distribuir regalías de los servicios de transmisión digital a los editores y compositores de música a través de una nueva licencia general legal.

El MLC también actualiza la base de datos vinculando las composiciones con las grabaciones sonoras. Las regalías no reclamadas se mantendrán durante 3 años antes de ser distribuidas a los editores musicales en base a la cuota de mercado. Estos servicios de transmisión digital y los licenciatarios ayudan a financiar la MLC mediante el pago de tasas administrativas.

El MLC estableció un acuerdo con la Agencia Harry Fox (Harry Fox Agency o HFA, por sus siglas en inglés) para gestionar las vinculaciones de datos, distribuir regalías mecánicas e incorporar a los compositores, editores musicales y sus catálogos.

También ha comenzado a trabajar directamente con varios editores musicales, proveedores de software y administradores como parte de la Iniciativa de Calidad de Datos (Data Quality Initiative o DQI, por sus siglas en inglés) para agilizar la comparación de metadatos y mejorar así los procesos para los participantes.

Los compositores individuales también pueden participar a través de un Formulario de Organización de Datos Musicales.

Tanto la DQI como el Formulario de Organización de Datos Musicales pueden encontrarse en la página web de la MLC.

En la HFA, el titular de los derechos puede optar por entrar al Portal del MLC permitiendo que el software rellene automáticamente la información de contacto, de pago y de impuestos al registrarse, ahorrando tiempo al no tener que volver a introducir toda la información en el MLC.

Si se prefiere no optar por el registro, la HFA no transferirá ninguna información al MLC. Los titulares de derechos tendrán que registrar su información individualmente.

Es importante registrar tu cuenta en el MLC para recibir regalías mecánicas por transmisión digital en los Estados Unidos sobre tus obras musicales. El MLC sólo cubre este subconjunto específico de derechos, excluyendo los asociados a las entregas de fonogramas no digitales, las transmisiones no interactivas y las transmisiones de obras que acompañan a una película u otra obra audiovisual.

Todos los demás servicios que no son de transmisión digital y que tienen acuerdos con la HFA y con empresas como Music Reports seguirán vigentes y no se verán afectados. El MLC es simplemente una base de datos adicional, no una que sustituya a otra empresa o plataforma.

Para resumir, he aquí una cita de Kris Ahrend, que resume las acciones actuales del MLC:

" El MLC recibirá los datos de las grabaciones sonoras por parte de los servicios de audio digital de Estados Unidos que obtengan la nueva licencia general legal y los vinculará con los datos de las obras musicales que mantenemos en nuestra nueva base de datos de obras musicales, con el fin de determinar cómo distribuir las regalías mecánicas que recibimos a los editores y compositores independientes con derecho a recibir dichas regalías.

Dado que somos el administrador exclusivo de la nueva licencia general, todos los editores musicales y compositores independientes del país, y de cualquier parte del mundo cuyas canciones estén disponibles en los servicios de audio digital de Estados Unidos, recibirán del MLC al menos una parte de sus regalías mecánicas de esos servicios de audio digital de Estados Unidos.

Lanzamos la primera versión de nuestro nuevo portal de usuarios a finales de este septiembre pasado, y ya hemos invitado a casi 7,000 editores musicales, administradores y compositores independientes a configurar sus cuentas de usuario del portal y sus perfiles de miembro.

Seguiremos invitando a más y más miembros a configurar sus cuentas del portal en las próximas semanas y meses".

En Exploration, estamos disponibles para ayudar a responder cualquier pregunta y proporcionar más información en torno a la opción de registro de la HFA y los servicios que están disponibles para ti.

Aviso: La información proporcionada por Exploration.io no ofrece asesoramiento jurídico o empresarial y está destinada a ser utilizada únicamente con fines informativos generales.

Conceptos Básicos Sobre Música en Vivo y Giras

¿Qué es un Agente de Espectáculos en Vivo?

¿Por Qué Escribimos Esta Guía?

Todo artista nuevo sabe lo difícil que es contratar y gestionar sus propias actuaciones en directo y, al mismo tiempo, crear e interpretar su música. Algunos artistas prefieren gestionar todos los aspectos de su carrera de forma independiente, pero la mayoría de las veces la presión de estar totalmente a cargo de su carrera es demasiado para que un artista pueda manejarla por sí mismo.

Los artistas contratan a menudo a personas que les ayuden a gestionar las obligaciones y deberes que conlleva la contratación de espectáculos en directo y la planificación de giras. A estas personas se las conoce como el equipo del artista. Un artista puede tener mánagers y agentes de muchos tipos, pero uno de los más importantes es un agente de espectáculos en vivo.

Esta guía está dirigida a todos los que quieran saber más sobre las giras y la importancia de un agente de espectáculos en vivo en la carrera de un artista. Esta guía también explica las funciones de un agente de espectáculos en vivo, cómo encontrar uno y cuánto cuesta un agente de espectáculos en vivo.

¿Para Quién es Esta Guía?

- **Artistas discográficos** que quieran saber qué aspectos deben buscar en un agente de espectáculos en vivo.
- **Cualquier persona** que quiera aprender más sobre los agentes de espectáculos en vivo y las giras.

Contenido

- ¿Qué es un agente de espectáculos en vivo?
- ¿Cuáles son las funciones y tareas de los agentes de espectáculos en vivo?
- ¿Cuánto cuestan los agentes de espectáculos en vivo?
- ¿Dónde se puede encontrar un agente de espectáculos en vivo?
- ¿Quiénes son algunos de los agentes y agencias de espectáculos en vivo más conocidos?

¿Qué es un agente de espectáculos en vivo?

Tomado de nuestra otra guía, "El equipo", Los cimientos de la carrera de un artista suelen comenzar con la captación de un público a través de las actuaciones en vivo. Los conciertos tienden a ser más valiosos para los artistas a medida que adquieren un mayor atractivo y comienzan a reservar recintos cada vez más grandes. Los agentes de espectáculos en vivo son responsables de la logística que rodea a las presentaciones en vivo de un artista.

¿Cuáles son las funciones y tareas de los agentes de espectáculos en vivo?

El primer papel de un agente es el de un vendedor. Deben identificar locales adecuados y presentar al artista al propietario o promotor para negociar un buen acuerdo. El objetivo del propietario del local es agotar las entradas, conseguir que la gente se gaste el dinero en el bar y obtener ganancias en general. Esto significa que confían en que los espectáculos que contratan atraerán a una multitud, por lo que tienen que estar convencidos de que el espectáculo tiene posibilidades de atraer a la gente.

En el caso de los actos más deseables, los agentes de contratación se encargan de examinar las solicitudes de presentación para encontrar las oportunidades más lucrativas para sus clientes.

Los artistas que se presentan en recintos locales suelen llegar a acuerdos de forma oral o por Internet, lo que supone un contrato implícito. Sin embargo, los agentes de contratación siempre firman acuerdos formales. Existen varios beneficios para los artistas que crean y firman acuerdos legales con los recintos para sus presentaciones.

En su mayor parte, estos contratos actúan como autodefensa para ambas partes, ya que describen sus respectivas expectativas. Estos contratos incluyen todos los detalles que a menudo se pasan por alto en los acuerdos causales.

Los contratos no sólo detallan las obligaciones a las que se compromete cada parte, sino también las consecuencias de no cumplirlas y las políticas de cancelación. Al recopilar toda esta información y negociar un acuerdo sobre todos los detalles, los artistas y los recintos se protegen de las tarifas sorpresa, la disminución de los beneficios y los problemas con las cláusulas del contrato.

Una de las responsabilidades importantes de un agente es cobrar los depósitos en nombre de los artistas. Los depósitos son una parte del pago acordado que se entrega al artista (o al agente) antes de la presentación. Las giras requieren una atención especial por parte de un agente de contratación, por lo que algunos artistas contratan a un especialista independiente para reservarlas. Los agentes encargados de las giras no sólo son responsables de los detalles y los aspectos legales de cada espectáculo, sino también de la logística entre ellos.

¿Cuánto cuestan los agentes de espectáculos en vivo?

A menudo los agentes de espectáculos en vivo trabajan para agencias, lo que puede afectar a sus costos. Sin embargo, la mayoría de las veces el 15% de los ingresos de la gira es lo máximo que cobra un agente de espectáculos en vivo. La norma es entre el 5 y el 10 por ciento de los ingresos de la gira.

Los agentes de espectáculos en vivo manejan la mayor parte del dinero durante las giras, por lo que si el espectáculo se paga por adelantado, el agente recibirá el dinero y luego tomará su parte antes de pagar a todos los demás miembros del equipo de artistas.

¿Dónde se puede encontrar un agente de espectáculos en vivo?

Como ya hemos explicado, la mayoría de los agentes de espectáculos en vivo trabajan para una agencia o una empresa de gestión musical. Por lo tanto, los artistas suelen encontrar a estos agentes a través de una empresa de gestión musical, pero a veces los agentes de espectáculos en vivo pueden trabajar como autónomos. Los artistas también pueden encontrar un agente de espectáculos en vivo a través de amigos, mánagers, familiares, Internet o preguntando a otros artistas.

¿Quiénes son algunos de los agentes y agencias de espectáculos en vivo más conocidos?

Uno de los agentes de espectáculos en vivo más famosos y conocidos fue Brian Epstien. Brian descubrió a los Beatles. Lanzó su carrera y les ayudó a conseguir el gran éxito que tuvieron. Los dirigió desde 1962 hasta su muerte en 1967. Fue tan influyente en la carrera de los Beatles que se le llamaba el "quinto Beatle". Sin Brian Epstien, los Beatles no habrían ganado tanta popularidad, lo que demuestra la importancia de los agentes de espectáculos en vivo en el equipo de un artista. Ellos gestionan y reservan los espectáculos que ayudan a que su carrera se dispare.

Un agente de espectáculos en vivo famoso de la actualidad es Kirk Sommer. Sommer trabaja para la agencia William Morris Endeavor Entertainment. Sommer ha trabajado para algunos de los artistas más influyentes de los últimos 20 años como Adele, Sam Smith, The Killers,

Ellie Goulding, Arctic Monkeys, Weezer, Foster the People, Passion Pit, Empire of the Sun, Teagan and Sara, Amos Lee y muchos más.

Esta es una lista de agencias de espectáculos en vivo famosas:

- Paradigm Agency
- Creative Artists Agency (CAA)
- ICM Partners
- William Morris Endeavor Entertainment
- X-ray Touring
- The Windish Agency
- AEG Live
- Live Nation Touring
- BBE Booking Agency

Obras Citadas

Banton, Joelle. "What Is a Music Booking Agent & Why Do You Need One?" Music Gateway, 22 Aug. 2019, www.musicgateway.com/blog/how-to/music-bookingagents.

"Building Your Dream Team: The Booking Agent." AWAL, 8 Feb. 2019, www.awal.com/blog/how-to-find-a-booking-agent-for-musicians.

"Mr. Brian Epstein: Official Website." Mr. Brian Epstein: Official Website, www.brianepstein.com/.

Reinartz, Joe. "Executive Profile: Kirk Sommer." Pollstar, 6 May 2016, www.pollstar.com/News/executive-profile-kirk-sommer-46028.

¿Qué es un Promotor?

¿Por Qué Escribimos Esta Guía?

Esta guía se ha escrito para que los lectores se hagan una idea de lo que es un promotor y de cómo contribuyen a la industria de la música en vivo. Como artista, las actuaciones en vivo son uno de los aspectos más importantes de tu carrera. Un artículo de TorrentFreak señala que las giras y las actuaciones en vivo son la fuente de ingresos más importante para los músicos. Por eso, trabajar con un promotor experto y con contactos puede ser muy beneficioso para los artistas y los propietarios de locales.

¿Para Quién es Esta Guía?

- **Artistas** que deseen tener más información sobre el proceso de contratación de giras y promotores
- **Propietarios de recintos** interesados en saber más sobre la importancia de trabajar con buenos promotores
- **Personas interesadas** en aprender más sobre la promoción de giras

Contenido

- Tipos de Promotores
- ¿Qué Hace un Promotor?
- ¿Cómo se Paga a los Promotores?

- ¿Necesito Contratar a un Promotor de Artistas?

Tipos de Promotores

Como artista, es importante entender los tipos de promotores con los que vas a trabajar en la industria. Algunos promotores trabajan para promocionarte a ti y a tu marca, mientras que otros trabajan para promocionar tus actuaciones y apariciones en vivo. Ambos tipos de promotores pueden beneficiar enormemente a tu carrera, por lo que es importante conocer las cosas básicas que deben hacer y ofrecerte.

Promotores de artistas

Los promotores de artistas suelen ser una parte importante del equipo de un artista. Trabajan estrechamente con los artistas y sus agentes para ayudar a ampliar el alcance de la música de sus clientes y ampliar su audiencia.

Promotores de conciertos vinculados a un recinto

Los promotores vinculados a un recinto trabajan para un lugar específico y su función principal es conseguir artistas e intérpretes para espectáculos en vivo. Hacen cosas como organizar eventos, contratar bandas y promover los espectáculos. Básicamente, trabajan para organizar el mayor y más exitoso espectáculo posible para los artistas y los gestores de los recintos.

Promotores independientes de conciertos

Los promotores independientes de conciertos hacen un trabajo muy similar al de los promotores vinculados a un recinto, pero la principal diferencia es que los promotores independientes no están vinculados a ningún recinto específico. Esto significa que un promotor independiente puede poner en contacto a los artistas con varios recintos diferentes para que se ajusten mejor a sus preferencias. Este tipo de promotor de conciertos puede ser más beneficioso para los artistas, ya que no están atados a un lugar específico y pueden elegir uno que sea más conveniente para el artista y sus fans.

¿Qué Hace un Promotor?

Promotores de Conciertos

Son muchas las cosas que hay que hacer para que un concierto tenga éxito y, a menudo, un promotor de conciertos está íntimamente involucrado en el proceso.

Una de las primeras y más importantes cosas que hace un promotor de conciertos es **ponerse en contacto con los artistas y los managers** o agentes de los grupos para programar conciertos o eventos y ponerlos en contacto con un lugar adecuado. Los promotores de conciertos vinculados a un recinto conectarán automáticamente a los artistas con su recinto.

Luego, el promotor trabajará para **negociar los honorarios** con los propietarios de los locales, los agentes y los artistas. Estos honorarios suelen incluir aspectos como las tasas que pueda cobrar el recinto, los costos de alojamiento y los requisitos.

Una vez que el promotor, el artista y el agente están de acuerdo, el promotor está listo para empezar a **promocionar el evento**. Muchos promotores darán a conocer el evento a través de las redes sociales, anuncios de radio y televisión, listas de correo electrónico y recomendaciones.

A menudo, los promotores también se **encargan de algunas necesidades fuera del escenario**, como el alojamiento y todo lo que el artista pueda incluir en su contrato de requisitos.

Una de las últimas cosas que hará el promotor con el artista y/o su agente es **crear un contrato** propio en el que se indiquen aspectos como los honorarios que se deben al promotor o al propietario del local, las fechas y los horarios de los ensayos, la duración de la actuación, los detalles del contrato para el artista, etc.

Promotores de Artistas

Además de promocionar y dar a conocer las actuaciones en vivo de los artistas, los promotores de artistas ayudan a promocionar al propio artista y su música.

Crean material promocional, como kits de prensa, comunicados de prensa, discos promocionales y "folletos", e intentan conocer la imagen y la música del artista para encontrar el **grupo demográfico** al que más puede atraer.

Luego, el promotor de artistas **conectará el trabajo del artista** con el mejor medio de promoción para su arte. Esto significa **ponerse en contacto con programadores de listas de reproducción y directores de programas de radio** que puedan estar interesados en el sonido de su artista.

¿Cómo se Paga a los Promotores?

La remuneración de un promotor depende de varios factores, entre ellos:

- El tipo de trabajo de promoción que realicen para el artista
- El acuerdo alcanzado con el grupo o el agente
- La popularidad del artista

Ganar dinero como pequeño promotor independiente puede ser bastante difícil, ya que tu sueldo suele basarse en el éxito o la popularidad de tu artista.

Por eso es importante entender los detalles de cómo vas a ganar dinero en este campo si es algo que te interesa hacer.

Promotores de Conciertos

Los promotores de conciertos y los artistas o agentes pueden llegar a un acuerdo denominado "reparto de entradas". Esto significa que el promotor y el artista se repartirán los ingresos de la venta de entradas en la proporción que acuerden.

A menudo, el éxito o la popularidad del artista pueden influir en el reparto. Por ejemplo, un artista de mayor éxito puede obtener el 80 por ciento de los ingresos y el promotor el 20 por ciento, mientras que un artista menos conocido puede dividir el dinero al 50 por ciento con el promotor.

Este tipo de acuerdo es más habitual en el caso de pequeños artistas independientes o prometedores, ya que el éxito de su espectáculo no suele estar garantizado.

Promotores de Artistas

Los promotores de artistas suelen ser pagados por el propio artista si no tiene contrato o trabaja con un sello independiente más pequeño, pero algunos sellos más grandes pueden asumir la responsabilidad de pagar a un promotor de artistas.

Puede tratarse de una tarifa fija pagada por el artista o la disquera del artista o de un porcentaje de los ingresos basado en el éxito de las actuaciones en vivo del artista.

¿Necesito Contratar a un Promotor de Artistas?

Como artista, y especialmente como artista sin contrato, contratar a un promotor de artistas o trabajar con una agencia de promoción puede ser muy beneficioso para ti, pero no es obligatorio.

La autopromoción es ciertamente posible, pero los artistas nuevos o más pequeños no suelen tener los recursos o las conexiones que tienen los promotores profesionales o las agencias de promoción.

La industria musical está actualmente inundada de nuevos artistas que luchan por construir una plataforma o una base de fans para impulsar sus carreras y conseguir que su música sea escuchada por las masas.

Contratar a un promotor de artistas puede ser lo que te ayude a destacar y a establecer mayores contactos dentro de la industria.

En resumen, no es necesario contratar a un promotor artístico, pero si está dentro de tu presupuesto, te conviene hacerlo.

Obras Citadas

"Concert Promoter | Berklee." Berklee Homepage | Berklee, https://www.berklee.edu/careers/roles/concert-promoter. Accessed 30 Aug. 2021.

"The Booking and Etiquette of Being an Opening Band." The Balance Careers, https://www.thebalancecareers.com/what-concert-promoters-pay-for-2460676. Accessed 30 Aug. 2021.

"The Role of a Music Promoter." The Balance Careers, https://www.thebalancecareers.com/what-is-a-music-promoter-2460747. Accessed 30 Aug. 2021.

¿Qué es un Mánager de Gira?

¿Por qué escribimos esta guía?

Los mánagers son algunas de las personas más importantes dentro del equipo de un artista. Cuando un artista comienza una gira, suele contratar a alguien para que le ayude a organizarla. Un manager de gira es esta persona. Los tour managers ayudan a la gira del artista de muchas maneras diferentes.

Esta guía es para cualquier persona que quiera aprender más sobre los mánagers de giras, así como qué buscar en un mánager de giras, cuánto cuestan, dónde encontrarlos y mánagers de giras famosos dentro de la industria musical.

¿Para Quién es Esta Guía?

- **Artistas discográficos** que quieran saber qué deben buscar en un mánager de giras.
- **Cualquier persona** que quiera aprender más sobre los mánagers de giras.

Contenido

- ¿Qué es un Mánager de Gira?
- ¿Cuáles son las Tareas del Mánager de Gira?
- ¿Cuánto Cuesta un Mánager de Gira?

- ¿Dónde se Puede Encontrar a un Mánager de Gira?
- ¿Quiénes son los Mánagers de Gira Más Conocidos?

¿Qué es un Mánager de Gira?

Tomado de nuestra guía, "El Equipo", un manager de gira o road manager sólo son necesarios cuando un artista está de gira. El manager de la gira ayuda a gestionar todos los aspectos de la misma. Se asegura de que todo vaya bien antes, durante y después del espectáculo.

También se asegura de que todo el mundo cobre correctamente y a tiempo. A menudo, los mánagers de gira pueden hacer las veces de mánager personal. Al igual que los mánagers personales, los mánagers de giras gestionan todos los aspectos de la vida y la gira de un artista.

Se encargan de que todo lo relacionado con la gira se desarrolle sin problemas, pero también de que el artista esté contento y bien.

¿Cuáles son las Tareas del Mánager de Gira?

Donald S. Passman describe en su libro "All You Need to Know About The Music Business" (Todo lo que Necesitas Saber Sobre el Negocio de la Música) todas las tareas de un mánager de gira. El mánager de gira viaja con el artista y el equipo durante el ciclo de la gira. Passman explica que un mánager de gira:

- Ayuda a reservar la gira con el agente de reservas.
- Supervisa todos los ensayos y contrata a los miembros de la banda.
- Contrata a todo el equipo de la gira.
- Gestiona el transporte; reserva los pasajes de avión, reserva los autobuses y camiones para el equipo de la gira, etc.
- Cobra y maneja todo el dinero de la gira.
- Trabaja con el equipo de marketing de los artistas para crear la publicidad de la gira.
- Programa las actividades diarias de la gira.
- Se encarga de las cancelaciones, las enfermedades, etc.

Los mánagers de gira tienen que ser rápidos para solucionar cualquier problema y asegurarse de que todo va como se supone que debe ir.

¿Cuánto Cuesta un Mánager de Gira?

Los mánager de gira suelen cobrar una tarifa semanal. El precio depende del tipo de artista con el que trabajen. También depende de su relación con el artista. Si un mánager de gira es también el mánager personal de un artista, suele cobrar más.

A veces, un mánager de gira puede cobrar $2,000 dólares a la semana, pero los mánager de gira que trabajan con artistas más grandes pueden cobrar entre $5,000 y $100,000 dólares a la semana.

¿Dónde se Puede Encontrar a un Mánager de Gira?

A menudo, los artistas utilizan a su mánager personal como mánager de gira.

Sin embargo, hay otras formas de encontrar un mánager de gira. Los artistas pueden pedir consejo a sus amigos o familiares. Su disquera también puede recomendarles un mánager de gira.

Los artistas también pueden pedir recomendaciones a otros artistas o buscar un mánager de gira en las redes sociales o en Internet.

¿Quiénes son los Mánagers de Gira Más Conocidos?

Gus Brandt es un famoso mánager de gira. Comenzó su carrera en Pensacola, Florida. Era promotor de música punk-rock. Se introdujo en la industria gestionando a artistas como Down by Law y Pennywise.

En 1996, empezó a trabajar con los Foo Fighters. Desde entonces es su mánager de gira. También ha trabajado con Eminem, Pearl Jam, Nine Inch Nails y muchos otros artistas.

Marty Hom es también un famoso mánager de gira. Lleva 40 años trabajando en el sector. Fue mánager de gira de Barbra Streisand durante muchos años.

También trabajó con Fleetwood Mac, Shakira, Bette Midler, Lionel Richie, The Eagles, Alicia Keys, Shania Twain y Janet Jackson.

Obras Citadas

Walker, Michael. "Tour Managers of Foo Fighters, Rolling Stones & Fleetwood Mac Swap Wild Tales from the Road." Billboard, 2 Sept. 2016, www.billboard.com/articles/news/5915668/tour-managers-of-foo-fighters-the-rolling-stones-fleetwood-macswap-Wild-tales.

Passman, Donald S. All You Need to Know about the Music Business: 10th Edition. Simon & Schuster, Incorporated, 2019.

"Tour Manager." Berklee, www.berklee.edu/careers/roles/tour-manager. Udell, Jake. "Tour Budgeting." Art of a Manager, 9 June 2018, artofamanager.com/2018/06/tour-budgeting/.

¿Qué es el Ciclo de una Gira?

¿Por Qué Escribimos Esta Guía?

Son varios los factores que llevan a que un espectáculo en vivo llegue a los asistentes a los conciertos, desde asegurarse de que se dispone del lugar en el que se va a presentar hasta el marketing adecuado para impulsar la venta de las entradas.

Al producir una gira, las seis partes principales que colaboran son: los agentes de espectáculos en vivo, los promotores, los gestores de giras, los técnicos, las disqueras y las editoriales.

Aunque no siempre estarán representados por entidades distintas, es importante tener en cuenta que cada uno de ellos cubre responsabilidades integrales relacionadas con la gira de un artista.

En esta guía, recorreremos el ciclo de una gira paso a paso para describir cómo interactúan todos estos participantes con el fin de crear una gira exitosa.

¿Para Quién es Esta Guía?

- **Artistas** que estén interesados en conocer en qué consiste el trabajo de creación de una gira, así como los diferentes aspectos del propio ciclo de giras.

- **Cualquier persona** que tenga curiosidad por conocer los detalles de las giras y el proceso tras bastidores.

Contenido de la Guía

Recomendamos que esta guía se lea con dedicación y detenimiento para procesar completamente la información proporcionada.

Es una lectura corta, pero no dudes en leer despacio o repasar las secciones para entender bien el material.

Tiempo estimado de lectura: 10 minutos

Índice de Contenidos

Encontrar al Intérprete

Como suele ocurrir en la industria musical, el elemento fundamental es el artista. Para empezar, los agentes y promotores deben encontrar y contratar al talento. Este proceso no difiere mucho de la búsqueda de los A&R de las disqueras o de las editoriales.

Aunque hay diferentes tipos de artistas que requieren distintos niveles o métodos de apoyo, a la larga la esencia de la búsqueda y la contratación sigue siendo la misma: identificar y contratar antes que nadie a los artistas con gran potencial.

Aunque es vital contratar con antelación a personas con talento en la industria del espectáculo en vivo, existen riesgos asociados a este movimiento. Ya que un espectáculo promedio suele reservarse con unos 9 ó 10 meses de antelación, los contratos de las giras suelen firmarse aproximadamente un año antes de la actuación.

Además, la mayoría de las giras siguen a los lanzamientos discográficos de sus artistas para ganar impulso y subirse a la ola de la promoción. Esto tiene una implicación inevitable: los agentes y promotores de las giras contratan al artista para que interprete un material que puede no estar escrito todavía, lo que es bastante arriesgado.

Esto es especialmente cierto en el caso de los artistas primerizos, que tal vez ni siquiera tengan suficiente contenido para un set completo ni ninguna habilidad para actuar en vivo.

Estrategia y Producción de la Gira

Una vez que el artista se ha incorporado, la atención se centra en la producción del espectáculo y en la definición de la estrategia y el itinerario de la gira. Aquí, el promotor de la gira comienza su planificación; la construcción del espectáculo en vivo, el manejo de materiales visuales y la reserva de sesiones de ensayo son sólo algunas de las tareas necesarias.

Además, el artista, el mánager, el agente y el promotor de la gira crean un calendario general y elaboran el itinerario de la futura gira. Esta planificación inicial de la gira suele girar en torno a los espectáculos prioritarios, como las actuaciones en las grandes ciudades o los festivales/ eventos musicales de mayor magnitud.

La gira casi siempre sigue a un lanzamiento discográfico, y el resto de la estrategia de creación de la gira parte de ahí.

Reservar la Gira

Una vez completado el itinerario inicial, el agente pasa a reservar la gira y a vender el espectáculo a promotores y festivales. Desde los espectáculos prioritarios hasta el resto de piezas que los rodean, la ruta de la gira empieza a tomar su forma definitiva.

El agente negocia con los promotores locales para elegir un lugar óptimo para presentar el espectáculo. Elegir el recinto perfecto es una de las partes más difíciles de la reserva de la gira, ya que la música aún no se ha publicado, por lo que no hay forma de predecir la recepción del material.

Elegir un lugar pequeño puede ser la opción más segura, pero se corre el riesgo de perder posibles ventas de entradas y decepcionar a los fans. Sin embargo, si se elige un lugar grande, es muy posible que el artista actúe en un concierto medio vacío.

El agente tiene que evaluar estos factores y tomar la decisión final, incluso en tiempos de incertidumbre.

Venta de Boletos

Una vez que la gira está oficialmente reservada, la atención se centra en la promoción y la venta de boletos. Desde el punto de vista logístico, esto parece un trabajo para los promotores, pero en realidad la comercialización de la gira se lleva a cabo entre todas las partes que colaboran estrechamente.

Los mánagers, los agentes de espectáculos en vivo y los sellos discográficos de los artistas colaboran para encontrar la manera de llegar al público de forma eficaz. Para explicarlo con claridad, el marketing de los conciertos puede dividirse en dos partes principales.

En primer lugar está el marketing general de la gira, llevado a cabo por el promotor de la misma, que coincide con el lanzamiento del disco. La campaña de marketing utiliza numerosos canales de comunicación y redes sociales para promocionar toda la gira y no un espectáculo en particular.

En segundo lugar está el marketing regional, a cargo de los promotores locales, cuyo objetivo es aumentar las ventas de un espectáculo específico centrándose en microcanales de comunicación como la radio y la publicidad dirigida a nivel local.

En cuanto a la estrategia de venta de entradas, no existe un método perfecto que utilicen todos los promotores. Hay mucha variedad entre los distintos ciclos de las giras, pero en general el proceso de venta aceptado va desde el anuncio a la preventa, para terminar con la venta general.

En primer lugar, la gira se anuncia a través de la disquera o de los canales propios del artista, lo que permite poner al día al público en general y animar a los fans.

A continuación, se inicia la preventa, que permite a los fans tener la oportunidad de obtener las entradas primero. La estrategia de preventa tiene un par de ventajas. Basándose en las cifras de la preventa, los promotores pueden hacer una estimación aproximada de cómo se va a vender el espectáculo en general, lo que facilita los ajustes posteriores.

La preventa también resuelve el problema del mercado secundario de entradas, ya que al vender tantas entradas en el periodo de preventa se puede evitar la posibilidad de revendedores.

Contratación de un Equipo Para la Gira

Aunque lo más probable es que un contrato de gira proporcione un equipo local en cada parada de la gira, tener un equipo propio que viaje con el artista de un lugar a otro tiene un valor incalculable.

A diferencia del equipo local, conocerán al artista y se sentirán cómodos con el equipo, además de servir como un apoyo constante y confiable para tu gira. A continuación se enumeran algunos de los miembros del equipo que querrás que te acompañen:

- **Mánager de la Gira:** Gestiona los preparativos del viaje y paga las facturas, al mismo tiempo que se ocupa de otros problemas importantes que surgen durante la gira.

- **Director de producción:** supervisa al personal técnico y coordina su trabajo con el del personal local. Evalúa el equipamiento de un lugar a otro.
- **Persona de avanzada:** Llega a cada lugar antes que el artista para ayudar al manager de la gira y asegurarse de que los preparativos previos se han realizado correctamente.
- **Director de escena:** Controla los movimientos de los artistas y del personal dentro y fuera del escenario.
- **Ingeniero de sonido:** Maneja el equipo de sonido y la consola que controla y mezcla el sonido que el público escucha durante una actuación en vivo.
- **Ingeniero de monitores:** Maneja la consola de monitores, controlando el sonido que el artista escucha a través de los monitores de oído.
- **Equipo de iluminación:** monta y maneja el equipo de iluminación; también puede encargarse de los efectos especiales como las máquinas de humo en un espectáculo en vivo.

Para cubrir estos puestos, busca personas que sean flexibles y adaptables, y que trabajen bien bajo presión. Deben trabajar en equipo y colaborar con el artista y los demás miembros del equipo, además de ser expertos en su trabajo y estar comprometidos con el artista o la banda durante toda la gira.

Preparativos Finales y el Día del Espectáculo

Las entradas están oficialmente a la venta y la fecha del espectáculo se acerca rápidamente. Aun así, todavía hay un gran número de detalles que cubrir para que el espectáculo se desarrolle sin problemas.

Llevar a cabo una gira de 50 espectáculos significa llevar al artista y al personal de la gira a 50 lugares diferentes de todo el mundo, todo ello con un presupuesto y un calendario muy ajustados.

Además, hay que asegurarse de que el personal dispone de toda la infraestructura necesaria para llevar a cabo el espectáculo. Los pasajes de avión, el alquiler de coches, el envío del equipo y la planificación del lugar de actuación son sólo algunas de las cosas de las que hay que ocuparse antes del espectáculo.

El día de la función, con las entradas agotadas y el material bien ensayado, hay que centrarse en la ejecución del espectáculo.

Preparar el sistema de sonido, verificar los boletos a la entrada y establecer la seguridad son tareas esenciales que garantizan que el día se desarrolle sin problemas.

Un concierto mal gestionado puede arruinar incluso el mejor de los espectáculos, por lo que es imprescindible una organización clara entre el equipo de la gira, los directores, los técnicos y el personal del local.

Finalmente, tras cientos, si no miles, de horas de preparación, el artista saldrá al escenario. Tras completar un espectáculo, el equipo volverá a la carretera para repetir los preparativos para el siguiente lugar hasta completar la última fecha.

Después, el artista volverá al estudio y empezará a trabajar en nuevo material, mientras los promotores y agentes empiezan a planificar la próxima gira.

Obras Citadas

Ucaya. "Market Intelligence for the Music Industry." Soundcharts, soundcharts.com/blog/mechanics-of-touring#the-touring-cycle.

Dannenfeldt, Diane. "How Concert Tours Work." HowStuffWorks, HowStuffWorks, 1 Aug. 2008, entertainment.howstuffworks.com/concert-tour.htm.

Fundamentos Para la Financiación de las Giras

¿Por Qué Escribimos Esta Guía?

Hemos redactado esta guía para ofrecerte información y conocimientos esenciales sobre la financiación de las giras. En medio de la complicada economía de la transmisión digital de música, las giras son un aspecto vital del éxito financiero de un artista. Una gira musical, ya sea en un estado o en todo el mundo, tiene el potencial de hacer ganar a un artista fondos sustanciales y publicidad.

Para que una gira tenga éxito financiero, el artista y su equipo deben conocer los procesos de inversión y pago. Dado que la naturaleza y la magnitud de una gira musical varían drásticamente en función del artista y de sus objetivos, esta guía explicará los aspectos financieros básicos de cada tipo de gira.

¿Para Quién es Esta Guía?

- **Artistas musicales nuevos** que buscan una comprensión básica de las finanzas de las giras
- **Artistas musicales con experiencia** que están planificando o reestructurando sus finanzas de gira

- **Gerentes personales y de negocios** que manejan acuerdos de giras, interacción con agentes y el éxito monetario de las giras de un artista
- Cualquier otro miembro del "equipo" involucrado en la planificación y ejecución de una gira musical

Contenido

- Pronóstico
- Gastos
- Ingresos
- ¿De Dónde Obtengo el Dinero Para Pagar Mi Gira?
- Ganancia

Pronóstico

Acabas de lanzar un álbum. Felicidades! Tus canciones se escuchan en la radio y se transmiten digitalmente, pero quieres más. Es hora de salir a la carretera! Una gira te dará la oportunidad de interactuar con tus fans, de promocionar tu álbum y de vender esas increíbles camisetas que has diseñado. Pero, antes de los espectáculos en vivo y de los encuentros con los fans, necesitarás un plan financiero sólido para que tu gira alcance su máximo potencial.

El primer paso en la planificación de una gira es prever sus ingresos y gastos, y proyectar si la gira será rentable. ¿Buenas o malas noticias? Empecemos por las malas noticias: Las giras son caras. La cantidad de dinero que se gasta en una gira depende del artista y de la naturaleza de la misma, pero independientemente de ello, hay muchas "cosas" que hay que pagar.

Gastos

Una vez más, lo que una banda o un artista debe pagar para llevar a cabo una gira variará, por ejemplo, una banda universitaria de gira por el estado de Carolina del Norte muy probablemente no necesitará un elaborado detalle de seguridad, pero Justin Bieber seguramente sí. Para que esta guía sea accesible y beneficiosa para artistas y managers de diversa índole, hemos creado una lista de los gastos básicos que conlleva cada gira, para ayudarte a comenzar tu planificación financiera.

- **Personal de la gira y equipo:** El personal de la gira tiene un valor incalculable, ya que probablemente será el que se encargue de todo lo que ocurra en la gira, excepto de la música. Además, son las personas que cuidan de ti en la gira, te conocen y saben lo que tus conciertos requieren para tener éxito, mientras que el personal de los locales no. Por eso, es importante compensar a tu equipo de gira de forma justa. Si eres un miembro del personal de la gira y tu trabajo es el financiero, asegúrate de acordarte de ti mismo en las previsiones. Aquí tienes una lista de los miembros básicos del equipo de la gira que actuarán como un gasto en la hoja de contabilidad:
  - Director de la gira
  - Director de producción
  - Persona de avanzada - Llega a cada lugar de la gira antes que la banda y el equipo para ayudar al gerente de la gira y asegurarse de que los arreglos anticipados se hayan manejado correctamente.
  - Director de escenario
  - Ingeniero de sonido
  - Ingeniero de monitores
  - Equipo de iluminación
- **Equipo de apoyo**
- **Transporte:** Los gastos de transporte variarán en función del tamaño de la banda y el personal, la cantidad de equipo, la geografía de la gira, la duración de la misma, etc. El transporte es caro y esencial. Tanto si se trata de una furgoneta, un autobús de gira o un avión, hay que prever los gastos de transporte.
- **Alojamiento, alimentos e imprevistos:** Hoteles, Air BnBs, comidas de cinco platos, ramen, comida rápida, pasta de dientes, desodorante, calcetines, etc. Aunque parezca trivial, los gastos de manutención se acumulan rápidamente en los viajes, por lo que es vital que hagas todo lo posible por prever correctamente esta categoría.
- **Equipo y Producción:** Desgraciadamente, el equipo que utilizas en casa para crear tu música no servirá en la mayoría

de los casos para hacer el trabajo en clubes y estadios. Los conciertos en vivo requieren una lista de alquiler de equipos de música y producción. Por supuesto, el equipo depende de ti, el artista, pero en cualquier caso el equipo supone un gasto considerable.

- **Seguros:** El seguro puede referirse al equipo alquilado, al transporte, a la seguridad del público, al robo, etc.
- **Promoción y comercialización**
- **Mercancía:** Las ventas de mercancía suelen suponer una parte importante de las ganancias de una gira, pero la mercancía requiere inversiones por adelantado y debe preverse.
- **Pagos al recinto**
- **Honorarios de los músicos:** Si eres un acto solista, pero requieres de una banda a tu alrededor, tendrás que incluir en tu previsión a los músicos contratados
- **Ensayos**
- **Licencias de ejecución pública**

Ingresos

¡Ah! ¡Las buenas noticias! Aunque no lo parezca, de hecho te pagarán por tocar tu música en espectáculos en vivo. Cuánto dinero podrás conservar es otra historia, eso lo cubriremos en la rentabilidad. Pero por ahora, aquí tienes una lista de "cosas" que te harán ganar dinero en tu próxima gira.

- **Tarifas:** Las tarifas son de un solo espectáculo para los artistas locales más pequeños. Los clubes y los espacios de apertura para el acto principal suelen oscilar entre $250 y $1,500 dólares. Las bandas con más seguidores a nivel regional a veces ganan entre $5,000 y $10,000 dólares.
- **Garantía o reparto de beneficios del espectáculo:** Tu garantía es lo que un promotor te pagará a ti o a tu banda para "reservarte" para un concierto. El importe de la garantía varía en función de los gastos de la gira y de la importancia de la misma. La alternativa a la garantía, ya que a veces los promotores no están seguros de que los ingresos del concierto superen la garantía, es un porcentaje de los ingresos del espectáculo. La fórmula

básica para un acuerdo sobre los beneficios del espectáculo es un porcentaje de (la venta de tus entradas - los gastos del local). El porcentaje típico se sitúa en torno al 80% de los ingresos del local por tu concierto. Para más información sobre el reparto de los promotores, lee nuestra guía sobre promotores.

- **Acuerdo de varios espectáculos**
- **Mercancía:** La mercancía es una fuente masiva de flujo de efectivo para los artistas en gira y a menudo es la principal fuente de ingresos de una gira. La ropa, las fundas de teléfono, las pegatinas, los pósters, etc., pueden venderse en los recintos de los conciertos o a través de medios en línea. Los recintos a menudo exigen un porcentaje de los ingresos de la mercancía generados en el lugar del concierto.
- **Paquetes VIP:** Vender paquetes VIP a un precio más elevado es una forma de impulsar la venta de entradas. Los paquetes VIP pueden incluir pases para los bastidores, encuentros con la banda, saludos, tutorías musicales, asientos exclusivos, etc.
- **Patrocinio:** Si tú o tu grupo tienen un número considerable de seguidores e influencia, las empresas suelen asociarse contigo para promocionar sus productos en tus conciertos. Los patrocinadores pueden pagarte en función de cada espectáculo o como inversión anticipada en tu gira.

¿De Dónde Obtengo el Dinero para Pagar mi Gira?

Ya seas un artista independiente o hayas firmado con una disquera y una editora principal, la financiación de una gira requiere importantes inversiones. La forma en que un artista consigue los fondos para una gira depende de los recursos de que disponga.

La financiación de una gira de una banda independiente con seguidores locales será muy diferente a la de un artista con un contrato discográfico a largo plazo. Para facilitar la navegación por las distintas opciones de financiación, hemos separado las opciones en categorías generales de distintos artistas.

Las opciones de financiación dentro de cada categoría no son exclusivas en absoluto y a menudo pueden ser utilizadas por cada nivel de artista.

Artistas independientes o nuevos

Como artista independiente o nuevo sin contrato discográfico, el apoyo a la gira por parte de una disquera no es una opción. Pero hay otros métodos para conseguir los fondos necesarios para financiar la gira.

Conseguir un patrocinador

Como artista nuevo o independiente, lo más probable es que tengas una base de fans local sólida que es responsable por tus transmisiones digitales actuales y tu popularidad. Una gran opción es establecer una red de contactos con tu base de fans local para encontrar pequeñas empresas o seguidores dedicados que estén dispuestos a invertir en una gira local. El patrocinio de una serie de empresas locales te proporciona el flujo de dinero necesario para realizar una gira a pequeña escala y, al mismo tiempo, promociona los productos o servicios de tus inversores comerciales. Lo más probable es que las pequeñas empresas no tengan la flexibilidad necesaria para financiar totalmente una gira, pero el patrocinio es una opción de financiación complementaria accesible para los artistas nuevos e independientes.

Subvenciones

Las subvenciones para actuaciones musicales y giras están por todas partes. A menudo, las subvenciones se conceden a actos que se alinean con los objetivos, las empresas o las características del nicho de una organización. Una subvención es una opción óptima para los nuevos artistas y grupos musicales porque no hay que devolverla. Suena increíble, ¿verdad? Lo son, sin embargo, recibir subvenciones para la música suele implicar intensos procesos de solicitud y, en algunos casos, nominaciones. Así que, si estás interesado en solicitar una subvención, prepárate para dedicar mucho tiempo y esfuerzo al proceso de solicitud. Aquí tienes una lista de organizaciones de subvenciones musicales con sede en EE.UU. que ofrecen ayudas para proyectos musicales (las giras se consideran un "proyecto").

- New Music USA Project Grants
- NYFA Artist Fellowship (únicamente en Nueva York)
- Mid Atlantic Arts Foundation
- Tennesee Arts Commission

Hay cientos de subvenciones disponibles para los nuevos artistas, procedentes de diversas fuentes, como organizaciones sin fines de lucro, gobiernos locales, universidades, etc. De nuevo, la mayoría de las subvenciones no financiarán por sí solas una gira, pero son una gran opción para empezar.

Financiación colectiva (Crowfunding)

El crowdfunding funciona tal y como suena: Financiar tu gira a través de las donaciones de tus fans. El crowdfunding requiere un esfuerzo considerable por parte del artista o la banda, pero si se hace de forma eficaz puede generar mucho capital. El crowdfunding es eficaz para los artistas con fans locales y dedicados que están dispuestos a invertir en una gira antes de sus etapas iniciales de planificación.

El crowdfunding no suele ser eficaz si lo único que se anuncia es una actuación en directo. Crear una narrativa o proporcionar una razón para que alguien financie tu gira es la mejor manera de asegurar las donaciones. Hay muchas estrategias de crowdfunding que animan a los fans y a los no fans a donar al fondo de tu gira.

Los artistas o las bandas pueden asociar su gira con organizaciones benéficas, de modo que los donantes están financiando una gira y promoviendo una organización benéfica. Además, los artistas y las bandas pueden ofrecer entradas gratuitas o experiencias VIP a quienes donen al fondo de su gira.

A veces, el crowdfunding puede perjudicar tus esfuerzos financieros si tus estrategias de recaudación de fondos resultan poco sinceras o poco razonables. Establecer un objetivo de financiación razonable, explicar los beneficios de las donaciones y recompensar a los donantes son componentes esenciales para el éxito de una iniciativa de crowdfunding.

Hay una gran variedad de herramientas de crowdfunding, algunas orientadas a la música y otras generales. He aquí algunos sitios populares de crowdfunding donde los músicos financian sus proyectos y giras:

- INDIEGOGO
- Kickstarter
- Show4Me
- GoFundMe

Ahorro con Espectáculos Pequeños

Otra buena manera de que los artistas nuevos e independientes puedan financiar una gira es organizando una serie de espectáculos pequeños con pocos gastos. Más concretamente, dedicar el tiempo necesario antes de una gira completa a actuar en espectáculos domésticos, fiestas universitarias, bares, bodas y eventos corporativos. Estos espectáculos de menor escala requieren un gasto inicial significativamente menor por muchas razones y, a su vez, aumentan tus márgenes de beneficio de forma bastante generosa.

- El personal de las giras, los mánagers y los agentes no son necesarios para los conciertos pequeños.
- El equipo casero es eficaz en los locales pequeños, eliminando el gasto en alquileres.
- Los costos de transporte se reducen debido a que hay menos personal y equipo.
- Los gastos de seguro se reducen significativamente o se eliminan.
- El artista o la banda pueden depositar la mayor parte de los ingresos del concierto directamente en un fondo de la gira en lugar de pagar a su equipo o a un promotor.

La lista de beneficios de los espectáculos pequeños es interminable, pero, en general, son más fáciles de organizar y generan más beneficios porcentuales que un concierto en un ciclo de gira. Los conciertos a pequeña escala sirven para promocionar tu música y tu próxima gira entre un público diverso. Por no hablar de que se puede seguir vendiendo mercancía en un bar o en una fiesta estudiantil.

Que la estrategia de ahorro de los conciertos pequeños te funcione o no depende de los ingresos que esperes generar. Es importante que estés seguro de que el esfuerzo, el dinero y el tiempo invertidos en conciertos pequeños tendrán un impacto sustancial en la financiación de tu gira.

Artistas de Nivel Medio y con contrato discográfico

Apoyo a las giras

Si has firmado con un sello discográfico, la forma más común de acumular fondos para una gira es a través del "apoyo a la gira". El apoyo a la gira es el dinero que se te garantiza como artista para compensar cualquier pérdida en la que incurras durante la gira. El importe y las condiciones del apoyo a la gira varían en función de la disquera, el contrato y la gira. La mayoría de las veces, el apoyo a la gira sólo se ofrece a los artistas en su primera gira, ya que los sellos discográficos esperan que no sea necesario después de su primera gira. A cambio del apoyo a la gira, los sellos discográficos suelen esperar algunos "derechos activos" relacionados con la gira, como entradas gratuitas. El apoyo a las giras es recuperable, por lo que la inversión de la disquera se aplicará a las regalías ganadas.

Superestrellas

Patrocinio

Las grandes giras suelen llegar a acuerdos con patrocinadores de grandes marcas. El patrocinio de las giras de los mega-artistas puede oscilar entre cientos de miles y millones. A menudo, el patrocinio de una gira importante requiere anuncios y promoción adicional del producto, en lugar de limitarse a la comercialización en los espectáculos en vivo.

Préstamos

Los préstamos suelen ser la última opción que busca un artista para la financiación de su gira, ya que hay que devolverlos más los intereses. Solicitar un préstamo es arriesgado, ya que no hay garantía de que los ingresos de la gira recuperen el préstamo más los intereses.

Depender de un préstamo no tiene en cuenta los posibles contratiempos de la gira, como la reparación del equipo, los problemas de personal y la baja asistencia. Además, los pagos de intereses aumentan con el tamaño del préstamo y la duración de la gira.

Sin embargo, con una planificación financiera exhaustiva y confianza en la venta de entradas, los préstamos son una opción sencilla y fiable para tu financiación. A menudo, los inversores prefieren las giras que generan ingresos a partir de garantías en lugar de los repartos de los promotores.

Pero las garantías son cada vez más difíciles de conseguir y pueden limitar drásticamente la rentabilidad de sus espectáculos. Artist Growth es una empresa de gestión artística que ofrece préstamos para giras basados en garantías.

Comercialización de derechos y regalías

Otra forma de que un artista establecido financie una gira es vendiendo los derechos de su obra a sociedades de inversión e inversores ángeles. Los inversores pueden ofrecer a los artistas anticipos para las giras a cambio de los derechos de las composiciones y grabaciones sonoras.

Este proceso puede ser extremadamente complicado, ya que los derechos de las obras musicales son a veces propiedad del compositor/artista que graba o de una editorial/sello discográfico. Sin embargo, el comercio de regalías y derechos puede beneficiar en gran medida a las dos partes implicadas.

Los inversores pueden negociar los avances de las giras para tomar una posición de capital o comprar directamente ciertos derechos o flujos de regalías de un artista. Para los inversores, las regalías y los derechos pueden ofrecer ganancias estables, fechas de pago predecibles y rendimientos aceptables.

Por otro lado, los artistas en gira reciben financiación para sus giras con menor riesgo en comparación con los préstamos y su apoyo. ¿Por qué? A diferencia de un préstamo, los anticipos a los artistas a cambio de los flujos de regalías no tienen que ser devueltos en caso de que la gira fracase. En cambio, los inversores providenciales tienen una visión a largo plazo y comprenden los riesgos de intercambiar el anticipo por el flujo de regalías.

La principal desventaja de recurrir a los inversores providenciales y al intercambio de regalías es la pérdida de control total sobre los derechos y flujos de regalías asociados a tus obras.

Pagos

Con suerte, una vez finalizada la gira, habrás recuperado al menos tus propias inversiones o habrás pagado a tu prestamista. Para ello, utilizarás el flujo de caja de los principales generadores de ingresos de tu gira, que probablemente sean las ventas de entradas y de productos. Desgraciadamente, incluso después de pagar el anticipo o el préstamo, los ingresos procedentes de la venta de productos y entradas no son totalmente tuyos.

Si has llegado a un acuerdo con un promotor dividido, una parte de los beneficios de las entradas del concierto se debe al promotor. Para saber más sobre los promotores y los acuerdos con promotores, haz clic aquí. A continuación, una parte de los ingresos de la mercancía se debe a las salas de conciertos donde se vendió tu mercancía.

¿Ya hemos terminado? No. A continuación, con los ingresos restantes, debes pagar los gastos de la gira que no estén cubiertos por el anticipo o el préstamo. Estos gastos variarán en función de tu inversor o prestamista, pero a menudo incluyen las comisiones del mánager/agente, los honorarios de los músicos y cualquier gasto imprevisto que se produzca durante la gira.

Una vez que el anticipo/préstamo se haya liquidado, los promotores y los locales hayan cobrado y los gastos (incluidos los sueldos del equipo de la gira) se hayan saldado, la suma de dinero restante será tu beneficio o el de tu grupo. ¡Woohoo!

Quizá pienses: "Después de todo eso, no puede quedar mucho". Bueno, eso depende de tu planificación financiera y del éxito de tus ventas de entradas y de merchandising. Pero, para maximizar los beneficios de tu gira, hay algunos gastos que a menudo acaban siendo innecesariamente caros.

Donald Passman, experimentado profesional de la música y autor de All You Need to Know About the Music Business (Todo lo que necesitas saber sobre el negocio de la música), sugiere asegurarse de que estos gastos sean razonables:

- **Sueldos para tu banda y personal:** "no siempre es necesario llevar a tanta gente como crees o pagarles tanto como exigen... no son sólo los sueldos, también son los hoteles, la comida, el transporte, etc."
- **Escenario, sonido y luces:** "Estos gastos pueden comerse una gran parte de tus ganancias... un escenario más grande significa más camiones y personal. Recuerda que tus fans están allí para verte actuar"
- **Viajes:** "Puedes ahorrar mucho viajando poco... intenta hacer un centro, es decir, cuando te basas en una ciudad y tocas en locales a un corto vuelo de distancia... estás duplicando tu kilometraje"

Ganancia

Las regalías asociadas a la transmisión digital están dificultando que los artistas más pequeños o de nivel medio puedan vivir de las ventas de álbumes y de la participación en línea. Las giras están demostrando ser la fuente de ingresos más fiable y lucrativa para los artistas y las bandas en la era de la música digital.

Por lo tanto, una planificación financiera exhaustiva es más importante que nunca. Dicho esto, incluso con una previsión precisa y una recaudación de fondos exitosa, los artistas más nuevos a menudo verán un beneficio pequeño o nulo de sus primeras giras y a veces incluso incurrirán en pérdidas.

Desgraciadamente, la baja rentabilidad de las giras para los artistas nuevos, independientes y locales es simplemente una realidad. Las ventas de entradas y productos de los artistas más pequeños a menudo tienen dificultades para compensar los elevados gastos de las giras. Sin embargo, las giras presentan una multitud de beneficios inestimables que no figuran en su balance.

Las giras en sí mismas son una de las mejores formas de promocionarse a sí mismo y a su música. Las actuaciones en vivo le permiten interactuar íntimamente con los fans y las comunidades de un modo que la transmisión digital y las redes sociales no permiten. Además, una gira te conecta con todas las facetas de la industria musical. Conocerás e interactuarás con otros artistas, promotores, agentes, managers, personal de A&R, editores, patrocinadores y mucho más.

Aunque las giras pueden parecer una inversión poco aconsejable para un nuevo artista, es importante tener en cuenta los beneficios intangibles que genera una gira.

Obras Citadas

"What Does It Cost to Tour in 2018? – Royalty Exchange." Royaltyexchange.com, 2018, www.royaltyexchange.com/blog/costs-of-touring. Accessed 6 Sept. 2021.

Reifsnyder, Dan. "How to Fund Your Tour in 2019." Sonicbids.com, 2019, blog.sonicbids.com/how-to-fund-your-tour. Accessed 6 Sept. 2021.

Dannenfeldt, Diane. "How Concert Tours Work." HowStuffWorks, Aug. 2008, entertainment.howstuffworks.com/concert-tour.htm. Accessed 6 Sept. 2021.

Gallant, Michael. "Calculating a Tour Budget." Disc Makers Blog, 10 Aug. 2018, blog.discmakers.com/2018/08/tour-budget/. Accessed 7 Sept. 2021.

"How Much Do Artists Make on Tour (and How You Can up That) | Read on Show4me." Show4me.com, 2021, show4me.com/blog/how_much_do_artists_make_on_tour_and_how_to_up_that_1571141916. Accessed 7 Sept. 2021.

"How to Get the Financing Your Underground Band Needs to Travel on Tour - MTT - Music Think Tank." Musicthinktank.com, 2021, www.musicthinktank.com/blog/howto-get-the-financing-your-underground-band-needs-to-trav.html. Accessed 7 Sept. 2021.

Udell, Jake. "Art of a Manager - Create Together." Artofamanager.com, 2018, artofamanager.com/2018/06/tour-budgeting/. Accessed 7 Sept. 2021.

Passman, Donald S. All You Need to Know about the Music Business. 1991. 10th ed., S.L., Simon & Schuster, 17 Sept. 2019.

Guía Para Abrir y Administrar un Recinto Musical

¿Por qué escribimos esta guía?

Los recintos musicales son uno de los elementos más importantes de la industria musical. Los conciertos generan ingresos, pero también muchos de ellos son el punto de partida de las carreras de los artistas.

Los conciertos son un lugar para la comunidad y la creatividad. Son una parte vital de la industria musical. Sin embargo, administrar un recinto musical es un proceso difícil. Puede ser bastante costoso debido al equipo, la administración y la poca frecuencia de las presentaciones.

El Informe de la Industria Musical 2020 de Exploration sugiere que "...algunos recintos buscan el patrocinio de organizaciones privadas o públicas de financiación de las artes para mantenerse a flote".

Aunque la creación de un recinto musical puede resultar abrumadora, esta guía te ayudará a navegar por el proceso y a tomar las decisiones correctas para el recinto musical que quieres crear.

¿Para Quién es Esta Guía?

- **Artistas discográficos** que estén interesados en conocer los elementos de un recinto musical y su relación con los diferentes aspectos del ciclo de las giras.
- **Agentes de espectáculos en vivo y mánagers de gira** que tengan curiosidad por las operaciones que se llevan a cabo en un recinto musical.
- **Cualquier persona** que quiera aprender más sobre el proceso de creación y administración de recintos.

Contenido

- ¿Qué es un Recinto Musical?
- Localizar y Abrir tu Recinto Musical
- ¿Qué Equipo Debes Utilizar?
- Promoción de un Recinto
- La Receta del Éxito
- Permisos y Cuestiones Legales
- ¿Qué Servicios Debes Incluir en tu Recinto Para Atraer a los Espectadores y a los Artistas?

¿Qué es un Recinto Musical?

En términos sencillos, un recinto musical es cualquier lugar utilizado para un concierto o presentación musical. Los recintos musicales pueden variar en tamaño y ubicación, desde bares pequeños hasta estadios al aire libre.

Normalmente, los distintos tipos de recintos acogen diferentes géneros musicales: los teatros de ópera y las salas de conciertos suelen acoger actuaciones de música clásica, mientras que los clubes nocturnos y los locales públicos suelen ofrecer música de géneros contemporáneos, como el rock, el dance, el country y el pop.

Los locales pueden tener financiación privada o pública, y pueden cobrar por la entrada. Un ejemplo de lugar financiado con fondos públicos es un parque municipal, y estos lugares al aire libre, en su mayoría, no cobran la entrada. Sin embargo, un club nocturno es un negocio privado con el objetivo de aumentar los beneficios; los locales de este tipo cobran para generar ingresos.

Dependiendo del recinto, los horarios de apertura, la ubicación y la duración de la presentación pueden variar, así como el equipo utilizado para llevar a cabo el evento.

Además, pueden existir otras atracciones que sirvan de complemento a la música en sí: standup, arte escénico u otras actividades sociales son algunas de las muchas que se encuentran en los distintos recintos musicales.

A continuación se enumeran los tipos de recintos musicales que existen en todo el mundo:

- Anfiteatro
- Quiosco de música
- Sala de conciertos
- Club de jazz
- Sala de conciertos
- Teatro de la Ópera
- Club nocturno
- Estadio o Arena
- Teatro

Localizar y Abrir tu Recinto Musical

Elegir la ubicación de un recinto musical es uno de los elementos más importantes al abrir un recinto musical. Técnicamente, la ubicación no es la clave del éxito, pero el lugar en el que se encuentra el recinto puede ayudar a atraer a la gente. La mayoría de los recintos están situados en el centro de la ciudad, pero si se promociona bien el recinto, se puede situar en cualquier lugar.

Por lo general, la ubicación depende del tamaño y el tipo de recinto en el que se quiere empezar. El público al que te diriges en cuanto a asistentes a los conciertos y artistas/bandas también es importante.

Adapta el estilo y la ubicación de tu recinto a tu público objetivo. Investiga también qué géneros musicales funcionan bien en la ciudad en la que quieres ubicar tu recinto musical.

Todos los géneros musicales prosperan en todas partes, pero cuando se piensa en Nashville, la mente se dirige inmediatamente a la música country, así que si quieres centrarte en la música country, quizá debas buscar la posibilidad de abrir un recinto en Nashville.

Ten siempre en cuenta cuánto quieres gastar en el espacio y cuánto te costará convertirlo en el recinto musical de tus sueños. Es importante recordar que la ubicación es importante, pero poder costear económicamente la zona lo es aún más.

Los negocios de recintos suelen requerir muchos permisos y licencias locales antes de abrir sus puertas al público. Cualquier recinto que pretenda vender alcohol debe obtener una licencia de venta de bebidas alcohólicas, mientras que los recintos de conciertos requieren permisos especiales en los que se especifique su capacidad máxima legal y la hora a la que deben cerrar.

Además, los recintos pueden necesitar una importante inversión de capital en equipos de sonido, iluminación y sistemas de seguridad. Muchos recintos alquilan o compran edificios ya existentes, pero algunos optan por construir nuevas instalaciones. Cualquiera de estas opciones puede implicar grandes préstamos bancarios o inversiones externas.

¿Qué Equipo Debes Utilizar?

El equipo de sonido es la parte más importante de un recinto musical, porque sin él, el público no podría escuchar la música. Cuando se abre un recinto musical, es muy importante contar con un buen equipo.

Si los altavoces son malos, el público y los artistas se sentirán decepcionados por el espectáculo. Es muy importante asegurarse de que el recinto tiene una buena acústica y un buen equipo de sonido para complementar la acústica.

Puedes contratar a un ingeniero de sonido profesional para que te ayude a encontrar el equipo y la configuración adecuados para tu recinto o puedes investigar por tu cuenta. Investiga sobre los equipos de audio que se ajustan a tus necesidades para el tamaño del recinto y el género musical para el que vas a realizar los espectáculos.

Hay muchos equipos de audio buenos a un precio razonable. Para los micrófonos, los Shure SM-57 y Shure SM-58 son una gran opción. Estos micrófonos son muy duraderos y tienen un precio razonable. Los altavoces y los monitores son muy importantes.

Encuentra la configuración de altavoces adecuada para tu espacio. El número y el tipo de altavoces dependerá del tamaño y la acústica del espacio. A menudo necesitarás un canal central, uno derecho, uno izquierdo y uno secundario, pero todo depende de lo que sea adecuado para tu recinto musical.

Las mesas de mezclas también son muy importantes. El tamaño depende de la cantidad de canales de audio que se quiera tener en el recinto. A menudo se recomienda encontrar una mesa de mezclas de 24 canales, pero si sólo vas a tener cantautores acústicos en tu recinto, entonces un canal más pequeño sería adecuado. Acuérdate de conseguir soportes para instrumentos y micrófonos.

Consigue también amplificadores para los instrumentos y todo el cableado necesario para los micrófonos, los instrumentos, los amplificadores, los altavoces, la mesa de mezclas y los monitores.

Una ventaja añadida sería un panel de iluminación. Para los recintos más pequeños, esto no es tan importante. Sin embargo, a medida que avances y tus espectáculos se vuelvan más extravagantes, una mesa de iluminación hará que el concierto sea más mágico para el público.

Promoción de un Recinto

Los recintos deben comercializar sus servicios en cada uno de los eventos que organizan y entre ellos. Si un recinto organiza sus propios eventos, los promotores internos deben crear y colocar anuncios en medios locales como emisoras de radio y periódicos.

Utilizar las redes sociales y las listas de correo mientras se difunden volantes o carteles proporciona una difusión adicional a la comunidad. Para ir un paso más allá, puedes diseñar una página web y unirte a las redes sociales para ampliar tu audiencia y dar a conocer a más gente lo que ofreces.

Al principio, lo único que los promotores pedían a un artista era que se presentara la noche de un concierto o actuación y diera un gran espectáculo. Hoy en día, los promotores y los recintos profundizan en su colaboración con los artistas y los involucran en el marketing.

Dirigirse a la audiencia de los artistas en las redes sociales y trabajar con su equipo puede contribuir al éxito de la promoción. Salir de tu zona de confort organizando eventos únicos es otra forma de construir una comunidad consistente para tus negocios. Durante las actuaciones, anímate a transmitir en directo los conciertos para ganar impulso en Internet.

En última instancia, a medida que vayas aplicando diferentes estrategias para promocionar tu recinto, siempre deberás reunir datos. Aunque la música sea un arte, dirigir un negocio de música en vivo es también una ciencia.

Tomar decisiones informadas sobre la promoción requiere comprender lo que se ha hecho y sus efectos previstos. Observa los análisis del tráfico en línea y en las redes sociales hacia tu recinto para ver qué está funcionando y así poder seguir perfeccionando esas estrategias. La recopilación constante de información es la mejor manera de tomar decisiones de marketing más inteligentes.

La Receta del Éxito

Distingue tu recinto de la competencia:

Tienes que promocionar tu establecimiento como un punto de encuentro musical. Contrata a artistas reconocidos que puedan entretener a tus clientes habituales y crea una visión de tu recinto.

Analiza tu comunidad e investiga formas de introducirte en su mercado para que tu local sea un lugar al que la gente quiera acudir, independientemente de quién toque. Conoce a tu público objetivo y atiende a sus necesidades.

Sé organizado y comunícate:

Toma notas, escribe las cosas y lleva un registro de tus descubrimientos o de tu programa. Mantén un calendario y lleva un registro de los artistas que has contratado y pagado.

Llegar a los grupos y artistas es fundamental para que un recinto musical tenga éxito. Crear relaciones duraderas facilitando conversaciones y comprobando que los artistas están al día son sólo algunas de las acciones que debes llevar a cabo.

Sé consistente y paciente:

Sigue un calendario regular de eventos y programación para que tu audiencia sepa qué esperar. La regularidad ayuda a conseguir seguidores habituales. Y lo que es más importante, sé paciente.

Lleva tiempo crear una red de contactos en torno a la escena musical en vivo de tu recinto, por lo que tendrás que atravesar alguna que otra noche lenta. Saber adaptarse y mantener el rumbo en lugar de dejarse llevar por el pánico o abandonar el barco es una de las lecciones más difíciles de aprender.

Permisos y Cuestiones Legales

Los propietarios de los recintos deben asegurarse de que sus eventos cumplen las leyes y reglamentos relativos a las molestias por ruido, la venta de alcohol, el aforo máximo y otras cuestiones de seguridad. El incumplimiento de estas normas puede dar lugar a fuertes multas, mientras que las infracciones graves, como servir bebidas alcohólicas a menores, pueden dar lugar a la revocación de los permisos del negocio.

Además, los recintos deben permitir que las inspecciones de los bomberos demuestren que no se infringen los códigos de construcción y que las salidas de emergencia se mantienen adecuadamente y no están obstruidas. Las inspecciones también comprueban los riesgos de incendio y el mantenimiento general, lo que demuestra la importancia de un recinto bien cuidado.

Los recintos también necesitan licencias generales para poder permitir a los músicos tocar música en su recinto. ASCAP, una organización de derechos de ejecución que gestiona muchas licencias generales, define las licencias generales como "...una licencia que proporciona acceso ilimitado a todo un repertorio durante el periodo de vigencia de una licencia por una única tarifa".

Exploration tiene muchos recursos sobre las licencias generales y las organizaciones de derechos de ejecución. Nuestra guía «¿Qué es una licencia de ejecución pública?" incluye mucha información sobre las sociedades de derechos de ejecución y cómo las empresas pueden solicitar licencias generales a estas sociedades.

¿Qué servicios debes incluir en tu recinto para atraer a los espectadores y a los artistas?

Los servicios incluidos en tu recinto dependen de tu público objetivo. Si quieres atraer a artistas más pequeños e independientes, puedes convertir tu recinto musical en un pequeño club. Los clubes pueden ser para mayores de 18 años, lo que puede ser beneficioso y perjudicial.

Te estás perdiendo a un público más joven que asiste a los conciertos. Sin embargo, gestionar un recinto para mayores de 18 años puede generar más ingresos. Podrás servir bebidas a los mayores de edad, lo que genera más dinero y atrae a más personas a tu recinto musical.

También puedes servir comida en tu recinto musical. Esto aportaría ingresos adicionales. Si se trata de un recinto al aire libre, puedes servir comida al aire libre, como hot dogs y hamburguesas, o si se trata de un club, puedes servir comida especializada.

Obras Citadas

Goldschein, Eric. "How to Start an Event Venue: The 6-Step Guide." NerdWallet, 22 Oct. 2020, www.nerdwallet.com/article/small-business/opening-an-event-space.

Thyberg, David. "How to Open a Music Venue." Our Pastimes, 23 Feb. 2021, ourpastimes.com/how-to-open-a-music-venue-12346825.html.

"What Goes into Concert Cost Breakdown?" Prism.fm, 23 July 2021, prism.fm/blog/insights/concert-cost-breakdown-where-promoters-are-spending/.

Herstand, Ari. "9 Things to Consider When Choosing a Music Venue." Ari's Take, 1 Jan. 2015, aristake.com/9-things-to-consider-when-choosing-a-music-venue.

"Blanket License." Www.ascap.com, www.ascap.com/searchresults?q=blanket+license.

Buehler, Charles. "What Sound Equipment Do You Need for Live Music?" IPR, 18 Apr.2020, www.ipr.edu/blogs/live-sound-and-show-production/what-equipment-doyou-need-for-live-music/.

"How to Start Your Own Music Venue." BBC Radio 6 Music, BBC, www.bbc.co.uk/programmes/articles/2c2Hltdg5lS6LxS9GS16Fdm/how-to-start-your-own-musicvenue.

"Music Venue." Wikipedia, Wikimedia Foundation, 3 Apr. 2021, en.wikipedia.org/wiki/Music_venue.

Jensen, Katie. "Things to Consider When Having a Beer Tent." Small Business - Chron.com, Chron.com, 26 Oct. 2016, smallbusiness.chron.com/things-consider-havingbeer-tent-39745.html.

Conceptos Avanzados y Otros Recursos

¿Qué es un ISRC?

Por Qué Escribimos Esta Guía

A medida que los consumidores aprovechan la tecnología para transmitir y descargar música a través de una creciente variedad de aplicaciones, se ha vuelto más difícil hacer un seguimiento de todos esos intercambios. Con servicios como YouTube, Spotify, Apple Music y Pandora (sólo por nombrar algunos), hay más opciones que nunca que elegir. Las cosas se complican más a medida que los smartphones se convierten en la norma en más y más países cada año, lo que significa que hay más consumidores que pueden utilizar estas aplicaciones. Toda esta actividad en el mercado hace que el seguimiento de la música sea problemático. Para solucionarlo, la Asociación Americana de la Industria de la Grabación se asoció con la Organización Internacional de Normalización para crear un código que mejorara este proceso. El resultado: el Código Estándar Internacional de Grabación (International Standard Recording Code o ISRC, por sus siglas en inglés). Esta guía explicará cómo funciona este identificador fundamental en el negocio de la música, su historia y cómo conseguir estos códigos para un disco.

¿Para Quién es Esta Guía?

Esta guía es más útil para:

- Artistas independientes que estén interesados en lanzar su música comercialmente.

- Sellos discográficos, para quienes el conocimiento del ISRC es esencial para el éxito comercial de los discos que publican.
- Productores independientes/ingenieros de sonido cuya responsabilidad es garantizar la correcta finalización de los discos de sus clientes.
- Distribuidores musicales que están interesados en asignar ISRC en nombre de su compañía discográfica afiliada.

Contenido de la Guía

Recomendamos leer esta guía con atención y detenimiento para procesar completamente la información proporcionada. Es una lectura corta, pero no dudes en leer despacio o repasar las secciones para entender bien el material.

Tiempo estimado de lectura: 10 minutos

A lo largo de la guía, así como en la sección de recursos al final, se encontrarán enlaces para seguir aprendiendo y explorando.

Como siempre, no dudes en ponerte en contacto con Exploration para solicitar aclaraciones sobre cualquiera de los temas aquí tratados. Estamos aquí para ayudar.

hello@exploration.io

Índice de Contenidos

¿Qué es el ISRC?

ISRC son las siglas en inglés del Código Estándar Internacional de Grabación (International Standard Recording Code) y es un código de 12 dígitos que se asigna a cada grabación sonora única. Como recordatorio, una grabación sonora es una "obra que resulta de la fijación de una serie de sonidos musicales, hablados o de otro tipo". En pocas palabras, una grabación sonora es la interpretación grabada de una canción.

Cualquier grabación sonora que se comercialice necesitará un ISRC. Sin el ISRC, sería mucho más difícil hacer un seguimiento de cuándo se utilizan las grabaciones y cuándo se debe cobrar. También se utilizan para hacer un seguimiento de las ventas de un disco y los distribuidores y minoristas no lo distribuirán a menos que tenga códigos ISRC para tu música. El ISRC es esencialmente un código de barras para una pista grabada, y es a través de la identificación de este código de barras que las regalías se recaudan. Sin embargo, es importante tener en cuenta que los ISRC son para las pistas/grabaciones individuales y los códigos de barras son para el producto completo (álbum/ep/sencillo) formado por el conjunto de pistas. Más que una simple cadena de números, el ISRC contiene datos específicos que vinculan un disco a un creador específico (más adelante se explica qué datos exactos están vinculados a un ISRC). El código, una vez adquirido, se inscribe en la grabación para permitir el seguimiento de las ventas y el uso tanto en formato CD como en Internet.

Vamos a repasar brevemente la historia de por qué existe este código y luego vamos a desglosar el código en sí, así como la forma de obtener uno.

Breve Historia del ISRC

La creación y el primer uso del ISRC comenzaron en 1986, cuando la Asociación Americana de la Industria de la Grabación, a través de su colaboración con la Organización Internacional de Normalización (International Organization for Standardization o ISO, pos su siglas en inglés), introdujo el término. La ISO, por cierto, establece normas internacionales de identificación para productos de todas las industrias, no sólo para el negocio de la música. En lo que respecta al ISRC, su objetivo era crear un sistema uniforme para el seguimiento de los usos de los discos.

Componentes del ISRC: ¿Qué Necesita un ISRC? (Remixes, Portadas, Pistas de Álbumes)

Tanto los artistas independientes como los sellos discográficos y los distribuidores de música querrán expedir un ISRC para cada grabación sonora única que se publique en CD, para su descarga o para su transmisión. El formato de la grabación sonora no importa (físico o digital): si se distribuye, se licencia o se pone a la venta, necesita un ISRC para poder ser rastreada.

En un álbum de 10 pistas, cada pista es una grabación sonora única y, por lo tanto, el álbum contiene 10 ISRC, uno por cada pista. Las copias exactas de una grabación sonora no necesitan un ISRC único. Si se trata de la misma copia de una grabación sonora descargada miles de veces a través de iTunes, el ISRC sigue siendo el mismo para cada copia.

Las grabaciones sonoras remezcladas como nuevos masters y los covers de composiciones por un nuevo artista requieren nuevos ISRC. La canción "Say You Won't Let Go" de James Arthur y el remix de Luca Schreiner de la misma canción tienen diferentes ISRC. Si decidiera hacer un cover de la canción yo mismo, probablemente no querrías escucharlo y tendría que conseguir un nuevo ISRC para mi versión de la canción. Eso significaría 3 ISRC diferentes para la misma canción, uno para cada grabación sonora distinta.

Aparte de la música, otras formas de medios de audio requieren un código ISRC:

- Audiolibros
- Podcasts
- Vídeos musicales

¿Cómo se obtiene un ISRC?

Los ISRC se obtienen a través de USISRC.org. El primer paso es obtener lo que se conoce como **código de registrante**. Este código permite asignar hasta 100,000 ISRC al año para las obras propias o las de un cliente. Para solicitar un código de registrante, se puede enviar un pago único de $95 dólares a través de su sitio web.

Los sellos discográficos o distribuidores musicales que emiten ISRC para sus clientes deben inscribirse con su propio código de registro como "Gestor de ISRC". Deben registrarse en la Agencia ISRC de Estados Unidos y cumplir sus condiciones para obtener el permiso de emitir ISRC en nombre de sus clientes.

Como ya se ha dicho, cualquiera de los participantes principales (artista, sello discográfico y distribuidor musical) puede asignar el ISRC a las obras en cuestión; todo depende de la situación particular del artista.

Lo más habitual es que un distribuidor musical asigne los ISRC en nombre del sello discográfico del artista, aunque, como se ha dicho anteriormente, un artista independiente puede ocuparse de los ISRC por su cuenta, sin necesidad de un sello discográfico o un distribuidor musical. Esto se hace más fácilmente a través de servicios como CD Baby, TuneCore y DistroKid.

CD Baby ofrece una membresía gratuita y almacenará tu música digitalmente por una comisión del 9% de lo que vendas (15% de comisión en CD Baby Free). TuneCore almacena tu álbum en línea por $29.99 dólares el primer año y $49.99 dólares los siguientes. También ofrecen una cuota anual de $9.99 dólares para los singles y de $19.99 dólares para los tonos. TuneCore se vende, en parte, por el hecho de que no cobran comisión. DistroKid ofrece cargas ilimitadas de sencillos o álbumes por una tarifa fija de $19.99 dólares al año, y no cobran comisión.

Estos servicios se encargarán de los ISRC, las licencias y colocarán tu música en Spotify, Google Play, iTunes y otras tiendas digitales, a la vez que te ayudarán a cobrar las regalías. Sólo CD Baby y TuneCore ofrecen asistencia con la administración de las composiciones (a través de CD Baby Pro y TuneCore Publishing respectivamente, que tienen un costo adicional, por supuesto), por lo que los suscriptores de DistroKid tendrán que buscar ayuda en otros lugares para la administración de las composiciones. Puedes encontrar información más detallada en nuestra guía de Distribución Musical.

Ponerse en contacto con la Federación Internacional de la Industria Fonográfica (International Federation of the Phonographic Industry o IFPI, por sus siglas en inglés), que es la agencia internacional del ISRC, es otra forma de conseguir un código ISRC para tu música. La IFPI tiene su sede en el Reino Unido y representa los intereses de la industria discográfica mundial; como agencia, es responsable de asignar los códigos ISRC a los titulares de derechos y de mantener el sistema ISRC. En las zonas donde no existe una agencia nacional de ISRC, los usuarios pueden adquirir los códigos iSCRC directamente de la IFPI.

Para conseguir un contrato discográfico, debes tener la credibilidad de un artista establecido para que un equipo de profesionales quiera invertir en ti y arriesgarse contigo (las conexiones también ayudan, por supuesto). Sin embargo, estas distribuidoras ofrecen sus servicios a cualquiera, así que no es un mal lugar para empezar como artista independiente. Consulta sus páginas web e investiga un poco más para saber qué paquete es el más adecuado para ti:

- CD Baby
- TuneCore
- DistroKid

Los artistas independientes pueden asociarse con un productor independiente para que les ayude a grabar y publicar su música. Hay casos en los que el software de masterización asigna automáticamente los ISRC, por lo que cualquier persona que masterice sus grabaciones sonoras debe comprobar con su ingeniero o productor si esto se hace automáticamente.

Todos los ISRC duran toda la vida de la grabación sonora, independientemente de que hayan sido emitidos por un gestor de ISRC o por un artista independiente.

El código ISRC de 12 dígitos

Los ISRC son siempre códigos de 12 dígitos que se dividen en 4 partes.

1. **Código de país:** Hasta finales de 2015, el código de país para las grabaciones estadounidenses era "US" o "QM". Ahora es "QZ" para las grabaciones estadounidenses posteriores a 2015.

2. **Código del registrante:** Código de 3 caracteres emitido para el registrante.

3. **Año de referencia:** los dos últimos dígitos del año en que se asignó el ISRC.

4. **Código de designación:** Una cadena inventada de 5 caracteres asignada por el solicitante de registro, que no debe repetirse dentro del mismo año natural.

Ejemplo: En 2010, Katy Perry lanzó su single Firework en Capitol Records. El código ISRC de Firework es USCA21001262. Desglosemos este código.

US-CA2-10-01262

- El código de país es **"US"** porque la canción fue editada por un sello discográfico que opera en territorio estadounidense.
- El código de registro de Capitol Records es **CA2** (se lo asignó la agencia nacional del ISRC).
- El año de referencia es el **10** porque el ISRC fue asignado en 2010.
- El código de designación asignado por Capitol Records a la grabación sonora es **01262**.

Ten en cuenta que, en el caso de las plataformas de medios digitales, los guiones no se utilizan como parte del código y deben eliminarse al investigar o entregar los códigos ISRC a una plataforma.

El ISRC USCA21001262 se utilizaría entonces para hacer un seguimiento de las descargas, las ventas y la transmisión digital de Firework , lo que ayudaría en gran medida a recaudar y distribuir las regalías.

Por último, tiene sentido explicar la utilidad del ISRC en el seguimiento del uso de las grabaciones sonoras. El ISRC verifica la siguiente información que está vinculada directamente a cada grabación sonora:

- Nombre del artista
- Título de la pista
- Título del álbum
- Nombre de la disquera
- Código universal del producto (código de 12 dígitos que aparece debajo del código de barras de todos los productos comerciales en Estados Unidos y Canadá).

Aquí se puede comprobar si una grabación sonora ya tiene un ISRC:

SoundExchange

El CMS de YouTube permite consultar una grabación sonora específica, o simplemente se puede buscar en Google el lanzamiento buscando algo tan simple como "Katy Perry Fireworks ISRC".

¿Estás en el negocio de la edición? ¿Quieres saber más sobre la industria musical en general? Consulta nuestra guía sobre el ISWC, similar al ISRC, pero aplicable a las composiciones en lugar de a las grabaciones sonoras.

Obras Citadas

"Constructing with Code." ISRC, www.usisrc.org/about/constructing_with_Code.html.

"About." ISRC, www.usisrc.org/about/index.html.

"Any New or Materially CHANGED Recording Must Be Provided with a New Isrc." When to Assign - International Standard Recording Code, isrc.ifpi.org/en/using-isrc/when-toassign.

"What Is an Isrc Code." What Is an ISRC Code, www.music-production-guide.com/isrccode.html.

¿Que es un ISWC?

¿Por Que Escribimos Esta Guía?

Con las miles de canciones descargadas y transmitidas a través de medios físicos y digitales obtener estadísticas precisas sobre el uso de la música es una tarea abrumadora.

Todo este alboroto en el mercado musical solo incrementa a medida que los smartphones se normalizan en más países cada año.

Para ayudar a reducir este problema, las organizaciones implementaron el Código Internacional Normalizado de Obras Musicales (International Standard Musical Work Code o ISWC, por sus siglas en inglés) estableciendo un sistema de identificación uniforme para el seguimiento del uso de las composiciones, lo que a su vez ayuda a los titulares de los derechos a cobrar.

Esta guía explicará cómo funciona este identificador fundamental en la industria musical, su historia y cómo obtener estos códigos para una composición.

¿Para Quién es Esta Guía?

Esta guía es más útil para:

- Artistas independientes interesados en lanzar su música comercialmente.
- Editores, para quienes el conocimiento del ISWC es esencial para el éxito comercial de las composiciones que administran y licencian.
- Productores independientes que trabajan con cantautores.
- Sociedades de derechos de ejecución que supervisan el uso de las composiciones de sus clientes.
- Cualquier persona que preste servicios administrativos a un compositor.

Contenido de la Guía

Recomendamos leer esta guía con atención y detenimiento para procesar completamente la información proporcionada. Es una lectura corta, pero no dudes en leer despacio o repasar las secciones para entender bien el material.

Tiempo estimado de lectura: 5 minutos

A lo largo de la guía, así como en la sección de recursos al final, se encontrarán enlaces para seguir aprendiendo y explorando.

Como siempre, no dudes en ponerte en contacto con Exploration para solicitar aclaraciones sobre cualquiera de los temas aquí tratados. Estamos aquí para ayudar.

hello@exploration.io

Índice de Contenidos

- ¿Qué es el ISWC?
- Breve historia del ISWC
- El código de 10 dígitos
- Cómo obtener un ISWC
- ¿Qué importancia tiene un ISWC?

¿Qué es el ISWC?

Ya sea en la radio, o a través de un servicio de transmisión digital, toda grabación se basa en una composición subyacente que, en esencia, define la canción.

Esta "composición subyacente" dicta la melodía, la letra y la estructura de una interpretación grabada (o grabación sonora).

A lo largo de los años, la industria musical ha crecido hasta necesitar un sistema uniforme para identificar las composiciones y rastrear sus usos.

El ISWC, o **Código Internacional Normalizado de Obras Musicales**, se encarga precisamente de eso: es un código de 10 dígitos vinculado a cada composición/canción.

Un ISWC puede estar vinculado con cualquier número de grabaciones, siempre y cuando no se trate de obras derivadas o de nuevos arreglos de una composición que, a menudo, incluyen letras diferentes o de parodia.

Los remixes y los covers no entran en la categoría de "obras derivadas", por lo que cualquier número de remixes o covers podría tener el mismo ISWC porque se basan en la misma composición.

El remix de Luca Schreiner de la canción "Say You Won't Let Go" contiene el mismo ISWC que la grabación original de James Arthur. El remix de Schreiner no es una obra derivada, por lo que no necesita un nuevo ISWC.

Ambos discos contienen la misma letra y melodía aunque tengan un sonido diferente.

Las obras derivadas, una vez licenciadas y aprobadas por el o los titulares originales de la canción, necesitarán obtener un ISWC único, debido a que ya no serán la misma composición que la original.

Breve historia del ISWC

El ISWC fue desarrollado por primera vez en 2002 por la Confederación Internacional de Sociedades de Autores y Compositores (Confédération internationale des sociétés d'auteurs et compositeurs o CISAC, por sus siglas en francés), con sede en Francia, que colaboró con la Organización Internacional de Normalización (International Organization for Standardization o ISO, por su siglas en inglés).

El ISWC contiene los siguientes datos:

- Título de la canción
- Compositor
- Editor musical
- Cuota de propiedad de la editorial musical

El ISWC se creó para ayudar a hacer un seguimiento del uso de cualquier composición; lo que ayuda a recaudar y distribuir regalías para un compositor, editor (si el compositor ha firmado con un editor), o una sociedad de derechos de ejecución (dependiendo del territorio en el que se encuentran principalmente).

El Código de 10 Dígitos

Todos los ISWC comienzan con la letra "T" y van seguidos de un número único de nueve dígitos, y un "dígito de control" adicional al final calculado mediante la fórmula de Luhn (la fórmula de Luhn se utiliza para validar secuencias como las tarjetas de crédito y fue desarrollada por el científico de IBM Hans Peter Luhn).

Ejemplo: T-039204839-1

Cómo Obtener un ISWC

La obtención de un ISWC es un poco diferente a la de un ISRC.

Cuando se trata de un ISWC, hay que recurrir a la Agencia Internacional de ISWC que es la responsable del mantenimiento y la administración general del sistema ISWC. Ésta nombra y supervisa el trabajo de las agencias de numeración ISWC regionales y locales. Estas agencias regionales y locales están autorizadas a recibir y tramitar las solicitudes de ISWC y a asignar los números ISWC reales a las obras musicales.

En Estados Unidos, la agencia regional de numeración de ISWC es la Sociedad Americana de Compositores, Autores y Editores (American Society of Composers and Authors o ASCAP, por sus siglas en inglés). Cualquier entidad que intente obtener un ISWC debe acudir a ASCAP, y puede hacerlo aunque no sea miembro de dicha sociedad.

Los editores y creadores de fuera de los Estados Unidos deben contactar a su agencia de ISWC local o regional para conseguir un ISWC para sus obras.

Para obtener el ISWC hay que proporcionar la siguiente información a la agencia:

- Título de la obra
- Nombres de todos los compositores, autores, arreglistas, su función y su número CAE/IPI (un número asignado por

las sociedades de derechos de ejecución a sus compositores y editores musicales).

- Código de clasificación de la obra (de la lista de Normas Comunes de Información, elaborada por la CISAC para facilitar el seguimiento de la información).
- Identificación de otras obras de las cuales se deriva o a partir de las cuales se hizo la versión (si no es una composición original).

Aunque los editores suelen asignar el ISWC para un artista, los artistas independientes también pueden recurrir a distribuidores como TuneCore Publishing y CD Baby Pro para que se encarguen de la administración de sus composiciones. TuneCore Publishing cobra $75 dólares por administrar un número ilimitado de canciones, pero cobra una comisión del 10% sobre las regalías recaudadas. CD Baby Pro cobra $34.95 dólares por administrar un sencillo u $89 dólares por un álbum y no cobra comisión por las regalías recaudadas.

TuneCore Publishing

CD Baby Pro

Una vez emitido, el ISWC ayuda a los compositores, editores, distribuidores y sociedades de derechos de ejecución a controlar el uso de su repertorio.

¿Qué Importancia Tiene un ISWC?

Los ISWC son huellas digitales en la industria musical.

En pocas palabras, son similares a los códigos de barras de un producto en una tienda; en este caso, el producto sería tu canción y la tienda sería el sistema de recaudación de regalías.

Como resultado, si no hay un código de barras/ISWC, las agencias no pueden hacer un seguimiento de las ventas ni de las regalías.

Así que, cada vez que alguien transmite o escucha tu canción, se generan regalías y tu ISWC notifica a las organizaciones de recaudación, con lo que las regalías correspondientes pasan a tu poder.

¿Estás en el negocio de la grabación? ¿Quieres saber más sobre la industria musical en general? Consulta nuestra guía sobre el ISRC, similar al ISWC, pero aplicable a las grabaciones sonoras, en lugar de a las composiciones.

Recursos

- Preguntas más frecuentes sobre el ISWC/Resumen general
- Definición del Código Universal de Producto (UPC)
- Más información sobre el algoritmo de Luhn
- Componentes del ISWC

Obras Citadas

"Universal Product Code (Upc) and Other Codes (MARC 024)." Universal Product Code

(UPC) and Other Codes (MARC 024) | Yale University Library, web. library.yale.edu/cataloging/music/024UPC.

Schoonmaker, Henry. "Song Registration Tips: What's the Difference: ISRC VS ISWC." Arrow-Icon, blog.songtrust.com/isrc-iswc-song-registration-tips.

"Everything You Need to Know about Iswcs." Help Center, help.songtrust.com/knowledge/everything-you-need-to-know-about-iswc-codes.

"What Is an Iswc Code?" PRS for Music: Royalties, Music Copyright and Licensing, www.prsformusic.com/help/what-is-an-iswc-code.

Owen Davie on 10/14/2020 in D.I.Y. | Permalink | Comments (0). "ISRC vs ISWC CODES: What They Are and Why You Really Need Them." Hypebot, 14 Oct. 2020, www.hypebot.com/hypebot/2020/10/isrc-vs-iswc-codes-what-they-are-and-why-youreally-Need-them.html.

"Iswcs." TuneRegistry Help Center, help.tuneregistry.com/en/articles/1638888-iswcs. "What Is An Iswc?" Support, help.themlc.com/en/support/solutions/articles/60000678201-what-is-an-iswc-how-do-i-get-an-iswc-where-do-i-find-it-.

"Music Answered: Difference Between ISRC VS ISWC." Gemtracks Beats, www.gemtracks.com/guides/view.php?title=the-difference-between-isrc-vs-iswc&id=91.

Music Gateway. "ISRC Code: What Is It, How Do You Get One and What's An Iswc?" Music Gateway, 22 Aug. 2019, www.musicgateway.com/blog/how-to/isrc-code-iswccode-How-do-you-get-one

¿Qué es el Trabajo Realizado por Encargo?

¿Por Qué Escribimos Esta Guía?

Los acuerdos de trabajo realizado por encargo son un modo popular de interacción contractual entre varias personas y entidades en el negocio de la música. Debido a la naturaleza de estos acuerdos y a los derechos de autor implicados, es esencial que los compositores, artistas y otros creadores entiendan lo que es un acuerdo de trabajo por encargo y lo que implica para su trabajo creativo.

Contenido

- Acuerdos de trabajo realizado por encargo
- A. Trabajo Completado por el Empleado Dentro del Ámbito del Empleo
- B. Trabajos Creados por Contratistas Independientes o Autónomos
- Duración de los derechos de autor del trabajo realizado por encargo
- Derechos de rescisión del trabajo realizado por encargo

Acuerdos de Trabajo Realizado por Encargo

La Oficina de Derechos de Autor de EE.UU. define una obra realizada por encargo como "una obra preparada por un empleado en cumplimiento de sus funciones o una obra especialmente solicitada, o encargada, para su uso como una contribución para una obra colectiva, como parte de una película u otra obra audiovisual... si las partes acuerdan expresamente, en un medio escrito, firmado por ellas, que la obra se considerará una obra realizada por encargo".

En términos no legales, un trabajo realizado por encargo se produce cuando la Parte A emplea a la Parte B para crear algo; pero la Parte A se convierte en el autor legal de la obra. Ante la ley, la Parte B ya no tendrá ningún derecho sobre la obra.

El artículo 101 de la Ley de Derechos de Autor establece algunos requisitos técnicos que debe cumplir una obra para ser considerada una obra realizada por encargo.

A. Trabajo Completado por el Empleado Dentro del Ámbito del Empleo

Un empleado debe crear el trabajo dentro del marco de empleo. Para constituir un "empleo", el empleador debe dirigir el trabajo de una manera específica.

Aunque la Ley de Derechos de Autor de EE.UU. no aclara la distinción entre lo que sí y lo que no constituye el marco del empleo, el caso Community for Creative Non-Violence v. Reid, 490 U.S. 730 [1989] ayuda a aclararlo.

En este caso, la Corte Suprema sostuvo que una estatua conmemorativa de la guerra de Vietnam no constituía una "obra realizada por encargo" porque las personas que pagaron por su creación no ejercieron ningún control sobre los detalles de la estatua, no suministraron las herramientas, no mantuvieron una relación laboral con el artista, etc.

B. Trabajos Creados por Contratistas Independientes o Autónomos

La situación anterior sólo se aplica cuando el creador de la obra es un empleado, no un contratista independiente. La cuestión de si un individuo es un empleado a efectos de la doctrina de la obra realizada por encargo se determina en virtud del derecho común de la representación, en el que un tribunal examina varios factores para decidir si existe una relación empleador-empleado.

Estos factores incluyen:

- El derecho de la parte contratante a controlar la forma y los medios de acabado del producto.
- La procedencia del equipo y las herramientas.
- La ubicación del trabajo.
- La duración de la relación entre las partes.
- El grado de discreción de la parte contratada sobre el momento y la duración del trabajo.
- La forma de pago.
- El papel de la parte contratada en la contratación y el pago de los asistentes. Y más...

Si una obra no es creada por un empleado, dentro del marco de su empleo, sólo puede ser una obra realizada por encargo si cumple con TODAS las condiciones siguientes: la obra es *encargada por alguien*, la obra es *creada en virtud de un acuerdo escrito*, y la obra es *creada para ser utilizada como*:

1.- Una película u obra audiovisual

Este es el ámbito más popular de la industria musical en el que las canciones pueden considerarse obras realizadas por encargo. Una obra realizada por encargo para una película, o una obra audiovisual, puede incluir partituras, música de créditos, temas musicales, etc.

Un ejemplo hipotético: El estudio cinematográfico Big Bob firma un contrato de obra realizada por encargo con Frankie Bones por la canción "Put It In The Dryer" para la película de animación *My Clothes Are Wet*

But I Still Love You. Bib Bob Studios se convierte en el "autor" de la obra y posee todos los derechos sobre ella.

Hay que tener en cuenta que los estudios cinematográficos, que encargan obras realizadas por encargo, suelen incluir el nombre del compositor en diversos medios, aunque lo más probable es que éste no reciba las regalías de la canción.

El compositor no necesita ser un empleado porque fue un encargo, hay un acuerdo escrito y la canción es para una película, por lo que cumple todos los criterios para ser considerada una obra por encargo.

2.- Una obra colectiva

Una colección de obras individuales, conocida como obra colectiva, no requiere de empleos porque cada obra, de forma independiente, es susceptible a los derechos de autor. Ejemplos de una obra colectiva realizada por encargo pueden ser una antología de cuentos, una revista con artículos o una enciclopedia.

3.- Una compilación

Una compilación difiere de una obra colectiva, aunque una compilación puede incluir obras colectivas. Sin embargo, una compilación puede incluir obras que no son susceptibles de ser protegidas por derechos de autor, por separado. Un buen ejemplo podría ser un índice de referencia de "La Tempestad" de Shakespeare.

4.- Una traducción de una obra extranjera

Puede ser en cualquier idioma. Por ejemplo, un editor de libros puede contratar a un traductor como trabajo realizado por encargo.

5.-Obra complementaria

Es una obra que sirve para mejorar o completar una obra anterior, como una introducción a un libro.

6.- Texto didáctico

Una obra literaria, pictórica o gráfica preparada para su publicación y destinada a ser utilizada en actividades instructivas sistemáticas.

7.- Exámenes/Material de respuesta para exámenes

Creación de exámenes o soluciones a los mismos; más comúnmente presente en el sistema educativo.

8.- Atlas

Obra que contiene datos e historia sobre lugares en forma de libro o colección de mapas.

Duración de los Derechos de Autor del Trabajo Realizado por Encargo

Una obra realizada por encargo no tiene la misma duración de derechos de autor que otras obras. Los derechos de autor de una obra realizada por encargo tienen una duración de 95 años a partir de su publicación (distribución al público) o de 120 años a partir de su creación (escrita o grabada en forma tangible).

Derecho de Rescisión del Trabajo Realizado por Encargo

El derecho de rescisión especificado por la Ley de Derechos de Autor de 1978 permite reclamar un derecho de autor 35 años después de transferir la propiedad a otra parte, siempre que el propietario original cumpla ciertos requisitos. Los derechos de rescisión no existen en el caso de los trabajos realizados por encargo. La razón es que técnicamente no se produjo ninguna transferencia en primer lugar. El creador original de la obra no existe a los ojos de la ley de derechos de autor. La persona o empresa que encarga la obra la posee como si la hubiera creado ella misma.

Obras Citadas

"Legalities 4: What Is Work Made for Hire?" Owen, Wickersham & Erickson, P.C., www.owe.com/resources/legalities/4-what-is-work-made-for-hire/.

American Bar Association, www.americanbar.org/groups/young_lawyers/publications/tyl/topics/intellectual-property/copyrights_and_works_made_hire.html.

Person. "What Is a Work for Hire Agreement?" Rocket Lawyer, Rocket Lawyer, 29 May 2021, www.rocketlawyer.com/article/what-is-work-for-hire-agreement-cb.rl.

Tyson, Mark. "Work Made for Hire: Who Owns the Copyright?" Tyson Law, Tyson Law, 21 Oct. 2020, www.marktysonlaw.com/blog/works-made-for-hire.

Murray, Jean. "What Should Be Included in a Work for Hire Agreement?" The Balance Small Business, www.thebalancesmb.com/what-should-be-included-in-a-work-forhire-agreement-4587459.

¿Qué es una Descarga Digital?

Por Qué Escribimos esta Guía?

En la última década, la industria de la música digital ha adquirido un gran impulso. Muchas plataformas digitales -servicios de streaming, descargas, reproductores multimedia digitales, emisoras web, etc.- han crecido y se han consolidado hasta convertirse en protagonistas de un sector totalmente nuevo de la industria musical. Según Statista, un portal de datos de investigación de mercado en línea, más de la mitad de todos los ingresos de la industria musical en 2017, es decir, 2.8 mil millones de dólares, pueden atribuirse a la música digital. En 2018, 23.6 millones de personas utilizaron las descargas para acceder a la música digital.

El auge de las computadoras y de Internet como medio y soporte principal para el consumo de música a partir de principios de la década de 2000 creó trastornos sísmicos en la industria musical. Como resultado, cambiaron fundamentalmente las relaciones entre artistas, compositores, editores musicales, disqueras, artistas discográficos, distribuidores, minoristas, consumidores y otros participantes de la industria.

Las descargas digitales son un buen punto de partida para cualquiera que quiera entender mejor la industria musical moderna.

¿Para Quién Es Esta Guía?

- **Compositores y editores musicales:** Las descargas digitales son una importante fuente de ingresos en la industria musical actual. Una buena comprensión de los conceptos relacionados con las descargas digitales puede ayudar a equipar a un compositor independiente, a un compositor con un contrato de publicación o a un editor musical con las herramientas necesarias para capitalizar esta forma de ingresos y evitar la explotación nefasta de los derechos de autor de la composición.

- **Artistas y sellos discográficos:** Las descargas digitales explotan los derechos de autor de las grabaciones sonoras y constituyen una importante fuente de ingresos. Los sellos discográficos y los artistas discográficos se beneficiarían de un sólido conocimiento de las descargas digitales para hacer el mejor uso de sus activos y para garantizar una comunicación transparente entre ellos.

- **Partes interesadas:** Cada día, los legisladores y los agentes de la industria están desarrollando un medio equitativo y eficiente de explotar esta fuente de ingresos que incluya los mejores intereses de todos los implicados, incluidos los consumidores de música. La información contenida en esta guía afecta a todos los que se benefician de la existencia de la música.

Contenido

- Antecedentes
- ¿Qué es una Descarga?
- Licencias Necesarias para que los DSP Utilicen las Descargas Digitales
- La Licencia Mecánica Obligatoria para DPDs
- Cálculo de Regalías por Descargas Permanentes
- Cálculo de Regalías por Descargas Fijas
- Metadatos
- Los DPD y la Cláusula de Composición Controlada

Antecedentes

A partir de 1998, varias redes entre pares (peer-to-peer o P2P, por sus siglas en inglés) hicieron posible la transferencia gratuita de archivos digitales de audio entre los participantes. El 1 de junio de 1999, Shawn Fanning y Sean Parker lanzaron un servicio pionero de intercambio de archivos P2P en Internet llamado Napster, iniciando una batalla legal por una ley de derechos de autor equitativa que comenzó en los albores del siglo XXI y continúa hasta hoy.

En el año 2000, la banda de heavy metal Metallica descubrió que su demo de "I Disappear" circulaba por Napster antes de su fecha de lanzamiento oficial, junto con todo su catálogo de álbumes de estudio. El 13 de marzo de ese año, presentaron una demanda. Unas semanas más tarde, el productor y rapero Dr. Dre envió una notificación por escrito a Napster pidiéndole que retirara su obra protegida por derechos de autor del sitio. Cuando la empresa se negó, Dre también presentó una demanda. En 2001, Napster tenía 26.4 millones de usuarios registrados. Sin embargo, otra serie de juicios acabó por paralizar a la empresa, que cerró su servicio en julio de 2001. Sin embargo, Napster abrió el camino a otros servicios de intercambio de música P2P, como Kazaa, Grokster, Limewire y Morpheus, que consiguieron evitar mejor las ramificaciones legales.

Gracias al desarrollo de la tecnología, los discos duros de las computadoras podían almacenar grandes bibliotecas de datos musicales por un costo mínimo o nulo. iTunes y el iPod permitían a los usuarios cargar sus CD y MP3 en una plataforma de almacenamiento de música, y luego reproducir los medios digitales a voluntad en un dispositivo móvil. A partir de 2003, la iTunes Music Store ofrecía descargas legales que se podían comprar. Pronto le siguieron otros servicios de música en línea, como la radio por Internet.

Estos cambios provocaron un descenso de los ingresos de la música grabada. A nivel mundial, las ventas de música cayeron de 38 mil millones de dólares a 32 mil millones de dólares entre 1999 y 2003. Los datos obtenidos de los sellos discográficos miembros de la Asociación de la Industria Discográfica de Estados Unidos (Recording Industry

Association of America o RIAA, por sus siglas en inglés) indican que aproximadamente el 8% del crecimiento total del mercado de más del 10% obtenido por las descargas digitales provino de las pérdidas en las ventas de CDs de larga duración.

Los ingresos totales de todos los formatos musicales (CD, vinilo, casetes y descargas digitales) cayeron de 14.6 mil millones de dólares en 1999 a unos 9 mil millones en 2008. Los ingresos mundiales de la industria de la música grabada volvieron a aumentar, con un total de 17.3 mil millones de dólares recaudados en 2017, según el Global Music Report 2018. Estas tendencias han continuado hasta el presente, con consecuencias generalizadas.

La industria musical está trabajando para alcanzar un cierto nivel de equilibrio. La Ley de Derecho de Ejecución Digital en Grabaciones de Sonido de 1995, la Ley de Derechos de Autor para Medios Digitales en el Nuevo Milenio (Digital Millennium Copyright Act o DMCA, por sus siglas en inglés) 1998, los tratados de la OMPI de 2002 y la Ley de Regalías y Distribución de Derechos de Autor de 2004 han tratado de abordar cuestiones específicas relacionadas con la industria de la música digital.

La Ley de Modernización de la Música, promulgada en octubre de 2018, intentará actualizar la industria de la música para el siglo XXI introduciendo cambios en los procedimientos de concesión de licencias.

¿Qué es una Descarga?

Una descarga digital, también conocida como Entrega Digital de Fonogramas (Digital Phonorecord Delivery o DPD, por sus siglas en inglés) es una transmisión al comprador que le permite descargar música para utilizarla repetida e indefinidamente. Esta transmisión puede realizarse a través de Internet, satélite, teléfono celular o cualquier otro medio, siempre que sea digital. En lugar de recibir una copia física de una tienda de discos o un punto de venta, el consumidor recibe un archivo digital de una venta electrónica (por ejemplo, un archivo MP3 o WAV). Las descargas digitales se clasifican en dos grupos:

Descargas Limitadas

El consumidor no tiene pleno control sobre la descarga. Los propietarios de los derechos de autor de la obra o los proveedores de servicios digitales (Digital Service Provider o DSP, por sus siglas en inglés) aplican restricciones sobre el uso que se puede hacer de la descarga. Estas restricciones pueden basarse en el tiempo o en el uso. Las descargas limitadas también se denominan descargas "condicionadas" o "atadas".

Algunos DSP ofrecen una forma de descarga limitada en el tiempo la cual permite al usuario descargar cualquier canción ofrecida por el sitio web y escucharla en cualquier momento, siempre que el usuario pague una suscripción por el servicio. En cuanto el usuario deja de pagar la suscripción, ya no puede acceder al material descargado.

Ejemplo: Spotify ofrece una función similar para sus miembros Premium: uno puede descargar un cierto número de canciones para escucharlas sin conexión, pero el usuario perderá el acceso a estas descargas si la suscripción expira.

Descargas Permanentes

El consumidor mantiene el control total de la descarga y la posee para siempre. El propietario puede copiarla, pero sólo para uso personal y no comercial.

Ejemplo: La tienda de música iTunes ofrece descargas permanentes.

Licencias Necesarias para que los DSP Puedan Utilizar las Descargas Digitales

Para Usar una Grabación Sonora para Descarga Digital

Todo sitio web que desee ofrecer descargas digitales, ya sean permanentes o limitadas, debe obtener una licencia del propietario de los derechos de autor de la grabación sonora (sello discográfico). Esta licencia permite al sitio web hacer y distribuir copias de la grabación sonora. No está cubierta por ninguna licencia obligatoria y debe negociarse directamente con el sello discográfico.

Para Usar una Composición para Descarga Digital

La Ley de Derechos de Ejecución Digital en Grabaciones Sonoras de 1995 estableció una regalía mecánica para las composiciones subyacentes a las descargas digitales, idéntica a la que se paga por las entregas físicas de fonogramas. Las audiencias de la Junta de Derechos de Autor determinan la tasa legal utilizada tanto para las descargas digitales como para las ventas físicas. Hasta el 31 de diciembre de 2017, esta tasa legal era de 9.1 centavos por canción o 1.75 centavos por minuto para las canciones de más de cinco minutos.

La Asociación Nacional de Editores Musicales (National Music Publishers Association o NMPA, por sus siglas en inglés) y la Asociación de Compositores de Nashville (Nashville Songwriters Association o NSA, por sus siglas en inglés) han negociado voluntariamente con Sony, Universal y Warner Music para mantener estas tarifas en vigor hasta el año 2022.

La Licencia Mecánica Obligatoria para DPDs

Según la ley de derechos de autor de Estados Unidos, la licencia mecánica obligatoria establece que, después de que una canción haya sido grabada y lanzada al público por primera vez, el propietario de los derechos de autor de la composición debe conceder una licencia a cualquiera que desee utilizarla en un fonograma a cambio del pago de una regalía designada.

Sin embargo, hay que tener en cuenta que esto sólo puede ocurrir si se siguen unas directrices muy específicas establecidas por la Oficina de Derechos de Autor y se realizan los pagos de regalías. Para la entrega de un fonograma digital de una obra musical, el usuario debe adquirir una licencia general del Colectivo de Licencias Mecánicas (Mechanical Licensing Collective o MLC, por sus siglas en inglés), que luego pasará las regalías a los propietarios de la composición.

Según una disposición de la Ley de Derechos de Ejecución Digital en Grabaciones Sonoras de 1995, esta licencia mecánica obligatoria también se aplica a las descargas. En el caso concreto de las descargas digitales en Estados Unidos, el proveedor de servicios digitales paga la tasa de regalía mecánica legal al propietario del master, que a su vez paga al editor/compositor.

Cálculo de Regalías para Descargas Permanentes

Para el Sello Discográfico

En el caso de las descargas permanentes, como las que ofrecen los DSP como iTunes, los propietarios de los derechos de autor (sellos discográficos) obtienen aproximadamente el 70% del precio "de mayoreo" de la descarga. En este caso, se trata de la cantidad total de dinero que recibe un determinado DSP por la descarga. Por ejemplo, si un consumidor paga $0.99 dólares por una canción en la tienda de iTunes, la compañía discográfica del artista de la canción recibirá aproximadamente $0.70 dólares.

- **Un ejemplo hipotético:** "War Ants" de los Stales se ha descargado en iTunes 400,000 veces en Estados Unidos. Suponiendo un precio de venta de $0.99 dólares en iTunes, la disquera de los Stales ha recibido unos $277,200 dólares de iTunes por la canción.

Para el Artista Discográfico

El cálculo exacto de las regalías debidas a los artistas discográficos varía en cada caso en función del lenguaje acordado en el contrato de grabación. Las regalías pueden basarse en una tasa de regalías por álbum, una tasa de regalías única, el precio de lista al por menor de la descarga, el precio al por mayor de la descarga, etc. Por lo general, las tarifas de regalías de un artista dependerán de la cantidad que reciba el sello discográfico por parte del DSP.

- **Un ejemplo hipotético:** Joe Shmoe, un artista discográfico contratado por Warner Music, tiene una tasa de regalías por álbum del 17%. Warner Music recibe $100 dólares de iTunes por las descargas digitales de la canción de Joe "Pickup Trucks & Cold Beer". A su vez, la tasa de regalía por álbum de Joe le deja aproximadamente $17 dólares por la canción por parte de su disquera. Sin embargo, hay que tener en cuenta que, entre las cantidades recuperables para la disquera y las tasas de regalías por álbumes muy variables, es difícil especular con exactitud lo que un artista recibirá realmente de una disquera por las descargas digitales.

Para el Editor Musical

Para que una descarga esté disponible legalmente, debe adquirirse una licencia mecánica del propietario de los derechos de autor de la composición (el editor musical y/o el compositor) o de la agencia del propietario (como la Agencia Harry Fox, o el MLC).

Las compañías discográficas de Estados Unidos pueden adquirir una licencia general del MLC, que se encargará de procesar y asignar las regalías a los respectivos propietarios de la composición. Al igual que la licencia obligatoria utilizada entre los editores musicales y los artistas discográficos, la descarga digital pagará regalías al editor de acuerdo con la tasa legal, a menos que se acuerde una tasa distinta. La tasa legal actual para las descargas digitales permanentes es de $0.091 dólares, o $0.0175 dólares por minuto de reproducción o fracción, lo que sea mayor.

- **Ejemplo hipotético:** Si un usuario descarga "Tea & Crumpets" de Jumbo Mary, su editor, Warner/Chappell Publishing, recibe 0,091 dólares como regalía por la descarga. Como esta canción dura 3:16 minutos, no supera los $0.091 dólares y no aplicará la tarifa de $0.0175 dólares por minuto.

Una licencia directa también puede acordarse de otras dos maneras:

- Entre los sellos discográficos (en nombre de los artistas) y los editores musicales para obtener una licencia mecánica.

- De la Agencia Harry Fox (Harry Fox Agency o HFA, por sus siglas en inglés), que ofrece licencias mecánicas a todo aquel que lo desee, incluidos los grandes sellos discográficos, los sellos independientes e incluso los individuos que quieran distribuir un suministro limitado de una determinada composición. Aprende cómo hacerte licenciatario de la HFA.

Después de que el proveedor de servicios digitales pague la regalía debida al sello discográfico, éste paga los derechos debidos al editor musical por una canción en particular. A continuación, la Agencia Harry Fox paga al editor musical, que a su vez paga a su compositor según el reparto acordado entre ambos. Si el editor musical no es miembro de la Agencia Harry Fox, la disquera le pagará directamente a través de su licencia directa.

Cálculo de Regalías para Descargas Restringidas

En 2008, el Consejo de Derechos de Autor ratificó un acuerdo entre la Asociación Nacional de Editores Musicales (National Music Publishers Association o NMPA, por sus siglas en inglés), la Asociación Internacional de Compositores de Nashville (Nashville Songwriters Association International o NSAI, por sus siglas en inglés), el Gremio de Compositores de Estados Unidos (Songwriter's Guild of America o SGA, por sus siglas en inglés), la Asociación de la Industria Discográfica de Estados Unidos (Recording Industry Association of America o RIAA, por sus siglas en inglés) y la Asociación de Medios Digitales (Digital Media Association o DMA, por sus siglas en inglés) que estableció una tasa legal obligatoria tanto para las descargas restringidas como para las transmisiones digitales bajo demanda. Por ello, el pago de regalías para estos dos formatos es similar.

Tipos de DSPs

La regalía depende del tipo exacto de servicio ofrecido por un DSP. A continuación se incluye una lista de DSP que corresponden específicamente a la descarga restringida.

DSP	Descripción del Servicio Proporcionado
Independiente, no portátil, de uso mixto	El usuario puede escuchar grabaciones sonoras a través de una descarga restringida o una transmisión digital interactiva, pero sólo desde el dispositivo no portátil donde se emitió originalmente la transmisión digital o la descarga.
Independiente, portátil	El usuario puede escuchar las grabaciones sonoras mediante una descarga restringida o una transmisión digital interactiva desde un dispositivo portátil.
Independiente, portátil	El usuario puede acceder a uno o más productos o servicios agrupados por el mismo precio (por ejemplo, cuando un usuario puede comprar un dispositivo portátil y una suscripción de un año a un servicio de transmisión digital/descarga por el mismo precio).
Servicios gratuitos, sin suscripción y con publicidad	El usuario puede escuchar las grabaciones de sonido a través de una transmisión dgital interactiva o una descarga limitada y gratuita.

Además, hay una serie de variables que influyen en el cálculo de estas regalías, entre ellas:

- ingresos reales del DSP
- número de suscriptores (si procede)
- tasas de licencia de derechos de ejecución pagadas a las Sociedades de Ejecución Pública (Performance Rights Organizations o PROs, por sus siglas en inglés)
- número total de reproducciones de todas las canciones durante el período contable
- costo del contenido en el DSP

Para el Sello Discográfico / Artistas Discográficos

Las disqueras principales e independientes de Estados Unidos negocian acuerdos individuales con los proveedores de servicios digitales para determinar todo, desde las tasas de regalías hasta los métodos de entrega. El proceso para las descargas restringidas es muy similar al utilizado para la transmisión digital bajo demanda.

Para el Editor Musical

La fórmula para el pago de regalías a un editor musical por el uso de los derechos de autor de la composición variará en función del tipo de servicio digital ofrecido (véase el cuadro anterior).

De acuerdo con las disposiciones especificadas por el Consejo de Derechos de Autor, la fórmula para establecer la tasa correcta de regalía debida a los editores es la siguiente:

La cantidad que sea mayor entre...	(a)		un porcentaje de los ingresos del servicio (10.5% para las descargas posteriores a 2007, 8.5% para las anteriores a 2008)
	(b)	...la cantidad que sea menor entre...	los pagos de regalías del servicio por las grabaciones maestras de los sellos discográficos
			un importe mensual fijo por suscriptor ($0.80 dólares por el uso mixto portátil independiente)

Las regalías se calculan mensualmente y se distribuyen por trimestre a los editores en función de la actividad de cada composición frente a la actividad de todas las demás composiciones de pago descargadas del DSP.

Solicitudes de Licencias

La mayoría de las veces, las solicitudes de licencia para descargas restringidas se envían al editor musical a través del MLC, la HFA o Music Reports, o directamente al editor musical, en formato electrónico. Cada solicitud de licencia contendrá información específica sobre la composición y el tipo de uso solicitado.

Metadatos

Los metadatos, con respecto a la industria musical, son los datos de información que se adjuntan a un determinado archivo de audio digital. En la industria musical actual, los metadatos cumplen una valiosa función en las descargas digitales. Pueden dar información a diversos licenciantes y licenciatarios -incluidos los DSP, los sellos discográficos, los editores musicales, el MLC, HFA, SoundExchange, etc.- sobre:

- el nombre del artista discográfico
- el nombre de la compañía discográfica
- el título de la composición
- los títulos alternativos de la composición
- el nombre del/de los compositor/es
- el nombre de la(s) editorial(es)
- el tiempo de reproducción de la grabación
- el título del álbum (si no es un sencillo)

Esta información, así como otros datos relativos a la composición o la grabación, permite una notificación más precisa de las regalías entre las entidades de la industria musical. Las empresas registran el tipo específico de servicio utilizado para acceder a una descarga, la naturaleza del dispositivo electrónico utilizado (portátil/no portátil), junto con el número de descargas permanentes, descargas de tiempo limitado y descargas de uso limitado.

Los DPD y la Cláusula de Composición Controlada

Cuando el Congreso permitió las licencias mecánicas obligatorias para las descargas digitales en 1995, también aplicó una disposición que establece que un sello discográfico no puede reducir la tarifa mecánica que un artista discográfico (que también escribió las canciones) recibe por los DPD. En consecuencia, los contratos de grabación celebrados después del 22 de junio de 1995 no pueden aplicar las cláusulas de composición controlada a las descargas digitales, por lo que el artista discográfico recibe la tarifa completa.

Obras Citadas

dylan. "About Digital Royalties - SoundExchange." SoundExchange, https://www.facebook.com/SoundExchange, https://www.soundexchange.com/artist-copyrightowner/digital-royalties/. Accessed 30 July 2021.

"Get Paid Your Digital Download Royalties | Performer Mag." Performer Magazine,http://performermag.com/band-management/contracts-law/get-paid-your-digitaldownload-royalties/. Accessed 30 July 2021.

"Home | Frost Online | University of Miami." Home | Frost Online | University of Miami, https://frostonline.miami.edu/articles/how-do-royalties-work.aspx. Accessed 30 July 2021.

"How Music Royalties Work in the Music Industry | Icon Collective." Icon Collective College of Music, https://www.facebook.com/iconcollective, 30 Mar. 2020, https://iconcollective.com/how-music-royalties-work/.

"Metadata and Label Copy - the Role of Data in the Music Industry." IMusician, 30 Apr. 2014, https://imusician.pro/en/resources/blog/metadata-label-copy.

"San Jose Law Firm, Law Offices of Edward R. Hearn | Digital Downloads and Streaming: Copyright and Distribution Issues." Law Offices of Edward R. Hearn, https://www.internetmedialaw.com/articles/digital-downloads-and-streamingcopyright-and-distribution-issues-new/. Accessed 30 July 2021.

Schoonmaker, Henry. "Song Royalty Tips | Two Types of Streaming and Their Royalties." Songtrust Blog | The Top Source for Music Publishing Knowledge, https://blog.songtrust.com/publishing-tips-2/the-2-types-of-digital-music-streams-howyou-can-collect-royalties-from-both. Accessed 30 July 2021.

TuneCore Music Publishing Administration. "HOW WE'RE GETTING YOUR MECHANICALS FROM DOWNLOADS." Tunecore.Com, 4

Oct. 2012, https://www.tunecore.com/blog/2012/10/how-were-getting-your-mechanicals-from-downloads.Html.

Watson, Amy. "Digital Music - Statistics & Facts | Statista." Statista, https://www.statista.com/topics/1386/digital-music/. Accessed 30 July 2021.

¿Cómo Funciona la Ley de Modernización de la Música?

La Ley de Modernización de la Música (Music Modernization Act o MMA, por sus siglas en inglés) de Orrin G. Hatch-Bob Goodlatte se convirtió en ley el 11 de octubre del 2018.

Las cláusulas de la MAA han modificado varios aspectos de la legislación sobre derechos de autor para apoyar mejor a los compositores y artistas, actualizando las normas sobre regalías y licencias.

Como una enmienda a la ley original de derechos de autor de Estados Unidos la MMA crea un nuevo sistema de licencias para los servicios de música digital que distribuyen obras musicales, proporciona protección federal para las grabaciones de sonido del pasado y autoriza las regalías para aquellos que hacen contribuciones creativas a las grabaciones de sonido.

En otras palabras, la aprobación de la MMA ha modernizado una parte crucial de la industria musical, mejorando significativamente su dinámica.

Contenido

- ¿Cuáles son los Resultados de la Ley de Modernización de la Música?
- ¿A Quién Afecta? - Beneficios Adicionales

¿Cómo Fue Aprobada la Ley de Modernización de la Música?

- **06/02/17:** El representante Joseph Crowley presenta la Ley de Asignación para Productores Musicales (The Allocation for Music Producers o AMP, por sus siglas en inglés) en la Cámara de Representantes.
- **15/03/17:** El representante Tom Rice presenta la Ley de Modernización de la Música en la Cámara de Representantes.
- **20/06/17:** La ley de Modernización de la Música es reportada por el Comité de Medios y Arbitrios, aprobada y acordada en la Cámara de Representantes en una moción para aprobar el proyecto de ley como se ha enmendado.
- **19/07/17:** El representante Darrell Issa presenta la Ley CLASSICS en la Cámara de Representantes.
- **17/12/17:** El representante Dough Collin y el representante Hakeem Jeffries presentan en la Cámara de Representantes la Ley de Modernización de la Música, modificada y singular.
- **24/01/18:** El senador Orrin Hatch presenta la Ley de Modernización de la Música en el Senado.
- **10/04/18:** La Ley CLASSIC, la Ley AMP y la Ley de Modernización de la Música son unificadas en la Cámara de Representantes por el representante Bob Goodlatte.
- **25/04/18:** La Cámara de Representantes aprueba el proyecto de ley.
- **10/05/18:** El senador Orrin Hatch presenta el proyecto de ley combinado al Senado, que decide trasladar el proyecto a otro ya existente y no relacionado. La Cámara de Representantes está de acuerdo.
- **18/09/18:** El proyecto de ley se aprueba en el Senado.
- **25/09/18:** La Cámara de Representantes está de acuerdo sin objeciones.
- **04/10/18:** Se presenta el proyecto de ley al presidente Donald Trump.

¿Cuáles son los Componentes y la Finalidad de la Ley de Modernización de la Música?

Hay tres leyes que se combinan para formar la Ley de Modernización de la Música:

- La Ley de Modernización de Obras Musicales de 2018.
- La Ley de Compensación a los Artistas del Legado por sus Canciones, Servicios e Importantes Contribuciones a la Sociedad (Compensating Legacy Artists for their Songs, Service & Important Contributions to Society Act o CLASSICS, por sus siglas en inglés).
- La Ley de Asignación para los Productores de Música (Allocation for Music Producers Act o AMP, por sus siglas en inglés).

Título I: La Ley de Modernización de Obras Musicales de 2018

La Ley de Modernización de la Música de 2018 tiene tres componentes principales.

En primer lugar, establece un organismo rector sin fines de lucro, El Colectivo de Licencias Mecánicas (Mechanical Licensing Collective o MLC, por sus siglas en inglés), para crear y mantener una base de datos de propietarios de derechos de autor relacionados con las licencias mecánicas. La base de datos se completa con la ayuda de los principales editores musicales.

El MLC también crea una tasa de regalías estándar que permite a los servicios de transmisión digital pagarles las regalías como licencias obligatorias, dejando la distribución de las regalías en manos de este organismo rector. Con esto se pretende solucionar el problema constante que tienen los servicios de transmisión digital al tratar de identificar a las partes correctas para pagar las regalías mecánicas de las composiciones.

La ley mejora el proceso judicial de los litigios sobre las regalías al asignar a los casos un juez aleatorio del Tribunal de Distrito de los Estados Unidos para el Distrito Sur de Nueva York, en lugar de asignarlos todos a un único juez del Tribunal.

Título II: La Ley CLASSICS

La Ley CLASSICS crea una protección federal de derechos de autor, anteriormente inexistente, para las grabaciones sonoras creadas antes del 15 de febrero de 1972. Según la nueva ley, las grabaciones creadas antes de 1923 pasarán al dominio público el 1 de enero de 2022. Las últimas grabaciones anteriores a 1972 pasarán al dominio público el 15 de febrero de 2067, y las obras más antiguas pasarán antes.

Además, la Ley CLASSICS permite que las grabaciones antes desprotegidas sean rastreadas por SoundExchange y monetizadas desde la radio por satélite. Hasta ahora, SoundExchange no ha tenido que pagar por la transmisión de esas grabaciones.

Título III: La Ley AMP

La Ley AMP designa a SoundExchange como responsable del pago de las regalías a los productores, mezcladores e ingenieros de sonido que participan en el proceso creativo. Estas personas recibirán una parte de las regalías por las grabaciones sonoras obtenidas de los servicios de radio por satélite y en línea.

Recuerda que SoundExchange sólo se ocupa de los servicios de radio no interactivos.

¿Cuáles son los Resultados de la Ley de Modernización de la Música?

He aquí varios puntos que indican cómo afecta la Ley de Modernización de la Música al negocio musical:

Tasa Justa

El Comité de Derechos de Autor determinará las tarifas de regalías mecánicas basándose en el principio de "comprador dispuesto-vendedor dispuesto", lo que significa que las partes pueden acordar una norma justa basada en el mercado.

Nueva Licencia Mecánica General

La ley establece una nueva licencia mecánica general obligatoria que permite a los servicios de música digital utilizar obras musicales, aplicando las tarifas de mercado mencionadas anteriormente.

Colectivo de Licencias Mecánicas

El Registro de Derechos de Autor crea un nuevo Colectivo para que los principales editores y los compositores independientes administren estas nuevas licencias mecánicas generales con el fin de recaudar, distribuir y auditar las regalías dentro de una base de datos pública de información de participación de propiedad.

El MLC también actualiza la base de datos vinculando las composiciones, y los propietarios de los derechos de autor de las composiciones, con las grabaciones sonoras. Las regalías no reclamadas se mantienen durante 3 años antes de ser distribuidas a los editores musicales en base a la cuota de mercado.

Los licenciatarios (tanto los de tipo general como los que no lo son), como los servicios de transmisión digital, ayudan a financiar el Mechanical Licensing Collective mediante el pago de tarifas administrativas.

Responsabilidad de los Proveedores de Servicios Digitales

Con la nueva licencia mecánica general, los servicios transmisión digital han reducido su responsabilidad por infracción de los derechos de autor si muestran esfuerzos de buena fe para identificar a los propietarios de las obras musicales con las regalías acumuladas no compensadas. Sólo serán responsables de las regalías reales adeudadas.

Además, la Oficina de Derechos de Autor ya no acepta Avisos de Intención (Notice of Intention o NOI, por sus siglas en inglés) para usos digitales, que se requerían bajo la licencia mecánica obligatoria.

Protección Federal de las Grabaciones Sonoras Anteriores a 1972

Los artistas discográficos pueden ver un aumento en las regalías de la radio digital por las grabaciones sonoras anteriores a 1972, ya que ahora están bajo protección federal, lo que obliga a los servicios de radio digital a pagar por estas grabaciones en particular.

La misma licencia legal regirá las transmisiones de audio de las grabaciones sonoras anteriores y posteriores a 1972, y las reclamaciones estatales y civiles de las interpretaciones radiofónicas digitales de estas grabaciones sonoras quedan anuladas.

Procedimientos de Tarifa de Ejecución Pública

Las sociedades de ejecución pública, ASCAP y BMI, se rigen por decretos de consentimiento emitidos por el Departamento de Justicia. Estos decretos de consentimiento asignarán a los jueces del Distrito Sur de Nueva York para que sean asignados aleatoriamente a los procedimientos de tarifas de ejecución pública, en lugar de que un único juez de distrito atienda estos casos.

El proyecto de ley también permite a estos jueces examinar las tarifas de las grabaciones sonoras. Los jueces originalmente asignados a ASCAP y BMI por los decretos de consentimiento seguirán supervisando los procedimientos de tarifas no relacionadas con las regalías.

Profesionales de los Estudios

Las regalías de las grabaciones sonoras de la radio por satélite y los servicios de radio en línea se pagan ahora directamente a los profesionales de los estudios a través de SoundExchange.

Los artistas discográficos pueden enviar una "carta de instrucciones" a SoundExchange para distribuir una parte de las regalías a cualquier profesional de estudio contratado que haya participado en el proceso creativo de la grabación sonora.

Además, SoundExchange distribuirá el 2% de las regalías a los profesionales de los estudios por las grabaciones sonoras fijadas antes del 1 de noviembre de 1995, si no existe una carta de instrucciones.

¿A Quién Afecta? - Beneficios Adicionales

En última instancia, una de las perspectivas más importantes de la Ley de Modernización de la Música es entender a quiénes afecta y cómo les afecta.

Los propietarios y usuarios de música se benefician ahora enormemente; aunque los cambios los pagan los servicios digitales, el nuevo Colectivo de Licencias Mecánicas está controlado y dirigido por editores musicales y compositores.

Además, los propietarios y usuarios de la música están siendo testigos de las modificaciones en la forma en que se seleccionan los jueces para determinar las tarifas de regalías. Por último, la ampliación de las juntas directivas del colectivo a 14 puestos crea la claridad necesaria sobre cómo se distribuyen las regalías entre los titulares de derechos.

Aviso: La información puesta a disposición por Exploration.io no proporciona asesoramiento legal o empresarial y está destinada a ser utilizada únicamente con fines informativos generales.

Para una lectura adicional, consulta los siguientes enlaces a materiales de diversas organizaciones sobre el tema:

- La Oficina de Derechos de Autor
- SoundExchange
- Ley Romano
- Alianza de Derechos de Autor

Obras Citadas

"4 Things You Should Know about the MUSIC Modernization Act." Romano Law, 8 Apr. 2021, www.romanolaw. com/2018/07/09/4-things-know-music-modernization-act/.

Kim, Rachel. "6 Things to Know about the MUSIC Modernization Act, S. 2823." Copyright Alliance, 22 Apr. 2021, copyrightalliance. org/6-things-to-know-about-themusic-modernization-act-s2823/.

Murray, Jean. "What Is the MUSIC Modernization ACT (MMA)?" The Balance Small Business, www.thebalancesmb.com/ what-is-the-music-modernization-actmma-5116484.

Clair, Chantelle St. "Music Copyright Law: The Music Modernization Act." Arrow-Icon, blog.songtrust.com/what-is-the-music-modernization-act.

"What Is the MUSIC Modernization Act?" TuneCore, support. tunecore.com/hc/en-us/articles/360051524372-What-is-the-Music-Modernization-Act-.

"The Music Modernization Act." Www.ascap.com, www.ascap.com/ about-us/standwith-Songwriters.

Office, U.S. Copyright. "Frequently Asked Questions." Music Modernization: FAQ | U.S. Copyright Office, www. copyright.gov/music-modernization/faq.html.

"What Is the Music Modernization Act and Why It Matters?: Icon Collective." Icon Collective College of Music, 3 July 2019, iconcollective. edu/music-modernization-act/.

"What the Music Modernization Act Means for Music Streaming." Berklee Online Take Note, 20 Nov. 2020, online.berklee.edu/takenote/ the-music-modernization-act-and-4-steps-songwriters-can-take-now-to-prepare-for-it/.

Susan. "Music Modernization Act: A Guide for Copyright Owners." Lutzker & Lutzker, 28 July 2020, www.lutzker.com/music-modernization-act-a-guide-for-copyrightowners/.

"A Brief Summary of the Music Modernization Act." JD Supra, www.jdsupra.com/legalnews/a-brief-summary-of-the-music-95047/.

¿Qué es la Transmisión Digital No Interactiva de Música?

¿Por Qué Escribimos Esta Guía?

Esta guía es el complemento lógico de nuestra guía sobre la Transmisión Digital Bajo Demanda, que a su vez es el complemento de nuestra guía sobre la Descarga Digital. Recomendamos leer las tres guías para entender mejor la música digital y su papel en la industria musical,.

Según el Informe de Métricas Comparables de 2017 de Nielsen, si se suman los minutos totales de radio AM/FM y de audio en transmisión digital en Estados Unidos, resultan más de 202,000 millones de minutos semanales, y de esos 202,000 millones de minutos la radio AM/FM representa el 93% del total de minutos semanales de escucha de audio, frente a solo el 7% del audio en transmisión digital.

Según el Informe de Audiencia Total de 2020 de Nielsen, Edición Especial de Trabajar Desde Casa, la gente indicó que el principal tipo de contenido televisivo y de transmisión digital que se ve mientras se trabaja desde casa son las noticias. El 33% de las personas escuchan las noticias en una emisora de radio musical y el 28% lo hacen en una emisora de radio pública. Lo anterior resalta la diversidad de la programación de la radio y su resistencia incluso durante el COVID-19.

Los resultados de nuestro Informe de la Industria Musical de 2020 muestran que el 33.3% de los encuestados descubre nueva música a través de la radio AM/FM y el 25.1% indicó que lo hace a través de la radio por satélite.

En respuesta a "¿Cómo suele escuchar la música?", el 36% de los encuestados escucha la radio AM/FM, la segunda respuesta más alta, después de Spotify. Casi el 25% escucha SiriusXM (radio por satélite) y el 11.2% escucha Pandora.

Además, las radios por satélite se han vuelto mucho más prominentes, ya que el 75% de todos los vehículos nuevos vendidos en Estados Unidos después de 2016, tienen radio por satélite.

Asimismo, con el constante aumento y la prevalencia de las computadoras, las tablets y los smartphones, la radio por internet también ha experimentado un crecimiento constante.

Aunque pueda parecer que la transmisión digital interactiva es la única forma de consumo de música hoy en día, las investigaciones y los datos muestran que la transmisión digital no interactiva sigue siendo muy relevante.

Dada la popularidad de esta forma de consumo de música, su rápido crecimiento desde principios del siglo XXI, y su enorme potencial para proporcionar nuevas y actuales fuentes de regalías, cualquier interesado debería tratar de entender los detalles de la transmisión digital de música no interactiva y sus efectos para el futuro de la industria musical.

Índice de Contenidos

¿Qué es la Transmisión Digital "No Interactiva" de Música?

La transmisión digital no interactiva de música se diferencia de la transmisión digital bajo demanda, o interactiva, porque permite a los usuarios reproducir música pero no les permite seleccionar la siguiente canción.

Las transmisiones digitales no interactivas generan una regalía por la grabación sonora y la composición de la canción.

La regalía de ejecución asociada a la grabación sonora de la canción se paga a SoundExchange, mientras que la regalía de ejecución asociada a la composición de la canción se paga a las Sociedades de Derechos de Ejecución Pública (Performing Rights Organizations o PRO, por sus siglas en inglés).

Tanto la "emisión en línea" como la "radio por internet" son términos utilizados en referencia a la transmisión digital de música no interactiva; sin embargo, el término "emisión en línea" puede definirse como una transmisión por internet de una única fuente de contenido a muchos oyentes simultáneos.

Por lo tanto, la emisión en línea también se aplica técnicamente a la transmisión digital a la carta. En esta guía, sin embargo, "emisora en línea" se utilizará principalmente para referirse a los servicios de transmisión digital no interactivos.

La radio por internet puede definirse como un servicio de audio digital transmitido por internet. La radio por internet presenta a los oyentes un flujo continuo de canciones que, en el caso de la transmisión digital de música no interactiva, no puede saltarse ni reproducirse, de forma similar a los medios de transmisión tradicionales como la radio AM/FM.

Lo más importante que hay que recordar sobre la transmisión digital de música no interactiva es su nombre: el Proveedor de Servicios Digitales (Digital Service Provider o DSP, por sus siglas en inglés) no permite saltar, rebobinar, avanzar o conocer la lista de canciones de antemano, sólo puedes "sintonizar".

Derecho para Emisión en Línea con Licencia

Para que una emisora en línea pueda reproducir una transmisión digital no interactiva, en su plataforma, debe obtener una licencia tanto del propietario del derecho de autor de la grabación sonora como del propietario del derecho de autor de la composición subyacente.

Licencia para la Emisión en Línea de la Composición Subyacente

Las emisoras en línea deben obtener una licencia para ejecutar públicamente una composición subyacente a través de internet de una PRO, al igual que lo tendrían que hacer para la radiodifusión tradicional (radio AM/FM, emisiones de televisión, etc.).

Con la licencia adecuada, la emisora en línea obtiene el derecho a reproducir la composición en forma de transmisión digital de audio a través de internet en los sitios aprobados.

Además, la emisora en línea puede codificar, reproducir, archivar y copiar digitalmente la composición únicamente para los fines de difusión digital especificados en la licencia.

Licencia para la Emisión en Línea de Grabaciones Sonoras

En Estados Unidos, las emisoras en línea deben obtener una licencia de grabación sonora directamente de SoundExchange. El sitio web orienta a los proveedores de servicios para que identifiquen y obtengan la licencia adecuada.

A veces, las emisoras más pequeñas se olvidan de obtener una licencia de SoundExchange para usar la grabación sonora.

Para combatir esta situación, SoundExchange distribuye ahora cartas de advertencia a las emisoras en línea que transmiten sin licencia. La Comisión Federal de Comunicaciones (Federal Communications Commission o FCC, por sus siglas en inglés) puede multar a las emisoras que no tengan la licencia adecuada, por lo que es obligatorio que las emisoras en línea obtengan una licencia de grabación sonora.

Debido a la Ley de Acuerdo con las Emisoras en Línea (que se analizará más adelante), SoundExchange negocia anualmente las condiciones y tarifas de las emisoras en línea. Por lo tanto, si una emisora en línea desea renovar su licencia para el año siguiente, debe presentar un Aviso de Elección a SoundExchange. Una vez más, esto puede completarse en el sitio web de la empresa.

Una cláusula presente en la mayoría de los acuerdos con emisoras en línea exige que la emisora informe sobre el uso de todos los derechos de autor en un periodo de tiempo determinado; sin embargo, a algunas emisoras educativas se les permite no cumplir este requisito si tienen menos de 55,000 horas de sintonía agregadas (Aggregate Tuning Hours o ATH, por sus siglas en inglés) mensuales.

Las ATH son una unidad de medida del tamaño de la audiencia que equivale a un periodo de tiempo en horas multiplicado por el número medio de oyentes durante ese periodo de tiempo.

Regalías para el Sello Discográfico y Artista Discográfico

Regalías de Ejecución Pública por el Uso de los Derechos de Autor de las Grabaciones Sonoras

La Ley de Derechos de Ejecución Digital en Grabaciones Sonoras de 1995 y la Ley de Derechos de Autor para Medios Digitales en el Nuevo Milenio de 1998 conceden un derecho de ejecución pública al sello discográfico y a los artistas discográficos cuando una grabación sonora se difunde a través de la transmisión de audio digital y/o la emisión en línea.

Anteriormente, sólo los editores musicales y los compositores podían cobrar regalías por la ejecución de las emisiones terrestres o digitales en Estados Unidos.

Una Licencia Obligatoria para la Ejecución Pública

La Ley de Derechos de Autor para Medios Digitales en el Nuevo Milenio de 1998 también incluía una cláusula que concedía a las emisoras en línea una licencia obligatoria para utilizar grabaciones de sonido, lo que significa que si una emisora en línea cumple ciertos requisitos, el propietario de la grabación sonora está legalmente obligado a permitir su ejecución pública en la emisión en línea a cambio de una tarifa negociada.

Para obtener una licencia obligatoria, un DSP debe ser no interactivo. No debe anunciar con antelación las canciones que reproducirá a continuación. Hay otros requisitos que restringen el número y el tipo de reproducciones emitidas por el DSP:

- La emisora en línea no puede reproducir más de tres canciones de un mismo álbum, ni tampoco más de tres seguidas en un periodo de tres horas. Esto se denomina "complemento de ejecución ". *
- La emisora en línea no puede reproducir cuatro canciones de un artista en particular, incluyendo no más de tres seguidas durante el mismo período. Esto se denomina "Complemento de ejecución ". *
- Otras restricciones se refieren a la programación en bucle, a la programación archivada y al número de veces que la emisora en línea puede repetir programas durante un periodo determinado.

*Las violaciones permitidas del complemento de ejecución incluyen 1.) Si el servicio ha recibido exenciones específicas del propietario de los derechos de autor de la grabación sonora 2.) la violación involuntaria de estas limitaciones (si se corrige) no hará que un servicio no sea elegible para la concesión de licencias legales.

La emisora en línea debe registrarse en la Oficina de Derechos de Autor de los Estados Unidos presentando un Aviso de Uso de Grabaciones Sonoras y cumplir con las Secciones 112 y 114 de la Ley de Derechos de Autor. El proceso para obtener una licencia legal es el siguiente:

- Debes notificar a los propietarios de los derechos de autor de las grabaciones sonoras presentando un Aviso de Uso de Grabaciones Sonoras Bajo Licencia Legal ("Aviso de Uso") en la Oficina de Derechos de Autor.
    - Todos los servicios deben presentar un Aviso de Uso antes de realizar la primera copia efímera o la primera transmisión digital de una grabación sonora para evitar ser objeto de responsabilidad por infracción de los derechos de autor.
- Envía una cuota de solicitud de $50 dólares a la Junta de Regalías de Derechos de Autor de la Oficina de Derechos de Autor de los Estados Unidos (la dirección se encuentra en el formulario).
    - Una vez que un servicio presenta su Aviso de Uso, puede comenzar a realizar transmisiones de audio digital, siempre que cumpla con todos los términos y condiciones de la licencia legal, realice todos los pagos y presente todos los estados de cuenta e informes de uso a su vencimiento.

La Tarifa Obligatoria

Tras la disposición de 1998, siguieron varios años de negociaciones y procedimientos de fijación de tarifas entre las emisoras en línea y los sellos discográficos. Algunos argumentaron que ciertas tarifas de regalías propuestas perjudicaban a las emisoras de radio independientes que sólo operaban por internet, y que acabarían por expulsarlas del negocio.

Estos desacuerdos acabaron culminando en un "Día del Silencio" durante el cual las emisoras de Estados Unidos interrumpieron sus transmisiones digitales de audio o reprodujeron sonido ambiental para enfocar la atención en las consecuencias del aumento de las tarifas.

En 2007, la Junta de Regalías de Derechos de Autor (Copyright Royalty Board o CRB, por sus siglas en inglés) fijó una tarifa de regalías obligatoria:

0.0008 dólares por reproducción/por oyente para 2006, que aumentaría gradualmente hasta 0.0019 dólares en 2010. La CRB dio a las emisoras más pequeñas la opción de pagar un porcentaje de sus ingresos brutos o un porcentaje de sus gastos, lo que fuera mayor.

SoundExchange

Luego, en 2008, el Congreso aprobó la Ley de Acuerdo con las Emisoras en Línea (Webcaster Settlement Act), que permitía a la industria musical negociar anualmente sus propias tarifas de emisión por internet.

SoundExchange, la única organización autorizada para recaudar regalías de ejecución de las emisoras en línea (según las secciones 112 y 114 de la Ley de Derechos de Autor de EE.UU.), tenía ahora la autoridad para negociar acuerdos privados con las emisoras en línea que difieren con las tarifas y los términos establecidos por la CRB.

La Ley de Convenio con las Emisoras en Línea también especifica que SoundExchange debe ofrecer una licencia en los términos que negocie a cualquier organismo de radiodifusión que desee utilizarlos. SoundExchange también ha firmado acuerdos de recaudación con más de cuarenta organizaciones equivalentes que les permiten pagar las regalías generadas por los flujos del extranjero.

Para entender las tarifas de regalías, es esencial conocer los distintos tipos de emisoras en línea que difunden música por internet.

Ten en cuenta que no todos los DSP que se enumeran a continuación pertenecen a la transmisión digital de música no interactiva y que cada tipo de DSP no es mutuamente exclusivo. Por ejemplo, una emisora en línea pequeña podría ser tanto una Emisora en Línea Pureplay como una Emisora en Línea Comercial en función de su estructura empresarial.

Tipo de DSP	Descripción del DSP

Emisoras en Línea Comerciales*	DSP con licencia de la Comisión Federal de Comunicaciones para emitir por internet.
Emisoras en Línea Pureplay*	El único negocio del DSP es la emisión de música en línea.
Emisoras en Línea Didácticas	Por ejemplo, una emisora de radio universitaria.
Emisoras en Línea no-Comerciales	Por ejemplo, una organización benéfica, NPR, etc.
Emisoras en Línea Pequeñas	Gana menos de una cantidad determinada de ingresos, o tiene menos de un número determinado de horas de sintonía con la audiencia (= un oyente por una hora).
Micro-Emisoras en Línea	Una audiencia muy limitada
Servicios de Radio Digital por Satélite (Satellite Digital Audio Radio Services o SDARS, por sus siglas en inglés)	El audio se transmite desde satélites en órbita a receptores en la superficie de la Tierra (por ejemplo, Sirius XM).
Servicios a Empresas (Business Establishment Services o BES, por sus siglas en inglés)	DSP que emite música en línea para tiendas, restaurantes, hoteles, bares, etc.
Servicios de Cable/Satélite (Cable/Satellite Services o CABSTAT, por sus siglas en inglés)	El DSP transmite la música por cable o satélite al televisor o descodificador del oyente
Servicios de Subscripción Pre-Existentes (Pre-Existing Subscription Services o PES, por sus siglas en inglés)	DSP existente antes del 31 de julio de 1998

- En 2009, SoundExchange anunció un acuerdo de tarifas de licencia que incluía a las emisoras en línea comerciales "pureplay", teniendo en cuenta los ingresos, los datos de transmisión digital y el tipo de servicio. La tarifa de licencia duró hasta 2015.

Dentro de la categoría de emisoras en línea comerciales "pureplay" (el tipo más común de DSP en el mundo de la transmisión digital de música no interactiva), existen tres clases de tarifas, cada una con su propia tarifa de licencia de SoundExchange.

Regalías para Emisoras en Línea "Pureplay" Comerciales	
Clase de Tarifa para Emisoras en Línea	**Cuota de Licencia de SoundExchange**
Grande	25% de los ingresos brutos o tarifas por transmisión digital**
Pequeña	El 12% de sus primeros 250,000 dólares de ingresos y el 14% de los ingresos por encima de esa cifra o el 7% de los gastos o las tarifas por transmisión digital** (la cifra que sea mayor)
Servicios Combinados, Sindicados o de Suscripción	Tarifas por transmisión digital** o las cifras porcentuales fijas

** En 2015, las tarifas por transmisión digital eran de 0.0014, 0.0025 y 0.0024 dólares, respectivamente.

Todas las regalías recibidas por SoundExchange como resultado de la licencia obligatoria se distribuyen de acuerdo con el siguiente desglose:

- El 50% a los propietarios de la grabación sonora (normalmente el sello discográfico).
- 45% para el artista discográfico titular.
- 2.5% a los vocalistas no titulares.
- 2.5% a los músicos no titulares.

NOTA: Este desglose es anterior a la Ley de Modernización de la Música. Aprende más sobre la Ley de Modernización de la Música y cómo se ha visto afectado el desglose de regalías de SoundExchange.

En 2012, SoundExchange distribuyó más de 300 millones de dólares a los propietarios de derechos de autor. Para cobrar regalías de SoundExchange debes registrarte directamente en su sitio web, registrar tus grabaciones sonoras y reclamar la Parte de Artista Titular.

Regalías para el Editor Musical y Compositor

Las Sociedades de Derechos de Ejecución Pública de Estados Unidos -ASCAP, BMI, SESAC y GMR- ofrecen licencias estándar que permiten a las emisoras en línea ejecutar todas las composiciones del repertorio de cada sociedad, independientemente del formato del archivo.

- **ASCAP**

ASCAP emite una licencia específica de transmisión digital de música no interactiva que permite a una emisora en línea ejecutar la composición sin permitir que los usuarios descarguen o "seleccionen" composiciones específicas. Las tarifas se basan en los ingresos y/o la actividad de la emisora en línea.

- **BMI**

Con la licencia de transmisión digital de música no interactiva de BMI, las tarifas se calculan como un porcentaje de los ingresos brutos o un cálculo de "área" de música, dependiendo de si la música es una característica principal de la emisión en línea o parte del tráfico total del sitio web.

- **SESAC**

SESAC ofrece una licencia de transmisión digital de música no interactiva con tarifas basadas en el número de solicitudes mensuales de la página y si hay o no publicidad en el sitio.

Los principales participantes de la industria (Sirius XM, Rhapsody, iHeartRadio, Pandora, entre otros) no aceptan los acuerdos de licencia estándar y en su lugar negocian sus propios acuerdos específicos con cada sociedad de derechos de ejecución pública.

Decretos de Consentimiento

ASCAP y BMI se rigen por decretos de consentimiento, definidos por la Coalición por el Futuro de la Música (Future of Music Coalition) como "limitaciones acordadas por las partes en respuesta a las preocupaciones reguladoras sobre los abusos potenciales o reales del mercado".

Según los decretos de consentimiento aplicados por el Gobierno de Estados Unidos, ASCAP y BMI deben conceder condiciones idénticas a las emisoras en línea.

Sin embargo, estas licencias siguen siendo no exclusivas, y los miembros individuales de cualquiera de las dos PRO siguen manteniendo el derecho a licenciar individualmente sus obras seleccionadas.

Si ASCAP o BMI no logran llegar a un acuerdo con una emisora en línea en lo que respecta a las tarifas o los términos del acuerdo, un juez del tribunal de tarifas determina todos los términos y las tarifas tras un juicio de los hechos.

Por ejemplo, si SiriusXM no puede llegar a un acuerdo con ASCAP sobre las tarifas que se pagarán a la PRO por el uso de la composición subyacente, un juez de tarifas tomará esta determinación, tal como se especifica en los decretos de consentimiento.

Las emisoras en línea siguen teniendo derecho a acordar voluntariamente las condiciones y las tarifas con ASCAP y BMI sin intervención judicial, y a menudo optan por hacerlo.

Obras Citadas

Sass, Erik. "Half of U.S. Listeners Tune into Online Radio." Mediapost. com, 2014, www.mediapost.com/publications/article/220860/half-of-us-listeners-tune-intoonline-radio.html. Accessed 27 July 2021.

Research, Edison. "Monthly Online Radio Listeners Now Exceed Half the Population 12+ - Edison Research." Edison Research, 26 Feb. 2015, www.edisonresearch.com/monthly-online-radio-listeners-exceed-half-the-population-12/. Accessed 27 July 2021.

Fessler, Karen. "Webcasting Royalty Rates." Berkeley Technology Law Journal, vol. 18, no. 1, 2003, pp. 399–423. JSTOR, www.jstor.org/stable/24120527. Accessed 27 July 2021.

Schoonmaker, Henry. "Song Royalty Tips | Two Types of Streaming and Their Royalties." Songtrust.com, 2014, blog.songtrust.com/types-of-streaming-royalties. Accessed 27 July 2021.

"What Are Downloads and Streams?" TuneCore, 2017, support. tunecore.com/hc/enus/articles/115006688388-What-are-downloads-and-streams-. Accessed 27 July 2021.

Hearn, Edward. "Digital Downloads and Streaming: Copyright and Distribution Issues." Law Offices of Edward R. Hearn, 2014, www. internetmedialaw.com/articles/digital-downloads-and-streaming-copyright-and-distribution-issues-new/. Accessed 27 July 2021.

Student Press Law Center. "Guide to Music Licensing for Broadcasting and Webcasting - Student Press Law Center." Student Press Law Center, 10 Jan. 2011, splc.org/2011/01/splc-guide-to-music-licensing-for-broadcasting-and-webcasting/. Accessed 27 July 2021.

dylan. "Licensing 101 - SoundExchange." SoundExchange, 5 Jan. 2021, www.soundexchange.com/service-provider/licensing-101/. Accessed 27 July 2021.

dylan. "Licensing 101 - SoundExchange." SoundExchange, 5 Jan. 2021, www.soundexchange.com/service-provider/licensing-101/. Accessed 27 July 2021.

"What Is SoundExchange? What Money Do They Collect?" CD Baby Help Center, 8 July 2021, support.cdbaby.com/hc/en-us/ articles/360059496391-What-is-SoundExchange-What-money-do-they-collect-. Accessed 27 July 2021.

¿Qué es la Transmisión Digital de Música Bajo Demanda?

¿Por Qué Escribimos Esta Guía?

Esta guía es la continuación lógica de nuestra guía anterior, Descarga Digital. Para entender mejor el contexto y el contenido de la Transmisión Digital de Música Bajo Demanda y su papel dentro de la industria musical, recomendamos empezar con la guía mencionada.

Gracias a la llegada del Internet y de la tecnología digital, que ha ido mejorando a lo largo de la última década, la industria de la música digital ha obtenido un gran impulso. Un amplio espectro de plataformas digitales -servicios de transmisión digital, descargas, reproductores multimedia digitales, emisoras web, etc.- han crecido y se han consolidado hasta convertirse en protagonistas de un sector totalmente nuevo de la industria musical.

La transmisión digital es uno de los formatos digitales más populares entre los oyentes de música digital, con un estimado de 162.9 millones de usuarios de transmisión digital en Estados Unidos en 2018, según Statista, un portal de datos de mercado en línea.

La tendencia no parece que vaya a disminuir de momento. La transmisión digital se ha impuesto como la principal fuente de música digital en Estados Unidos. Los datos de la Asociación de la Industria Discográfica de Estados Unidos (Recording Industry of America Association o RIAA, por sus siglas en inglés) muestran que los ingresos totales de la música en transmisión digital crecieron un 19.9% hasta los 8.8 mil millones de dólares en 2019, lo que supone el 79.5% de todos los ingresos de la música grabada. La transmisión digital no solo es el formato de música digital más popular en Estados Unidos, sino también el más rentable.

En la última década, una multitud de empresas de la industria musical -Spotify, Amazon Prime Music, Apple Music, Soundcloud, iHeartRadio, Deezer, TIDAL- han intentado satisfacer esta demanda de música digital. Spotify se encuentra entre los servicios más populares entre los oyentes de música digital más jóvenes: En 2017, el 38% de los usuarios de Spotify tenían entre 12 y 24 años, según Statista.

Los estadounidenses pasaron aproximadamente 6.7 mil millones de horas escuchando música digital al mes en 2016. Según Statista, entre los géneros musicales más populares, la música dance/electrónica, el R&B/Hip-Hop y la música latina se consumen más a través de servicios de transmisión digital que de discos físicos. Estas cifras siguen aumentando.

Las normas de la industria musical en relación con la transmisión digital de música a la carta están cambiando en tiempo real a medida que los principales participantes llegan a diversos acuerdos entre sí y abordan los retos y oportunidades de las nuevas fuentes de medios digitales.

Índice de Contenidos

- El Significado de "Bajo Demanda"
- Regalías de Ejecución para el Master
- Derechos de Ejecución y Mecánicos para la Composición Subyacente
- Tipos de DSP

El Significado de " Bajo Demanda"

La transmisión digital de música bajo demanda se diferencia de la emisión en línea no interactiva porque es un servicio interactivo, lo que significa que el usuario puede escuchar cualquier canción de la base de datos del proveedor de servicios digitales (Digital Service Provider o DSP, por sus siglas en inglés) sin restricciones de tiempo o capacidad de reproducción. El usuario puede pausar, saltar, rebobinar y crear listas de reproducción, pero no copiar el archivo digital.

Entre los servicios de transmisión digital de música bajo demanda más populares están Spotify, Tidal, SoundCloud, Apple Music y Bandcamp. En el mundo de la informática, estos DSP se consideran "servidores en la nube", lo que significa que funcionan a través de servidores remotos que almacenan los datos y permiten a los usuarios acceder a ellos dondequiera que haya acceso a Internet.

Hasta la fecha, existen dos niveles de transmisión digital de música bajo demanda:

- **Con apoyo publicitario/"Freemium":** El servicio digital bajo demanda que se ofrece es gratuito para el oyente y se financia con publicidad.
- **Suscripción/Premium:** El proveedor de servicios digitales bajo demanda cobra una cuota de suscripción mensual a los usuarios, quienes pueden escuchar sin anuncios.

Regalías por Ejecución Para el Master

La Ley del Derecho de Ejecución Digital en las Grabaciones Sonoras de 1995 estableció una regalía de ejecución pública para los artistas y los sellos discográficos cuando ciertas grabaciones sonoras se ejecutan a través de transmisiones de audio digital, abriendo un ámbito de ingresos por regalías que antes sólo estaba disponible para los compositores y los editores musicales.

La Ley de 1995 sólo se refiere a la transmisión digital de música bajo demanda por suscripción. Sin embargo, la Ley de Derechos de Autor del Milenio Digital de 1998 amplió este derecho a las emisoras web que ofrecen transmisión digital no interactiva (para saber más sobre esto, lee nuestra guía Transmisión Digital No Interactiva de Música). Las tarifas y condiciones de las licencias entre los DSP y los propietarios de los derechos de autor se deciden mediante negociación voluntaria o arbitraje obligatorio.

Del DSP al Sello Discográfico, al Artista Discográfico

Los acuerdos de transmisión digital bajo demanda entre los sellos discográficos y los DSP (por ejemplo, entre Sony Music Entertainment y Spotify) suelen otorgar a los sellos discográficos un gran porcentaje de los ingresos publicitarios del DSP y/o de las cuotas de suscripción, multiplicado por la fracción de reproducciones de cada master sobre el número de reproducciones que se producen en total en el DSP.

Es importante tener en cuenta que estos acuerdos no se realizan de persona a persona; una disquera negociará con un DSP las tarifas de regalías que se aplican a todos los artistas de su lista. Un artista puede negociar mejores condiciones por separado con el sello discográfico en su contrato de grabación, pero es muy poco probable que un artista negocie directamente con un DSP.

- **Paso #1: Un Mínimo por Suscriptor para Todos los Sellos Discográficos**

La mayoría de los acuerdos implican un mínimo por suscriptor, lo que significa que las disqueras reciben una regalía determinada por cada suscriptor, independientemente de cuántas veces se reproduzca un master en el DSP o de cuánto recaude el DSP. Esta disposición se incluye para disuadir a los PSD de bajar demasiado los precios para conseguir más suscriptores.

Por ejemplo: Un contrato entre una disquera y un DSP puede especificar que la cantidad total de regalías que se le debe a la disquera no puede ser inferior al 60% de $5 dólares por suscriptor. En este caso, la cantidad total de dinero que recibe la disquera, independientemente de los masters que se reproduzcan, no puede ser inferior a $3 dólares por suscriptor.

Si este acuerdo fuera entre Sony Music y Spotify, entonces el mínimo por suscriptor de Sony Music sería de $249,000,000 dólares, dados los 83 millones de suscriptores de Spotify en 2018 multiplicados por el mínimo por suscriptor de Sony de $3 dólares.

- **Paso #2: Una Fracción Basada en las Reproducciones del Master para los Sellos Discográficos Individuales**

Luego, este mínimo por suscriptor se reparte con todos los demás sellos discográficos que conceden licencias de masters al DSP en función del número de reproducciones, lo que significa que el total de regalías del sello discográfico se multiplica por una fracción, cuyo numerador es el número de masters del sello discográfico reproducidos en el DSP y cuyo denominador es el número total de masters reproducidos por todos los sellos discográficos que conceden licencias al DSP.

El mínimo por suscriptor se reparte entre los demás sellos discográficos que conceden licencias de masters al DSP en función del número de reproducciones.

Por ejemplo: Gracias al mínimo por suscriptor especificado anteriormente, el DSP debe pagar $3 dólares por suscriptor a todos los sellos discográficos que le dieron la licencia para utilizar los masters en su sitio. Pero si los masters de Sony Music representan el 40% del total de transmisiones digitales de Spotify en un mes, Sony Music recibiría el 40% de los $3 dólares, es decir, $1.20 dólares por suscriptor. Teniendo en cuenta el número de suscriptores de Spotify, las regalías totales de Sony Music procedentes del DSP equivaldrían a $99,600,000 dólares.

- **Paso #3: Una Fracción Basada en las Reproducciones de Master para los Artistas Discográficos**

Por último, el mínimo fraccionado por suscriptor se reparte de nuevo entre los artistas individuales de un determinado sello discográfico en función del número de reproducciones de cada master en el DSP.

Por ejemplo: Si los masters de un artista de Sony Music se transmiten en el DSP 300,000 veces, y el total de transmisiones de Sony Music de todos sus artistas es de 12,000,000, las transmisiones del artista equivaldrían al 2.5% (300,000/12,000,000) del total de transmisiones de Sony. Teniendo en cuenta los totales mínimos por suscriptor especificados anteriormente, se atribuirían $0.03 dólares a los masters del artista.

- **Paso #4: Tasa de Regalías Específica Para un Artista Discográfico**

La tasa de regalías de un artista discográfico determinaría qué porcentaje del mínimo por suscriptor (especificado en el paso #3) se aplicaría a las regalías de los artistas.

Por ejemplo: Si el artista discográfico de Sony tuviera una tasa de regalía especificada en su contrato igual al 10%, entonces recibiría $0.003 dólares por subscriptor.

Ten en cuenta que estas cifras son hipotéticas. Las cifras reales variarán de un caso a otro.

Regalías de Ejecución y Mecánicas por la Composición Subyacente

Para que un sitio web pueda reproducir una canción, debe obtener una licencia de ejecución de la PRO correspondiente -en Estados Unidos, ASCAP, BMI, SESAC y/o GMR- y obtener una licencia directa con el propietario de los derechos de autor subyacentes, que suele ser un editor musical.

En 2008, el Consejo de Derechos de Autor confirmó un acuerdo entre la Asociación Nacional de Editores de Música (National Music Publishers Association o NMPA, por sus siglas en inglés), la Asociación Internacional de Compositores de Nashville (Nashville Songwriters Association International o NSAI, por sus siglas en inglés), el Gremio de Compositores de América (Songwriter's Guild of America o SGA, por sus siglas en inglés), la Asociación de la Industria Discográfica de América (Recording Industry Association of America o RIAA, por sus siglas en inglés) y la Asociación de Medios Digitales (Digital Media Association o DMA, por sus siglas en inglés) que establecía una tasa mecánica obligatoria para la transmisión digital de música bajo demanda.

Las regalías mecánicas de transmisión digital interactiva en los Estados Unidos se recaudan y pagan a través de una licencia general del Colectivo de Licencias Mecánicas (Mechanical Licensing Collective o MLC, por sus siglas en inglés) a través de la implementación de la Ley de Modernización de la Música (Music Modernization Act o MMA, por sus siglas en inglés), firmada como ley el 11 de octubre de 2018. A partir de 2021, el MLC es el hogar de las licencias mecánicas de la sección 7 USC 115 de entregas de fonogramas digitales. Una excepción sería si un licenciatario completara la presentación de una Notificación de Actividad No General al MLC, notificandole que el licenciatario ha estado participando en actividades cubiertas bajo el 17 USC 115 sin una licencia general, pero sigue cumpliendo con la ley de derechos de autor a través de otros medios.

Tipos de DSPs

El desglose de regalías depende del tipo exacto de servicio ofrecido por un DSP. A continuación se presenta una lista de los DSP que se dedican específicamente a la transmisión digital de música bajo demanda.

DSP	Descripción del Servicio Prestado	Ejemplo
Individual, No portátil, Sólo Transmisión Digital	El usuario puede escuchar las grabaciones sonoras sólo en forma de transmisiones digitales interactivas y sólo desde un dispositivo no portátil que emita las transmisiones digitales a través de una conexión de red en directo.	Un usuario transmite Spotify desde su computadora de trabajo en la oficina a través de una conexión de red en vivo.
Individual, No portátil, Uso Mixto	El usuario puede escuchar grabaciones sonoras a través de una descarga limitada o una transmisión digital interactiva, pero sólo desde el dispositivo no portátil donde se emitió originalmente la transmisión digital o la descarga.	Un usuario descarga una canción de Spotify en su computadora.
Individual, Portátil	El usuario puede escuchar las grabaciones sonoras mediante descarga limitada o transmisión digital interactiva desde un dispositivo portátil.	Un oyente accede a Spotify desde su celular.

Servicios Combinados	El usuario puede acceder a uno o más productos o servicios combinados por el mismo precio (por ejemplo, cuando un usuario puede comprar un dispositivo portátil y una suscripción de un año a un servicio de transmisión digital/descarga por el mismo precio).	Un proveedor de smartphones puede ofrecer una suscripción de un año a un servicio de transmisión digital como Spotify.
Servicios Gratuitos, Sin Suscripción y Con Publicidad	El usuario puede escuchar grabaciones sonoras a través de una transmisión digital interactiva o una descarga limitada y gratuita. (por ejemplo, la versión gratuita de Spotify)	Spotify ofrece una versión "freemium" de sus servicios que se financia con publicidad.

Las licencias "directas" mencionadas en los cuadros siguientes se refieren a las licencias en las que los sellos discográficos licencian los derechos mecánicos directamente en nombre de los editores de música a los PSD.

Individual, No portátil, Sólo Transmisión Digital

- **Paso #1: Calcular el fondo total de regalías**[*]

La cantidad que sea mayor entre...	(a)		...10.5% de los ingresos del DSP
	(b)	...la cantidad que sea menor entre...	...$0.50 dólares por suscriptor al mes
			...22% O 18% del pago del DSP al sello discográfico por las grabaciones sonoras[**]

- Contiene la regalía mecánica y de ejecución para la composición subyacente.

[**] El 22% si las licencias no son "directas", el 18% si son "directas".

- **Paso #2: Calcular el Fondo de Regalías a Pagar**

La cantidad que sea mayor entre...	(a)	...las regalías mecánicas del fondo común de regalías
	(b)	
		...$0.15 dólares por cada suscriptor calificado por mes

- **Paso #3: Asignar el Fondo de Regalías a Pagar**

[Fondo de regalías a pagar] / [Número total de "Reproducciones"] =	Regalías por "Reproducción"

Individual, No portátil, Uso Mixto

- **Paso #1: Calcular el fondo total de regalías***

La cantidad que sea mayor entre...	(a)		...10.5% de los ingresos del DSP
	(b)	...la cantidad que sea menor entre...	...$0.80 dólares por suscriptor al mes
			...21% O 17.36% del pago del DSP al sello discográfico por las grabaciones sonoras**

- Contiene la regalía mecánica y de ejecución para la composición subyacente.

** El 21% si las licencias no son "directas", el 17.36% si son "directas".

- **Paso #2: Calcular el Fondo de Regalías a Pagar**

La cantidad que sea mayor entre...	(a)	...las regalías mecánicas del fondo común de regalías
	(b)	
		...$0.50 dólares por cada suscriptor calificado por mes

- **Paso #3: Asignar el Fondo de Regalías a Pagar**

[Fondo de regalías a pagar] / [Número total de "Reproducciones"] =	Regalías por "Reproducción"

Servicios Combinados

- **Paso #1: Calcular el fondo total de regalías***

La cantidad que sea mayor entre...	(a)		...10.5% de los ingresos del DSP
	(b)	...la cantidad que sea menor entre...	...$0.50 dólares por suscriptor al mes
			...21% O 17.36% del pago del DSP al sello discográfico por las grabaciones sonoras**

- Contiene la regalía mecánica y de ejecución para la composición subyacente.

** El 21% si las licencias no son "directas", el 17.36% si son "directas".

- **Paso #2: Calcular el Fondo de Regalías a Pagar**

La cantidad que sea mayor entre...	(a)	...las regalías mecánicas del fondo común de regalías
	(b)	...$0.25 dólares por cada suscriptor calificado por mes

- **Paso #3: Asignar el Fondo de Regalías a Pagar**

[Fondo de regalías a pagar] / [Número total de "Reproducciones"] =	Regalías por "Reproducción"

Servicios Gratuitos, Sin Suscripción y Con Publicidad

- **Paso #1: Calcular el fondo total de regalías***

La cantidad que sea mayor entre...	(a)		...10.5% de los ingresos del DSP
	(b)	...la cantidad que sea menor entre...	...$0.50 dólares por suscriptor al mes
			...22% O 18% del pago del DSP al sello discográfico por las grabaciones sonoras**

- Contiene la regalía mecánica y de ejecución para la composición subyacente.

** El 22% si las licencias no son "directas", el 18% si son "directas".

- **Paso #2: Calcular el Fondo de Regalías a Pagar**

Separar las regalías mecánicas del fondo común de regalías.

- **Paso #3: Asignar el Fondo de Regalías a Pagar**

[Fondo de regalías a pagar] / [Número total de "Reproducciones"] =	Regalías por "Reproducción"

Obras Citadas

Christman. "Copyright Royalty Board? Statutory, Mechanical Performance? A Primer for the World of Music Licensing and Its Pricing | Billboard." Billboard, 18 Aug. 2016, https://www.billboard.com/articles/business/7476929/music-licensing-pricingprimer-Copyright-royalty-board-statutory-mechanical-performance.

Lorinczi, Seth. "Music Royalties | What You Need to Know About Streaming Royalties." Songtrust Blog | The Top Source for Music Publishing Knowledge, https://blog.songtrust.com/streaming-royalties-explained. Accessed 30 July 2021.

"Music Licensing for Streaming - Easy Song Licensing." Clear Cover Song - Synch Print Master Grand Rights - Easy Song Licensing, 30 July 2021, https://www.easysonglicensing.com/pages/help/articles/music-licensing/music-licensing-forstreaming.Aspx.

Schoonmaker, Henry. "Song Royalty Tips | Two Types of Streaming and Their Royalties." Songtrust Blog | The Top Source for Music Publishing Knowledge, https://blog.songtrust.com/publishing-tips-2/the-2-types-of-digital-music-streams-howyou-can-collect-royalties-from-both. Accessed 30 July 2021.

"The Harry Fox Agency." The Harry Fox Agency, https://www.harryfox.com/find_out/rate_charts.html. Accessed 30 July 2021.

Watson, Amy. "Digital Music - Statistics & Facts | Statista." Statista, https://www.statista.com/topics/1386/digital-music/. Accessed 30 July 2021.

"What Are Downloads and Streams? – TuneCore." TuneCore, https://support.tunecore.com/hc/en-us/articles/115006688388-What-are-downloads-and-streams-. Accessed 30 July 2021.

Contratos de la Industria Musical

¿Por Qué Escribimos Esta Guía?

Los contratos son las herramientas principales que utilizan las empresas de la industria musical para establecer relaciones comerciales entre sí. Por ello, es importante que tanto los músicos como los empresarios tengan una idea general de su funcionamiento.

Por lo tanto, el propósito de esta guía es proporcionar una reseña básica de los conceptos más importantes del derecho contractual; así como ofrecer una imagen detallada de los tipos de acuerdos y cláusulas más relevantes en la industria musical.

Exención de responsabilidad: Esta guía es de uso meramente informativo y no debe interpretarse como asesoramiento legal. Consulte a un abogado especializado en entretenimiento para obtener asesoramiento sobre cuestiones contractuales.

¿A quién va dirigida esta guía?

- Músicos o personas interesada en el negocio de la música
- Personas que hagan negocios en la industria musical

Contenido

- Fundamentos del derecho contractual

- Contratos específicos de la música
- Cláusulas importantes de los contratos musicales

Fundamentos del Derecho Contractual

Oferta + Aceptación + Contraprestación + (Legalidad + Capacidad) = Contrato válido

Hay varias condiciones que deben cumplirse para que contrato válido exista. A continuación, hemos desglosado cinco de estas condiciones.

Como siempre, habrá leyes diferentes en cada país , o específicas de un sector, que podrían afectar la validez de un contrato. Siempre debes consultar a tu abogado sobre la validez de un acuerdo específico.

1. Oferta

Es la promesa de hacer (o no hacer) algo a cambio de otra cosa. Es importante que la oferta se haga con la intención de que el contrato sea un acuerdo vinculante si llegara a ser firmado. Por ejemplo, los sellos discográficos pueden ofrecer a un artista un contrato que contenga las siguientes características:

- Grabar un determinado número de sencillos o álbumes
- Pagarle un anticipo a cambio de las grabaciones
- Pagar una regalía por las ventas
- Conducir marketing y promoción de las grabaciones

2. Aceptación

La aceptación de una oferta puede hacerse de varias maneras. Solo se necesita una acción concreta para la aceptación consciente que lo haga válido. Por ejemplo:

- Asintiendo, con intención, de hacerlo
- Con las firmas
- Las afirmaciones verbales
- Los apretones de manos.

Sin embargo, lo más prudente suele ser que cualquier acuerdo formal se formalice por escrito.

Nota: Las cadenas de correo electrónico pueden ser ofertas y aceptaciones de acuerdos legalmente vinculantes.

3. Consideración

Lo que cada parte pone sobre la mesa en un acuerdo debe ser algo de valor; a esta parte se le llama consideración. Puede ser dinero o la simple promesa de hacer (o no hacer) algo.

Por ejemplo, un propietario de una vivienda puede contratar a un paisajista para que corte el césped, una vez al mes, a cambio de una suma de dinero. Por el contrario, un programador de una empresa tecnológica podría firmar un contrato de no competencia con su empleador, comprometiéndose a no marcharse a trabajar para un competidor por un plazo determinado.

4. Legalidad

Los términos del acuerdo deben estar dentro del ámbito de la ley. Por ejemplo, las partes que acuerdan el contrabando de drogas ilegales, en todo el país, no tienen un acuerdo válido entre sí. Si una de las partes incumpliera los términos establecidos, la otra parte no tendría ningún recurso legal. Nunca se formaría un contrato válido.

5. Capacidad

Las partes del acuerdo deben tener capacidad para celebrarlo.

Por ejemplo:

Contratos con menores de un menor de 18 o 21 años (dependiendo de las leyes que rijan el contrato) pueden ser anulados

Al igual que contratos con alguien que está ebrio, la ley considera que un menor no puede llegar a un acuerdo legal racional.

Estos ejemplos ilustran la idea de la capacidad y cómo los contratos podrían ser anulables en determinadas circunstancias.

Unilateral vs. Bilateral

Existen dos tipos de contratos: unilaterales y bilaterales.

Los contratos bilaterales son probablemente los más conocidos: se trata de acuerdos celebrados por diferentes partes y que requieren algún tipo de cumplimiento por parte de ambas.

Un ejemplo de un contrato bilateral es el acuerdo de gestión personal entre un artista y un mánager. El artista cede al mánager un porcentaje de los ingresos y el mánager supervisa los asuntos comerciales del músico. Ambas partes realizan acciones para cumplir el acuerdo.

Los contratos unilaterales, requieren una promesa de una parte y una prestación de la otra.

Ejemplo de un contrato unilateral: hacer clic en una casilla para indicar que se han leído los términos y condiciones de un sitio web.

Interpretación

A veces los términos de un contrato pueden ser ambiguos. En general, los tribunales intentan descubrir la intención del acuerdo ateniéndose a lo que dice realmente el contrato Esto se llama el principio de las cuatro esquinas (llamado así por las cuatro esquinas de un papel).

Definiciones

Los contratos suelen interpretarse por sí mismos, con la menor atención posible a las pruebas externas. Por lo tanto, las definiciones detalladas, de los términos del acuerdo, son importantes.

Muchos contratos contienen una sección de "Definiciones", en la que se indica explícitamente qué significan las palabras importantes con respecto al acuerdo. Otras veces, los términos se definen simplemente dentro del texto, o se dejan sin definir. Es importante tener en cuenta las definiciones concretas o las ambigüedades de cualquier contrato.

Incumplimiento

Cuando una parte no cumple todas las promesas hechas en un acuerdo, se produce un incumplimiento de contrato. Los tribunales pueden encontrar pruebas de incumplimientos parciales o totales, dependiendo de las circunstancias y los términos del contrato.

Poder Legal

El poder legal otorga a una parte el derecho a firmar documentos en nombre de otra parte. Es habitual que los músicos otorguen poderes a sus managers personales y a las disqueras.

Contratos Específicos Para la Música

Contrato Discográfico

Un artista cede y transfiere la propiedad de los derechos de autor de su(s) grabación(es) sonoras a un sello discográfico, a cambio de un anticipo recuperable de sus regalías futuras. El sello discográfico se compromete a comercializar, promocionar y conceder licencias, para las grabaciones, a los usuarios de la música, como son los servicios de transmisión digital y los consumidores.

Contrato de Proyecto/Banda

Si trabajas como miembro de un grupo o banda, puedes considerar la posibilidad de firmar un contrato de banda. Este contrato te ayudará a ti y a los demás miembros a regular y acordar las cuestiones fiscales y legales. Los aspectos más importantes de este contrato serían los derechos del nombre de la banda, el reparto de los ingresos y los trabajos, el fallecimiento, la retirada de los miembros de la banda, los seguros, la propiedad del equipo/instrumentos, etc.

Transferencia de derechos a los músicos

Si trabajas con músicos externos, como miembros de bandas o cantantes invitados, es una buena idea firmar un contrato que autorice la " transferencia de derechos ". Este contrato te ayudará a determinar los honorarios y el reparto de beneficios y, en última instancia, te garantizará que podrás reproducir o utilizar las actuaciones como quieras sin infringir los derechos de propiedad de los artistas invitados.

Acuerdo de Edición

Un compositor cede y transfiere la propiedad de los derechos de autor, de sus composición, en su totalidad o parcialmente, a un editor musical a cambio de un anticipo. La editora se compromete a colocar y a conceder licencias de sus composiciones a terceros.

Contrato de Distribución

Un artista independiente cede a una empresa el derecho a distribuir sus grabaciones sonoras protegidas por derechos de autor durante un tiempo determinado. La empresa suele quedarse con un porcentaje de las regalías que ganan la(s) canción(es). El artista conserva la propiedad de sus grabaciones.

Acuerdo de administración editorial

Una editora se compromete a gestionar el trabajo administrativo necesario para licenciar y/o recaudar regalías por una o un conjunto de obras protegidas por derechos de autor durante un tiempo determinado. El licenciante conserva la propiedad de sus derechos de autor.

Acuerdo 360

Un acuerdo 360, entre una disquera y un artista, se refiere a los esfuerzos de la disquera para obtener una participación en todos los demás derechos y flujos de ingresos relacionados con el artista, además de los derechos de grabación exclusivos.

- Derechos adicionales de un acuerdo 360 pueden incluir derechos de nombre y semejanza
- Los derechos de gira
- Los derechos de edición musical de las composiciones escritas por el artista
- Los derechos a la venta de mercancía

Cada vez son más las empresas que empezaron como entidades estrictamente editoriales o de gestión y que ahora se inclinan por un enfoque 360 en el intento de convertirse en una ventanilla única para los músicos.

Contrato de Productor

El contrato de productor suele ser entre un productor y un artista, aunque a veces puede formarse entre una disquera y un productor. La remuneración al productor puede incluir entre el 1 y el 6% de las regalías del artista de los ingresos netos de la disquera.

Las responsabilidades del productor se detallan en el contrato. Entre otras cosas incluyen:

- Asistir al artista en el estudio
- Contratar los músicos
- Crear arreglos musicales
- Hacer que el disco sea lo más comercial posible

Acuerdo de Colaboración Autoral (Split Sheet)

A menudo, los compositores componen canciones en colaboración con otros autores. Si no existe un acuerdo formal por escrito, la ley asume la propiedad al 50/50 cuando hay dos compositores. Los porcentajes que no se reparten equitativamente entre todos los compositores deben ser registrados por escrito para que la ley los reconozca como tal.

Licencia de Uso de Máster

Una licencia de uso de máster permite al licenciatario utilizar una grabación de sonido con derechos de autor en un nuevo proyecto. Tipos de proyectos en los que los licenciatarios pretenden utilizar las grabaciones incluyen:

- Para sincronizaciones como en películas, y series o programas de televisión
- Musica de fondo en un juego de video
- Como maqueta en una nueva grabación de audio
- Cajas de música o artículos novedosos
- Para su distribución

La licencia de uso de máster sólo incluye los derechos sobre la grabación de sonido. Los derechos de autor sobre la composición incorporada a la grabación tiene que ser licenciados por separado.

Licencia Mecánica

Según la Agencia Harry Fox, una licencia mecánica concede al usuario los derechos de de reproducción y distribución de composiciones musicales protegidas por derechos de autor en las siguientes configuraciones:

- CD
- Discos
- Cintas
- Tonos de llamada
- Descargas digitales permanentes (DDP)
- Transmisiones interactivas
- Otras configuraciones digitales que admiten diversos modelos de negocio

La licencia mecánica establece que, los licenciatarios paguen una tasa legal al propietario de los derechos de autor, por cada reproducción.

Licencia de Sincronización

Una licencia de sincronización es el proceso legal por el cual las productoras de obras audiovisuales pueden utilizar música externa en sus producciones. Las productoras de cine, por ejemplo, solicitan a los dueños de los derechos de autor de una grabación sonora, y a los dueños de la composición, subyacente para poder utilizar la obra en sincronización con su proyecto.

La sincronización ("sync", para abreviar) se refiere a la interpolación de una obra musical con una obra visual. Las syncs se otorgan para películas, programas de televisión, anuncios o publicidad, videojuegos o cualquier otro uso similar.

Licencia de Ejecución

Acuerdo entre una sociedad de derechos de ejecución pública (PRO, por sus siglas en inglés) y un usuario de música. La PRO otorga al licenciatario una licencia para todo su repertorio permitiendo al licenciatario interpretar públicamente las composiciones a cambio de un pago. Puedes encontrar más información en nuestra guía sobre licencias de ejecución aquí.

Afiliación a una PRO

Este es el acuerdo que el compositor firma cuando se convierte en socio de una PRO. El acuerdo tiene una duración determinada y es exclusivo, lo que significa que el compositor no puede firmar con más de una PRO a la vez.

Acuerdo de Contratación o Presentación

Acuerdo suscrito entre un promotor de conciertos, o un local, y un artista o el agente de éste. El agente del artista suele tener un poder legal, lo que significa que puede firmar el acuerdo que obliga al artista a actuar en el local en la fecha y hora especificadas.

Contrato de Mánager o Agente

Un artista firma un contrato con un mánager o agente para que le ayude en sus asuntos comerciales a cambio de un porcentaje (entre el 5% y el 20%) de los ingresos del artista procedentes de las ventas de discos, conciertos, y otras fuentes de ingresos.

Acuerdo de Comercialización

El artista firma un acuerdo con una empresa para producir una cantidad determinada de mercancía.

Trabajo Realizado por Encargo

Un trabajo realizado (o "Work-for-hire") por encargo ocurre cuando la Parte A emplea a la Parte B para crear algo, pero la Parte A se convierte en el autor legal de la obra. Ante los ojos de la ley, la Parte B ya no tendrá ningún derecho moral o patrimonial sobre la obra.

Los trabajos por encargo son más comunes en el cine y la televisión, pero muchos acuerdos editoriales y artísticos pueden contener cláusulas de trabajo por encargo. Es importante que el músico tenga claro si un acuerdo es de trabajo por encargo antes de firmarlo. La firma de uno de estos acuerdos otorga al empleador la propiedad completa de las obras sujetas a él.

Cláusulas Importantes en los Contratos Musicales

Plazo y Duración

El plazo de un contrato es la cantidad de tiempo que dura el acuerdo. Por ejemplo, un acuerdo de composición exclusiva, con una editora musical, podría ser de un año con la opción de prorrogar durante varios años más. Mientras que un acuerdo discográfico podría estar redactado en términos de ciclos de álbumes.

La duración es el tiempo por el cual una entidad adquiere los derechos sobre una obra. Por ejemplo, durante el plazo de un acuerdo una editora puede adquirir los derechos por un tiempo limitado (de tres a 15 años), o por el tiempo que la obra esté protegida por derechos de autor (en USA, 70 años después de la muerte del autor).

Es importante tener en cuenta que el plazo y la duración son vinculantes, y deben cumplirse estrictamente. Surgen conflictos legales cuando las partes pretenden ceder los derechos de sus obras a otras entidades antes de que finalice el plazo o la duración del acuerdo actual.

Exclusividad

La cláusula de exclusividad impide que una parte de un acuerdo cumpla la misma promesa o una similar a una entidad externa. Por ejemplo, los acuerdos discográficos, editoriales, de distribución y de PRO son todos exclusivos porque implican la concesión de derechos exclusivos. Las empresas estipulan que, durante la duración del acuerdo, son las únicas entidades autorizadas a explotar los derechos que les haya concedido el músico en el contrato.

Territorio

El territorio de un contrato se refiere a las jurisdicciones legales en las que las disposiciones del contrato pueden ser aplicables. En el caso de los acuerdos de licencias, el territorio puede aplicarse a zonas geográficas en las que se concederá la licencia.

Un cantautor puede tener un acuerdo editorial que cubra todo el mundo menos E.E.U.U., y él mismo hacer la administración en Estados Unidos.

Otro ejemplo es el de derechos conexos. Un artista puede pertenecer a Soundexchange, para que represente sus obras en E.E.U.U., y trabajar con otra entidad que lo represente en el resto del mundo.

Concesión de Derechos

En cualquier acuerdo de licencia (grabación, mecánica, ejecución,sincronización, etc.), la cláusula de concesión de derechos permite al licenciatario utilizar una obra protegida por derechos de autor de alguna manera. Según la ley de derechos de autor, cualquiera de los seis derechos exclusivos de una obra protegida por derechos de autor puede poseerse y licenciarse por separado. Por ejemplo, una PRO puede tener el derecho exclusivo de interpretar una obra, mientras que un distribuidor puede tener el derecho exclusivo de distribuirla.

La concesión de derechos por licencias es diferente a la transferencia de la propiedad de derecho de autor. Una cesión o transferencia de derechos de autor implica que el autor traspasa por contrato la propiedad (y todos los derechos exclusivos que conlleva) a una entidad. Dicha cesión de derechos de autor tiene una duración perpetua.

Un abogado podrá aconsejarte sobre cualquier cláusula que detalle la concesión o licencia de los derechos de autor.

Derechos de Rescisión

La Ley de Derechos de Autor de 1976, de Estados Unidos, permite a los autores, de obras protegidas por derechos de autor, a finalizar cualquier acuerdo de cesión de derechos para que se les devuelvan sus obras después de 35 años.

Sin embargo, el derecho de rescisión está sujeto a muchas condiciones y debe notificarse con suficiente antelación, un abogado es necesario para entablar este proceso. Puedes encontrar más información en el sitio web de la Oficina de Derechos de Autor.

Anticipo

Tanto los sellos discográficos como los editores suelen dar a los músicos que contratan una suma de dinero antes de que el músico cree cualquier obra aprovechable. Ese dinero es para que el músico pueda pagar sus cuentas mientras crea las obras para la empresa. Estas sumas de dinero se les llama "anticipos" ya que es un pre-pago de las regalías que generan tus futuras obras.

Los anticipos suelen estar sujetos a un sinfín de condiciones diferentes. Por lo anterior, es importante saber exactamente cuáles son esas condiciones antes de firmar.

Tasa de Regalías

La tasa de regalías de un artista es negociable, aunque está relativamente estandarizada en la industria. El porcentaje suele oscilar entre el 7% y el 25% del precio al distribuidor. Mientras que por licencias de grabaciones sonoras y sincronizaciones el artista puede recibir hasta un 50% de la tasa negociada entre la disquera y el usuario.

La tasa de regalías a un autor/compositor oscila entre el 50% y el 90% de lo que generen sus obras de todos los usos, exceptuando la ejecución pública.

Composición Controlada

La cláusula de composición controlada afecta a las regalías mecánicas que se pagan por una composición co-escrita por el artista que la graba. La cláusula de composición controlada en un contrato de grabación pone un límite a la cantidad que la disquera está obligada a pagar por las canciones en las que el artista es también el compositor. Cualquier exceso sobre el límite, que la disquera tenga que pagar, se le cobra al artista.

Sólo las partes que aceptan esta estipulación están sujetas a ella. Por ejemplo, si un artista-compositor es coautor de una canción, los demás compositores no estarán sujetos a la misma cláusula a menos que los coautores lo hayan acordado explícitamente.

Hombre Clave

Esta sección de un contrato da a una de las partes la posibilidad de rescindir del contrato si una persona crucial al equipo, u "hombre clave", deja de trabajar para la otra parte, se muere o queda deshabilitado. Ejemplos de un "hombre clave" puede ser el cantante principal de una banda o un ejecutivo en la disquera.

Cláusula de Naciones Más Favorecidas - CNMF (MFN, por sus siglas en inglés)

La CNMF en un contrato de la industria musical, especifica que una parte debe dar a la otra condiciones iguales o mejores que las que tiene con cualquier parte externa. Este tipo de cláusula se suele implementar en las licencias de sincronización ya que no existe una tasa fija.

Por ejemplo, el editor puede valorar un uso en $10K dólares mientras que la disquera lo puede valorar en $11K. Cuando el editor indica en su licencia que las condiciones están sujetas a la cláusula CNMF, el usuario tiene que pagar la tarifa más alta que acuerde con una de las dos partes.

Esta lista no está completa de las cláusulas en un contrato. Es un resumen de algunos de los componentes más comunes de los contratos musicales. Un abogado incluirá muchas más disposiciones auxiliares que pueden ser igualmente importantes dependiendo de la situación.

Obras Citadas

Brabec, Jeffrey, and Todd Brabec. Music, Money, and Success. Schirmer Trade Books, 2011.

"Music Industry Contracts: All You Should Know | Simple Music Contracts." Simple Music Contracts | 100+ Music Contracts Only $49, 20 Apr. 2018, https://www.simplemusiccontracts.com/contracts.

Office, Copyright. "Chapter 2 - Circular 92 | U.S. Copyright Office." U.S. Copyright Office | U.S. Copyright Office, https://www.copyright.gov/title17/92chap2.html. Accessed 30 July 2021.

---. "U.S. Copyright Office - Termination of Transfers and Licenses Under 17 U.S.C. 203." U.S. Copyright Office | U.S. Copyright Office, https://www.copyright.gov/docs/203.html. Accessed 30 July 2021.

"The Most Important Contracts in the Music Industry." Imusician. Com, 11 Nov. 2015, https://imusician.pro/en/resources/blog/the-most-important-contracts-in-themusic-Industry.

US Legal, Inc. "Contracts – An USLegal Topic Area." Contracts – An USLegal Topic Area, https://contracts.uslegal.com/. Accessed 30 July 2021.

¿Qué son los Decretos de Consentimiento de la Industria Musical?

Aunque rara vez se mencionan en conversaciones informales o en las noticias, los decretos de consentimiento impuestos por el Departamento de Justicia de Estados Unidos a ASCAP y BMI desempeñan un papel integral en el ámbito de la ejecución en la industria musical.

¿Qué es un Decreto de Consentimiento?

Los decretos de consentimiento son acuerdos que el Departamento de Justicia celebra con empresas, o partes, a las que ha investigado por alguna violación de la ley. Imponen restricciones que a menudo regulan el modo en que un vendedor puede o debe licenciar sus contenidos para protegerse de las infracciones legales detectadas.

¿Qué son los Decretos de Consentimiento en la Industria Musical?

En Estados Unidos, las regalías por la ejecución pública de composiciones musicales (música y letra) son recaudadas y distribuidas a los compositores y editores musicales por las Sociedades de Derechos de Ejecución Pública (Performing Rights Organizations o PRO, por sus siglas en inglés): ASCAP, BMI, SESAC y GMR.

ASCAP y BMI se rigen por decretos de consentimiento que fueron emitidos originalmente por el Departamento de Justicia para evitar conductas anticompetitivas.

(Nota: SESAC y GMR son empresas con fines de lucro y no están sujetas a los decretos de consentimiento).

Una Breve Historia

En 1941, la composición era el único derecho de autor legalmente reconocido en la música. No se reconocían los derechos de autor de las grabaciones sonoras ni de los masters. Por lo tanto, los editores musicales y ASCAP (una de las dos PRO que existían en aquella época) tenían casi todo el poder en la industria musical.

Si ASCAP no quería ofrecer una licencia a un restaurante, un bar o un recinto de espectáculos en vivo para el uso de su repertorio de composiciones, nada les obligaba a hacerlo. Así, ASCAP actuaba como una especie de guardián de las composiciones musicales más valiosas del mundo, permitiendo a algunos utilizarlas y a otros no.

El Gobierno de Estados Unidos lo reconoció y tomó medidas para evitar el monopolio y equilibrar la balanza del poder. Los resultados fueron, y son, los decretos de consentimiento, que hasta el día de hoy imponen restricciones a la forma en que ASCAP y BMI conceden licencias para sus composiciones.

Desde su implementación en 1941, los decretos de consentimiento se han revisado y modificado periódicamente. El decreto de consentimiento de ASCAP se modificó por última vez en 2001. El decreto de consentimiento de BMI se modificó por última vez en 1994.

En 2016, el Departamento de Justicia llevó a cabo una revisión de los decretos de consentimiento y anunció que no los modificaría. Sin embargo, se instituyó un requisito de licencia de "obra completa", lo que significa que cualquier entidad que controle parte de la composición debe ofrecer una licencia para toda la composición.

Recientemente, a principios de 2021, el Departamento de Justicia celebró una audiencia judicial en la que se decidió finalmente mantener vigentes los parámetros actuales de los decretos de consentimiento.

Los tribunales decidieron que la Ley de Modernización de la Música que se aprobó en 2018 solucionó muchos de los problemas anteriores de concesión de licencias que tenían los decretos de consentimiento.

El proceso ha sido algo polémico ya que muchos miembros de la comunidad de editores musicales, principalmente ASCAP y BMI, han sido partidarios durante mucho tiempo de cambiar los decretos de consentimiento bajo el argumento de que son anticuados y limitantes.

A medida que la industria siga creciendo y evolucionando, seguramente veremos un debate más ferviente sobre los decretos de consentimiento.

Condiciones Equitativas

El objetivo de los decretos de consentimiento es aumentar la competencia entre ASCAP y BMI para atraer a nuevos licenciatarios y reclutar a nuevos compositores y editores, exigiendo a estas dos PROs que ofrezcan condiciones de licencia equivalentes a los servicios y recintos.

A menudo, los servicios y recintos obtienen una licencia general de BMI y/o ASCAP, que les permite tocar cualquier canción del repertorio de la PRO. Sin embargo, el compositor o editor conserva el derecho de licenciar individualmente su obra, independientemente de la licencia general.

Tarifas de Licencia Fijadas por el Tribunal

De acuerdo con los Decretos de Consentimiento de ASCAP y BMI, si un usuario de música (emisoras de radio AM/FM, emisoras de televisión, locales físicos, servicios de transmisión digital no interactivos como Pandora o Sirius XM, etc.) y ASCAP o BMI no pueden llegar a un acuerdo sobre cuáles deben ser las tarifas razonables de las licencias, cualquiera de las partes puede solicitar un procedimiento judicial que se celebrará con un juez federal en el Distrito Sur de Nueva York. Este juez escucha los argumentos de ambas partes y fija las tarifas durante un período.

No Hay Retiro Parcial

Según los decretos de consentimiento, un editor musical no puede retirar parcialmente porciones de sus derechos de autor de ASCAP o BMI. Básicamente, las PRO administran todos los derechos de ejecución pública de una composición musical o ninguno de ellos. Por ejemplo, un editor musical no podría retirarse de una PRO sólo para las ejecuciones públicas que se produzcan específicamente a partir de la transmisión digital.

Decretos de Consentimiento tras la Ley de Modernización de la Música de 2018

La Ley de Modernización de la Música (Music Modernization Act o MMA, por sus siglas en inglés) de Orrin G. Hatch-Bob Goodlatte de 2018 implementó importantes cambios en los decretos de consentimiento y en las regalías por ejecución en general.

Cambios Aprobados por el Congreso

Según la MMA, antes de que el Departamento de Justicia pueda recomendar cualquier cambio en los decretos de consentimiento que rigen ASCAP y BMI a los tribunales que administran dichos decretos, el Departamento de Justicia debe notificarlo primero al Congreso para que éste pueda decidir si quiere tomar medidas para bloquear o modificar los cambios recomendados.

Disposición 114(i) Derogada Parcialmente

Además, la MMA ha derogado parcialmente la disposición 114(i) que prohíbe a los tribunales de tasas federales considerar las tasas de regalías por la ejecución digital de las grabaciones sonoras como un punto de referencia relevante al establecer las tasas de regalías por ejecución para los escritores de canciones y compositores.

Las PRO y los compositores tienen ahora la oportunidad de presentar pruebas de otras áreas de la industria musical para su consideración. Idealmente, esto creará un sistema mediante el cual los compositores puedan obtener tarifas más justas.

Asignación de Jueces de Forma Rotatoria

La legislación de la MMA cambia la forma en que los jueces del Distrito Sur de Nueva York se asignan a los procedimientos de los tribunales de tarifas establecidos en los decretos de consentimiento para ASCAP y BMI.

En lugar de que todos los litigios sobre tarifas sean tratados por el mismo juez para una determinada PRO, cada nuevo litigio sobre tarifas se asigna de forma rotativa. Esto permite que el juez revise los hechos de un caso con una nueva perspectiva no influenciada por casos anteriores.

¿Por Qué son Importantes los Decretos de Consentimiento?

Aunque los compositores no son parte directa de los decretos de consentimiento, los decretos de consentimiento influyen en la forma en que se utiliza su trabajo y en las tarifas que se fijan para el uso de su obra.

Beneficios para los Compositores

El objetivo original de los decretos de consentimiento en la industria musical era establecer unas condiciones más equitativas y crear un entorno en el que todos los compositores -desde los principales artistas del mundo hasta los compositores emergentes- recibieran el mismo trato.

Gracias a los decretos de consentimiento, un compositor recibe un pago directo de su PRO en virtud de un reparto equitativo de los ingresos (un reparto al 50% entre los editores y los compositores, y la parte del compositor no puede ser recuperada por su editor).

Además, los decretos de consentimiento impiden que ASCAP o BMI favorezcan a una emisora de radio, una cadena de televisión o un recinto musical en lugar de a otro. Esto permite a los usuarios de la ejecución pública entrar más fácilmente al mercado y crear más ingresos para los compositores.

Beneficios para los Editores Musicales Independientes

Conforme a los decretos de consentimiento, los editores musicales independientes pueden ofrecer sus catálogos a los usuarios de música con la misma facilidad que las disqueras principales. ASCAP y BMI no pueden mostrar un favoritismo hacia el catálogo de un editor musical en vez de otro.

Beneficios para los Licenciatarios

Dado que ASCAP y BMI pagan directamente a los compositores y editores musicales por las ejecuciones públicas, el titular de la licencia puede preocuparse menos por la posible infracción de los derechos de autor. Con una licencia general, un recinto o una emisora simplemente paga una cuota a ASCAP y/o BMI, y luego obtiene acceso a todo el repertorio de la PRO.

Los servicios emergentes y los recintos musicales también pueden tener dificultades sin los decretos de consentimiento para llegar a acuerdos directos con los editores principales para el uso de sus catálogos.

Críticas

Muchos grupos de la industria musical afirman que los decretos de consentimiento que rigen a las PRO son obsoletos o ya no son aplicables. Sin embargo, no se puede ignorar el objetivo original de los decretos de consentimiento: introducir disposiciones antimonopolio para frenar el abuso de poder en el mercado e igualar las condiciones de los compositores, editores musicales y licenciatarios.

Por otro lado, varias deficiencias derivadas del estado actual de los decretos de consentimiento podrían considerarse como la creación de un entorno injusto para el pilar de la industria musical: los compositores y los editores que representan su trabajo.

La intervención gubernamental en forma de estos decretos de consentimiento puede perjudicar muy fácilmente a estos grupos, a los que se les puede impedir alcanzar el valor de mercado de sus derechos de autor.

Dicho esto, he aquí algunas críticas comunes a los decretos de consentimiento:

- Las PRO deben conceder una licencia para todas las obras musicales de su repertorio cuando se les solicite, incluso cuando aún no se haya acordado una tarifa de regalías por dicho uso. Los solicitantes que piden una licencia no están obligados a proporcionar ninguna información que permita establecer una tarifa "provisional" justa para pagar por el uso de la música. Algunas partes creen que debería exigirse a los licenciatarios el pago de tasas provisionales de licencia mientras los tribunales fijan las tarifas, de modo que los licenciatarios no puedan seguir utilizando las obras gratuitamente durante los prolongados y costosos litigios con ASCAP, BMI o ambos.

- Si no se puede negociar una tarifa, las PRO deben iniciar procedimientos judiciales sobre tarifas, a menudo largos y costosos, cuyos gastos corren a cargo de sus miembros compositores y editores musicales. Esto puede restar capital y energía a las PRO que, de otro modo, se utilizarían para prestar servicios a sus miembros. Algunos creen que el procedimiento de fijación de tarifas debería simplificarse.

- Las tarifas determinadas por los tribunales pueden, en realidad, subestimar el valor del trabajo de un compositor, porque las tarifas no se fijan de acuerdo con el verdadero valor de mercado. Algunos creen que los compositores y los editores musicales deberían poder negociar libremente en el mercado con los servicios y los usuarios finales para conseguir una tarifa justa.

- Aunque los decretos de consentimiento permiten a los compositores y editores musicales conceder a las PRO derechos no exclusivos, las recientes decisiones judiciales han prohibido a los editores musicales retirar partes de sus catálogos y concederles licencias directamente. Por lo tanto, los compositores y editores de música deben mantener todos sus derechos en una PRO, o retirarse completamente de la PRO. Esto puede limitar la capacidad de los compositores y editores musicales para licenciar su trabajo de forma competitiva.

La industria musical debe esforzarse siempre por crear el sistema más eficiente y equitativo posible. Si hay posibilidad de mejorar, es responsabilidad de todos los agentes de la industria musical moderna iluminar el camino a seguir mediante el diálogo cívico.

Si tienes preguntas sobre los decretos de consentimiento o cualquier otra parte de la industria musical, contáctanos. Exploration está aquí para ayudarte.

Invertir en la Industria Musical

¿Por Qué Escribimos Esta Guía?

Con la rápida modernización y el avance de la industria musical, han surgido nuevas formas de que los artistas independientes lancen sus carreras con éxito. Uno de esos métodos que ha adquirido importancia es el concepto de la inversión privada en la música.

Con la ayuda de estos individuos u organizaciones, los artistas y las empresas musicales pueden adquirir la financiación y los fondos necesarios para dar el siguiente paso.

Esta guía permitirá a los artistas o a las empresas comprender mejor los diferentes tipos de inversión que pueden recibir, así como las ventajas, los inconvenientes y las condiciones de entrar en esos acuerdos.

Además, nuestra guía también explica el lado de los inversionistas, detallando por qué ha habido un cambio hacia la capitalización de la industria musical y cómo se pueden conseguir beneficios a través de una gran variedad de inversiones.

¿Para Quién es Esta Guía?

- **Artistas independientes** (link required) que estén interesados en lanzar su música y sus carreras con la ayuda de patrocinios o fondos de inversionistas.

- **Empresas musicales** que necesiten financiación.
- **Inversionistas** que buscan una oportunidad para entrar en el negocio de la música con el fin de localizar empresas de inversión potencialmente exitosas.

Contenido de la Guía

Recomendamos que se dedique a esta guía una lectura minuciosa para procesar completamente la información proporcionada. Es una lectura corta, pero no dudes en leer despacio o repasar las secciones para entender bien el material.

Tiempo estimado de lectura: 10 minutos

Índice de Contenidos

El Lado del Artista y de la Industria Musical - Cómo Encontrar Inversionistas en la Industria Musical

Al buscar inversionistas interesados en tu negocio, es fundamental entender que, a cambio de fondos, estarás renunciando a una parte de tu propiedad o autonomía. Por lo tanto, es crucial sopesar cuidadosamente los pros y los contras de una inversión aprendiendo lo que tendrás que devolver en algún momento y lo que sacrificarás al trabajar con un inversor, especialmente cuando se trata de tener éxito a largo plazo.

A continuación se exponen algunas de las opciones disponibles cuando se trata de conseguir dinero.

Inversionistas Ángeles

Los inversionistas ángeles pueden adoptar muchas formas. Pueden ser miembros de la familia o amigos, personas adineradas que buscan una inversión o grupos de inversionistas que operan en un "sindicato de ángeles". Últimamente ha aparecido el crowdfunding como otra forma, que consiste en un grupo de inversionistas en línea que recauda fondos haciendo que un gran número invierta pequeñas cantidades de dinero.

Los inversionistas ángeles buscan altos rendimientos en cantidades generalmente menores de inversión privada, y la mayor parte de su atención se dirige a empresas nuevas o más pequeñas. Al proporcionar capital para la puesta en marcha o la expansión, toman una posición de capital dentro de la empresa o ciertos derechos/propiedad de un artista.

En otras palabras, la inversión ángel es un tipo de financiación de capital. Una gran ventaja de la financiación de los inversionistas ángeles es que conlleva un menor riesgo, concretamente en comparación con la financiación de la deuda.

A diferencia de un préstamo, el capital invertido no tiene que devolverse en caso de fracaso del negocio, sobre todo porque los inversionistas ángeles tienen una visión a largo plazo y comprenden los riesgos de un negocio.

Por otro lado, la principal desventaja de recurrir a los inversionistas ángeles es la pérdida de control total; los inversionistas ángeles tendrán voz y voto en la gestión de la empresa, en las decisiones que se tomen y en tus aspiraciones profesionales y futuras. Seguirán recibiendo una parte de los posibles beneficios, pero mantendrán el control sobre tus operaciones.

Inversores de Capital Riesgo

Los inversores de capital riesgo invierten en empresas durante las fases iniciales o cuando una empresa necesita una inyección de capital para crecer. Muchos inversores de capital riesgo vienen de empresas gestionadas profesionalmente, en busca de inversiones únicas de alto rendimiento fuera del mercado de valores. Al momento de buscar los inversores adecuados, es imprescindible que tú, como artista o empresa, encuentres un grupo que tenga experiencia en negocios relacionados con la música.

Como los inversores de capital riesgo suelen buscar inversiones de alto riesgo, a muchos no les importa realmente tu integridad artística o tu creatividad. En última instancia, lo que quieren son los beneficios, y cuanto más rápido, mejor. Como los inversores de capital riesgo proceden de grandes y poderosas empresas, las inversiones suelen contar con equipos de analistas que exploran, analizan y asesoran tras bastidores. Aunque las empresas varían en tamaño, todas ejercen un importante poder de capital, lo que las diferencia fundamentalmente de los inversores ángeles.

Pero, al igual que los inversores ángeles, siguen siendo una forma de financiación de capital: se pierde la propiedad a cambio de la financiación. Lo positivo es que muchos inversores de capital riesgo son veteranos expertos en negocios, por lo que añadir experiencia a tu lado puede ser beneficioso en el aspecto empresarial.

Juntas de las Artes

Fuera de Estados Unidos, muchos países cuentan con organismos de financiación que distribuyen dinero para las artes, incluida la industria musical. Estos grupos de financiación ofrecen a las empresas musicales y a los artistas la oportunidad de obtener dinero.

Pueden ser una forma estupenda de poner en marcha tu carrera porque muchos grupos están dispuestos a trabajar con empresas musicales y a arriesgarse con proyectos que los inversionistas ángeles y los Capitalistas de Riesgo no tocarían.

Además, los grupos de financiación de las artes conceden subvenciones en lugar de préstamos, lo que significa que no tienes que devolverlo.

Sellos Principales

En el caso de un sello independiente, la inversión de un sello principal es una opción. Este tipo de inversiones suele producirse cuando la disquera indie ha construido un historial de éxito probado como disquera y busca expandirse. Los sellos principales conservan una parte de la propiedad de los activos de derechos de autor de los sellos independientes a cambio de una aportación de capital.

La financiación de las grandes disqueras exige perder parte del control sobre el sello, lo que supone una decisión difícil para muchos sellos independientes.

Financiación Colectiva

Esto se mencionó brevemente en la sección de inversionistas ángeles más arriba, pero es necesario ampliar este tema.

Con la creciente ola de financiación digital de los últimos años, las plataformas de financiación colectiva (o financiación por los fans) como Kickstarter, Artist Share, Patreon, Bandcamp y otras han servido a los artistas para impulsar sus carreras.

Este método se basa en gran medida en tu marca e imagen, ya que el requisito previo para adquirir esta financiación es tu capacidad para conectar con la gente y crear una base de fans leales.

Búsqueda del Inversor Musical Adecuado - Factores a Tener en Cuenta

Al buscar el inversor musical adecuado, hay que tener en cuenta varios factores, como:

- La cantidad de dinero que necesitas
- El tipo de proyecto que esperas financiar
- Tu ganancia potencial

Además, es importante recordar que los inversionistas aportan su capital para financiar tu negocio. A cambio de su dinero, suelen esperar que aceptes ciertas condiciones. Estas pueden ser:

- Reembolso en un plazo determinado, si has hecho un trato de préstamo
- Entrega de la propiedad parcial o conjunta de tu empresa

Otros aspectos que hay que tener en cuenta al buscar un inversor son si quiere participar en las futuras decisiones empresariales. Si es así, hay que preguntarse si tienen experiencia en la industria musical o en otra industria creativa y si comparten una mentalidad similar en cuanto a tu negocio. Formar equipo con un inversor que tenga un historial probado que demuestre su experiencia en el sector puede marcar la diferencia en tu éxito.

Dónde Encontrar Inversionistas Para Tu Música

- **Tu escena musical local:** establecer una red de contactos con otros artistas y promotores de tu zona puede ser una buena manera de encontrar a alguien que pueda comprometerse con tu talento y tu plan de negocio.
- **Comunidad empresarial local:** las organizaciones de desarrollo empresarial, los consejos y otros grupos ofrecen una oportunidad para que los artistas y las empresas creativas obtengan apoyo. En muchas regiones, se pueden localizar centros de desarrollo de pequeñas empresas, que constituyen un medio eficaz para encontrar inversionistas en la industria musical.

Hay que reconocer que encontrar una inversión depende a menudo del lugar donde se vive. Aunque siempre es mejor empezar preguntando en la comunidad/escena musical local. Sin embargo, a veces ésta puede no ser la opción más acertada.

Comunicarse con los inversionistas de forma virtual es una opción y mucha gente también se traslada a ciudades más grandes y conocidas con escenas musicales establecidas.

Recursos para encontrar inversionistas enfocados a la música:

- Angel Investment Network
- Invstor.com
- investorhunt

El Lado del Inversor

Regalías

Tanto para las empresas institucionales como para los inversionistas privados, las regalías musicales representan una nueva y atractiva oportunidad de inversión. Para empezar, las regalías pueden ofrecer ganancias estables, fechas de pago predecibles y rendimientos aceptables.

Los ingresos por regalías suben y bajan de forma gradual y previsible. La música recién estrenada suele tener una vida útil de unos pocos meses en los que experimentará su mayor actividad en términos de transmisión digital, ventas y difusión. Una vez que se cierra esta ventana, las regalías entrantes tienden a caer a niveles más bajos, aunque incluso esos niveles se mantienen bastante estables.

Luego, los cheques de regalías llegan en un plazo determinado, que normalmente es trimestral. Esta consistencia es muy deseable para los inversionistas, que no son testigos de los rendimientos periódicos en otras empresas como la bolsa de valores. Además, los propietarios de regalías cobran primero; por ejemplo, si posees regalías de una canción distribuida por un grupo específico, cobrarás antes que los accionistas o los empleados.

Por último, incluso teniendo en cuenta los tipos de interés a la baja, una inversión en regalías musicales ofrece rendimientos mucho mayores que los bonos o las cuentas de ahorro. Las regalías no se ven afectadas por el flujo del mercado bursátil y proporcionan estabilidad y rendimientos constantes, lo cual es una joya para cualquier inversor.

Formas de invertir en regalías musicales

Compra de regalías musicales existentes (Royalty Exchange):

Impulsado por el interés en participar en las regalías de la música, el dinero institucional se ha volcado cada vez más en la industria musical. En Estados Unidos, Round Hill Music es una empresa de capital privado creada para adquirir activos musicales. Además de los fondos institucionales, la inversión privada también ha encontrado su lugar en el negocio de las regalías.

Royalty Exchange es un mercado en línea donde los inversionistas privados pueden comprar regalías musicales. Al igual que una empresa sale a bolsa ofreciendo sus acciones al público en general, los artistas que ganan regalías pueden vender una parte de sus ingresos a los inversionistas.

Royalty Exchange permite a los artistas encontrar inversionistas a su nivel de precios. Esto supone un cambio con respecto a los tiempos en los que sólo los músicos super estrellas podían tener acceso al interés de los inversionistas.

Royalty Exchange también aporta transparencia a las valoraciones de regalías. Anteriormente, la mayoría de las transacciones de regalías se hacían en privado, pero con Royalty Exchange, los detalles de cada venta que tiene lugar en la plataforma se hacen públicos.

Invertir en las futuras regalías de los artistas:

Otros servicios permiten a los inversionistas privados hacer apuestas especulativas sobre futuras regalías. LIVAMP es una empresa cuya plataforma ofrece a los artistas la posibilidad de recaudar dinero prometiendo un porcentaje de las ganancias obtenidas en el futuro a cambio de dinero en efectivo hoy. La mayoría de las veces, estos acuerdos se producen porque los artistas quieren financiar las giras o los costos de los álbumes y, a cambio, ofrecen ganancias eventuales a sus inversionistas.

Hipgnosis Songs Fund

Hipgnosis Songs Fund es una empresa británica de inversión en propiedad intelectual musical y gestión de canciones fundada por Merck Mercuriadis. Se creó para ofrecer a los inversionistas una exposición pura a las canciones y los derechos de propiedad intelectual musical asociados.

El 11 de julio de 2018 Hipgnosis salió a bolsa, recaudando más de mil millones de dólares en capital bruto. Con un éxito continuado a lo largo de los años, Hipgnosis se fundó bajo la premisa de que las canciones de éxito son activos predecibles a largo plazo que no se ven afectados por los ciclos económicos y que se revalorizarán a medida que el mercado musical mundial se expanda.

Además de adquirir canciones, Hipgnosis gestiona los ingresos de las listas de reproducción, las carátulas y la sincronización de su propiedad intelectual. Actualmente, poseen decenas de miles de canciones, lo que ha permitido a Hipgnosis entrar en el índice FTSE 250, convirtiéndose en una de las mayores empresas de la Bolsa de Londres.

Obras Citadas

Finance and funding for music businesses. Private investment for music. (n.d.). Retrieved September 30, 2021, from https://www.nibusinessinfo. co.uk/content/Private-investment-music.

McDonald, H. (n.d.). Music industry investors and patronage. The Balance Careers. Retrieved September 30, 2021, from https://www. thebalancecareers.com/musicindustry-Investors-2460761.

Should independent artists find investors to finance their music career? – stop the breaks: Independent music grind. Stop The Breaks | Independent Music Grind -.

(n.d.). Retrieved September 30, 2021, from https://www.stopthebreaks. com/musicbusiness/should-independent-artists-find-investors-finance-music-career/.

Stone, J. (2020, November 3). Why music royalties are an attractive asset class. Toptal Finance Blog. Retrieved September 30, 2021, from https://www.toptal.com/finance/market-research-analysts/ music-royalty-investing.

Ward, S. (n.d.). The Pros and cons of Angel Investors. The Balance Small Business. Retrieved September 30, 2021, from https://www. thebalancesmb.com/angelinvestor-2947066.

Wikimedia Foundation. (2021, September 30). Hipgnosis Songs Fund. Wikipedia. Retrieved September 30, 2021, from https://en.wikipedia. org/wiki/Hipgnosis_Songs_Fund.

Economía de la Comercialización

¿Por qué escribimos esta guía?

En la era de la transmisión digital, mantener una entrada sustancial de dinero puede ser difícil para los artistas de todos los niveles. Hoy, más que nunca, los artistas dependen de las giras y de los ingresos por mercancía para mantener sus carreras y su arte.

La venta de mercancía en línea y en los conciertos en directo ha demostrado ser una de las formas más eficaces y accesibles de aumentar los ingresos y comercializar la propia obra.

Por ejemplo, The Grateful Dead obtiene cerca de 70 millones de dólares anuales por la venta de mercancía. Por supuesto, no todo el mundo tiene la influencia y la amplitud de los Grateful Dead, pero esas estadísticas increíbles demuestran que la venta de mercancía puede ser muy rentable para los artistas de todos los niveles.

Al igual que todas las demás facetas de la industria musical, la venta de mercancía requiere una cuidadosa planificación financiera, la concesión de licencias adecuadas y mucho más. En esta guía, aprenderás sobre los diferentes tipos de venta de mercancía y los fundamentos de la creación y la economía de la misma.

¿Para quién es esta guía?

- **Artistas musicales** que buscan crear y vender mercancía tanto en línea como en conciertos en vivo
- **Gerentes personales y de negocios** que manejan las finanzas de un artista y buscan aumentar los ingresos por la venta de mercancía
- Cualquier otro miembro del "equipo" que participe en la creación o gestión de la mercancía de un artista

Contenido

- Resumen
- Crear de la Mercancía
- Licencias y derechos sobre la mercancía
- ¿Cómo Ganan Dinero los Artistas Vendiendo Mercancía?
- Comercialización de Giras
- Comercialización al por Menor
- Comercialización Directa al Consumidor
- Cómo Vender Más Mercancía

Resumen

Vender mercancía puede ser tan sencillo como montar un puesto en la parte trasera de un bar y vender calcomanías y camisetas. Pero, cuando tú o tu grupo empiezan a tocar en recintos más grandes y a acumular una base de fans considerable, un simple puesto de venta de camisetas no servirá para nada. Para asegurarte de que tu mercancía sea lo más rentable posible, tendrás que vender tu ropa y otros artículos de diversas maneras con otras partes implicadas.

Las tres formas principales en las que los artistas venden su mercancía son en los espectáculos en vivo durante las giras, a través de los minoristas y directamente a los consumidores. Cada uno de estos medios de venta tiene matices, aspectos económicos y relaciones diferentes. Pero, antes de entrar en detalles, es importante entender los fundamentos de la producción de mercancía, la economía y las licencias.

Crear la Mercancía

Antes de preocuparte por las empresas de comercialización, las tarifas de las salas y los minoristas, tienes que crear tu mercancía. La creación de la mercancía es muy libre. El arte, las palabras y los artículos que elijas crear dependen completamente de ti. Pero algunos matices pueden influir en la rentabilidad de tus ventas de merchandising.

El nombre o el logotipo de un artista suele ser lo más habitual a la hora de crear mercancía, pero hay una gran variedad de otros caminos que puedes tomar. Los artistas suelen utilizar los nombres de las giras, las carátulas de los álbumes y las letras de las canciones para plasmarlas en sus mercancía.

Dicho esto, el logotipo de un artista suele ser el más popular. Por lo tanto, crear un logotipo interesante y estético para ti o para tu banda es muy importante para que las ventas de merchandising sean rentables. Los logotipos en la mercancía también son una herramienta de comercialización muy valiosa.

Ahora que has decidido qué poner en tu mercancía, ¿qué tipo deberías vender? Por lo general, las camisetas son la forma de mercancía más consumida y son una opción fiable para los que se inician en el juego de la mercancía. Sin embargo, hay otras formas de comercialización que ofrecen márgenes de beneficio más favorables. Las calcomanías, los parches, los imanes, las púas de guitarra y los sombreros son muy baratos de fabricar y se venden en grandes volúmenes con sustanciales márgenes de ganancia. Por lo tanto, a la hora de elegir qué formas de mercancía producir, asegúrate de buscar alternativas a la clásica camiseta estampada.

La elección del fabricante de tu mercancía depende de tu ubicación, de lo que quieras vender, del volumen de tu mercancía y de tu presupuesto. Si tu grupo actúa en grandes recintos y tiene una base de fans considerable, lo más probable es que tu fabricante de mercancía sea un minorista o una empresa de comercialización. Más adelante hablaremos de sus funciones y relaciones. Sin embargo, para los artistas más nuevos e independientes que deseen crear y producir su propia mercancía, hemos proporcionado una lista de empresas de comercialización populares:

- LyricMerch
- Shopify
- DizzyJam
- MerchDirect
- BigCartel
- Band Camp
- Everpress
- Amazon Merch

Licencias y derechos sobre la mercancía

Hay una serie de derechos y licencias relacionados con el diseño, la producción y la distribución de la mercancía, por lo que es importante conocer los derechos de la empresa de comercialización una vez que hayas empezado a trabajar con ella. Cuando firmas un acuerdo con una empresa de comercialización, debes ceder los derechos de uso de tu nombre y tu imagen para que puedan crear y distribuir la mercancía.

A medida que ganes popularidad y aumente la demanda de tu mercancía, tu empresa de comercialización también puede querer negociar acuerdos de sublicencia en tu acuerdo para que puedan trabajar con otras empresas para encargarse de los elementos de la mercancía de nicho.

Al dar a tu empresa de comercialización la posibilidad de conceder sublicencias, le permite otorgar a otra empresa los derechos de uso de una foto, imagen o logotipo aprobados para producir y distribuir la mercancía. La empresa secundaria pagará entonces a tu empresa de comercialización en función de las ventas y, a continuación, la empresa de comercialización te pagará a ti un porcentaje de esas ganancias en función de un porcentaje acordado en el acuerdo.

Normalmente, una empresa de comercialización se queda con el 15% o el 25% de las ventas del material sublicenciado. A cambio de este porcentaje, hacen cosas como firmar el acuerdo de licencia y asegurarse de que la calidad y el diseño son lo suficientemente buenos como para ser afiliados a ti y a tu marca.

Otra cosa que hay que tener en cuenta como artista que quiere firmar un acuerdo de comercialización con una empresa de comercialización son las tasas de los recintos. Las tasas de los recintos son lo que te cobran por permitirte vender mercancía en sus instalaciones. Las tasas suelen ser un porcentaje de los beneficios de la mercancía y la empresa de comercialización las paga directamente al recinto.

Es una buena idea discutir los detalles de las tarifas de los recintos con tu empresa de comercialización, ya que a menudo pondrán un límite a la cantidad que están dispuestos a pagar por las tarifas de los recintos. Esto podría significar que todo lo que sobrepase el porcentaje acordado podría descontarse de tu parte de los beneficios de la venta de mercancía.

Por ejemplo, si tu empresa de comercialización decide poner un tope del 20% a los honorarios del recinto y este cobra el 30% de todas las ventas de merchandising, el 10% restante por encima de su tope se deducirá de tu parte de los beneficios.

¿Cómo Ganan Dinero los Artistas Vendiendo Mercancía?

La forma de ganar dinero con la venta de mercancía dependerá de varios factores, como el lugar y la forma en que se vendan los mercancía y si se opta por trabajar con una empresa de comercialización.

Como pequeño artista nuevo, es probable que te encargues tú mismo de la comercialización, lo que significa que serás responsable de los costos de producción, el diseño de la mercancía, la distribución de la mercancía y la recaudación de los beneficios. En este caso, tú ganas TODO el dinero obtenido por las ventas de tu mercancía. Esto puede ser factible para los artistas más pequeños y sus equipos, pero a medida que creces en popularidad, mantener estos aspectos de la producción y distribución de la mercancía puede ser realmente difícil; es entonces cuando sería una buena idea firmar un acuerdo con una empresa de comercialización. Aunque es agridulce tener que repartir los beneficios con una entidad distinta, una empresa de comercialización puede ayudarte a maximizar los beneficios de las ventas de mercancía y agilizar todo el proceso sin que tengas que preocuparte demasiado por los detalles.

Comercialización de giras

Los espectáculos en directo son oportunidades increíbles para que un artista o grupo venda mercancía. La mercancía que se vende en los espectáculos en directo ofrece a los fans la oportunidad de combinar su experiencia musical con artículos materiales tangibles y duraderos. A menudo, las ventas de mercancía suponen una parte sustancial de los ingresos de una gira, por detrás de la venta de entradas. La venta de mercancía en los espectáculos en vivo puede ser tan sencilla como una mesa plegable con algunas camisetas en el caso de los actos más pequeños, pero a medida que se empieza a tocar en recintos más grandes con más fans, la venta de mercancía se vuelve un poco más complicada. El primer paso para entender el proceso y los aspectos económicos de la comercialización de las giras es conocer el papel de los comerciantes de giras.

Comercializadores de giras

Adivinaste. Un comercializador de giras concede la licencia para utilizar "tu nombre y tu imagen" en la mercancía que produce y vende. Después de trabajar contigo o con tu diseñador, un comercializador de giras se encargará de la producción, el transporte y la venta de tu mercancía en tus conciertos. A cambio de su servicio, el comercializador de giras se llevará un porcentaje de los ingresos por la venta de tu mercancía.

El porcentaje que recibes se denomina Regalías del Comercializador de Gira. Estas regalías suelen basarse en el reparto de los beneficios netos de las ventas de mercancía. La fórmula básica es Beneficios netos = Ventas brutas - Gastos, entonces el artista o la banda suele recibir el 75-80% de los Beneficios netos. Los gastos en los que incurre un comercializador de giras incluyen la fabricación, las tasas de las tarjetas de crédito, el transporte, el impuesto sobre las ventas, el impuesto sobre el valor añadido y las tasas de los recintos.

Las tasas de los recintos son el dinero que se debe a los empleados del recinto que se encargan de vender su mercancía en los puestos. En lugar de que tú o el distribuidor contraten a empleados para trabajar en tus puestos de mercancía, el recinto suele proporcionar personal a cambio de un porcentaje de los beneficios de la mercancía. Tú o tu mánager de gira serán los responsables de negociar con el recinto los honorarios del recinto, que suelen rondar el 25-30% del dinero bruto recaudado por las ventas de mercancía.

En resumen, los principales aspectos económicos de la comercialización de las giras son el reparto de los beneficios netos con el vendedor y los derechos de entrada pagados al recinto del concierto.

Pero, ¿qué ocurre si no tienes dinero para pagar la producción inicial de tu mercancía? Los comercializadores de giras tienen una solución para eso: Los anticipos de mercancía.

Anticipos de mercancía

Los anticipos de mercancía son algo parecido a los que dan las disqueras a los artistas, pero tienen algunas diferencias muy importantes.En pocas palabras, un adelanto de mercancía te proporcionará fondos para diseñar y producir mercancía antes de una gira. Estos anticipos suelen ser utilizados por los artistas y las bandas en los costos de "inicio" de las giras.

La forma de utilizar el anticipo depende de ti, pero tu mercancía debe, como mínimo, corresponder al anticipo, ya que los anticipos de mercancía suelen ser "retornables" o "recuperables". Esta es la primera y más notable diferencia entre un anticipo de un album y un anticipo de mercancía. En otras palabras, el dinero proporcionado por la empresa de comercialización tendrá que ser devuelto en su totalidad pase lo que pase, y algunas empresas de comercialización incluso te cobrarán intereses por el anticipo.

Los anticipos de las empresas de comercialización suelen pagarse en varios tramos a lo largo de la gira y dependen de varios factores:

- Tienes que empezar el viaje en un plazo determinado, tal y como se establece en el contrato. Normalmente, el plazo es bastante corto: lo habitual es que sean tres meses, más o menos, desde la fecha de la firma.

- Tienes que comprometerte a realizar un número determinado de conciertos con un número determinado de asistentes de pago por concierto.

El segundo punto, "un determinado número de asistentes al concierto que pagan por espectáculo", se denomina mínimo de rendimiento. El mínimo de rendimiento es importante para las empresas de comercialización porque deben asegurarse de que la cantidad de mercancía producida y disponible dará beneficios. Las empresas de comercialización calculan el mínimo de rendimiento en función de lo que prevén que gastará cada asistente al concierto en mercancía. Si tus conciertos no alcanzan los mínimos o si no empiezas la gira en el plazo acordado, el distribuidor puede cancelar el acuerdo y retirar el anticipo. En general, la economía básica de la comercialización de las giras consiste en los anticipos del distribuidor, el reparto de los beneficios con el distribuidor y el pago de los derechos de entrada a los recintos en los que actúas.

Comercialización al Por Menor

La comercialización al por menor es, básicamente, lo que su nombre indica: mercancía vendida en tiendas minoristas como Hot Topic, Urban Outfitters, Target, etc., y puede ser una forma importante de ganar dinero para los artistas. El éxito de las ventas al por menor no se promete a todos los artistas, teniendo en cuenta que normalmente hay que tener un gran número de seguidores para que las tiendas consideren la posibilidad de dar a tu mercancía un espacio en sus vitrinas, pero una vez que has alcanzado el nivel en que esto es posible, puede convertirse en un esfuerzo muy lucrativo para ti.

Tal vez te preguntes cómo conseguir que tus productos estén en las estanterías y la respuesta es las empresas de comercialización al por menor. Al igual que las empresas de comercialización de giras, las empresas de comercialización al por menor te ayudarán a preparar y distribuir tu mercancía.

Sin embargo, a diferencia de las empresas de giras, tú ganas dinero basándote en un porcentaje de regalías sobre el precio de venta al por mayor en lugar de una parte de los beneficios. Por ejemplo, si tienes una regalía del 30% y vendes camisetas por 10 dólares en una tienda, recibirás 3 dólares por cada camiseta vendida en esa tienda.

Comercialización Directa al Consumidor

Las ventas Directas al Consumidor (Direct to Consumer o D2C, por sus siglas en inglés) o de comercio electrónico se refieren a la venta de productos a través de una tienda oficial en línea o de enlaces en tus redes sociales. La comercialización D2C solía consistir principalmente en productos típicos de mercancía como camisetas, tazas, gorras, etc., pero en los últimos años se ha ampliado para incluir cosas como entradas, experiencias VIP y clubes de fans.

Como artista relativamente pequeño puede ser bastante fácil mantener tus ventas D2C con un pequeño equipo contratado para procesar los pedidos y enviar la mercancía, pero a medida que tu popularidad aumenta puede ser difícil manejar la afluencia de pedidos del tráfico del sitio web. Es entonces cuando puede ser una buena idea contratar a una empresa de comercialización para que te ayude a gestionar el mayor volumen de pedidos. También podrán hacer cosas como diseñar y comercializar productos para la comercialización D2C. También pueden hacer cosas como analizar los datos de los fans para diseñar productos que atraigan directamente a tu público.

Cuando se conceden licencias de derechos D2C a un distribuidor, las tasas de regalías en Estados Unidos oscilan entre el 25% y el 35%, lo que es más alto que las tasas de comercialización al por menor. También es importante tener en cuenta que la tasa de regalía D2C se aplica al precio de venta al público en lugar de al precio al por mayor como las tasas de regalía al por menor. Esto significa que se aplica al precio de venta, que es más alto que la tasa de venta al por mayor, por lo que es probable que veas más dinero por unidad haciendo ventas D2C.

Cómo vender más mercancía

Para obtener beneficios de la producción de mercancía, en primer lugar, necesitarás un número considerable de seguidores, una estética accesible (un logotipo o arte atractivos) y el apoyo financiero necesario. Estos aspectos de la economía de la mercancía se han tratado anteriormente en la guía. Suponiendo que hayas fabricado la mercancía y la estés vendiendo activamente, esta sección ofrece algunas sugerencias sobre cómo maximizar los beneficios de tu mercancía.

Espectáculos en vivo

Una vez más, los puestos de mercancía en los conciertos en vivo son uno de los métodos más rentables para vender tu mercancía. Para maximizar las ventas de mercancía, es posible que tengas que hacer algo más que dar un concierto impresionante, aunque ese es sin duda el primer paso y el más importante. Además, la forma más directa de promocionar tu mercancía es simplemente mencionar que está disponible para su compra después de tu concierto. Esta parte de la venta de tu mercancía puede ser complicada, porque no quieres parecer un vendedor o estar desesperado por hacer negocios.

El primer aspecto de un discurso de venta eficaz, pero sutil, es el momento en que se hace. Mencionar tu producto demasiado pronto hará que tu público lo olvide y mencionarlo demasiadas veces puede molestarles. La mayoría de los artistas experimentados recomiendan mencionar casualmente la mercancía antes de la última canción o antes de un bis.

Esto permite al público combinar la idea de tu mercancía con el clímax de tu actuación. Además, la idea de tu mercancía está fresca en sus mentes mientras abandonan el recinto. Junto con el momento en que se realiza el "discurso de venta" está la importancia de la presentación. A menudo basta con un rápido "echa un vistazo a nuestras camisetas y gorras". Sin embargo, mencionar tu mercancía junto con la historia que hay detrás de una canción o cualquier tipo de anécdota personal sin duda resonará con tu público y les animará a comprar tu mercancía.

Encontrar el equilibrio entre un discurso de ventas exhaustivo y una anécdota genuina puede ser un reto, pero tiene el potencial de ser extremadamente rentable. Un discurso de ventas eficaz es la mejor manera de vender más mercancía, pero existen otros métodos. A continuación te proponemos una lista de tácticas de marketing que pueden ayudarte a promover y aumentar las ventas de mercancía en tus conciertos:

- Sostener un CD o un vinilo en el escenario
- Llevar tu mercancía (camiseta o gorra)
- Regalar mercancía antes, durante o después del concierto
- Firmar autógrafos en tu puesto de mercancía
- Asegurarse de que tu puesto dispone de varios métodos de pago (efectivo, tarjeta, venmo, cashapp, etc.)

Lanzamiento de un álbum

Otra forma de promocionar tu producto es lanzarlo al mismo tiempo que un nuevo lanzamiento musical. Si estás seguro de que tu próximo single, EP o LP va a recibir mucha atención, transmisiones digitales y reproducciones en la radio, querrás lanzar tu mercancía después del lanzamiento de tu trabajo. Los fans quieren encontrar formas de relacionarse con tu trabajo entre el lanzamiento y la gira, y la mercancía es la mejor manera de hacerlo. Un lanzamiento de mercancía posterior a la publicación de tu obra continuará con el interés que despierta tu trabajo y servirá como fuente de financiación para tu próxima gira. Si eres un artista nuevo que va a sacar música en un futuro próximo, una colección de mercancía "previa a la salida" servirá para promocionar tu próximo trabajo y garantizar un flujo de dinero en caso de que tu música no funcione bien.

Obras Citadas

"4 Ways To Sell More Merchandise At Concerts | ReverbNation Blog." ReverbNation Blog, 18 Dec. 2019, https://blog.reverbnation.com/2019/12/18/sell-moremerchandise-concerts/.

"7 Ways to Sell More 'Merch' At Your Gigs - Dave Ruch." Dave Ruch, https://daveruch.com/advice/selling-merch-at-gigs-musicians-storytellers/. Accessed 30 Aug. 2021.

"2019 Music Merch Industry Trends." The Only Point of Sale and Built For Live Events, https://www.atvenu.com/post/2019-merch-trends. Accessed 30 Aug. 2021.

"BBC - More than Merch: Why Band T-Shirts Are so Important." BBC, BBC, 22 Nov. 2018, https://www.bbc. co.uk/programmes/articles/56nG2R2ps7YJCDyG76Wjbvf/ More-than-merch-why-band-t-shirts-are-so-important.

"Learn About Tour Merchandise Deals." The Balance Careers, https:// www.thebalancecareers.com/points-of-tour-merchandise-deal-2460908. Accessed 30 Aug. 2021.

"---." The Balance Careers, https://www.thebalancecareers.com/points-of-tourmerchandise-deal-2460908. Accessed 30 Aug. 2021.

"Learn How Tour Merchandising Works." The Balance Careers, https://www.thebalancecareers.com/how-does-tour-merchandising-work-2460898. Accessed 30 Aug. 2021.

"---." The Balance Careers, https://www.thebalancecareers.com/how-does-tourmerchandising-work-2460898. Accessed 30 Aug. 2021.

Partners, Soundfly. "How to Sell Merch and Music at Shows Without Being 'Sales-y' – Soundfly." Soundfly, https://www.facebook.com/ learntosoundfly, 12 Mar. 2019,https://flypaper.soundfly.com/hustle/ how-to-sell-music-merch-at-shows/.

"The Evolution of Tour Merchandise | Highsnobiety." Highsnobiety, https://www.facebook.com/highsnobiety, 18 Oct. 2018, https://www. highsnobiety.com/p/tourmerchandise-history/.

¿Qué es el Número IPI

El número IPI es un código de identificación que los compositores deben conocer. IPI es la abreviatura en inglés de "Interested Party Information" (Información de la Parte Interesada) y todo compositor debe tener uno. Cuando te registras por primera vez con tu respectiva Sociedad de Derechos de Ejecución (Performance Rights Society o PRO, por sus siglas en inglés), se te asigna un número IPI que se utiliza para identificar a los compositores y editores. Así, cada compositor y editor tendrá su propio código IPI.

En otras palabras, se puede pensar en un número IPI como un número de seguridad social para los compositores y editores musicales. Originalmente, el número IPI se denominaba número CAE, (Compositor, Autor y Editor).

En última instancia, tanto si se refiere a él como número IPI o CAE, es importante tener en cuenta que el código es un número distinto al de tu cuenta en la sociedad de gestión de derechos.

¿Por Qué es Tan Importante?

Un número de IPI puede ayudar a garantizar que se te identifique correctamente como autor de una canción. En el caso de personas con nombres relativamente comunes, como "John Smith", tener un número IPI le distingue claramente, independientemente de cuántos otros "John Smith" sean también compositores.

Si alguien buscara "John Smith" en la base de datos de ASCAP o BMI, recibiría una multitud de compositores con el mismo nombre, y encontrar filtros para reducir esa cantidad resultaría difícil. Sin embargo, si conoce el número IPI, encontrará rápidamente el resultado correcto que enlazará con tu "John Smith", así como las canciones correspondientes vinculadas a tu identidad.

Otra razón por la que el número IPI es tan crucial es que a menudo, al registrar tus propias acciones de canciones en diferentes plataformas como tu PRO, el Colectivo de Licencias Mecánicas, la Agencia Harry Fox o Music Reports Inc. puede ser útil tener los números IPI de tu co-compositor. De este modo, cuando tu co-compositor introduzca sus participaciones en la canción, se asegura de que no está introduciendo una entrada duplicada y que, en cambio, te está vinculando a ti con la canción que se está registrando. Ahora, sus dos números de IPI estarán conectados a una sola entrada de una canción registrada.

Obras Citadas

"back to faqs what is an IPI/CAE number? BMI.com. (n.d.). Retrieved September 30, 2021, from https://www.bmi.com/faq/entry/what_is_an_ipi_cae_number.

What is a CAE / IPI number? TuneCore. (n.d.). Retrieved September 30, 2021, from https://support.tunecore.com/hc/en-us/articles/115006509087-What-is-a-CAE-IPINumber-.

What is an IPI number? Help Center. (n.d.). Retrieved September 30, 2021, from https://help.songtrust.com/knowledge/what-is-an-ipi-number.

What is an IPI number? Watershed Music Group. (n.d.). Retrieved September 30, 2021, from https://watershedmusic.com/help-center/what-is-an-ipi-number/.

Cómo Trabajar a Distancia en la Industria Musical

En 2013, cuando Aaron Davis y Rene Meredith fundaron Exploration, acordaron que sus objetivos y servicios, como una empresa emergente de tecnología en la industria del entretenimiento, no justificaban la necesidad de un local físico y sus costos asociados. El trabajo a distancia era la solución.

Lo que empezó como una necesidad ha demostrado ser fortuito con la llegada del COVID-19 y la llegada de nuevos recursos que permiten a más gente que nunca trabajar desde casa.

Así que, con el ánimo de ayudar a todo el mundo en la industria musical a seguir haciendo lo que mejor sabe hacer, he aquí algunas de las formas que hemos encontrado para seguir adelante.

Invierte en un buen kit de herramientas.

¿Recuerdas esa caja de cosas que te regalaron tus padres para tu dormitorio del primer año de universidad con los martillos, la llave inglesa y la cinta métrica? Juraste que nunca la usarías, pero por supuesto, lo hiciste. ¡La cama no se iba a armar sola!

Actualmente existe una gran cantidad de herramientas digitales para ayudar a las empresas a funcionar mejor.

En breve, estas son las que más utilizamos:

- **Google Drive.** El Google Drive de Exploration nos permite compartir documentos, conceder permisos para ver determinados documentos, editar contratos, redactar nuevas guías como esta, hacer un seguimiento de las regalías, realizar auditorías, enviar correos electrónicos, gestionar nuestros calendarios, programar reuniones y mucho más.
  - Business Starter $6/usuario/mes
  - Business Standard $12/usuario/mes
  - Business Plus $18/usuario/mes
  - Enterprise (contactar al departamento de ventas para conocer los precios).
- **Zoom.** Exploration comenzó a utilizar Zoom para videoconferencias y seminarios web de alta seguridad, pero desde entonces ha incorporado el sistema telefónico en la nube de Zoom.
  - Gratis
  - Pro $14.99/mes
  - Business $19.99/mes
  - Enterprise $19.99/mes/host
- **Hubspot.** Exploration gestiona los contactos con fines de venta y marketing dentro del software de Hubspot de gestión de relaciones de clientes.
  - CRM gratuito
  - Starter $45/mes
  - Professional $800/mes
  - Enterprise $3,000/mes
- **Mailchimp.** Exploration usa una cuenta de Mailchimp para gestionar los suscriptores del Boletín Semanal de Exploration y para realizar campañas de difusión por correo electrónico.
  - Gratis
  - Essentials $9.99/mes
  - Standard $14.99/mes
  - Premium $299/mes**
- **Zelle.** Exploration y sus empleados utilizan Zelle para enviar y recibir dinero.

- Depende de las comisiones de tu banco y de otras restricciones.
- **Wise.** Exploration usa Wise para enviar y recibir pagos de débito o crédito a y desde otros países con diferentes tipos de cambio.
  - Gratis
  - Tasa del 0.33% al 3.56% para convertir divisas.
- **Sistema bancario en línea de Bank of America.** Exploration usa la banca en línea para cobrar cheques mediante imágenes, pagar a los clientes sus regalías y gestionar las tarjetas de la empresa.
  - Business Fundamentals $16/mes
  - Business Advantage $29.95/mes
- **Gusto.** Exploration usa Gusto para las nóminas.
  - Core $39/mes + $6/persona/mes
  - Complete $39/mes + $12/persona/mes
  - Concierge $149/mes + $12/persona/mes
- **LinkedIn.** Exploration usa LinkedIn para comunicarse con sus compañeros y para socializar.
  - Gratis
  - Career $29.99/mes
  - Business $47.99/mes
  - Sales $64.99/mes
  - Recruiter $99.95/mes
- **Guideline.** Exploration usa Guideline para los beneficios del 401K.
  - Core $49/mes + $8/empleado/mes
  - Flex $79/mes + $8/empleado/mes
  - Max $129/mes + $8/empleado/mes
- **DocHub.** Exploration envía acuerdos a clientes de todo el mundo en la industria musical y cinematográfica. DocHub facilita mostrar a las personas dónde necesitamos que firmen, hagan modificaciones, etc. Además, DocHub envía automáticamente copias finales a todos los involucrados.
  - Gratis (3 solicitudes de firma /mes)
  - Pro $4.99/usuario/mes
- **Basecamp.** Exploration usa Basecamp para gestionar proyectos en varios departamentos.
  - Gratis (funciones limitadas)

- Business $99/mes
- **HiveDesk.** El personal remoto de Exploration usa HiveDesk para gestionar sus horas.
  - Varía entre 25 y 100 dólares al mes, dependiendo del número de usuarios.
- **Buffer.** Exploration usa Buffer para gestionar sus cuentas de redes sociales.
  - Gratis
  - Pro $15/mes
  - Premium $65/mes
  - Business $99/mes

Nota: Exploration no tiene ningún interés material en ninguna de estas herramientas y no gana nada recomendándolas. ¡Nos gustan porque funcionan!

Haz que la comunicación forme parte de todo lo que haces.

Las herramientas no son nada sin un equipo que sepa utilizarlas. Para mantener la estructura dentro de Exploration, servir mejor a nuestros clientes y hacer el trabajo día a día, nos centramos en la comunicación interna de nuestra organización y, sobre todo, en nuestra comunicación externa con la industria en general.

La tecnología nos permite comunicarnos con los demás sin importar en qué parte del mundo nos encontremos a través de llamadas telefónicas, mensajes de texto, correos electrónicos, videochats, etc. Pero como cualquier forma de comunicación, el trabajo a distancia también requiere empatía y práctica.

Escríbelo todo.

Si una tarea se realiza más de dos veces en nuestra organización, tomamos nota y la escribimos paso a paso. Esto crea una especie de manual de instrucciones para Exploration.

También permite la comunicación no sincronizada entre los empleados que trabajan en diferentes zonas horarias y en diferentes lugares del mundo.

Confía en tus empleados.

Contrataste a tus empleados porque confías en ellos. En Exploration, nos sentimos especialmente orgullosos de la confianza que tenemos en que todos nuestros empleados son personas amables, inteligentes y dedicadas, capaces de realizar su trabajo sin supervisión.

El trabajo a distancia, por su naturaleza, exige un cierto nivel de autonomía, por lo que la confianza es imprescindible.

Cuídate.

Trabajar en donde vives y vivir en donde trabajas puede suponer una carga para tu salud física y mental. Es muy importante mantenerse activo, tomar descansos lejos de la computadora, comer bien y controlar los niveles de estrés cuando trabajas desde casa.

Otras precauciones recomendadas para su salud general al trabajar desde casa:

- Bebe mucha agua.
- Duerme lo suficiente.
- Lávate las manos con frecuencia.
- Toma suplementos de vitamina C y D.
- Evita tocarte los ojos, la nariz y la boca.
- Desinfecta los objetos y superficies del hogar.
- Almacena alimentos, medicinas y otros artículos de primera necesidad.
- Limita los viajes innecesarios.
- Presta atención y mantente informado.

Mantén la calma y sigue adelante.

El trabajo a distancia ofrece flexibilidad financiera, opciones de viaje y mucho más. Esperemos que, incluso si tienes o trabajas para una empresa con oficinas presenciales o un espacio de trabajo compartido, esta guía te inspire a considerar las posibilidades del trabajo a distancia.

Como siempre, estamos encantados y deseosos de ayudar a responder a cualquiera de tus preguntas.

Glosario de Términos de la Industria Musical

Acuerdo 360:

Un acuerdo 360 se encuentra en muchos de los contratos actuales entre una disquera y un artista, y se refiere a los esfuerzos de la disquera para obtener una participación en todos los demás derechos y flujos de ingresos relacionados con el artista, además de los derechos de grabación exclusivos. Los derechos adicionales de un acuerdo 360 pueden incluir los derechos de nombre y semejanza, los derechos de gira, los derechos de edición musical de las canciones escritas por el artista, etc.

Acuerdo de Administración:

En los acuerdos de administración, el compositor conserva la plena propiedad de sus derechos de autor. Aunque el editor musical no tiene ninguna propiedad sobre la obra, las obligaciones del editor siguen siendo las mismas. El administrador se lleva un porcentaje de las ganancias de la canción como honorarios.

Acuerdo de Coedición:

Un acuerdo de coedición significa que mientras el editor musical tiene la propiedad de los derechos de autor y administra su explotación, otro editor (posiblemente la propia empresa del compositor) controla el resto del porcentaje atribuido al editor. Este tipo de acuerdo suele celebrarse cuando los compositores establecidos que tienen mucho poder dentro de la industria establecen su propia entidad editorial y llegan a un acuerdo con otro editor.

Acuerdo de Demo:

Un acuerdo de demo se produce entre un sello discográfico y un artista en el que el sello se compromete a adelantar los costos de un determinado número de grabaciones de demostración.

Acuerdo de Edición:

Los compositores firman acuerdos de edición por diversas razones, y los tipos de acuerdos que pueden firmar son multifacéticos. Un acuerdo de edición puede dar a las canciones del compositor una vía para ser grabadas por un artista de renombre, y puede proporcionarles otras vías para sacar sus composiciones al mundo, donde podrían ser monetizadas.

Acuerdo de Sub Edición:

Un acuerdo de sub edición se produce cuando una editorial llega a un acuerdo con otra para administrar y licenciar los derechos de autor de sus compositores en un mercado extranjero. Los editores de música europeos pueden sub editar música estadounidense y viceversa. Normalmente estos acuerdos se hacen de empresa a empresa. Una editorial muy pequeña de Estados Unidos, por ejemplo, puede firmar un acuerdo de sub edición con uno de los grandes editores para cubrir la administración de su catálogo en territorios extranjeros.

Acuerdo entre Sellos:

En ocasiones, dos o más sellos discográficos llegan a un acuerdo, conocido coloquialmente como "acuerdo entre sellos", para los derechos y regalías de (normalmente) varios artistas.

Agencia Harry Fox (HFA):

La Agencia Harry Fox (Harry Fox Agency o HFA, por sus siglas en inglés) es una administradora de licencias mecánicas. En resumen, la HFA emite licencias mecánicas para reproducciones de composiciones musicales incorporadas en grabaciones sonoras que se fabrican y distribuyen en los Estados Unidos.

Anticipos:

Un anticipo es un tipo de préstamo que sirve como ingreso para el artista o compositor mientras graba o escribe canciones y espera a que las regalías generen ingresos. Estos anticipos son esencialmente inversiones. En el caso de los artistas de grabación, la disquera invierte en el artista pagando por adelantado para que éste pueda grabar y salir de gira y, a la vez, pagar sus gastos básicos. Los anticipos también pueden incluir los costos en los que incurra el artista antes de que empiecen a llegar los derechos. Estos anticipos deben devolverse a la disquera. (véase: Recuperación)

Apoyo a la Gira:

Una compañía disquera cubrirá los gastos de una gira que superen los ingresos de la misma. Sin embargo, hay que tener en cuenta que el apoyo a la gira casi siempre se recupera de los derechos de autor del artista.

Asociación Americana de la Industria de la Grabación (RIAA):

La Asociación Americana de la Industria de Grabación (Recording Industry Association of America o RIAA, por sus siglas en inglés) es una asociación comercial que representa a los principales sellos discográficos y distribuidores de Estados Unidos.

Caja Negra:

Los derechos de caja negra se refieren al dinero que se gana pero que nunca se paga a ningún titular de derechos de autor, por diferentes razones.

Catálogo:

Un catálogo es una colección de obras de un compositor o un artista, o de un grupo de compositores o un grupo de artistas.

Catálogo anterior:

Es una colección de la música de un artista/compositor, por ejemplo, álbumes, EPs y/o singles. También se conoce como "discografía".

Ciclo del Álbum:

El ciclo del álbum se refiere al periodo de tiempo entre los álbumes de un artista, que suele medirse desde el inicio de la grabación de un álbum hasta el final de las actividades de comercialización de ese álbum o el inicio del siguiente álbum del artista.

Cláusula de Composición Controlada:

Una cláusula de composición controlada afecta a las regalías mecánicas que se pagan por una composición coescrita por el artista que la graba. La cláusula de composición controlada en un contrato de grabación pone un límite a la cantidad que la disquera está obligada a pagar por las canciones en las que el artista es también el compositor.

Cláusula de Naciones Más Favorecidas (CNMF):

La Cláusula de Naciones Más Favorecidas (CNMF), en un contrato de la industria musical, especifica que una parte debe dar a la otra condiciones iguales o mejores que las que tiene con cualquier parte externa.

Cláusula del Hombre Clave:

Esta sección de un contrato da a una de las partes la posibilidad de rescindir el contrato si una persona concreta, o "hombre clave", deja de trabajar para la otra parte.

Colateralización Cruzada:

La colateralización cruzada se refiere a la recuperación de anticipos de múltiples fuentes. Suele incluirse en un contrato de grabación para reducir el riesgo impuesto al sello discográfico.

Comercialización de la Gira:

La comercialización de la gira se refiere a la venta de la mercancía de un artista en el lugar del concierto.

Comercialmente Satisfactorio:

Una disquera estimará que un disco es "comercialmente satisfactorio" cuando se considere que tiene un potencial realista de vender una cantidad razonable de discos.

Comps:

Entradas gratuitas que se ofrecen para el concierto de un artista.

Contrato de Distribución:

Muchos artistas independientes aceptan que los distribuidores independientes distribuyan su música según un contrato de distribución entre ambas partes. También existen contratos de distribución con disqueras establecidas en el mercado que se comprometen a fabricar y distribuir un lanzamiento.

Contrato de Productor:

El contrato de productor suele producirse entre un productor y un artista, aunque a veces puede formarse entre una disquera y un productor. La remuneración y las responsabilidades del productor se detallan en el contrato y pueden incluir una fracción de los ingresos netos de la disquera por una determinada grabación sonora, entre el 1 y el 6% de las regalías del artista, etc., a cambio de asistir al artista en el estudio, contratar músicos, crear arreglos musicales y hacer que el disco sea lo mejor posible.

Costos de Grabación:

Los costos de grabación son los gastos en los que incurre un artista durante una sesión de grabación.

Cover:

Cuando se utiliza como sustantivo, cover se refiere a una grabación de un artista que no es el compositor original. Cuando se utiliza como verbo, cover se refiere al acto de grabar la canción.

Cuota Neta del Editor:

Cuando el catálogo de un artista está a la venta, la cuota neta del editor desempeña una función importante en la determinación del valor monetario del catálogo. La cuota neta del editor suele referirse a los ingresos brutos recaudados por el editor que controla el catálogo o acreditados a él, menos las regalías por derechos autor y los derechos de coedición que debe a terceros.

Departamento de A&R:

El departamento de Artistas y Repertorio (A&R) de un sello discográfico es la parte de la compañía que se encarga de encontrar nuevos talentos y convencerlos de que firmen con su sello. Cuando los representantes de A&R encuentran un talento que se considera digno de un contrato discográfico, ahí empiezan las negociaciones entre la disquera y el artista interesado. Los empleados de A&R suelen entablar una relación con el artista o el grupo que firman y sirven de enlace principal entre el artista y la disquera.

Derechos de Autor:

Los derechos de autor conceden protección legal a las obras originales de autoría fijadas en una forma tangible de expresión. La protección de los derechos de autor otorga al compositor seis derechos exclusivos que, a grandes rasgos, corresponden a diversos procesos de concesión de licencias y flujos de ingresos:

- El derecho a reproducir la obra

- El derecho a crear una obra derivada, es decir, una pieza adaptada que se basa directamente en la obra protegida por los derechos de autor
- El derecho a distribuir públicamente copias de la obra protegida por derechos de autor mediante su venta o de forma gratuita
- El derecho a interpretar públicamente la pieza artística
- El derecho a exhibir públicamente la pieza artística
- En el caso de las grabaciones sonoras: el derecho de ejecución pública de la grabación a través de la transmisión digital de audio (no aplicable a las composiciones)

Derechos de Comercialización:

Los derechos de comercialización permiten la reproducción y distribución de mercancías con el nombre y la imagen de un artista o material sobre el mismo.

Descargas:

Véase Entrega Digital de Fonogramas.

Devoluciones:

Los minoristas a los que un distribuidor vende discos tienen a veces el derecho de "devolver" al distribuidor los discos físicos no vendidos para obtener un crédito completo. El distribuidor lo permite para que estos minoristas almacenen más discos físicos de lo que harían en caso contrario.

Directo al fan:

Sin intermediarios. CDs por correo vendidos por la banda o camisetas vendidas en un concierto. No es algo nuevo.

Disco:

Un disco es cualquier formato en el que se transfiere el sonido grabado. Normalmente, el término se utiliza para referirse a un disco de vinilo con sonido grabado.

Disco de Oro:

Un álbum que ha vendido 500,000 copias es certificado por la RIAA como "de oro" en el mercado Americano y 30,000 copias en el mercado Latino de E.E.U.U.

Disco de Platino:

Un álbum que ha vendido 1,000,000 de copias es certificado por la RIAA como "platino" en el mercado Americano y 60,000 copias en el mercado Latino de E.E.U.U.

Disco Recopilatorio:

Un disco recopilatorio contiene varias grabaciones con múltiples artistas.

Discos Físicos:

Las grabaciones sonoras vendidas a través de un soporte tangible que ocupa un espacio físico y no a través de una transmisión de audio digital. Ejemplos: CD, vinilo, casetes, etc.

Distribuidora Independiente:

Las distribuidoras independientes prestan servicios de distribución tanto a los artistas independientes como a los sellos discográficos. Algunas distribuidoras independientes están afiliadas a un sello o a un artista principal.

Editor:

Un editor musical se encarga de conceder licencias y administrar los derechos de autor de las composiciones de los autores. Normalmente, aseguran la colocación de las canciones en el catálogo del editor, donde se generarán regalías y otros ingresos. Estas fuentes de ingresos pueden ser generadas través de la concesión de licencias de las composiciones en grabaciones sonoras, la transmisión digital y sincronizaciones en películas, anuncios o programas de televisión.

Entrega:

La entrega se refiere a las especificaciones de un contrato de grabación por las que un artista puede presentar los masters a un sello discográfico para su posible publicación.

Entrega Digital de Fonogramas (DPD)

Una Entrega Digital de Fonogramas (Digital Phonorecord Delivery o DPD, por sus siglas en inglés) es otro nombre para una descarga digital y se refiere a una transmisión al comprador que le permite descargar música para usarla repetida e indefinidamente.

EP:

A pesar de la evolución de la tecnología musical, los EPs (Reproducción Extendida) se consideran generalmente un punto medio entre un álbum estándar y un sencillo, tanto por su costo como por su duración.

Equipo:

Un equipo es un grupo de personas, además de las que están en el escenario, contratadas por el artista o la disquera para trabajar en una gira de conciertos y viajar con el artista de un lugar a otro.

Estación de Trabajo de Audio Digital (DAW)

Una Estación de Trabajo de Audio Digital (Digital Audio Workstation o DAW, por sus siglas en inglés) es un software o programa informático que se utiliza para grabar, editar y producir música. Los programas DAW más populares son ProTools, Logic y Ableton. Hay un montón de VSTs gratuitos que puedes utilizar para estos, echa un vistazo a algunos AQUÍ.

Folio de un Álbum:

Un folio de un álbum es una colección de partituras impresas para un álbum concreto, es decir, el folio "coincide" con el álbum.

Folio Mixto:

Los folios mixtos son libros impresos con partituras de varios compositores.

Fonogramas:

Un fonograma es un objeto material que contiene el sonido.

Freemium:

La mayoría de las plataformas de transmisión digital tienen una opción limitada de uso "gratuito", generalmente apoyada por la publicidad. Este modelo, en el que los usuarios pueden tener un acceso limitado a cambio de su tiempo o datos, se conoce como "freemium".

Gestión de Relación con el Cliente (CRM)

La Gestión de Relación con el Cliente (Client Relations Management o CRM, por sus siglas en inglés) se originó en programas informáticos para empresas como Oracle y ahora aparece en los servicios web para la música. Se refiere a las funciones de gestión de las interacciones con los fans (base de datos de correo electrónico, datos personales, comunicaciones, registros de actividad, historiales de transacciones, quejas, etc.).

Grabación Sonora:

Una grabación sonora es la reproducción de ondas sonoras en una forma fija a partir de la cual el contenido puede ser escuchado o comunicado de nuevo. La Ley de Derechos de Autor de 1976 define las grabaciones de sonido como "obras que resultan de la fijación de una serie de sonidos musicales, hablados o de otro tipo, pero sin incluir los sonidos que acompañan a una película u otra obra audiovisual". Una grabación sonora es una propiedad intelectual independiente de cualquier letra, composición, poesía, guión o discurso que pueda estar plasmado en ella.

Grabación en Conjunto:

Una grabación en conjunto cuenta con más de un artista grabador.

Ingresos Netos:

Los ingresos netos se refieren a las regalías obtenidas por el sello discográfico que son únicamente atribuibles a los masters menos todos los gastos incurridos por el sello. En el caso de los contratos de edición, los ingresos netos también pueden referirse a las regalías obtenidas por el editor y las que se deban al compositor menos los gastos incurridos.

Junta de Regalías de Derechos de Autor (CRB):

La Junta de Regalías Derechos de Autor (Copyright Royalty Board o CRB, por sus siglas en inglés) es un panel de tres jueces nombrado por el Bibliotecario del Congreso para determinar las tasas obligatorias bajo la Ley de Derechos de Autor, entre otras responsabilidades.

Kit de Prensa Electrónico (EPK):

El Kit de Prensa Electrónico (Electronic Press Kit o EPK, por sus siglas en inglés) no es más que una versión electrónica o web del material publicitario de un artista: biografía, fotos, galería, noticias, etc. Hay varias páginas web con consejos para elaborar un buen EPK, incluyendo la nuestra.

Ley de Derechos de Autor:

Ley de Derechos de Autor de los Estados Unidos, Título 17 del Código de los Estados Unidos.

Ley de Derechos de Autor para Medios Digitales en el Nuevo Milenio (DMCA):

Aprobada por el Congreso en 1998, la Ley de Derechos de Autor para Medios Digitales en el Nuevo Milenio (Digital Millenium Copyright Act o DMCA, por sus siglas en inglés) en términos generales, aumentó las consecuencias de la infracción de los derechos de autor en internet. En particular, la Ley también revisó los derechos de ejecución pública de las transmisiones de audio digital para proporcionar una licencia obligatoria para las transmisiones de audio digital a través de sitios web no interactivos.

Licencia de Impresión:

Una licencia de impresión es un acuerdo entre el propietario de los derechos de autor (editor de música) y el usuario de los derechos de autor. La licencia da permiso para reorganizar, mostrar y/o imprimir las partituras, notas y/o letras de una composición.

Licencia de Sincronización:

La licencia de sincronización es el proceso por el que las productoras de obras audiovisuales autorizan los derechos de la música externa que se utilizará en sus producciones. Tanto los derechos de autor de la grabación sonora como los de la composición subyacente deben ser autorizados para poder utilizar la obra en sincronización. Las licencias de sincronización ("sync", para abreviar) se refieren a la "sincronización" de una obra musical con una obra visual. Los acuerdos de sincronización otorgan al licenciatario el derecho a utilizar una composición y una grabación sonora en una obra audiovisual como una película, un programa de televisión o un anuncio, un videojuego u otra obra similar.

Licencia de Uso de Máster:

Una licencia de uso de máster permite al licenciatario utilizar una grabación sonora con derechos de autor en un nuevo proyecto. Normalmente, los licenciatarios pretenden utilizar las grabaciones en proyectos audiovisuales, como maqueta en una nueva grabación de audio o para su distribución. Al obtener una licencia de uso de máster, los únicos derechos que se conceden son los de la grabación sonora. Esto significa que cualquier composición con derechos de autor incorporada a la grabación debe ser objeto de una licencia por separado.

Licencia Mecánica:

Según la Agencia Harry Fox, una licencia mecánica concede al usuario los derechos de reproducción y distribución de composiciones musicales protegidas por derechos de autor en CD, discos, cintas, tonos de llamada, descargas digitales permanentes (DDP), transmisiones interactivas y otras configuraciones digitales que admiten diversos modelos de negocio. A cambio del permiso para hacerlo, los licenciatarios pagan una tasa legal al propietario o propietarios de los derechos de autor por cada reproducción.

Licenciante:

Un licenciante es el otorgante de derechos en virtud de un acuerdo.

Licencias Generales:

Las licencias generales son un tipo de licencia que permite utilizar todas las composiciones cubiertas por el acuerdo sin límite de uso por un solo pago (normalmente anual). Comúnmente se refieren a las licencias emitidas por las sociedades de ejecución pública (PRO, por sus siglas en inglés) a los licenciatarios (restaurantes, bares, clubes, etc.) que desean utilizar todo el catálogo de una PRO.

Licenciatario:

Un licenciatario es el receptor de los derechos en virtud de un acuerdo.

Mánager de Gira:

Los mánagers de gira son los responsables de que la gira de un artista se desarrolle según lo previsto.

Mánager de Negocios:

Un mánager de negocios musicales se encarga de las finanzas y otros aspectos logísticos de un artista o compositor, normalmente sin tocar sus vidas personales.

Mánager Personal:

Un mánager personal en la industria musical trabaja en nombre de un compositor o artista para gestionar casi todos los aspectos de su vida -tanto personal como profesional- y actuar como guía de su carrera. El mánager personal puede buscar oportunidades profesionales para el compositor o el artista, ayudarle en la toma de decisiones, supervisar su agenda diaria y representarle en las negociaciones.

Maquetas:

Las maquetas son grabaciones sonoras pregrabadas sujetas a la protección de los derechos de autor que se incorporan a una nueva grabación sonora con diferentes propietarios de derechos de autor. Las maquetas también incluyen la composición subyacente, y tanto el propietario de la grabación sonora como el de la composición deben licenciar sus derechos aplicables para que una maqueta esté legalmente autorizada.

Marca Registrada:

Una marca registrada es cualquier palabra, nombre, símbolo, dispositivo o cualquier combinación utilizada para identificar y distinguir entre las fuentes de un producto o servicio.

Máster:

Un master es un término utilizado por un sello discográfico para referirse a una grabación sonora fijada en forma tangible y de la que se hacen todas las copias posteriores a la grabación sonora.

Mercancía de la Gira

Se refiere a la venta de la mercancía de un artista en el lugar del concierto.

Obra en Conjunto:

Una obra preparada por dos o más autores con la intención de que cada contribución se fusione en una unidad inseparable. Si un compositor escribe toda la música de una obra en conjunto y otro escribe toda la letra de la obra en conjunto, cada compositor será propietario del 50% tanto de la música como de la letra.

Obra derivada:

Si cantas una versión y cambias algo del tema (ya sea la letra, el ritmo o el tono), tu versión se ha convertido en una obra derivada. Piensa que deriva de otra pieza musical y, por lo tanto, se convierte en algo nuevo. SIEMPRE necesitarás permiso para hacer esto.

Página Web del Artista:

Una página web de artista debe actuar como tu hogar en línea, siendo una página web que contenga tus enlaces de redes sociales, biografía, enlaces de música, imágenes, etc. Debe decir a la gente quién eres y lo que haces, siendo a la vez fácil de navegar. Aprende a crear tu propia página web de artista con Spinnup de forma gratuita.

Partitura Completa:

El término "partitura completa" se utiliza como alternativa común a "partitura". Existen varios tipos de partituras: una partitura puede referirse a las partituras o a la música escrita específicamente para una obra de teatro, un musical, una ópera, un ballet, un programa de televisión, una película u otra producción. La "música cinematográfica" se refiere a la música original escrita específicamente para acompañar una película.

Partitura Guía:

Los compositores suelen tener que presentar una partitura guía, es decir, un papel que contiene la letra y la música de una canción.

Partitura:

Una partitura es la música impresa de una canción con notas, arreglos, letras, acordes y otras anotaciones utilizadas por los compositores para comunicar las notas, el tono, el tempo, el ritmo, los acordes y otros detalles musicales.

Poder Legal:

El poder legal otorga a una parte el derecho a firmar documentos en lugar de otra parte.

Precio al Por Mayor (PPD):

Precio al Por Mayor (Published Price to Dealers o PPD, por sus siglas en inglés) se utiliza como cifra básica para establecer las cuotas de regalías en los contratos de grabación, el PPD es el precio unitario al por mayor de una grabación sonora.

Precio Base de Regalías:

El precio base de regalías es un término utilizado por los sellos discográficos que suele referirse al precio de venta al por mayor (PPD) menos los gastos de distribución o empaque.

Precio de Venta Sugerido:

El precio de venta sugerido de un CD o de un álbum de vinilo es el precio que un distribuidor "sugiere" a sus minoristas vender el producto al consumidor. Como su nombre indica, los comercios no están obligados a vender la música al precio de venta sugerido, aunque las cláusulas del contrato casi siempre obligan al minorista a un precio mínimo. Las compañías discográficas han utilizado tradicionalmente el precio de venta sugerido para calcular el precio base de regalías para los artistas, aunque hoy en día se utiliza más el precio de venta al por mayor (PPD).

Primer Uso:

El propietario de los derechos de autor tiene derecho a determinar quién será el primer artista en grabar una canción.

Productor:

Un productor es la persona encargada del proceso de grabación en el estudio. Los productores tendrán distintos niveles de aportación creativa dependiendo de las necesidades del artista que grabe.

Promotor:

Los promotores trabajan junto con publicistas y otros profesionales del marketing para crear oportunidades de promoción para un artista o proyecto.

Prorrateo:

Cuando, por contrato previo, a un artista, un compositor, un productor, un editor o una disquera no les corresponde regalías por cada canción de un álbum, las regalías se "prorratean", es decir, se dividen entre las canciones de acuerdo a lo que se le debe a cada quien.

Rango dinámico:

El rango entre los sonidos o segmentos más fuertes y más suaves de una banda sonora y/o un sistema de sonido puede reproducirse correctamente.

Recinto:

El recinto se refiere al lugar donde se lleva a cabo una actuación en directo.

Recuperación:

El concepto de recuperación permite al sello discográfico aplicar las regalías generadas de los artistas contra un anticipo hasta que los derechos sean iguales que o se "recupere" el anticipo. La recuperación también puede dárse en los acuerdos de edición en los que el compositor recibe un anticipo recuperable.

Regalías Mecánicas:

Las regalías mecánicas se pagan al propietario o administrador de la composición cuando se realiza una copia de una de sus canciones. Cada vez que un consumidor adquiere una grabación sonora o transmite una grabación bajo demanda, a los editores de música se les debe una regalía mecánica, que luego ellos pasan al compositor.

Requisitos para Interpretación:

Los requisitos para interpretación son las disposiciones adicionales que se adjuntan a un contrato. Los requisitos para interpretación son un conjunto de peticiones que un artista establece como condiciones para una presentación.

Reservas:

Las reservas son una determinada cantidad de discos o regalías que la disquera retiene del artista para evitar pagar derechos por los discos físicos que posteriormente son devueltos por los minoristas. Las reservas se calculan "por encima", o sea, del monto total distribuido.

Sello Discográfico:

Los sellos discográficos son empresas, grandes o pequeñas, que fabrican, distribuyen y promocionan las grabaciones de los músicos afiliados. Básicamente, los sellos discográficos trabajan para vender la marca del artista y los productos que crean. Dentro de un sello discográfico hay varios departamentos diferentes que trabajan juntos para vender y comercializar mejor sus productos y artistas.

Sencillo:

Un sencillo es el tipo de lanzamiento de canción más corto en tiempo de reproducción. Puede lanzarse como canción individual o como parte de un álbum, y suele promocionarse con una alta rotación en la radio por su potencial para convertirse en un "éxito".

Servicios Agrupados:

Un usuario de DSP (Proveedor de Servicios Digitales) puede acceder a uno o más servicios "agrupados" por el mismo precio.

Servicios de Suscripción:

Un servicio de suscripción ofrece determinados contenidos a cambio de una cuota periódica recurrente (suscripción). Sin embargo, si el usuario deja de pagar la suscripción, el contenido puede dejar de estar disponible. El modelo de suscripción es utilizado por Spotify y otros servicios de transmisión digital que ofrecen música bajo demanda a través de Internet.

Sociedad de Derechos de Ejecución Pública (PRO):

De acuerdo con la Ley de Derechos de Autor, una Sociedad de Derechos de Ejecución Pública (Performing Rights Organization o PRO, por sus siglas en inglés) es una asociación que autoriza la ejecución pública de obras musicales no dramáticas en nombre de los propietarios de los derechos de autor de dichas obras, como la Sociedad Americana de Compositores, Autores y Editores (ASCAP), Broadcast Music, Inc. (BMI), y SESAC, Inc.

SoundExchange:

SoundExchange recauda y distribuye los derechos de reproducción digital por el uso de las grabaciones de sonido en nombre de más de 245,000 artistas discográficos y propietarios de derechos de master (normalmente el sello discográfico) y administra los acuerdos directos en nombre de los propietarios de derechos y licenciatarios. Es la única organización designada oficialmente por el Congreso de Estados Unidos para hacerlo. SoundExchange paga a los artistas destacados y no destacados (coristas, músicos de sesión, etc.) y a los propietarios de las grabaciones por el uso no interactivo (no se elige qué canción se reproduce) de las grabaciones de sonido en virtud de las licencias legales establecidas en las secciones 17 U.S.C. § 112 y el 17 U.S.C. § 114 de la ley de Derechos de Autor para Medios Digitales en el Nuevo Milenio (DMCA).

SoundScan:

SoundScan es una empresa que rastrea y publica datos de las ventas de productos musicales y de vídeos musicales en todo Estados Unidos y Canadá. Billboard utiliza SoundScan para crear su listas de álbumes más vendidos cada semana en los Estados Unidos.

Supervisor Musical:

Un supervisor musical trabaja con los productores y directores de cine o televisión para recomendar qué música debe incluirse en la banda sonora de la película o el programa. Los supervisores musicales suelen encargarse también de negociar y adquirir todas las licencias necesarias para el uso de la música en la producción.

Tarifa Mecánica Reglamentaria:

En Estados Unidos, el Consejo de Derechos de Autor (Copyright Royalty Board) emite tarifas obligatorias de derechos mecánicos, conocidas como "tarifas reglamentarias". Para las ventas físicas/descargas, esta tasa es de 9.1 centavos para las canciones que duran menos de cinco minutos. Para las piezas de más de cinco minutos de duración, la tasa se incrementa por 1.75 centavos por cada minuto adicional. La tasa para los tonos de llamada es de 24 centavos por tono.

Tasa Neta del Artista:

Esta regalía equivale a todos los derechos pagaderos al artista menos todos los derechos que se deban a varios productores por un determinado master.

Tonos de Llamada:

Un tono de llamada es una grabación sonora que se escucha cuando se llama a un dispositivo móvil en lugar del típico timbre del teléfono móvil. Por lo general, los tonos de llamada son clips de masters comercializados y, por lo tanto, están sujetos a la protección de los derechos de autor.

Trabajo Realizado por Encargo:

Un trabajo realizado por encargo ocurre cuando la Parte A emplea a la Parte B para crear algo, pero la Parte A se convierte en el autor legal de la obra. A los ojos de la ley, la Parte B ya no tendrá ningún derecho sobre la obra.

¿Quieres utilizar esta guía para algo más que una lectura personal? Buenas noticias: puedes hacerlo, siempre que su uso no sea comercial y des crédito a Exploration.

Esta obra está bajo una licencia de Creative Commons Attribution-NonCommercial 4.0 International License.

Le agradecemos que haya leído, compartido y contribuido a esta colección de conocimientos de la industria musical.

Si tiene alguna pregunta, duda o sugerencia, póngase en contacto con nosotros.

Email: hello@exploration.io

Teléfono: +1-310-739-5482

Correo: 171 Pier Avenue, Suite 251 Santa Monica, CA 90405

Ingram Content Group UK Ltd.
Milton Keynes UK
UKHW021820170723
425310UK00006B/78